명청출판과 조선전파

2012
문화체육관광부
우수학술도서

『가정건양현지(嘉靖建陽縣志)』에 실린 서방도(書坊圖). 송대(宋代)부터 명대(明代)까지 출판업자들이 가장 많았던 복건 건양의 모습을 보여주고 있다.
사진출처: 『中國出版通史』(明代卷)

국립중앙도서관 출판시도서목록(CIP)

명청출판과 조선전파 / 저자: 황지영.
-- 서울 : 시간의물레, 2012
　　　p. ;　　cm

ISBN　978-89-6511-032-3　93800 : ₩25000

출판[出版]
중국사[中國史]

013.90912-KDC5
070.5-DDC21　　　　　　　　　　CIP2012000587

명청출판과 조선전파

황 지 영

시간의 물레

머리말

　우리에게 중국은 무엇일까? 이 물음은 외국의 역사인 중국사를 전공하는 연구자로서 끊임없이 되풀이하여 묻고 답을 찾아야 할 과제였다. 학부에서 한국사를 전공했던 필자가 중국사로 전공을 바꾸어 대학원에 진학하게 된 계기도 어쩌면 이 물음에서 비롯된 것이라고 할 수 있다. 이 책에서 다루고 있는 명·청 변혁기는 중국역사에서 그 어느 때보다 극심한 변화를 경험한 시기였다. 뿐만 아니라 동아시아 차원에서도 그 변혁의 커다란 영향을 공유하던 시기였다. 그 결과 중국, 한국, 일본이 타문화를 의식적으로 선택·수용하며 각자 개성 있는 사회를 건설해 나갈 수 있었다. 이러한 과정에서 선진 문물과 정보를 선별적으로 수용할 수 있게 만든 가장 직접적인 매개물은 중국에서 전해진 대량의 서적이었다.

　현재 중국은 급속한 경제발전과 함께 전세계 문화 콘텐츠를 빠르게 흡수하며 출판분야에서도 아시아 산업의 허브로 떠오르고 있다. 세계최초의 금속활자와 아시아 최다의 세계기록유산을 보유하고 있는 한국은 현대출판에서도 한류열풍을 만드는 저력을 보여주고 있다. 즉, 전통시대부터 끊임없는 인적·물적 교류를 통해 동아시아의 지식체계를 만들어 온 양국은 21세기에 이르러 동아시아의 문화선도자로서 새로운 교류의 계기를 맞고 있는 것이다. 이에 한·중 수교 20주년을 맞는 올해에는 한국이 북경국제도서전의 주빈국으로 초청받아 문화행사를 주도하게 되었는데, 서로의 문화를 이해하려는 양국의 절실한 인식을 보여주는 사례라고 하겠다.

이러한 배경에서, 지식과 문화를 축적하고 확산시키는 도구로서 양국의 서적 및 출판 교류사 연구는 반드시 필요한 작업일 것이다. 특히 전통시대 동아시아 지식의 원천이 중국서적이었음을 생각할 때, 중국출판의 발달 및 한국과의 교류를 고찰하는 것은 지나간 시대 동아시의 지식체계 형성에서 양국이 담당했던 역할을 조명하고, 다가올 시대의 역할을 전망하는 작업의 초석이 될 것이다.

하지만 동아시아 지식교류의 한 축을 이루는 한·중 출판문화교류사에 대한 연구는 아직 그 성과가 많지 않은 실정이다. 이러한 가운데 역사적 현상으로서 전통시대 한·중 출판문화의 특징을 고찰하고 비교하는 필자의 작업이, 서서히 마련되고 있는 한·중 출판문화 교류사의 관심을 높이는 데 일조하기를 바라는 마음에서 이 책을 출판하게 되었다.

이 책은 필자의 박사논문을 수정한 것이다. 이 자리를 빌어 논문이 완성될 때까지 고비마다 도움을 주신 백영서, 김유철, 윤정분, 차혜원, 백승철 교수님께 특별한 감사의 마음을 올린다. 명·청 변혁기 뿐 아니라 한·중 관계사 위에서 출판문화의 영향을 다루어야 했기 때문에 동아시아 관점에서의 고찰이 필요했는데 백영서, 김유철, 백승철 교수님의 지도가 있었기에 가능한 일이었다. 윤정분, 차혜원 교수님께서는 사료이용에 관한 지적까지 꼼꼼하게 해주시어 필자의 논문이 완성될 수 있도록 실제적인 도움을 주셨다.

전통시대 중국서적은 지식을 담은 그릇 이상의 의미를 지닌 것이다. 특히 유가儒家의 서적은 성현이 남긴 말씀을 이해하고 해석하여 전달하는 지식체계 자체이기도 했고, 그 해석능력을 보임으로써 사인士人이 일반 백성보다 상위계층임을 증명하는 결정적인 요소이기도 했다. 이처럼 서적 자체가 갖는 권위 때문에 서적의 제작과정이나 활용 등은 기록되는 경우가 매우 드물었고 따라서 서적의 출판과정 및 영향을 살펴보는 일은 개인의 문집이나 일기, 선본서의 서문, 혹은 문학 평론의 평가 등을 통해 자료를 하나하나 줍듯이 모아가며 고찰하는 수밖에 없다. 따라서 단숨에 큰 그림을 그려내기가 어렵다. 그럼에도 필자는 명·청 변혁기의 출판활용과 영향에 대한 나름의 결론을 내리게 되었는데, 미진한 부분이 있다면 후속의 연구를 통해 보완하고자 한다.

　이제 중국학 전공자가 아니더라도 우리에게 중국이 어떤 존재일지 묻는 사람이 많아 졌다. 동아시아에서 살아가는 이상, 사상과 제도와 문화의 여러 분야에서 중국과 주고받는 영향을 고려하지 않을 수 없기 때문이다. 평화와 긴장이 번갈아가며 양국 관계를 가깝게도 멀게도 만들어왔지만, 한국과 중국은 거의 끊임없는 긴 왕래의 역사를 가지고 있다. 그 결과 우리에게 중국은 사상과 제도 등의 전거典據를 제공하고 반면교사의 가르침도 주면서 우리의 자아를 찾아가게 만드는 하나의 거울이라는 것이 필자의 생각이다. 지금도 진행 중인 양국의 교류가 앞으로 우리 삶의 모습을 만드는 일부가 될 것임도 자명하다. 그러므로 현재는 중국학에 대한 다양한 관심이 필요한 시점이라고 하겠다. 마지막으로 필자의 영원한 후원자이신 아버지께 감사의 말씀을 올리며 이 글을 마치고자 한다. 중요한 선택의 순간마다 가르침을 주셨던 아버지는 지나간 봄, 바람처럼 갑자기 떠나가셨다. 바쁘다는 핑계로 자주 뵙지 못한 죄송한 마음을 여기 남기는 한 줄 감사의 글로 대신 올린다.

2012년 1월
청파골에서 황지영

목 차

제1장 중국서적과 근세정치 / 9
제1절 명·청대 출판의 발달과 지식의 확산 ················· 10
제2절 명, 청, 조선의 정치·사회와 출판을 바라보는 시각 ········ 18

제2장 명말 상업출판의 흥기와 과거제도 / 31
제1절 유학 경전의 확산과 수험서의 개발 ················· 35
제2절 '합격의 지름길', 『사서四書』의 해설서 ··············· 63
제3절 '논술 핵심정리', 책론策論의 참고서 ················ 76

제3장 명말청초 모범답안집의 유행과 활용 / 95
제1절 명말의 입시문장 전문가 ······················· 96
제2절 청초 수험서를 이용해서 퍼뜨린 새로운 학문 ··········· 115
  1. 여유량 ································· 121
  2. 대명세 ································· 139

제4장 청초 관료들의 出版活動과 정치기반 / 149

제1절 과거시험 답안의 새로운 유행 ······················ 153
  1. 모범답안을 이용한 정치세력의 확대 ················ 154
  2. 유권遺卷 출판의 유행 ····························· 168

제2절 고전을 수집하고 출판하는 이유 ················· 172
  1. 장서와 권력 ······································· 175
  2. 만주족 장서가와 북경의 신흥 상업지구 ············ 185

제5장 중국서적과 조선의 정치이념 / 203

제1절 중국서적의 보급과 번각 ·························· 204
  1. 과거수험용 서적의 선별적 이용 ····················· 204
  2. 번각을 중심으로 본 중국서적의 재생산 ············ 219

제2절 조선의 지식체계와 중국서적 ······················ 230
  1. 조선의 서적수집 환경과 중국본 장서가의 등장 ···· 233
  2. 장서명과 목록으로 본 조선후기 민간장서의 특징 ·· 255
  3. 인쇄본의 제한과 정보서목의 구축 ·················· 271

제6장 결론 / 283

- 부록: 조선장서가 목록 및 번각상황표 / 295
- 참고문헌 / 313
- 찾아보기 / 330

제1장

중국 서적과 근세정치

제1절 명·청대 출판의 발달과 지식의 확산

고대로부터 중국의 서적은 지식의 보고이자 통치 이데올로기가 발현되는 정치의 근간이었다. 상업출판이 발전하여 서적에 담긴 지식이 일반 백성들에게도 팔려나가기 전까지, 지식은 통치계급의 전유물이었으며 그러한 지식을 담고 있는 서적을 소유하는 행위 자체가 사회적 신분을 증명해 주는 일이기도 했다. 중국에서 상업경제와 출판기술의 발달을 기반으로 상업출판이 발전하여 서적의 대중적 확산이 이루어지기 시작한 것은 16세기부터의 일이었다.[1]

서적이 상품으로 취급된 것이 16세기에 처음 있었던 일은 아니다. 그러나 16세기 이후는 급속한 상업화의 전개 때문에 서적을 매매하는 일이 전全사회에 걸쳐 모든 종류의 지식을 담은 서적을 대상으로 이루어졌다는 점에서 이전 시기와는 차별성을 가진다. 실용적이고 통속적인 지식뿐만이 아니라 고전적 지식들도 서적으로 인쇄되어 팔렸다. 이러한 과정에 지식인들도 적극적으로 참여하여 서적의 상업화를 더욱 풍요롭게 만들었고, 이것은 지식인들

---

[1] 이 시기에 이르러 중국의 서적은 이전 시기의 시각으로는 설명할 수 없을 정도의 발전을 이루었다. 현재 全세계 도서관에서 접하는 중국 典籍의 거의 대부분이 이 시기 이후에 출판된 것이라는 지적에서 알 수 있듯이 16세기는 대량출판 시대로의 전환점이었으며, 양적인 면에서 뿐만 아니라 내용면에서도 통속적이고 실용적인 서적들이 계층을 초월한 사랑을 받아 폭발적으로 증가함으로써 서적의 종류가 다채로움을 자랑하는 시기였다. 大木康, 「明末江南における出版文化の研究」, 『廣島大學文學部紀要』 50, 1991, 3쪽.

이 전유專有하고 있었던 지식의 대중적 확산과 함께 사회질서의 변화를 야기하는 기초가 되었다.2) 따라서 명·청 시대를 거치며 출판은 어떠한 독자들의 수요에 따라 변화·발전하게 되었는지, 그 결과 어떠한 영향력을 남겼는지 살펴보는 일은 전통시대 중국에서 가장 극적인 변혁기였다고 평가되는 명·청 교체시기의 중국사회를 이해하기 위해 반드시 필요한 작업이라고 하겠다. 또한 그 어느 때보다 빈번한 접촉과 서적 교류를 통해 상호 긴밀한 영향을 주고받았던 당시 동아시아 사회를 이해하기 위해서도 꼭 필요한 작업이 될 것이다.

출판이 퍼뜨린 지식 가운데, 사회전반에 걸친 가장 폭넓은 영향력을 발휘했던 것은 과거제도와 관련된 것이었다. 전통시대 중국의 과거제도는 관료와 학자뿐 아니라 일반 서민들의 삶도 강력하게 지배하고 있었기 때문이다. 과거시험은 성현의 도道를 이해하고 실천할 수 있는 인재를 선발하는 것이므로 시험의 주요 교재는 당연히 경서經書, 즉 유학 경전이었다. 주자학朱子學이 관학官學으로 정립되었던 명·청시대에는 주자학의 근간을 이루는 경서, 경서에서 파생되어 나왔다고 볼 수 있는 유가서儒家書 및 각종 유가적儒家的 관점의 유서類書와 총집류總集類 서적 등이 학교교육과 과거시험을 위한 텍스트가 되었다. 따라서 과거수험용 서적이란 넓은 의미에서 볼 때, 원칙적으로는 송대 이래 사인士人들이 유가적 수양修養을 쌓기 위해 중시했던 경전류經典類, 경전의 해설서류解說書類와 동일했다. 그러나 실제로는 자신의 인격함양을 위한 진정한 학문이라고 할 수 있는 '위기지학爲己之學'과 과거수험용 학문인 '거자지업擧子之業'은 괴리되어 있었다.3) 따라서 과거취사科擧取士가

---

2) 大木康,『明末江南の出版文化』, 東京 : 硏文出版, 2004, 4章, 補遺3 참조.

정착되었던 때부터 과거에 합격하기 위한 요령을 위주로 제작된 좁은 의미의 과거수험용 서적이 개발될 여지가 있었다고 하겠다. 하지만 과거수험용 서적이 처음부터 시험합격만을 위한 가이드로서 존재했던 것은 아니었으니, 본서에서는 관학의 위상位相변화와 상업출판의 발달정도에 따라 교육용 텍스트였던 경서류 서적이 점차 수험서로 개발되어 가는 과정을 살펴보게 될 것이다.

경서류 서적이 상업적인 수험서로 개발되어 갔던 사정은 학술적인 면에서 뿐 아니라 정치적으로도 중요한 변화였다. 전통시대 중국의 경전은 유가적 통치를 정당화시키는 관념적 근거로서, 지배이데올로기가 발현되는 정치의 근거였기 때문이다. 경전을 어떻게 해석하느냐 하는 문제는 학술적인 차원에서 끝나는 것이 아니라 국가권력과 통치를 어떻게 표현하느냐와 직결된 것이었다. 따라서 경전의 해설을 장악한다는 것은 곧 정치적 헤게모니를 장악하는 것과 같은 의미였다.[4]

명초 영락제永樂帝가 『영락대전永樂大全』을 찬수하여 각 급 학교에 반포함으로써 사상의 통일을 기했던 것은 바로 이처럼 경전의 해석에서 헤게모니를 장악함으로써 통치의 정당성을 확보하고자 함이었다. 영락제의 이러한 의도는 『영락대전』을 과거취사의 유일한 기준으로 삼았기 때문에 성공할 수 있었다. 일찍이 홍무제洪武

---

3) 朱子조차도 두 가지 공부사이에 존재하는 현실적 괴리를 인정하고, 道學내에서 科擧수험용 학문의 위치를 어떻게 규정할 것인가를 고민했다. 그 결과 『近思錄』을 편집하면서, 程頤의 말을 인용하여 한 달에 열흘정도를 '擧子之業'을 위해 수험·면강하는 정도가 좋다는 절충안을 내놓았다. 그러면서도 이 열흘이 학습자의 의지를 본래의 道로부터 이탈시킬 것을 염려하였다. 中砂明德, 『江南·中國文雅の原流』, 東京 : 講談社, 2002, 76쪽.
4) Elman, Benjamin/梁輝雄譯, 『성리학에서 고증학으로』, 서울 : 예문서원, 2004, 16~18쪽.

帝가 학교제도를 과거제도와 결부시키고 학교과정을 이수한 사람들만 과거를 응시할 수 있도록 만들자, 학교는 과거의 준비기관적인 성격을 띠게 되었고 학생들은 예비관료군의 성격을 가지게 되었다. 이러한 관학체제는 사인들의 사상을 통일적으로 관리하는데 유용한 제도가 되어 청대까지 기본 틀을 유지했다. 이 체제의 창시자는 홍무제였지만 이 제도를 통해서 사상통일이 실제적인 효과를 발휘하도록 만든 사람은 영락제였다. 『영락대전』을 공식적인 학설로 공포함으로써 중앙의 학자들이나 향시鄕試·회시會試에 응시하려는 수험생들 뿐 아니라, 전국에 퍼져있는 지방학교, 즉 부주현학府州縣學에 등록하고자 하는 사람들에 이르기까지 모든 사인士人들이 『영락대전』의 학설과 체제만을 따르도록 만들었기 때문이다. 이렇듯 『영락대전』은 과거시험의 공식기준이 되었기 때문에 사인들 사이에서 가장 영향력 있는 텍스트가 되었고, 조정朝廷은 이러한 『대전』을 도구로 삼아 경전해석의 헤게모니를 장악할 수 있었다.

이러한 상황에서 경서가 상업적으로 개발되어 가는 일은 조정이 장악하고 있던 경전의 해석을 다양화 시킬 소지가 있는 일이었다. 관학의 위상이 흔들리던 명말의 경우는 더욱 그러했다. 따라서 경서류 서적이 상업적 수험서로 개발되어 가는 과정을 살펴보고, 수험서 시장에서 우위를 차지했던 저자는 어떤 사람들이었는지 살펴보는 일은 시대의 흐름에 따라 상업출판이 사회의 어떠한 요구에 부응하고 있었는지 그 특징을 고찰하는 일이 될 뿐만 아니라, 수험서의 유통망을 이용해서 전파된 작가들의 정치적 의도를 밝히는 일이 될 것이다. 갈수록 과거시험의 경쟁이 치열해졌기 때문에 과거 수험용 서적의 출판은 많은 이윤을 올릴 수 있는 경제활동인 동시에, 수험서의 신속한 유통망을 이용해서 저자의 정치적, 혹은 학문적 소신을 전파시킬 수 있는 수단이기도 했기 때문이다.

이러한 수험서가 학습공동체 내부에서 순환하는 정도가 아니라, 사회전반에 걸쳐 영향력을 발휘하려면 그만큼 수험서를 필요로 하는 수요가 존재해야 하고 그 수요를 감당할 수 있는 지속적인 출판의 공급능력이 뒷받침되어야 한다. 상업경제의 발전과 인쇄출판의 기술발달, 서민의식의 성장 등을 배경으로 대중의 교육수준이 상승하고 수험생이 폭증하였던 16세기 중국사회는 이상의 조건을 만족하고 있었다.5)

본서는 이러한 과거 수험용 서적과, 또 지식의 보고寶庫로서 항시 중요했던 고전古典을 중심으로 출판의 사회적 역할을 고찰해 보고자 한다. 명·청 교체의 혼란기를 지나서 청조에 의해 정치·문화적 질서가 재정립되어 갈 때 출판이 한 역할은 무엇일까? 그리고 선진문물의 매개체로서 주변국으로부터 중시되어왔던 중국서적이, 대량출판의 시대를 맞이한 이후 주변국에 미친 영향은 무엇일까? 본서는 이 물음에 답을 찾고자 하는 것이다.

주지하다시피 16세기 말 이래 약 100여 년간의 시간은 상업경제의 비약적인 발달로 인해 중국사회의 문화를 결정짓는 데 왕조의 영향력이 약화되었던 시기였다.6) 더구나 명말은 정치부패와 혼란이 가중되어 문화적 헤게모니를 가진 사람들은 오히려 재야在野에

---

5) Evelyn Rawski, *Education and Popular Literacy in Ch'ing China*, Ann Arbor : University of Michigan Press, 1979, pp.6~9, p.111.

6) Evelyn Rawski, "Economic and Social Foundations", Johnson, Nathan, Rawski ed., *Popular Culture in Late Imperial China,* Berkely, LA, London : University of California Press 1985, pp.28~33.

존재하고 있었다.7) 이러한 재야의 지식인들과, 상업경제 발달에 힘입어 거대한 집단으로 성장한 서상書商들에 의해서 서적의 상업화는 진행되었다.8) 이들은 상업출판에 관여함으로써 기본적으로는 경제적 이득을 얻었으며, 결과적, 혹은 의도적으로 이러한 매체를 이용해 자신의 소신을 전개하였다. 이처럼 상업출판의 유통망을 이용하여 퍼뜨린 사적私的인 신념이 차세대 학문이나 교육에 일정한 방향성을 제공하기도 했다. 그러므로 비록 경제적 이득을 얻기 위한 상업출판이었다고 할지라도, 개인의 활동은 사적인 차원에서 그치는 것이 아니라 공적公的인 활동이 되는 것이며 출판업은 공적활동의 매개물이 되었다고 할 수 있다. 본서는 우선 명·청대 과거 수험용 서적을 중심으로 상업출판의 발달과정 및 상업출판의 발전양상이 미친 사회적 영향력을 살펴볼 것인데, 이는 상업출판이 시기별 추이에 따라 경제적 활동이었을 뿐 아니라, 학문적 대안을 제시하는 수단으로, 혹은 정치기반을 확대하고 사회적 명성을 높이기 위한 수단으로 활용되었음을 밝히는 일이 될 것이다. 또한 청초 우

---

7) Evelyn Rawski, "The Qing Formation and the Early-Modern Period," Lynn Struve ed., *The Qing Formation in World-Historical Time*, Cambridge, Mass.: Harvard University Asia Center, 2004, p.227.
8) 본서에서 사용된 주요한 용어에 대해 간략한 정리를 하고자 한다. 상업출판의 주체는 서적을 취급하는 상인이다. 書商은 사료상 '書賈·書林·書舖·書肆·書坊' 등의 명칭으로 나타난다. '書賈·書林'는 일반적으로 서상을 의미하고 '書舖·書肆·書坊'은 대략 서점 혹은 서점의 주인을 나타내는 말이다. 여기서 말하는 서점이란 수공업 작방을 차려놓고 인쇄출판과 판매업을 병행하는 점포를 뜻한다. 書商에 의해 출판된 책을 '坊刻本'이라고 하고 상업적 출판행위를 '坊刻'이라고 한다. 보통 '坊刻'이라함은 기본적으로 출판업자의 활동을 의미하며 여기에 판매와 유통업은 당연히 포함된다. 출판업은 하지 않고 단지 매매만 하는 서상도 많았는데 사료상 '賣書者' 등의 용어로 구분하는 경우도 있다. 본서에서도 書商이라는 말을 출판업과 판매유통업을 병행하는 서점의 주인을 뜻하는 의미로 사용했다.

문정책으로 새로운 정부에 필요한 문헌의 일대 발굴과 수집이 진행되었을 때, 고전을 수집하고 출판하는 행위 역시 개인의 정치, 사회적 명성을 높이는 유용한 수단이었음도 고찰하게 될 것이다.

명·청 시대 문화를 바라보는 최근의 시각은 중국의 역사적 경험을 단지 중국 내부적 요인의 발달과정으로서만 파악하는 것이 아니라 주변국과 접촉한 결과의 영향을 고려하면서, 혹은 전全지구적 현상과의 동이성同異性을 고려하면서 세계사적 흐름 속에 자리매김하려는 것이다.9) 자본과 문화가 국경을 넘어 선택적으로 공유되고 있는 현 시점에서 중국사 연구 역시 일국의 한계를 벗어나 주변국과 주고받은 영향을 시야에 넣는 비교사적 고찰이 필요하다.

중국서적이 동아시아 주변국에 전파되어 남긴 영향력을 살펴보기 위해서는 중국을 선진문물의 수입창구로 여기고 있던 동아시아 각 나라의 상황을 모두 고찰해야 할 것이나, 그것은 장기간의 과제로 미루고 본서에서는 조선의 사례를 살펴보고자 한다. 유가경전儒家經典에 나타나는 정치적 담론이 왕조의 통치를 정당화하는 이론적 근거가 되었던 사정은 유교주의儒教主義 국가건립을 지향했던 조선에서도 마찬가지였다. 다만 조선의 경우는 국가가 경전해석을 장악하여 정치이념을 확고히 통제하려는 측면이 중국보다 강했다.10) 따라서 왕조와 민간 할 것 없이 중국서적과 정보를 적극 수입했으면서도, 실제 활용에서는 조선의 실정과 왕조의 목표에 맞

---

9) Rawski, op. cit., 2004, pp.232~233.
10) 이러한 원칙에 따라 鮮初부터 朝鮮王朝는 朱子學에 근거하여 儒教的 통치를 합리화시킬 수 있는 『永樂大全』 및 政書, 儒家書 등을 수입했다. 수입된 서적을 국내에서 유포시킬 때에도 유교적 왕도정치 이념에 맞는 서적만을 선별적으로 확산시켰다. 정형우, 「'五經四書大全'의 수입 및 그 刊版廣布」, 『東方學志』 63, 1989 ; 백운관, 「朝鮮朝 官撰圖書 流通樣態考」, 『出版學研究』 31, 1989, 237쪽, 241쪽, 243쪽.

게 선별적으로 취사선택取捨選擇하였다.11) 본서에서는 조선으로 전파된 중국서적이 어떠한 기준으로 재생산되었으며 체계화되었는지를 수용자인 조선의 입장으로부터 살펴보고자 한다. 구체적으로는 중국의 과거수험용 서적이 조선에서는 어떻게 활용되었는지, 번각翻刻을 통해 재생산했던 중국서적은 어떠한 것이었으며, 일반 사인들이 소장했던 중국서적과 장서목록藏書目錄은 어떠한 학문적 배경과 정치이념을 반영하는지 살펴보게 될 것이다. 이러한 과정을 통해 조선이 중국과 똑같이 유교경전을 수용하여 정치이념의 근본으로 삼았고 교육과 과거취사를 통해 이를 유지했으면서도, 서적 및 출판을 정치자원으로 활용하는 문제에서는 중국과는 달리 조선조정의 학문정책이 강한 통제력을 발휘하고 있었다는 것을 밝히게 될 것이다.

---

11) 이러한 경향은 鮮初부터 18세기까지 변함없이 유지되었다. 비록 性理學에 몰두했던 朝鮮의 士人들이 조선후기에 이르러서는 새로운 학문방법인 考證學을 淸朝로부터 도입하면서 『永樂大全』에도 오류가 있음을 인식하고 비판하는 등, 經學觀에 변화를 일으켰지만 考證學이 궁극적으로 宋學을 상대화하고 朱子學의 권위를 침해하는 것에 대해서는 반대하였다. 正祖의 학문정책은 이러한 18세기의 경향을 대표한다. 김문식, 「朝鮮後期 經學觀의 변화」, 『朝鮮時代史學報』29, 2004, 195~197쪽, 200~203쪽, 209~210쪽, 212쪽.

제2절 명, 청, 조선의 정치·사회와 출판을 바라보는 시각

　명·청 시대 과거 수험용 서적 및 시험답안지, 시험답안평가문 등 과거와 관련된 각종의 문헌들은 최근에 이르러서야 연구자들의 관심을 받기 시작했다. 우선 명대 상업적으로 수험서가 발달하게 된 원인에 대해서는 시험방식에서 팔고문八股文이 정규화되고 과거의 경쟁이 치열해졌기 때문이라고 지적하고, 팔고문을 중심으로 경의經義의 답안형식에 대해서 고찰한 연구가 있다.12) 명·청시대 경의시험은 반드시 '팔고'로 구성된 대구對句형식의 문체文體, 즉 팔고문을 사용하여 작성하도록 되어 있었는데, 팔고문은 『사서四書』와 더불어 과거 시험의 구성 가운데 핵심적인 요소 중의 하나였다. 따라서 팔고문의 형식 및 그것이 명·청대 문단에 남긴 영향 등에 대해서는 일찍이 제도사와 문학사 방면에서 많은 연구가 축적되어 왔다.13) 이러한 성과위에서 시험방식의 구체상과 시험이 문예상 미친 영향이 밝혀지게 되었지만, 수험서의 유통·확산으

---

12) 劉祥光, 「時文稿 : 科擧時代的考生必讀」, 『近代中國史硏究通訊』22, 1996, 54~62쪽.

13) 商衍鎏, 『淸代科擧考試述錄及有關著作』, 天津 : 百苑文藝出版社, 1954/2004 ; 王德昭, 『淸代科擧制度硏究』, 香港 : 中文大學出版社, 1982 ; 黃强, 『八股文與明淸文學論稿』, 上海 : 古籍出版社, 2005 등. 특히 문학방면에서 八股文의 영향과 폐단 등에 대해 다룬 연구는 셀 수 없이 많다.

로 일어난 사회적 여파를 고찰하는 데에는 한계가 있었다.

이러한 한계를 보완해 줄 수 있는 최근의 연구로는, 지역의 엘리트들이 중앙의 권력에 끊임없이 도전하며 영향력을 행사할 수 있었던 수단으로서 과거수험용 서적을 분석한 초우의 연구를 들 수 있다.[14] 이 연구는 명말에 이르면 『영락대전』을 비롯해서 정통유가적正統儒家的 관점의 해설서들과는 다른, 자의적이고 새로운 시각을 가진 경전의 해설서가 수험서 시장을 장악하게 되었음을 지적하고, 실제로 시험관들이 이러한 시각을 가진 답안지를 시험장에서 합격시키기도 하면서 수험서의 남발은 결국 주자학과 조정의 권위에 도전이 되었다는 것을 밝혔다. 이것은 수험서 확산이 정치사회적으로 미친 영향에 대해 분석한 중요한 성과이지만 그 대상이 명말의 『사서』해설서에만 주력되어 있기 때문에, 청대에도 여전히 유효했던 수험서의 사회적 역할은 고찰하지 못한다는 한계가 있다. 또한 사서의四書義만큼은 아니었지만, 그래도 명말까지 상당한 비중을 차지하고 있었던 책논시策論試의 수험서에 대해서는 고찰하지 못하였다. 이에 본서는 시기적으로는 청초에 이르기까지, 수험서의 종류로서는 논술 시험인 책논策論에 대비하기 위해서 만들어진 수험서까지 고찰의 대상으로 삼았다.

전통시대 중국의 정치담론에서 경학의 중요성을 강조한 엘만의 연구는 본서의 문제의식과 비교적 가까운 관점을 가지고 있다. 엘만은 과거제도科擧制度의 운용과 수험서의 발달을 도학道學과의 관계에서 고찰하였다. 그는 명말 양명학陽明學과 강학講學의 유행으

---

14) Kai-wing, Chow, "Writing for Success", *Late Imperial China* 17, 1996, pp.133~136 ; *Publishing, Culture, and Power in Early Modern China*, Stanford, Calif. : Stanford University Press, 2004, chapter5.

로 수험생들이 유교경전 및 조정의 공식적 답안기준보다는 수험서에 의존한 바가 컸던 것은 사실이지만, 이것이 곧 수험서가 경전을 전면적으로 압도한 것은 아니었다고 지적했다.[15] 분명히 새로운 지적경향으로서 존재했지만 이러한 경향이 경학의 전통적 지위를 흔들어놓은 것은 아니며, 수험서 저자들의 분산된 관심은 전통시대 문화 내에서 고정적 지위를 확보하지 못했다는 것이다.

본서는 이러한 시각에 촉발 받은 바 크다. 청초 정주학程朱學이 다시금 관학의 지위를 회복하고 청조에 의해 정치질서가 재정립되어 가는 가운데, 명말 이래의 수험서 개발은 새로운 사상적 배경에 적응해야 했다. 즉 명말 양명학과 삼교합일三敎合一의 사상 등이 유행했을 때에는 '이단적異端的' 관점에서 경전을 해설했던 수험서들이 높은 인기를 누렸으나, 청초 '정론正論'이 우세해지는 분위기에서는 더 이상 인기를 이어갈 수 없었던 것이다. 수험서가 출판업의 주요상품으로 명맥을 유지하기 위해서는 달라진 지적환경에 따라 변화할 수밖에 없었다. 다만 새로운 국가의 기틀을 다지기 위해 문예文藝가 숭상되고 즉시 과거가 부활되는 등, 청조淸朝에 의한 문치文治정책이 적극적으로 추진되고 있었기 때문에 새로운 학술사조에 부합하기만 한다면 수험서는 사회적으로 여전히 위력을 발휘할 수 있었다. 본서는 청초 새로운 사상적 배경 속에서 수험서가 어떠한 추세로 변화해 갔는지, 저자들은 어떠한 의도를 가지고 수험서를 출판했는지 주로 관변학자들의 활동을 중심으로 살펴보고자 한다. 관변학자들은 대부분 명말부터 상업출판을 이용했던 경험이 있는 한인들로서 새로운 정부에서 자신의 입지를 강

---

15) Benjamin Elman, *A Cultural History of Civil Examinations in Late Imperial China*, Berkeley : University of California Press, 2000, chapter 6·7·9·10.

화하기 위해 전대前代의 경험을 활용할 수 있었다. 이때 출판은 청초 새로운 정치·사회적 배경에서 정치세력을 확보하고 사회적 명성을 올리는 수단으로 활용되었음을 고찰하게 될 것이다.

한편 과거에서 도학道學이 시험의 기준으로 도입된 것은 송대이지만 완전히 정착된 것은 명초라는 데에는 특별한 이견이 없는 상황이며[16], 지방에 존재했던 지식인들은 부현府縣단계의 학교시學校試를 이용해서 자신의 지위를 향상시킬 수 있었는데, 이처럼 과거제도의 운용이 지방교육에 미친 영향력에 대한 고찰의 필요성이 제기되어 있는 상황이다.[17]

이외 복건福建지역 상업출판에 관한 연구에도 과거 수험용 서적에 대한 소개와 분석이 포함되어 있다.[18] 이처럼 수험서의 개발은 크게 보아 상업출판의 범주에 속하는 것이므로, 과거 수험용 서적의 출판과정을 살펴보는 것은 상업출판 전반에 대한 고찰과 더불어 진행해야 한다. 따라서 본서에서는 명대 상업출판의 전체적 추이를 살펴 볼 수 있는 3종의 서목書目 분석을 통해 시기별로

---

16) Wilson, Thomas, *Genealogy of the Way : The Construction and Uses of the Confucian Tradition in Late Imperial China*, Stanford, Calif. : Stanford University Press, 1995.

17) 劉祥光, 「科擧與地方發展 : 宋元明教育與科擧硏究的方法與成果」, 李弘祺·高明士主編, 『東亞教育史的回顧與展望』, 臺北 : 台灣大學出版社, 2005.

18) 최근의 연구로는 Chia의 연구가 있다. 이 연구의 장점은 宋明代 상업적으로 출판되었던 다양한 서적의 실물을 보여주고 있다는 점인데, 다양하게 출판된 坊刻本 經書들 가운데 明代 書商들은 『永樂大全』類와 같이 대단위 經書를 版刻할 능력을 가지고 있었음을 지적하였다. 또 이 연구는 특히 福建 상업출판의 흥망을 강남과의 관계에서 파악하고 당시 복건과 강남이 통합된 시장을 형성하고 있어 소비자로서 강남의 존재가 복건 상업출판의 결정적 요소였다는 것을 지적하였다. Lucille Chia, *Printing for Profit : The Commercial Publishers of Jianyang, Fujian (11th-17th Centuries)*, Cambridge, MA : Harvard University Press, 2002, chapter6. pp.152~154, pp.182~183.

상업출판이 주력해서 생산해 냈던 서종書種을 도표화 하고, 그 가운데 과거수험용 서적이 차지하는 비중을 점검하면서, 수험서로 개발되어 가는 과정은 어떠했는지 고찰하려고 한다.

중국 상업출판에 대한 기존의 연구는 우선 인쇄기술·인쇄문화에 대한 연구의 맥락에서 상업출판의 기술, 중심지역, 출판특징 등을 분석한 연구들이 주류를 이루어 왔다.[19] 이 가운데 복건福建 건양建陽은 출판업의 최대 중심지로서 가장 많은 연구성과가 축적되어 있다.[20] 이상의 연구들은 지역별 출판업의 대세를 파악하는 데 유용하지만 중국 서적사書籍史에 대한 접근을 지나치게 '물적인 존재로서의 책' 자체에 집중하게 했다는 한계가 있었다.

다음으로는 사회사적인 시각에서 출판업을 다룬 것으로서 출판업이 통속문학 발전에 배경이 되었음을 밝힌 연구,[21] 청말 대중문

---

19) 孫毓修, 『中國雕版源流考』, 臺北: 商務印書館, 1916/1964, 26~36쪽.; 路工, 「訪宋元明刻書中心之一: 建陽」, 『光明日報』4, 1962; 張秀民, 『中国印刷术的发明及其影响』, 北京: 人民出版社, 1958; Lucien Febvre & Henri-Jean Martin, translated by David Gerard, *The coming of the book: the impact of printing 1450-1800*, London: Verso, 1997(原1976).

20) 張秀民, 「明代印書最多的建寧書坊」, 『張秀民印刷史論文集』(原『文物』1979-6); 蕭東發, 「建陽余氏刻書考略」, 『歷代刻書槪況』, 北京: 印刷工業出版社, 1991(原『文獻』21, 22, 23, 1984); 方彦壽, 『文獻』87년-93년 사이에 발표했던 일련의 논문들, 「明代刻書家熊宗立術考」, 「熊云濱與世德堂本西遊記」, 「建陽劉氏刻書考」, 「建陽熊氏刻書術略」, 「閩北劉氏等十四位刻書家生平考略」, 「閩北十四位刻書家生平考略」, 「閩北十八位刻書家生平考略」.; Lucille Chia, "The Development of the Jiangyang Book Trade, Song, Yuan", *Late Imperial China* 17-1, 1996; "Commercial Publishing in Jiangyang from the Late Song to the Late Ming", P.J. Smith & R. von Glahn, eds., *The Song-Yuan-Ming Transition in Chinese History*, Cambridge MA: Harvard University Asia Center Press, 2003.

21) Judith T. Zeitlin and Lydia H. Liu ed., *Writing and Materiality in China: Essays in Honor of Patrick Hanan*, Cambridge Mass.: Harvard University Asia Center, 2003; Robert Hegel, *Reading Illustrated Fiction in Late Imperial China*,

화의 한 형태로서 민간출판업의 영업형태를 살펴본 연구,22) 청말 서상들의 출판업과 유통업이 대도시 지역을 벗어나 궁벽한 향촌 지역으로 퍼져간 사정을 살펴 본 연구 등이 있다.23) 이상의 연구들은 출판업의 사회적 역할에 대해 탐구하는 성과를 올렸지만 그 연구의 대상이 시기적으로는 청말에 집중되어 있거나, 명말청초를 다룬 경우에도 대중문화의 확산이라는 측면에 주로 집중되어 있다. 명말 이래 상업출판이 문화의 저변을 확대시키는 데 결정적인 역할을 하였음은 주지의 사실이지만 출판업의 발달은 지식인의 삶과 학문적 경향의 변화·발전에도 영향을 주었다. 따라서 명말청초 상업출판의 사회적 역할은 대중문화의 발전뿐 아니라 학풍學風 및 사풍士風과 주고받은 영향이라는 측면에서도 고찰되어야 한다.

한편 서적과 출판의 발달이 사회구성원 및 사상·학문과 주고받은 영향에 대해 본격적으로 탐구한 이노우에 스스무井上進의 연구는 중국서적의 문화사로서 매우 중요한 연구임에도 불구하고, 청대 이후 출판문화를 퇴보로 간주하여 연구대상에서 아예 제외시켜 버리는 한계를 보였다.24) 명말이 보기 드문 창조적인 시대였다는 것

Stanford : Stanford University Press, 1998.
22) John Lust, *Chinese Popular Prints*, E.J. Brill, Leiden, New York : Koln, 1996.
23) Cynthia Brokaw, "Commercial Publishing in Late Imperial China : The Zou and Ma Family Businesses", *Late Imperial China* 17, 1996 ; "Book Markets and the Circulation of Texts in Rural South China, 17~19th Centuries", 『中國近代知識轉形與知識傳播學術討論會』 中央研究院近代史研究所 미간행발표문, 2003 ; "Reading the Best-Sellers of the Nineteenth Century : Commercial Publishing in Sibao," Brokaw & Chow ed., *Printing and Book Culture in Late Imperial China*, Berkeley : University of California Press, 2005.
24) 井上進, 「書肆·書賈·文人」, 『中華文人の生活』, 東京 : 平凡社, 1994 ; 井上進, 『中國出版文化史-書物世界と知の風景』, 名古屋 : 名古屋大學出版部, 2002.

에는 동의하지만 청대 이후 사회문화가 일률적으로 퇴보해버렸다는 시각에는 동의하기 어렵다. 18세기에 절정에 달한 청대의 문화는 대부분 16세기 말부터 지속적으로 발전해온 요소들의 누적에 의해 가능했기 때문이다.

과거 수험용 서적을 중심으로 중국 출판의 발달 및 중국서적의 대외전파에 관한 기존의 연구들과의 차별에 유의하면서 본서가 주목하고자 하는 주요 논점은 다음과 같다. 첫째는 상업출판의 발달 과정을 과거제도 운용 및 그 영향력과 더불어 고찰해야 한다는 점이고, 둘째는 청조의 수립으로 인한 정통 유가적 권위의 복원을 출판업 발전의 단절의 계기로 인식할 것이 아니라 새로운 정치사회적 배경으로 인식하고, 상업출판이 명말청초라는 변혁기에 탄력적으로 대응하면서 변화·발전해 나간 결과, 새로운 질서수립시기에 수행했던 역할은 무엇인지를 고찰해야한다는 점이다. 셋째는 명말청초의 연속성에 주목하면서도 청조라는 새로운 정치사회적 분위기 속에서 상업출판의 활용이라는 문제가 이전 시기의 경험을 계승하여 확대발전 시킨 것은 무엇이며, 또 달라진 것은 무엇인지에 관한 동이성同異性을 고찰해야 한다는 점이다. 마지막으로 주변국으로 전파된 중국서적의 영향에 대해서는 전파된 중국서적, 예를 들어 과거 수험용 서적이 조선에서는 어떠한 방식으로 활용되었는지를 구체적 사례를 살펴봄은 물론이고, 주변국에서 재생산했던 중국서적은 무엇이며, 어떠한 목적을 위해 번각하거나 소장하였는지까지 살펴봄으로써 그 사회의 지식체계화 작업에 중국서적이 미친 영향도 고찰해야 한다는 점이다.

전통시대 중국의 서적이 동아시아 각국으로 전파되었던 주요 경로는 육로陸路를 통해 조선과 월남越南으로 전해졌던 경우와 해로海路를 통해 일본으로 전해졌던 경우로 나누어 볼 수 있는데, 이 가운데 조선 전파에 대한 기존의 연구 성과들은 다음과 같다.

조선의 경우 중국과 교역할 수 있는 유일한 방법이 조공朝貢관계를 이용하는 것이었으므로, 중국서적 수입에 대한 연구는 자연히 사행使行에 대한 연구와 밀접하게 관련을 맺으며 시작되었다. 사행에 부수적으로 발생했던 무역 가운데 서적교역이 중요한 비중을 차지하고 있었음을 지적한 연구,[25] 양국의 빈번한 사행 및 서적교역의 결과 중국의 학문, 주로 고증학考證學, 혹은 학풍은 조선에 어떠한 영향을 미쳤는가에 주목한 연구[26] 등이 그것이다. 최근에는 사행의 관점에서 벗어나, 조선에서 유행하였던 소설류나 문인들의 독서기록을 분석하여 민간루트를 통해 전파된 중국서적은 어떠한 것들이었는지, 조선의 문학에는 어떠한 영향을 미쳤는지에 대해서 분석한 연구,[27] 민간루트로 중국서적이 유입된 결과

---

[25] 김성칠, 「燕行小考」, 『역사학보』12, 1960 ; 정형우, 「正祖의 文藝復興政策」 (書籍輸入政策부분), 『동방학지』11, 1970 ; 이존희, 「朝鮮前期 對明書册貿易-수입면을 중심으로-」, 『진단학보』44, 1976 ; 정형우, 「'五經四書大全'의 輸入 및 그 刊板廣布」, 『동방학지』63, 1989 ; 강혜영, 「朝鮮朝 正祖의 書籍蒐集政策에 관한 硏究 : 奎章閣을 중심으로」(國外蒐集부분), 연세대박사논문, 1990 ; 배현숙, 「宣祖初 校書館활동과 書籍流通考-柳希春의 『眉巖日記』 분석을 중심으로-」, 『서지학연구』18, 1999.

[26] 藤塚隣, 『清朝文化東傳の硏究-嘉慶・道光學壇と李朝の金阮堂-』, 東京 : 國書刊行會, 1975 ; 윤남한, 『朝鮮時代의 陽明學研究』, 서울 : 集文堂, 1982 ; 張存武, 「清代中國對朝鮮文化之影響」, 『清代中韓關係論文集』, 臺北 : 臺灣商務印書館, 1987 ; 이현, 「清學東傳에 대한 一檢討-燕行을 중심으로-」, 『가라문화』9, 1992 ; 김문식, 「18세기 후반 서울 學人의 清學인식과 清 文物 도입론」, 『규장각』17, 1994. ; 白新良主編, 『中朝關係史-明清時期』, 「6章」, 「8章」, 北京 : 世界知識出版社, 2002 ; 劉爲, 『清代中朝使者往來研究』, 「8章」, 哈尔濱 : 黑龍江教育出版社, 2002.

[27] 최용철, 「明清소설의 동아시아 전파와 교류-『剪燈新話』를 중심으로-」, 『중국학논총』13, 2000 ; 박재연, 「綠雨堂에서 읽었던 중국소설에 대하여」, 송

조선의 독서讀書문화와 장서藏書문화, 서적의 유통방식에는 어떠한 변화상이 생겨났는지 고찰하는 연구 등이 등장했다.[28]

이상의 연구에 의해서 조선왕조가 유교국가의 수립을 위해 중국서적을 중시한 결과 정부차원에서 뿐 아니라 민간차원에서도 중국서적의 유입이 활발했었다는 것이 밝혀졌다. 특히 민간차원의 서적유입이 활발했던 결과, 17~18세기에 절정에 달한 청대의 예술藝術·문학사조文學思潮가 같은 시기 조선에도 수용되었음이 밝혀졌다. 그러나 중국서적이 조선 서적문화에 미친 영향 가운데 하나인 장서문화를 고찰함에 있어서는 청대 골동骨董·감상학鑑賞學의 영향만을 주목한 결과 조선 장서가藏書家의 출현시기를 지나치게 늦추어 잡음으로써 조선에서 자체적으로 발달하고 있던 장서문화에 대해서는 소홀히 하는 결과를 가져왔다. 이에 본서는 중국에서 전파된 대량의 서적으로 조선의 민간장서가 일대 발전의 계기를 맞게 되었고, 중국에서 오랫동안 누적되어 온 장서와 구서求書에 관련된 경험들이 조선에 이식되었음을 밝히면서도, 조

일기·노기춘편, 『海南 綠雨堂의 古文獻』(1冊), 서울 : 태학사, 2003 ; 김영선, 「中國類書의 한국 傳來와 收容에 관한 硏究」, 『서지학연구』26, 2003 ; 윤세순, 「16세기 중국소설의 국내유입과 향유 양상」, 『민족문학사연구』25, 2004.

[28] 강명관, 「조선후기 서적의 수입·유통과 藏書家의 출현」, 『민족문학사연구』9-1, 1996 ; 「조선후기 京華世族과 古董書畵 취미」, 『동양한문학연구』12, 1998 ; 김영진, 「朝鮮後期 明淸小品 수용과 小品文의 전개 양상」, 고려대 박사논문, 2004 ; 이민희, 『16~19세기 서적중개상과 소설·서적 유통관계 연구』, 연세국학총서85, 서울 : 역락원, 2007 ; 문학방면의 연구에서 비롯된 이러한 경향은 철학사, 미술사, 과학사 등의 방면으로도 확대되고 있는 추세인데, 따라서 중국서적의 讀書경험이 조선의 사상과 예술, 西學지식 및 대외인식 등에 어떠한 영향을 미쳤는지에 대해서도 고찰하게 되었다. 홍선표外, 『17·18세기 조선의 외국서적 수용과 독서문화』, 서울 : 혜안, 2006.

선의 민간장서는 대부분의 경우 자체적으로 성장하고 있던 조선의 특징을 그대로 유지하고 있었다는 것을 밝히고자 한다. 그 특징이란 조선의 학문정책에 의해 결정되는 성질의 것이었음을 지적하게 될 것이다.

각 장에서 살펴 볼 내용은 다음과 같다. 제2장에서는 우선, 출판 자체가 미약했던 명초부터 상업출판이 전성기를 맞이했던 명말에 이르기까지, 각 시기의 상황에 따라 상업출판이 어떠한 사회적 역할을 수행했는가를 고찰하기 위해서 명대를 3분分하고, 각 시기에 출판업이 주력해서 생산했던 서적 종류에 대해서 살펴보게 될 것이다. 또 각 시기의 주력상품은 시간의 추이에 따라 어떠한 변화양상을 보였는지 살펴봄으로써 출판업이 사회의 어떠한 요구에 부응하며 발전해갔는지 고찰해보고자 한다. 그 가운데 과거 수험용 서적은 출판업이 처음 흥기하기 시작했던 시점부터 주요상품으로서 주목을 받았는데, 경서를 중심으로 한 과거의 텍스트들이 수험서로 개발되어 가는 과정을 살피는 것은 사인들에게 가장 긴요했던 과거에 합격하기 위한 지식이 상품으로 개발되어 확산되는 과정을 살피는 일이 될 것이다.

제3장에서는 과거 수험용 서적에 대한 기존연구에서 간과되어 왔던 청초까지를 고찰의 대상으로 넣고, 청초에도 지속적으로 위력을 발휘했던 수험서 출판의 역할에 대해서 고찰해보고자 한다. 특히 명말청초에 걸쳐 철저히 주자학을 신봉하려고 했던 저자들의 수험서 출판활동과, 그러한 수험서의 유통을 통해 저자들이 확산시키고자 했던 정치적·학문적 소신은 무엇이었는지를 고찰해 보고자 한다. 이러한 작업은 기존연구가 명말의 수험서 가운데에서도 주로 주자학에 대해 새롭고 이단적인 시각을 보였던 수험서들만을

고찰함으로써 청초 유학이 부흥해 가던 시기에 수험서 출판이 수행했던 역할을 고찰하지 못하였던 사정을 보완할 수 있을 것으로 기대한다.

과거 수험서가 가진 **빠른 전파력** 때문에 수험서가 개발될수록 상업적 목적 이외의 다른 의도, 예들 들면 정치적 소신을 전달하기 위한 도구 등으로도 활용될 여지가 있었다. 따라서 각 시기 출판이 수행했던 사회적 역할은 과거 수험서의 출판과 활용을 통해서 고찰이 가능할 것이다. 제4장에서는 청초 정치·문화적 질서가 잡혀가는 새로운 환경 속에서 수험서의 출판이 관변학자들에게 어떻게 활용되었는가를 살펴보고자 한다. 또 청조에 의해 숭문정책이 추진되고 있던 당시는 수험서의 출판뿐 아니라 권위 있는 전대前代의 고적을 소장하고 출판하는 일도 정치사회적 명성을 높여주는 일이 되었으므로, 수험서의 출판과 더불어 고적의 수집출판 활동이 정치적 자원으로 접근하는 통로가 되었음을 함께 고찰해보고자 한다.

제5장에서는 중국서적의 유통망이 동아시아 주변국으로 연장된 일례로서, 중국서적의 수입이 조선에서 일으킨 반향에 대해 살펴보고자 한다. 우선 중국의 과거수험용 서적은 같은 시기 조선에서 어떻게 선별·활용되었는지를 살펴보고자 한다. 또 조선으로 전파된 중국서적이 수용자측의 필요에 의해서 어떻게 재생산되고 체계화되었는지를 중국서적의 번각과 일반 사인들의 장서 분석을 통해 알아보고자 한다.

이상, 각 장의 내용은 이전 시기와 구별되는 각 시기만의 출판문화의 특징을 부각하게 될 것이나, 동시에 과거제도의 운용 및 학풍의 변화에 상업출판의 내용과 질이 민감하게 반응함으로써 사인들에게 상업출판의 활용도는 지속적으로 확대되었다는 것을 강조하게 될 것이다. 이로써 최종적으로는 명말청초의 혼란기를 지나 청조에 의해 새로운 질서가 잡혀가던 시기에, 상업출판의 확대가 문화적 정합을 이루는 데 수행했던 역할을 살펴볼 수 있을 것이다. 이러한 작업은 명·청 교체기의 역사를 연속적으로 파악하는 데 기여하게 될 것이다.

과거수험용 서적을 중심으로 조선과 중국의 경험을 비교하는 일은 양국이 똑같이 유가경전을 정치이념의 근간으로 중시했으면서도 학문정책의 차이에 따라 서적의 활용에서는 커다란 차이를 보일 수밖에 없었다는 사실을 보여주게 될 것이다. 특히 최신의 중국서적과 정보를 정열적으로 수입했던 조선이 18세기 말까지도 송학에 기반한 교육용 텍스트 이외의 중국서적은 전혀 재생산하지 않았다는 사실은 사인들의 교육과 독서를 통제함으로써 정치적 이데올로기를 확고히 하겠다는 조선의 학문정책을 엿볼 수 있는 사례가 될 것이다. 이러한 경향은 일반 사인들이 소장하는 장서의 구성에도 영향을 미치게 되었으니, 이러한 과정을 통해 제한적이나마 16세기 말 이래 중국 상업출판의 확대가 주변국의 지식의 확산 및 체계화에서 갖는 의미에 대해 살펴볼 수 있을 것으로 기대한다.

제2장

명말 상업출판의
흥기와 과거제도

중국에서 서상書商이 독립된 직업으로 활동하고 고정적인 서점 거리를 형성하면서, 상업출판이 사회현상의 하나로 확실하게 자리 잡기 시작한 것은 12세기 남송대 초반의 일이었다.[1] 그러나 송대의 상업출판은 여전히 사대부 계층을 주요 독자로 삼아 영업을 했기 때문에 서적문화의 확산에서는 한계를 보였다. 상업경제의 성장과 인쇄기술의 발전을 배경으로 상업출판이 눈부시게 발달한 결과, 일반백성들까지 서적문화를 향유하게 된 것은 16세기 명대 중반 무렵의 일이었다. 따라서 명대의 상업출판은 중국의 서적문화가 새로운 국면으로 들어서는 데 원동력이 되었다고 하겠다.

그렇다면 명대 상업출판이 주력하여 생산했던 서적은 어떠한 종류였으며, 그것은 출판업의 발달에 따라 어떠한 변화양상을 보였을까? 또 명대 각 시기별로 출판업의 주요 생산대상이 되었던 서적들은 어느 시대의 저작들일까? 이것은 출판 자체가 미약했던 명초부터 상업출판이 전성기를 맞이했던 명말에 이르기까지, 각 시기의 상황에 따라 상업출판이 어떠한 사회적 역할을 수행했는가를 고찰하기 위한 전제질문이 될 것이다.

이러한 물음에 답하기 위해서 본서는 중국 출판물의 대략을 살펴 볼 수 있는 선본해제목록善本解題目錄 몇 가지를 살펴보았는데, 그 가운데 중국의 국내외에 남아있는 선본을 비교적 고루 살펴 볼 수 있을 뿐 아니라, 명대 출판업의 발달과정을 살피는데 유용하다고 생각되는 것은 다음 세 가지의 목록이다.

① 먼저 『명대판각종록明代版刻綜錄』(이하 『명판종록明版綜錄』으로 약칭함)은 중국 각지의 도서관에 소장되어 있거나 44종種의 도서목록

---

1) 趙萬里,「中國版刻的發展過程」,『人民日報』1961年 5月 4日 ; 宋原放·王有朋輯注,
  『中國出版史料古代部分』1卷 재수록, 湖北 : 敎育出版社, 2004, 223~224쪽.

에 기재되어 있는 명각본明刻本만을 수록한 목록으로서, 여기에는 총 만萬여 종의 명대 출판서적이 실려 있다.2) 이것은 현재까지 명대각본明代刻本을 수록한 목록 가운데 최대량이다. 해제는 소략한 편이지만 출판자의 이름이나 출판처의 대호代號순서로 목록이 구성되어 있고 출판자의 약전略傳이 달려있기 때문에 관官·사私·방각坊刻 등의 출판주체를 확실하게 구별할 수 있다. 따라서 서상의 출판물을 가려내는 데 특히 유용하다.

② 『중국선본서제요中國善本書提要』(이하 『선본제요善本提要』로 약칭함)에는 송·원·명·청시기의 서적 4천4백 여 종이 수록되어 있는데, 각 서적의 각서刻書시기를 구분하였고 초본鈔本인지 각본刻本인지의 여부, 현존 소장처 등을 표시했다.3) 서적의 내용이나 구성상의 특징도 간략하게 소개했다.

③ 『합불연경도서관중문선본서지哈佛燕京圖書館中文善本書志』(이하 『중문선본지中文善本志』로 약칭함)는 미국 하버드옌칭연구소 도서관에 소장되어 있는 송·원·명각본 전부와 청각본淸刻本 가운데 선본만을 추려서 작성된 목록으로 모두 1,433종이 수록되어 있다.4) 이 목록에 수록된 서적은 대부분이 명말청초의 각본으로서 매우 자세한 해제가 달려있어 책의 내용이나 구성, 출판자와 저자 등에 대해 고찰하는 데 유용하다. 본서는 『선본제요善本提要』와 『중문선본지中文善本志』를 참고함에 있어서, 동일한 판본에 대해서는 『중문선본지』에 실려 있는 정보를 우선으로 했다. 『선본제요』는 중국의 주요 도서관뿐 아니라 미국 국회도서관에 소장되어 있는 중국선본

---

2) 杜信浮編, 『明代版刻綜錄』, 揚州: 江蘇廣陵古籍刻印社, 1983, 8冊.
3) 王重民撰, 『中國善本書提要』, 上海古籍出版社, 1983.
4) 沈津著, 『哈佛燕京圖書館中文善本書志』, 上海辭書出版社, 1999.

에 대한 정보까지 제공하고 있긴 하지만 각 서적의 특징에 대해서는 서문序文의 일부, 패기牌記[간기刊記]의 일부만을 소개해서 전모를 파악할 수 없는 경우가 있다. 이에 비해『중문선본지』는 가능한 한 패기와 비혈扉頁[속표지], 서문序文, 목록目錄, 범례凡例 등의 전부를 수록했기 때문에 자료로서의 활용가치가 한층 높다.

이상의 해제목록들이 서적의 구성을 모두 옮겨놓을 수는 없고, 또 명대의 전적全籍을 포함하지는 못하기 때문에 본서에서 파악하지 못한 출판업자 및 상업출판서적도 상당히 많을 것이다. 그렇더라도 명대 출판업의 전체적인 발전과정과 특징을 고찰하는 데에는 무리가 없을 것이라고 생각한다. 여기에다 북경대학교 도서관 및 북경도서관에 소장된 명말청초의 선본서善本書와 마이크로필름 복사본, 그리고 문헌자료로서 필기자료 등의 기록을 보충하여 명대 상업출판의 발달과정 및 변화양상을 고찰해 보려고 한다.

제1절 유학 경전의 확산과 수험서의 개발

　명대 출판의 발달과정은 가정년간嘉靖年間(1522~1566)을 기점으로 전기와 후기로 양분하여 고찰되어 왔다. 가정년간 이후 명대 후반의 출판문화는 이전 시기에 찾아볼 수 없었던 새로운 현상들이 현저해지기 시작했으며, 그것이 기타 왕조와는 다른 명대 출판문화만의 특징으로 자리 잡게 되었다고 보는 것이다.5) 한편 판본학版本學 연구에서는 출판된 서적의 판식板式과 글자체 등 판본학적 특징에 의해서 명대의 서적을 16세기 이전, 16세기 전반, 16세기 후반 이후의 서적으로 3분分하여 파악하고 있다.6)

---

5) 새로운 현상들이란, 서적의 출판량이 폭증했다는 점 이외에도, 도시를 중심으로 서적의 집산지와 定期市가 발달하고 강남지역에서는 書船이 출현하여 서적을 보급하는 등 서적판매와 유통면에 있어 획기적인 발전을 이루었다는 점, 藏書家·目錄家·전문編輯人 등이 다수 출현하여 다양한 형태의 서적을 개발·생산하고 수집했으며, 출판업자들 사이에서는 상표의 무단도용을 방지하기 위한 板權의식이 생겨났다는 점, 출판된 서적의 종류로 보자면 통속서적의 출판이 비약적으로 발전하여 통속문학이 획기적으로 발전하게 되었다는 점 등이다. 繆永禾, 『明代出版史稿』, 江蘇 : 人民出版社, 2000, 第1章 「槪說」, 4~16쪽.

6) 周采泉은 출판서적의 板式과 書體, 종이재료, 심미적 등의 특징에 따라 明代를 다음과 같이 3分했다. (1) 洪武~弘治年間(1368~1505) : 北宋代와 비슷. (2) 正德嘉靖隆慶年間(1506~1572) : 南宋代와 비슷. (3) 萬曆天啓崇禎年間(1573~1644) : 이전시기보다 전체적으로 수준이 떨어지는 특징을 보인다. 『明版綜錄』, 「周采泉序文」; 李致忠은 비슷한 기준에 의해서 (1)明初~正德年間, (2) 嘉靖~萬曆前半, (3)萬曆後半~崇禎年間으로 3分했다. 『古書版本學槪論』, 北京 :

이상의 성과 위에서, 본서는 명대 상업출판이 사회의 어떠한 요구에 부응하며 전개되었는지 그 양상을 살펴보기 위해 『명판종록 明版綜錄』에 수록된 방각서에 몇 가지 분류를 시도했다. 우선 서상의 출판물이 확실한 서적들만을 뽑아서 사부법四部法에 따라 서종 書種을 분류하고 출판시대 순으로 배열해 보았다. 그리고 명대 총 276년의 시기를 약 90~100여 년씩으로 3분하여 각 시기에 생산된 상업출판물의 결과를 세 개의 표로 작성했다. 이러한 구분은 3분된 각 시기의 기간을 비슷하게 안배하면서, 동시에 각 시기에 보이는 사상적·사회적 특징이 상업출판에 미쳤던 영향력을 고려한 것이기도 하다. 3분된 시기는 다음과 같다. (1)시기 홍무洪武~천순년간天順年間(1368~1464) : 건국초 정치적 안정과 사상적 통일의 기반을 마련하기 위해서 주자학을 관학화官學化하고 교육제도를 정비했던 시기로서, 이에 필요한 이론서가 공식 텍스트로 지정되었던 때였다. (2)시기 성화~가정년간(1465~1566) : 교조화敎條化했던 이전 시기의 학풍과 문체에 대한 반동 및 양명사상陽明思想이 흥기하기 시작했던 시기였다. (3)시기 융경隆慶~숭정년간崇禎年間(1567~1644) : 관학의 붕괴와 강학講學풍조의 유행 등으로 개인의 사고가 자유롭게 분출되었던 시기였다. 후술하겠지만 이상의 특징들은 각 시기 상업출판의 발전향보를 결정짓는 요인이 되었다.

『명판종록』에 수록된 총 만 여 종의 명대출판물 가운데 출판가가 '서림書林'이라는 호칭을 새겨 넣으며 스스로 서상임을 표방하였거나, 제가諸家의 목록제발집目錄題跋集에서 상호商號가 밝혀짐으로써 그들이 생산했던 서적들이 상업출판물임이 분명히 알 수 있는 서적은 총 1,403종에 달한다.[7] 이것을 위의 3시기의 구분에 따

北京圖書館出版社, 1990, 102~106쪽.

라 살펴보면, (1)시기 96년간 52종, (2)시기 101년간 223종, (3)시기 77년간 총 1,128종의 서적이 생산되었다.

다음의 〈표 1〉, 〈표 2〉, 〈표 3〉은 각 시기에 출판된 구체적 서종書種의 수량과, 각각의 서종이 각자 시기의 전체 출판량 가운데 차지하는 비율을 나타낸 것이다. 진하게 표시된 부분은 각 시기에서 10% 이상의 출판비중을 차지하는 서종이다.[8]

우선 아래 세 개의 표는 시기에 상관없이 출판업이 주로 생산했던 서적이 유서류類書類와 의서류醫書類였음을 보여준다. 상업출판이 극히 침체되어 96년간 단지 52종의 출판물만이 확인되는 (1)시기에도 이 두 종류의 서적만큼은 전체 출판량에서 각 10%를 넘는 높은 출판율을 보이고 있으며, 특히 의서는 전체 출판량의 4분의 1을 차지하고 있을 정도로 단연 우세였다. 물론 100년에 가까운 긴 세월동안 두 종류 출판의 합이 21종에 지나지 않을 정도로 출판업 자체가 매우 빈약했지만, 출판의 침체시기에 유서와 의서의 생산을 통해서 출판업의 명맥이 이어지고 있었다고 볼 수 있다.

---

[7] 본서에서는 書商에 의한 坊刻출판물이 분명한 서적만을 대상으로 고찰하였다. 明代의 書商들은 자신의 출판물에 스스로를 書友某, 書林某, 某書堂 등으로 표현했는데, 특히 書林이라는 용어를 가장 많이 썼고 어느 지역출신인지도 표시했다. 가장 유명했던 福建의 書商 余象斗의 경우, 자신의 출판물의 표지나 牌記=刊記 등에 '建陽書林文台余象斗雙峰堂'이라고 새겼다. 文台는 余象斗의 號, 雙峰堂은 그가 운영하던 서점 중의 하나였다. 본서에서는 우선 『明版綜錄』 가운데 書商들이 스스로를 표시했던 서적은 모두 대상으로 넣었다. 그런데 江浙등 일부 지역의 書商들은 자신을 나타내는 어떠한 표시도 하지 않은 경우가 있다. 이런 경우는 기존 板刻연구서에서 밝혀진 代號 혹은 성명을 가지고 일일이 대조하거나, 『明版綜錄』에 간략히 기록된 略傳=書賈, 書鋪 등의 기록 등을 살핌으로써 구별해내는 수밖에 없다. 본서에서 참고로 삼은 板刻 연구는 張秀民, 蕭東發의 연구들이다.
[8] 각 시기 전체출판량 가운데 차지하는 坊刻書 書種의 출판비율은 소수점 둘째자리에서 반올림 한 수치이며, 분류미상의 서적은 제외시켰다.

(2)시기의 출판비율을 살펴보면 의서류의 출판이 중시되었던 것은 여전한데, 새롭게 소설小說·희곡류戱曲類와 경서류經書類·유가서류儒家書類·문집류文集類의 출판비중이 높아졌다는 것을 알 수 있다. 상업출판이 발달하기 시작한 15세기 중반, 이러한 서종의 방각출판이 눈에 띄게 증가했다는 것은 소설·희곡과 같은 오락·흥미위주의 서적들 뿐 아니라, 경서를 비롯해서 유학자儒學者의 전통적인 임무와 관련된 분야의 서적들이 상업화의 영향을 가장 먼저 받았다는 사실을 알려준다.

(3)시기인 16세기 후반 이후 출판업에서 가장 두드러진 변화는 소설·희곡류의 약진이다. 〈표 3〉에서 보는 것처럼 이 시기 전체 출판량의 거의 1/4에 해당하는 23.5%의 비중을 차지하고 있으며, 그 이전 시기에 출판된 총량을 합친 것보다도 10배 이상의 많은 수량이 출판되었다. 이 숫자는 현존하거나 기록으로 남겨져 확실하게 파악할 수 있는 서적들만을 대상으로 한 것이므로 성격상 방각본의 소설류가 기록에서 누락되기 쉽다는 것을 생각할 때 실제 출판량은 훨씬 많았을 것으로 예상할 수 있다. 소설·희곡류와 함께 (2)시기의 주요 생산서종이었던 경서류·유가서류·문집류의 출판비중은 크게 줄어 명초의 비율정도로 돌아갔다. 그런데 세 개의 표를 비교해보면 명초의 출판수준 정도를 유지하는 경향은 큰 폭의 증가율을 보이고 있는 소설·희곡류와 총집류總集類를 제외하면 나머지 모든 서종에서 한결같이 보이고 있는 현상이기도 하다. 즉 상업출판은 대량출판시기를 맞아 새롭게 소설·희곡류와 총집류 생산에 주력했다고 볼 수 있다.

아래의 표들에서, (2)시기에 출판된 서적량이 (1)시기의 총생산량을 약 4.3배가량이나 능가하고 있는 것은 그만큼 명초明初 출판업의 사정이 열악했음과, 15세기 중반부터 상업출판이 빠르게 성장하기 시작했다는 사실을 보여준다. 그런데 16세기 말 이후에 해당하는 (3)시기는 시간적으로는 (1)시기와 (2)시기보다 약 20여 년 정도가 부족하지만 출판량은 (1)시기의 21.7배, (2)시기의 5.1배로 폭증했다. 이미 많은 연구에서 지적되었듯이 16세기 가정년간을 기점으로 중국의 서적은 대량출판의 시대를 맞이했다고 볼 수 있는 것인데, 위의 표를 통하여 엄밀히 말하자면 상업출판량이 폭증한 것은 16세기 말 융경隆慶·만력년간萬曆年間 이후의 일이었다고 하겠다.

단 출판업이 발달하고 대량생산의 시대가 시작되었다고 해도 모든 종류의 서적출판량이 일률적으로 증가했던 것은 아니다. 〈표 2〉와 〈표 3〉을 비교해 보면, 전통적으로 사대부들에게 긴요했던 경부經部의 서적들은 전체적으로 출판비중이 감소한 가운데, 경서류의 출판비중이 줄어들었고 대신 사서류四書類의 비중이 늘어났음을 확인할 수 있다. 자부子部의 경우에는 유가류 출판비중의 대폭 감소와 소설·희곡류의 약진이 가장 두드러지게 나타난다. 이러한 통계가 보여준 사실에 유의하면서 지금부터는 각 시기별 출판업의 특징을 가늠해보고자 한다.

〈표 1〉 (1)시기 홍무~천순년간(1368~1464: 합 96년)의 방각서: 52종

經經				史					子					集		
總經	詩書易禮春秋	四書	小學	正史	編年雜史	傳記目錄	史評政書	地理	儒家	雜家기타	類書	醫書	小說	總集	別集	詩文評기타
0	3	2	2	3	3	1	0	2	3	3	8	13	1	3	3	1
0%	5.9%	3.9%	3.9%	5.9%	5.9%	2%	0%	3.9%	5.9%	5.9%	15.7%	25.5%	2%	5.9%	5.9%	2%
7종 (13.7 %)				9종 (17.6 %)					28 종 (54.9 %)					7종 (13.8 %)		

총 52 종 (분류미상 1 종)

〈표 2〉 (2)시기 성화~가정년간(1465~1566: 합 101년)의 방각서: 223종

經經				史					子					集		
總經	詩書易禮春秋	四書	小學	正史	編年雜史	傳記目錄	史評政書	地理	儒家	雜家기타	類書	醫書	小說	總集	別集	詩文評기타
1	21	2	7	3	10	1	5	2	25	7	20	42	22	17	33	2
0.5%	9.5%	0.9%	3.2%	1.4%	4.5%	0.5%	2.3%	0.9%	11.4%	3.2%	9.1%	19.1%	10%	7.7%	15%	0.9%
31 종 (14.1 %)				21 종 (9.5 %)					116 종 (52.8 %)					52 종 (23.6 %)		

총 223 종 (분류미상 3 종)

〈표 3〉 (3)시기 융경~숭정년간(1567~1644: 합 77년)의 방각서: 1,128종

經經				史					子						集		
總經	詩書易禮春秋	四書	小學	正史	編年雜史	傳記目錄	史評政書	地理	儒家	雜家	藝術	類書	醫書	小說戱曲	總集	別集	詩文評기타
5	67	37	23	10	21	29	25	20	21	45	31	114	109	259	168	82	34
0.5%	6.1%	3.4%	2.1%	0.9%	1.9%	2.6%	2.3%	1.8%	1.9%	4.1%	2.8%	10.4%	9.9%	23.5%	15.3%	7.5%	3.1%
132 종 (12 %)				105 종 (9.5 %)					579 종 (52.6 %)						284 종 (25.8 %)		

총 1,128 종 (분류미상 28 종)

(1) 홍무~천순년간(1368~1464)

출판이 전반적으로 저조했던 (1)시기에 유서류와 의서류를 통해서 출판업의 명맥이 이어지고 있었다고 서술한 바 있다. 이 시기에 출판된 유서[9]와 의서[10]는 주로 송·원대의 저작들이었고, 출판업자로는 복건福建 건양建陽의 서상들이 독보적으로 활약했다.

그런데 (1)시기가 거의 끝나가던 15세기 중반에 이르면, 유서류와 의서류 이외의 분야에서 상업출판 발달의 주목할 만한 변화가 관찰된다. 서상이 경서를 출판하여 일반인들을 상대로 판매하기 시작한 것이다.

> 서상들이 출판했던 『역전易傳』 및 『주역본의周易本義』류의 서적들이 세상에 통행되었던 것은 이미 오래 전의 일이다. 그리하여 우리 조정에서는 다시금 제가諸家의 설설을 수집하고 상세한 해설을 붙였는데, 이것이 소위 『(영락)대전大全』으로서, 학교에 반포했다. 나 여혜余惠는 산림山林의 사인들이 이것을 구해보기가 어렵다는 것이 염려되었다. 이에 (내부각본內府刻本) 원본을 베끼고 내가 직접 경비를 들여서 출판하도록 하는 것이니, 재야의 사인들도 모두 구해서 살펴볼 수 있게 되었다.[11]

---

9) 『明版綜錄』 卷3, (宋)祝穆輯, 『事文類聚』前後別集, 天順建陽書林明實書堂刊 同卷5, (元)林楨輯, 『聯新事備詩學大成』, 永樂6年建陽書林博雅書堂刊. 同卷6, (宋)陳元靚編, 『纂圖增訂群書類要事林廣記』前後續外集, 永樂16年建陽書林劉君佐翠嚴精舍刊. 同6卷, (元)吳鼏輯 『丹墀獨對』20卷, 洪武19年建安書林葉景逵廣勤堂.

10) 『明版綜錄』 卷2, (宋)陳文中撰, 『陳氏小兒病源方論』4卷, 正統3年建陽陳世璜存德堂刊. 同卷5 (宋)劉如先撰, 『類證傷寒活人書括』4卷, 宣德8年建陽劉氏溥濟藥室. 同卷6 (宋)陳師文編, 『太平惠民和劑局方』10卷『指南總論』2卷, 正統9年建安書林三峰葉景逵廣勤堂刊. (宋)王扐中撰, 『針灸資生經』7卷 『目錄』2卷, 正統8年建安書林葉景逵廣勤堂刊. (宋)陳自明撰, 『外科精要』3卷, 天順8年建陽書林熊宗立種德堂刊.

11) 『中文善本書志』 經部, 12쪽. 胡廣等輯, 『周易傳義大全』24卷 『上下篇義』1

위의 인용문은 정통 5년(1440) 건양서상建陽書商 여혜余惠의 쌍주서당雙柱書堂에서 『주역전의대전周易傳義大全』을 출판하면서 간기에 새겨 넣었던 광고용 문장이다.[12] 이 광고문은 먼저 『역전』 및 『주역본의』를 비롯한 『주역』해설서들은 과거를 보기위한 기본적인 지침서였기 때문에 일찍이 송대부터 서상의 주목을 받아왔지만 너무 오래전에 출판되었을 뿐, 출판업이 미비했던 명초의 사인들은 구해볼 수 없었다는 사실을 전하고 있다. 또 명조는 국초國初에 송대의 경전해석들을 집대성하여 『영락대전永樂大全』을 편찬하였고 육부六部와 국자감國子監, 부현학府縣學에 반포하여 교육의 자료로 삼게 하였지만, 일반인들이 각 급 학교에 반포되었던 『영락대전』의 경서를 구해보는 것은 쉬운 일이 아니었다는 사실도 알 수 있다. 이럴 때 방각본 경서가 다수 출현한다면 누구나 돈을 주고 손쉽게 경서를 구해 볼 수 있게 된다. 따라서 여혜가 학교제도에 편입되지 않은 "재야의 사인들까지도 모두 구해볼 수 있게 되었다"고 공

卷 『朱子圖說』 1卷 『五贊』 1卷 『筮儀』 1卷 『綱領』 1卷, 正統庚申余惠雙柱書堂刻本, 「牌記」. 괄호 안은 인용자의 보충이며, 밑줄 친 부분은 인용자의 강조임.

12) 본문의 인용기사는 明代출판서적의 광고기법에 대해 고찰한 기존연구에서 소개된 바 있다. 이 논문에서는 위의 기사를, 牌記에 서적의 내용을 소개함으로써 독자의 수요에 적당하다는 것을 알리는 광고기법의 하나로 소개했다(張傳峰, 「明代刻書廣告述略」, 『湖州師範學院學報』 22-1, 2000, 75쪽). 이 논문은 『中文善本書志』에 실려 있는 牌記[刊記], 扉頁[속표지], 凡例, 책표지, 원고모집, 書目 등의 사례를 뽑아서 명대 출판서적의 광고방법을 6가지로 분류했다. 그러나 6종의 분류나열에 그쳤을 뿐 서적광고의 등장이 출판업 발달이나 학문적 관심과 어떠한 관계를 가지고 있었는지 등에 대해서는 언급하지 않았다. 다만 이처럼 다양한 광고기법이 발달한 것은 명대 상품경제 발전의 산물이었다고 결론지었다. 같은 자료를 이용했기 때문에 본서에서 사용한 사료와 중복되는 경우가 있는데 이것은 별도로 표시하겠다.

언했던 것처럼, 그의 출판은 결과적으로 경서의 보급을 확대시키는 역할을 하게 된 것이다. 경서는 사인의 독서와 과거시험에 꼭 필요한 텍스트였으므로 어떤 저본底本을 사용했는지도 문제가 된다. 그렇기 때문에 여혜는 자신의 출판물이 내부각본인 '원본을 베껴' 그대로 번각한 것임을 특별히 강조하였던 것이다.

그런데 여혜가 경서 중에서도 특히 『영락대전』류를 번각하고 그 사실을 광고했던 이유는 『영락대전』이 명일대明一代에 걸친 취사取士의 기준으로서 일반 학자들은 물론이고 명대의 경학자체가 크게 의존했던 서적이었기 때문이었다.13) 학교제도를 과거제도와 결합시키고 『사서오경』을 과거시험의 교재로 지정하여 유교정신에 바탕을 둔 교육정립의 기초를 마련했던 것은 홍무제(1368~1397)였지만,14) 주자학을 통한 사상과 교육의 통제를 철저하게 완성했던 것은 영락제(1403~1424)였다. 이러한 통제정책의 대표적 사례가 영락 13년(1415)에 이루어졌던 『영락대전』의 찬수였는데, 이 책은 송대의 경전에 대한 해석을 집대성하여 『사서오경대전四書五經大全』으로 통일시키고 송대 도학자道學者들의 학설을 백과사전식으로 모아 『성리대전性理大全』으로 집약시켜 놓은 것이었다. 『영락대전』은 완성 이후 중앙과 지방의 각 급 학교에 반포되어 학교교육과 과거시험의 교재로 채택되었는데, 관료가 되기 위한 필독서로 지정되었기 때문에 현실 속에서 강력한 위력을 발휘했다.15) 이 책은 정난靖難의 역役 이후 정치력으로 국내의 안정을 도모해야 했던 영락제가 장기적으로 교육을 통해 독서인들의 의견을 통일시키기 위해 찬수했

---

13) 顧炎武, 『日知錄』 卷18, 「四書五經大全」, (淸)黃汝成集釋本, 湖南 : 岳麓書社, 1994, 650쪽.
14) 『明史』 卷70, 「選擧志二」 ; 王世貞, 『弇山堂別集』 卷81, 「科試考一」.
15) 東京大中國哲學硏究室 / 조경란 譯, 『中國思想史』, 동녘, 1992, 188~191쪽.

던 것으로,16) 송학宋學의 결정結晶을 집대성한 것이지만 송학의 가장 기본적인 정신이었던 '자유비판정신'을 결여함으로써 송대 자유롭던 경전 해석의 모습은 사라지고 그 결과만을 묵수하도록 만들었다. 즉 학자들은 『대전』이 공인公認한 송대의 학설을 철학적 진리로 받아들이고 실천하는 것에만 관심을 가졌을 뿐, 경전에 대한 새로운 탐구와 해석을 시도하지 않게 된 것이다. 정권의 정통성을 논할 수 있는 도문학적 학풍은 단절되었고 오로지 도덕성의 훈련과 연마를 통해 덕성德性을 높이려는 존덕성尊德性만이 강조되는 학풍을 형성하게 되었다.17) 결국 『대전』체제의 확립은 교육과 과거를 장악하여 유교의 정신 가운데 탐구정신의 개발을 차단하고 실천궁행實踐躬行과 수양만을 중시함으로써, 명초 경학을 획일적이고 교조적인 학풍으로 만드는 계기가 되었다.

이처럼 『영락대전』이 과거를 통과하기 위한 학설의 표준으로 제시되었던 것은 경서가 상업화하는 데 가장 중요한 원인이 되었다. 출판업이 차츰 흥기하기 시작하자 『영락대전』류 경서의 번각·판매는 가장 먼저 그 대상이 된 것이다. 그 결과는 여혜의 사례에서 보았던 것처럼, 출판업이 사인士人들에게 긴요한 경서를 보급하는 역할을 수행하게 된 것이었는데, 이러한 경향은 다음의 (2)시기에 더욱 분명해졌다.

---

16) 『永樂大全』은 朝廷의 사용을 위해서 지식인 계급의 생산물을 발췌하고 응축한 서적으로서, 그 목표는 통치자를 위한 고금의 모든 서적을 수집하는 것이었다. Kent Guy, *The Emperor's Four Treasuries : Scholars and the State in the Late Ch'ien-lung Era*, Cambridge, Mass. : Council on East Asian Studies, Harvard University, 1987, p.16.

17) 權重達, 「性理大全의 형성과 그 영향」, 『中央史論』4, 1985, 78쪽, 84쪽, 89~90쪽.

(2) 성화~가정년간(1465~1566)

(2)시기에 출판된 서적종류의 특징으로는, 새롭게 소설·희곡류와 경서류·유가서류·문집류의 비중이 커졌다고 지적한 바 있다. 먼저 22종種이 생산되어 전체 출판량의 10%를 차지하는 소설·희곡류를 내용을 살펴보자.[18] 이것의 대부분은 성화년간(1465~1487) 북경의 서상들이 출판했던 창본唱本 설창사화說唱詞話가 차지하고 있다.[19] 성화년간에 들어서 관료들 사이에 소창小唱이 유행했던 이유에 대해서는 선덕년간(1426~1435)에 정부가 관기官妓를 엄금하자 오락거리가 없어진 진신縉紳관료들이 소창을 새로운 오락거리로 삼았기 때문이라고 지적된 바 있는데,[20] 비록 성화 초 창본의 상업출판이 선덕년간의 금령 때문에 특별하게 생긴 현상이었다고 할지라도, 15세기중반 무렵의 서상들은 사대부·관료들의 수요에 대응하면서 출판물을 생산하는 능력이 있었다는 것을 알 수 있다.

다음으로 경서류·유가서류·문집류의 출판비중이 컸던 것으로 보아 상업출판이 서적의 전통적인 독자라고 할 수 있는 사인들의 수요에 적극적으로 대처하며 발흥하기 시작했다는 것을 알 수 있다.

---

18) 본서는 四部法에 따라 서적을 분류할 때 四庫全書類 諸叢書의 분류를 기준으로 삼았다. 다만 戱曲類만은 자의적으로 子部에 속하도록 했다. 본문에서 언급된 戱曲 및 唱本을 『四庫全書』와 『續修四庫全書』에서는 集部 詞曲類 혹은 戱劇類로 분류하고 있다. 이것은 일반적으로 통속문학을 지칭할 때 소설과 희곡 등을 같은 부류로 취급하는 정서에 어긋난다고 생각한다. 따라서 戱曲唱本類를 子部의 小說家類에 함께 포함시켰다.

19) 『明版綜錄』卷1, 成化7~14年(1471~78) 北京書林永順堂刊 12종. 同卷6, 成化7年金臺書林魯氏刊 2종.

20) 鄭振鐸, 『中國俗文學史』, 長沙:商务印书馆 民國27[1938] ; 張秀民, 『中国印刷史』, 上海:人民出版社, 1989.9, 360쪽 재인용.

전통시대 중국에서 사인들의 우월한 지위를 유지시켜 주는 조건은 우선 관료가 되는 것이었고, 또 그에 못지않게 중요한 조건이 성현들이 남긴 저술과 말씀을 이해하고 해석할 수 있는 능력이 있었다는 점이다. 오로지 이러한 능력이 있는 사인들을 통해서만 이 전통적인 지식과 도리는 전승될 수 있었는데, 관료가 될 수 있는 사인들의 숫자가 한정적인 상황에서 고전에 대한 해석능력은 사인들을 일반 백성들의 상위계층으로 만들어주는 결정적인 요소가 되었다.[21] 따라서 사인들의 본연의 임무라고 할 수 있는 경전에 대한 해석, 성현의 말씀에 관한 정리와 저술 등은 사인들에게 가장 긴요한 지식 가운데 하나로서, 이러한 내용을 담은 서적은 상업출판이 발흥하기 시작했을 때 가장 빨리 상업화의 영향을 받은 분야였다고 하겠다.

  (1)시기와 비교해 보면, (2)시기의 경서류·유가서류·문집류 출판 비중은 약 두 배 가까이, 혹은 그 이상 증가했다. 이 시기에 출판된 경서는 총경류總經類가 1종이고, 시詩·서書·역易·예禮·춘추류春秋類가 각각 골고루 출판되어 도합 22종이다.[22] 총 22종의 경서 가운데 명대인明代人이 찬집한 것은 8종이고 나머지 14종은 모두 송

---

21) Cheuk-woon Taam, *The Development of Chinese Libraries under the Ch'ing Dynasty*, 1644~1911, Shanghai : The Commercial Press, 1935, pp.1~2.

22) 總經類는 『明版綜錄』卷5, (明)胡廣等撰, 『五經大全』120卷, 正德8年王氏善慶堂刊. 春秋類는 同卷2, (宋)呂祖謙撰, 『詳註東萊左氏博議』25卷, 正德6年建陽書林劉宗器安正堂刊. (明)陳喆集解, 『春秋胡傳集解』30卷, 嘉靖9年建陽書林劉氏安正堂刊. 易類는 (宋)朱熹撰, 『周易傳義大全』12卷, 嘉靖15年建陽書林劉氏安正堂刊. 禮類는 (元)吳澄撰, 『新刊禮記纂言』36卷, 嘉靖9年建陽書林劉氏安正堂刊. 詩類는 同卷3, (明)胡廣等撰, 『詩經大全』24卷, 嘉靖27年建陽書林劉氏安正堂刊. 書類는 同卷3, (明)胡廣等撰, 『書經大全』10卷, 嘉靖11年建陽書林劉輝明德書堂干 등.

원시대 저작을 출판한 것이다. 명대의 저작 8종 중에서 6종은 『오경대전五經大全』을 저본으로 삼아 번각한 것이었고, 명대인 개인의 저작은 2종에 불과하다.23) 이것은 앞에서도 언급했듯이 영락제에 의해서 완성된 『대전』이 교육과 과거를 완전히 장악한 결과, 명조에 의해서 진리로 공인된 학설만이 수용되었던 학풍이 상업출판의 내용에도 반영된 결과이다. 출판업도 사인들의 수요를 따라서, 송원대의 텍스트와 국가가 공인했던 『대전』의 범위 내에서 획일적 유학儒學내용을 그대로 재생산하여 판매하였던 것이다.

따라서 이 시기 출판업이 경서를 생산했던 것은 기존의 경서를 보급·확산하는 차원에서 이해할 수 있다. 서상이 의도적으로 경서를 보급하기 위해서 영업활동을 했던 것이 아니고, 15세기 전반기까지 출판의 침체와 문헌보급의 부족현상이 워낙 심각했기 때문에, 출판이 부흥하면서 사인들의 수요에 맞추어 생산을 하다 보니 결과적으로 경서를 보급하는 역할을 한 셈이다.

앞에서 소개했던 바, 1440년에 『영락대전』본 『주역전의대전周易傳義大全』을 번각생산했던 쌍주서당에서는 홍치 9년(1496)에 좀 더 간단한 형태로 이 책을 중각重刻했는데,24) 제독첨사提督僉事 유명游明의 교정본을 중각함으로써 출판물의 신뢰를 더욱 높였다. 유명은 『송사전문宋史全文속자치통감續資治通鑑』의 교정에 참여한 적이 있어 당시 문인들의 제목록에 자주 이름이 거론되는 사람이었기

---

23) 『明版綜錄』卷2, (明)陳喆集解, 『春秋胡傳集解』30卷, 嘉靖9年建陽書林劉氏安正堂刊. 同卷5, (明)王家棟撰, 吳瑋編, 『易經聖朝正達』20卷, 嘉靖44年書林汪氏誠意齋刊.
24) 『明版綜錄』卷7, 胡廣等輯, 『周易傳義大全』24卷 『圖說』1卷 『綱領』1卷, 弘治丙辰余氏雙柱書堂刻本. 原版에 있던 『上下篇義』1卷, 『五贊』1卷, 『筮儀』1卷이 빠졌다.

때문에 방각서의 권위를 높이기에 충분했다. 유명은 경태 2년(1451)의 진사로서 천순년간(1457~1464)에 복건에 부임하여 성화년간(1465~1487)에 사망했다. 위의 책이 중각된 것은 홍치 9년(1496)의 일이므로 유명의 교정을 받아서 출판한 것이 아니라 유명이 복건지역의 관리로 있으면서 교정·출판해 두었던 책을 홍치년간에 이르러 쌍주서당에서 중각했다는 사실을 알 수 있다.25) 이것은 『대전』류 경서의 꾸준한 수요에 쌍주서당이 부응한 것이라고 볼 수 있다.

그런데 서상이 경서를 상품화시키며 확산에 나서게 된 것은 그만큼 경서의 수요가 높아졌기 때문으로, 즉 경서를 필요로 하는 사인이 증가했기 때문이었다. 주지하다시피 15세기부터 명조의 인구가 증가하기 시작했는데 14세기 말에 약 6천 5백만 명이었던 인구는 1600년경에 이르러 1억 5천만 명 정도로 증가했다.26) 그 결과 사인의 숫자도 자연히 증가하게 되었는데 특히 주목되는 것은 생원 숫자의 증가였다. 명대의 생원은 학교에 재적在籍하며 과거에 응시할 수 있는 자격을 갖춘 학생으로서, 홍무제가 학교제도를 과거제도와 결합시켜 과거에 응시하기 위한 준비단계로 만들어버렸기 때문에 생원은 과거제도에서 가장 기본적인 지위였다. 또 일단 생원이 되면 우면권優免權을 부여받았기 때문에 서인庶人과 사인의 신분을 구분하는 지표이기도 했다. 명초에는 실력주의의 원칙에 따라 생원의 숫자를 제한적으로 유지하는 정책이 고수되었지만 15세기 중반 무렵부터 생원의 정원을 늘려야 한다는 사회적 요구를 수용하지 않을 수 없을 정도로 생원이 되고자 하는 사람들의 숫자

---

25) 『善本提要』經部, 2쪽. 重刻本의 牌記에는 雙柱書堂 주인의 초상을 새긴 그림이 첨가되었고 그림 위쪽에는 '雙柱堂'이라는 상호를 새겨 넣었다; 『福建通志』卷29, 「名宦一·游明」, 『四庫全書』本 527冊 史部·地理類.

26) 何柄棣/정철웅 譯, 『중국의 인구』, 책세상, 1994, 317쪽.

가 증가했다.27) 그 결과 15세기 말~16세기 초반이 되면 생원의 숫자가 폭증하게 되었고 이것은 곧 과거 응시자의 폭증을 의미하는 것이었으므로 향시와 회시의 합격정원을 늘려야 한다는 주장도 나오게 되었다.28) 이와 같은 사인의 증가는 곧 학교시 단계에서부터 시험의 경쟁을 높여 경서의 수요를 증가시켰고 이러한 수요에 부응하기 위해 서상들이 경서를 상품화하기 시작한 것이다.

명초 학교의 입학시험, 혹은 학생의 자격시험에서 사용되었던 교재로는 『사서오경』이외에, 국자감에서는 유향劉向의 『설원說苑』, 『대명율령大明律令』, 『어제대고御製大誥』 및 서書·수數 관계서적들이 추가되었다.29) 부현학府縣學에서는 『어제대고御製大誥』과 율령律令을 익혀 세공시歲貢試를 보도록 했으며, 또 조정에서 경사經史·율律·고誥·예의禮儀에 관련된 책들을 반포하고 생원生員들에게 숙지시켜 과공시科貢試를 보도록 했다.30) 이렇듯 학교에서 사용되던 교재 가운데 『사서오경』이외의 서적들은 경의經義 이외의 시험, 즉 표表·책론策論·판判 등의 시험이나 예禮·악樂·사射·어御·서書·수數 등 실재實才 능력시험에 대비하기 위한 것으로서 사인들에게 필요한 교재였지만, 실제 과거의 운용에서는 초장初場 경의經義의 비중이 제일 컸기 때문에 가장 영향력 있는 교재는 역시 『사서오경』이었다.31) 특히 『영락대전』의 반포 이후에는 『대전』이외의 경전주

---

27) 何柄棣/조영록 譯, 『中國科擧制度의 社會史的 硏究』, 동국대출판부, 1987, 194~199쪽 ; 오금성, 『中國近世社會經濟史硏究』, 一潮閣, 1986, 38~44쪽.
28) 余英時, 「士商互動與儒學轉向-明淸社會史與思想史之一面相」, 『士與中國文化』, 上海 : 人民出版社, 2003, 529~530쪽 및 566쪽 각주 7).
29) 『明史』 卷69, 「選擧志一」.
30) 『明會典』 卷78, 「儒學·學規」.
31) 科擧를 준비하는 士人들은 三場의 공부를 골고루 하지 않고 一經만을 골라서 익혔으며 시험관들도 初場의 검열만을 중시하고 2~3場의 답안지는

소經典註疏는 채택되지 않았기 때문에,32) 방각본 경서를 구하려는 사인들과 이에 대응하는 출판업자들의 관심은 『대전』류에 쏠릴 수밖에 없었다.

이 시기 서상들이 펴낸 유가서로는 『영락대전』의 하나인 『성리대전性理大全』이 25종 가운데 10종으로서 가장 다수를 차지한다. 문집류의 경우는 거의 대부분이 당·송대 인물의 저작들인데 가장 빈번하게 출판된 것은 구양수歐陽修의 문집과 소동파蘇東坡의 시집, 육구연陸九淵과 여조겸呂祖謙, 양만리楊萬里의 문집 등이다. 명대인의 저작으로는 당순지唐順之(1507~1560) 한 사람의 문집만이 6건 출판되었는데, 문집류의 총 생산량이 33종이므로 한 사람의 문집이 출판된 사례로서는 꽤 높은 비중을 차지한다. 게다가 당순지의 생전인 1543년에 이미 문집이 출판되었으니,33) 이 정도면 서상들에게 상당히 인기가 높았다고 할 수 있다.

당순지가 이렇게 인기가 높았던 이유는 명대 당송고문파唐宋古文派의 창시자로서 한 시대 문학의 풍조를 바꾸어 놓았던 중요한 인물이면서, 동시에 팔고문의 대가였기 때문이다. 명초 『영락대전』 체제의 확립은 경학 뿐 아니라 문학방면에서도 획일화된 학풍을 조성하였는데, 특히 왕조의 공덕을 칭송하며 사상·문화를 규제하는 기능을 했던 대각체臺閣體의 산문散文이 영락년간부터 성화년간까지 명대 문단의 주류를 차지하고 있었다. 성화 이후에는 천편일

열심히 보지 않았다. 그 결과 明初부터 科擧는 三場의 제도가 있었으되 初場만이 중시되었고 그 중에서도 '四書義'의 비중이 날로 커졌다. 顧炎武, 『日知錄』卷16, 「三場」, (淸)黃汝成集釋本, 岳麓書社, 1994, 589쪽.

32) 『明史』卷70, 「選擧志二」.
33) 『明版綜錄』卷5, 『荊川唐先生文集』12卷 『續集』6卷, 嘉靖22年金陵書林葉貴山近山堂刊.

률적인 대각체를 비판하고 이전 시기의 경직된 문학관을 극복하기 위한 새로운 문풍이 일어나게 되었는데, 바로 경사經史를 두루 섭렵하며 선진先秦과 당송唐宋의 저술에서 모방의 대상을 찾았던 '고문운동'이었다. 이들은 가정년간까지 명대 문단을 장악하였고, 고문을 이용한 팔고문 저작을 출판하여 명대 문체의 전성기를 이루었다는 평가를 받았다.34) 주지하다시피 팔고문은 송대 경의의 방식을 모방하여 제정된 명·청대의 과거 응시용 문장으로서, 실제 시험형식으로 고정화된 것은 성화년간의 일이었다. 이후 팔고문은 지나치게 도식적인 형식 때문에 혹독한 비판을 받으면서도, 취사取士의 기준이었기 때문에 청말 과거가 폐지될 때까지 사대부들이 익혀야 할 문체 가운데 가장 영향력 있는 문장형식으로 군림하게 되었다.35)

이처럼 15세기 중후반부터 과거시험에서 팔고문의 활용이 고정되자 서상들은 과거 답안문 작성에서 높은 명성을 가지고 있던 당순지를 주목하였다. 당순지가 1529년 회시에서 수석으로 합격했을 때 "그의 시험답안은 비교대상이 전무후무前無後無할 정도로 뛰어난 것이어서 당시 학자들은 장유원근長幼遠近을 불문하고 모두 그의 문체를 추종하게 되었다"고 전한다.36) 따라서 (2)시기에 동시대인 가

---

34) 中華文化復興會編, 『中國文學講話9-明代文學』, 臺北 : 巨流圖書公司, 1987, 30~37쪽.

35) 『明史』「選擧志」의 기록에 의하면 '八股'라는 명칭과 방법은 이미 洪武年間부터 준비되기 시작했고, (淸)顧炎武의 『日知錄』에 의하면 '八股取士'는 成化年間부터, (淸)方苞의 『欽定四書文』에 의하면 成化·弘治年間에 시작되었다고 기록되어 있다. 즉 成化年間이전에는 '八股'의 방법이 제시되기는 하였으나 八股文이라는 이름과 八股程式이 탄생하고 科擧시험에 본격 사용된 것은 成化年間이었다. 王凱符, 『八股文槪說』, 北京 : 中國和平出版社, 1991, 17쪽, 28~31쪽, 45쪽.

운데 유일하게 방각본의 문집이 생산되었을 정도로 당순지는 서상들에게 중시되었다.

이상으로 상업출판은 서적의 전통적인 독자라고 할 수 있는 사인들의 수요에 대처하며 발흥하기 시작했으며, 특히 과거 준비를 위한 사인들의 필요에 적극 대처했음을 알 수 있다. 사인의 증가로 인해 수요가 늘어난 기존의 경서를 출판함으로써 결과적으로 출판업은 경서經書의 보급에 일조하게 되었고, 경서는 과거 수험을 위한 가장 기본적인 서적으로 상품화의 길에 들어서게 된 것이다.

(3) 융경~숭정년간(1567~1644)

앞의 〈표 3〉에서도 보았듯이, 이 시기 출판물의 가장 두드러진 특징은 소설·희곡류의 약진이었다. 이와 같이 통속문학이 발달하게 된 배경에 대해서는 당시 사회·경제력의 상승으로 일반 백성들, 특히 부유한 상인들이 새롭게 주요한 독자층으로 부상하자 이들을 겨냥한 통속通俗서적들이 대량 출판되었다는 점이 지적된 바 있다.37) 여기에 통치계급의 부패와 사치가 극에 달하고 백성들에 대한 수탈과 압제가 가중되어 사회모순이 심각해졌던 명말의 정치·사회적 상황은 문학방면에 새로운 영감을 제공하였으며 이에 따라 다양한 소재와 형식이 개발되었다.38) 특히 복고주의復古主義 사조思潮에 반대했던 이지李贄의 출현으로 문단에는 커다란 변화가 생겼

---

36) 李開先,「荊川唐都御史傳」; 馬美信,「唐順之論」,『中國人文科學』18, 1999, 239쪽 재인용.
37) 井上進,『中國出版文化史』, 名古屋 : 名古屋大學出版部, 2002, 266~269쪽.
38) 中國社會科學院文學硏究所 中國文學史編寫組,『中國文學史』, 北京 : 人民出版社, 1982, 879쪽, 923~968쪽.

는데 그가 『수호전水滸傳』을 비점출판批點出版했던 만력 20년(1592)을 기점으로 통속소설에 대한 이론이 분출하게 되었고, 이전까지 단지 통속문학을 감상하고 즐기기만 했던 사인들이 작가로 적극 참가하게 되면서 통속문학은 가일층 발전하게 되었다.39) 이와 같은 소설·희곡류의 약진에 대해서는 중국문학사의 일대 성과로서 일찍이 문학방면의 많은 연구가 축적되어 있으므로 본서에서는 예외로 하고 그 이외의 주목할 만한 변화를 살펴보겠다.

(3)시기에 이르러 (2)시기의 주요 생산 서종이었던 경서류·유가서류·문집류의 출판비중이 크게 줄어 명초의 비율정도로 돌아갔다고 언급한 바 있지만, 출판비중이 명초의 수준으로 돌아갔다고 해서 출판경향까지 명초와 똑같아졌던 것은 아니다. 세 종류의 서적이 출판 비중면에서는 모두 줄어들었다는 공통점을 보이고 있지만 출판된 서적의 내용면에서는 차이가 있다. 즉 경서의 보급이라는 역할을 수행해 왔던 경서의 상업화 과정에 성격상의 변화가 감지되었던 것인데, 따라서 (3)시기 출판물 가운데 경서가 차지하는 비중은 그다지 크지 않지만 16세기 말 이후 상업출판의 새로운 면모를 살펴보기 위해 방각본 경서의 변화상을 우선 살펴보고자 한다.

(2)시기에 주로 생산되었던 경서들, 즉 송원대의 저작 및 명초 『영락대전』을 원본으로 삼아 충실히 번각했던 경서들은 16세기 말 이후에도 생산되었다. 일찍이 15세기 중반의 서상 여혜가 출판된 지 너무 오래되어 구해 볼 수 없다고 했던 『주역본의』를 비롯해서, 송·원대의 경전해설서들이 방각본으로 출판되었다.40) 또 명대

---

39) 陳大康, 『明代小說史』, 上海 : 文藝出版社, 2000, 363~367쪽.
40) 『明版綜錄』卷2, 朱熹撰, 『周易本義』4卷, 萬曆29年建陽書林陳世璜存德堂刊 ; (宋)蔡沈撰, 『書經集註』6卷, 萬曆16年建陽書林余明臺克勤齋刊 ; (元)陳澔撰, 『禮記集注』10卷, 萬曆建陽書林劉氏安正堂刊.

과거취사의 기준이었던 영락년간의 『대전』도 건양建陽 및 그 외의 지역에서도 숭정년간(1628~1644)까지 꾸준하게 출판되었다.41) 이런 서적들이 방각본으로 꾸준히 생산됨으로써 명말 경서는 대중에게 꽤 보급되었을 것이다.

그러나 (2)시기에 서상들이 송원대 혹은 명초의 권위를 가진 경전해설서만을 그대로 번각하였던 것에 비해, (3)시기 명말에 출판된 방각본 경서는 명대 동시대인들의 해설서가 압도적인 우위를 차지한다. 이것은 이전 시기『대전』에 의해 교조화敎條化되었던 학풍에 대한 자연스러운 반발이라고 볼 수 있다.『대전』은 영락제의 칙명이 있은 뒤 1년이 채 못 되는 짧은 시간 내에 완성·반포된 것이었는데, 경전에 대한 송대 제유諸儒의 학설을 총망라해서 집약해 놓았음을 표방했지만 사실은 반포 이후 그 내용이 조악하고 표절剽竊이 많다는 이유로 비난을 받았다. 특히『사서집석四書輯釋』,『춘추호전부록찬소春秋胡傳附錄纂疏』,『시전통석詩傳通釋』등 원대의 해설서 몇 종을 그대로 표절해서 베껴 놓았을 뿐, 송대 황간黃幹과 진덕수陳德秀 이하 학자들이 개진했던 주자학에 대한 다양한 분석과 연구는 전혀 찾아볼 수 없었으므로 명대의 경학經學을 피폐하게 만드는 단초가 되었다고까지 지적되었다.42) 즉, 송대에는 경서를 이해할 때 주석註釋을 맹신하지 않았고, 더 나아가『춘추삼전春秋三傳』이나『역전易傳』등의 전傳에도 구속되지 않았으며 경서에 대한 모든 방면에서 제가에 대한 자유로운 탐구가 진행되어 유학이 비판정신을 견지하고 있었던 것에 비해,43) 관학으로 지정된 명

---

41) 萬曆25年 金陵의 積秀堂에서『性理大全』출판(『明版綜錄』卷2), 崇禎年間 德壽堂에서『春秋大全』,『禮記大全』등 출판(『明版綜錄』卷6).

42) 顧炎武,『日知錄』卷18,「四書五經大全」, (淸)黃汝成集釋本, 湖南 : 岳麓書社, 1994, 649~650쪽.

초의 주자학은 『대전』이 정해놓은 진리의 틀 안에서 이론의 습득과 실천만을 강조하여 송대이래 경학의 비판정신을 말살시켰다는 것이다. 주자가 그랬던 것처럼 인간윤리의 문제와 자연계의 법칙을 사색한다는 것은 허용되지 않았고 오로지 주자가 말한 리理를 실천하고 국가가 공인한 학문을 수용하는 것만이 허용되었다. 이처럼 주자의 학설을 단순히 반복하면서 과거급제를 위해 학문을 한다는 것은 명초 학풍의 통념이었다. 이러한 와중에 경학발전을 봉쇄해버린 관학에 반대하며 과거에 연연하지 않고 순수한 주자학으로 돌아가고자 하는 사상계의 동향도 있었는데, 이처럼 관료의 길을 포기하고 독서와 강학에 전념했던 학자들은 명초에도 존재했고 이로써 주자학 내부에서 이미 심학心學의 입장이 싹튼 것으로 볼 수 있다.44) 그러나 명초의 학풍 및 관학체제에 대한 반발로서 사학私學과 강학講學이 본격적으로 유행하고 이것을 계기로 심학이 널리 전파되었던 것은 16세기 이후 명말의 일이었다.45) 즉 명말의 사상계는 송대 주자학으로의 회복, 경전에 대한 자유롭고 새로운 분석을 시도하게 되었다.

그런데 (3)시기에 동시대인들이 저술했던 방각본 경서들은 경전에 대한 정밀하고 정확한 이해를 돕기 위한 심도 있는 해설서 보다는, 초학자들도 어렵지 않게 읽을 수 있다거나, 혹은 빠른 시간 내에 과거합격에 필요한 요점만을 뽑아서 익힐 수 있다고 선전하는 저작들로 발달하기 시작했다. 즉 (3)시기에 들어서 경서는 초학자를 위한 속성의 교육용 텍스트로서, 나아가서는 속성으로 과거시험

---

43) 東京大中國哲學硏究室/조경란 譯, 앞의 책, 148~150, 156~158쪽.
44) 東京大中國哲學硏究室/조경란 譯, 위의 책, 190~191쪽; 權重達, 앞의 논문, 89~90쪽.
45) 葛兆光, 『中國思想史』2, 上海 : 復旦大學出版社, 2004, 302~304, 314~325쪽.

에 합격하기 위한 수험서로서 상품화하였다. 이 과정에서 서상들은 판매고를 높이기 위해 각종의 장치를 고안하여 새로운 형태의 서적을 출판함으로써 경서가 수험서로 개발되는 데 주도적인 역할을 했다. 예를 들어, 융경隆慶 6년(1572) 성원星源의 서상 유유상游有常은 자신이 편집한 『서경書經』10권을 출판했는데 쉽게 익힐 수 있도록 각종 편람便覽의 형식으로 서적을 구성했다.46) 이처럼 16세기 말부터 상업출판이 생산했던 경서는 더 이상 원본 그대로를 보급하는 형태를 고수하지 않게 되었고 전통적으로 권위를 인정받았던 경전의 주석들을 신봉하지도 않았다.

이러한 추세는 17세기에 이르러 더욱 가속화되었는데, 구체적인 사례들은 다음과 같다. 출판업이 최전성기를 누리게 되자 방각본은 경서의 원래 모습을 찾아보기 어려울 정도로 축약하여 판매하는 것이 유행하였는데, 이 때 서상들은 제목에 개심開心·편몽便蒙·천몽闡蒙 등의 용어와 감주減註·산보刪補 등의 용어를 곧잘 붙였다. 이는 훈송訓誦을 어려워하는 초학자들도 쉽게 요점을 파악할 수 있도록 체제를 정비하거나 번잡한 주석과 해설을 생략했다는 의미이다.47) 이런 편몽류便蒙類의 경서들은 『시詩』·『서書』·『역易』, 삼경三

---

46) 『明版綜錄』卷7, (明)游有常輯, 『新刊書經批注分旨白文便覽』10卷, 附『新刊書經類題辨異便覽』1卷, 『新刊書經字面辨疑便覽禹貢圖』1卷, 隆慶6年星源書林游有常興賢堂刊.

47) 다음의 서문들을 참조하면 초학자를 위해 간략하게 만든 敎習書였음을 알 수 있다. 『中文善本志』經部, 21쪽. (明)謝廷讚撰, 『便蒙刪補書經翼』7卷, 崇禎長庚館刻本, 「自序」"나는 이 해설서에서 蔡傳에 대한 百家의 해설을 채집하여 정확하게 요약하였고 단 한글자도 불필요한 부분을 남기지 않았다. 담고 있는 내용은 풍부하게 하면서도 체제는 간략하게 하여 문장의 맥락을 짜임새 있게 만들었으니 복잡한 지식을 간단하게 분류한 것이다. 요점을 파악하는 것이 매우 쉬워서 (지식이) 미천한 자를 敎習시키기에 편리하다. ; 同22쪽. (明)潘叔應撰, 『新校尙書減註』, 萬曆書林寶善堂刻本.

經에 걸쳐 주로 생산되었고 만력년간 건양과 남경의 서상들을 중심으로 유행했다.[48] 특히 건양의 종덕당種德堂은 '개심정해開心正解(지혜를 열어주는 올바른 해설)'이라는 제목을 붙인 삼경을 나란히 출판했다.[49]

편몽류의 경전 해설서는 제목에서 뿐 아니라 서적의 구성에서도 새로운 형태를 취했다. 만력 41년(1613) 정관실靜觀室에서 출판했던 『천몽연의집주闡蒙衍義集註』는 삼절판三節版으로 구성되어 있다. 책면을 상하 두 칸으로 나누어 아래에는 경전의 본문을 새기고 위에는 주석을 새겨 넣는 양절판兩節版 방식은 일찍이 송대부터 사용되어 오던 것이다. 그런데 명말明末에는 양절 혹은 삼절의 방식으로 주석을 새겨 넣는 것에서 그치는 것이 아니라, 아예 다른 책의 내용을 새겨 넣었다. 말하자면 보너스 구성인 셈이다. 이렇게 함으로써 서상들은 각판의 비용을 줄일 수 있고 독자들은 한 권의 가격으로 두 권의 책을 얻게 되는 셈이니 양자 모두에게 선호되었을 것이다. 위의 책도 삼절판의 맨 위 칸에는 『천몽연의집주』를, 맨 아래 칸에는 『시집집주詩集集註』를 새겨 넣고, 중간에 각가各家의 평주評註를 새겨 넣었다.[50]

이렇게 만들어진 편몽류의 경서들은 때로는 원서를 지나치게 축

---

48) 『明版綜錄』卷1, (明)徐奮鵬撰, 『十刻詩經刪補便蒙解注』4卷, 萬曆40年金陵書林友石居刊. 同卷5, (明)郭素輝注, 『周易本義刪補便蒙解注』4卷『圖』1卷, 萬曆書林楊發吾刊. 同卷6, (明)程弘賓撰, 『書經便蒙講義』2卷, 萬曆39年建陽書林熊冲宇種德堂刊.

49) 『明版綜錄』卷6, 邵芝南輯, 『詩經開心正解』7卷, 隆慶建陽書林雄宗立種德堂刊. 『新刻金陵原版易經開心正解』4卷, 萬曆建陽書林熊冲宇種德堂刊. (明)胡素酐撰, 『書經開心正解』6卷, 萬曆建陽書林熊冲宇種德堂刊.

50) 『中文善本志』經部, 27쪽. (明)江環撰, 『新鍥晉雲江先生闡蒙衍義集註』, 萬曆41年詹光岳靜觀室刻本.

약해서 원서의 종지宗旨를 잃곤 했다. 만력말년의 서점 보선당寶善堂에서 출판한 『상서감주尙書減註』는 이러한 병폐를 시정해서 만든 책이라고 선전했다. 속표지에 새겨진 안내문에 의하면 이 책은 원래 인서당人瑞堂이라는 서점에서 출판했던 『편몽서경집주』를 저본으로 선정選訂을 가한 것이다. 이 책의 서문을 썼던 반준潘濬은 다음과 같이 기록했다.

> 최근 남풍南豐의 강씨가 (『서경집주書經集註』를) 요약하여 『편몽便蒙』 1편을 지었는데, 원서를 지나치게 요약해서 상세해야 할 곳과 간략하게 해야 할 곳을 적절히 조절하지 못했다. 그럼에도 이것이 후학들의 규범으로 사용되고 있으니 나는 잘못이라고 생각해왔다. 나의 종제宗弟 반숙응潘叔應은 교유校遊의 여가에 자제들을 정훈庭訓하면서 손수 그 책을 바르게 편집하고 선정選訂하였다. <u>적절하게 산증刪增을 가하여 제왕경법帝王經法(=서경書經의 내용)을 한번만 보고 암기하면 더욱 확실하게 알 수 있게 하면서도 채심蔡沈 『집주集註』의 종지宗旨를 잃지 않았다.</u> 경전을 열심히 공부하는 사인이라면 이치를 분명히 깨닫고 말뜻을 명확하게 통달할 수 있다.[51]

상기 인용문을 통해서 명말에는 경서의 요약본 형태로 편몽류가 많이 유행하고 있었다는 사실을 알 수 있으며 또 이런 서적의 저자와 독자들이 누구인지도 알 수 있다. 이 책의 저자인 반숙응이 자제들을 정훈하는 데 『편몽집주』를 직접 선정해서 사용했고, 그렇게 만들어진 책을 서상들이 인쇄해서 판매했다면 그는 사숙私塾, 혹은 학당學堂의 교사였을 것이다. 사숙의 교사가 자신이 사용할 텍스트를 직접 편집해서 서상을 통해 출판했다고 볼 수 있으므로 편몽류의 서적들은 사숙 및 서당에서 경서를 배우는 학생을 상대로 사용

---

[51] 『中文善本志』經部, 22쪽. (明)潘叔應撰, 『新校尙書減註』, 「潘濬序」. 괄호 안은 인용자의 보충설명이고 밑줄 친 부분은 인용자의 강조임.

했던 텍스트, 혹은 그에 준하는 실력을 가진 초학자들을 위한 텍스트였다고 볼 수 있다.52)

초학자를 위한 편몽류 이외에도, 경서의 요점만을 뽑아서 신속하게 익히게 해줌으로써 빠른 과거합격에 일조한다고 선전하는 수험서들도 등장했다. 천계년간(1621~1627) 남경에서 출판된『시경대문詩經大文』은 '급제의 지름길 본문[捷渡大文]'이라는 제목을 달고 있었다. 이 책의 저자인 서분붕徐奮鵬은 남경의 또 다른 서점에서『시경』의 해설서를 출판했는데 그것은 문답형식으로 이루어진 책이었다.53) 또 다른 사례로서, 만력 40년(1612) 건양의 종덕당에서는 두 명의 진사를 교열자로 내세워『춘추정문春秋正文』을 출판했다. 이것은 위의『시경대문詩經大文』과 마찬가지로 주해와 주석을 빼고 본문만을 실은 짧고 간단한 독본형태의 책자로서, 제목에는 '출세의 사다리[天梯]'라는 용어를 첨가했다.54) 방각본 경전해설서의 출판은 더 이상 경서의 보급측면에서 이해될 수 있는 것이 아니라 빠르고 쉽게 학문과 과거합격을 성취할 수 있는 수험서로 등장하고 있는 것이다.

이외에도 명말 방각본 경서의 제목은 가히 혁신적이었다고 할 만큼 다양화하였다. 천계년간 강음江陰의 서점 선원당仙源堂에서는

---

52) 한 연구에서는 일본 內閣文庫소장 『金陵原版詩經開心正解』라는 便蒙類 서적을 분석해본 결과, 주석과 해설이 달려있고 본문 뒤로 본문내용을 나타내는 삽화시리즈까지 있으며 완벽한 일람표와도 같이 책의 수준이 꽤 높다는 점에서 막 詩經공부를 시작한 어린 아이보다는 그들의 교사들이 사용했을 가능성이 높다고 예상한 바 있다. Lucille Chia, op. cit., 2002, p.224.

53) 『明版綜錄』卷1, (明)徐奮鵬撰, 『新鍥筆洞山房批點詩經捷渡大文』4卷, 天啓 金陵書林王鳳翔光啓堂刊. 同卷2, (明)徐奮鵬撰, 『詩經百家問答』不分卷, 萬曆金陵書林李潮聚桂樓刊.

54) 『中文善本志』經部, 46쪽. 王衡校/趙恒閱, 『鋟王趙二先生校閱音義天梯春秋正文』2卷, 萬曆40年建陽種德堂熊冲宇刻本. 王衡은 太倉人, 萬曆 29年(1601) 進士, 趙恒은 晉江人, 嘉靖 17年(1538) 進士.

매우 중요하고 비중이 크다는 의미로 '구정九鼎'이라는 용어를 『주역』의 제목에 붙였다.55) 이 『주역구정周易九鼎』의 저자인 무창기繆昌期는 강음 출신의 진사로서, 장경관長庚館이라는 다른 서점에서 『사서구정四書九鼎』을 출판한 것으로 보아 '구정'이라는 용어는 무창기의 의도에 의해서 사용되었다고 볼 수 있다. '구정'의 출처 역시 경전이므로 경전의 해설서에 '구정'이라는 용어를 사용한 것이 적어도 이단적이지는 않지만 그것이 '천자天子'를 의미하는 용어임을 상기할 때 자신의 저서를 강조하는 방법으로는 상당히 혁신적이었다고 할 수 있다.

다음의 사례들은 유가적 입장에서 보면 파괴적이라고 할 수 있는 것들이다. 명말 팔고문 모범답안집의 평선가로서 기존 연구의 주목을 받아왔던 진제태陳際泰는 만력년간 7명의 인사들이 함께 찬술한 『역경강의易經講義』를 출판하면서 '천백년안千百年眼'이라는 제목을 붙였다.56) 이것은 이탁오의 뒤를 이은 양명학자 장수張燧의 저서와 동명의 제목이다. 장수는 이탁오의 급진적 사상을 계승하여 자신의 저서인 『천백년안』 속에 이탁오의 글을 그대로 인용해서 사용한 부분이 많았다. 청초의 왕부지는 "근세에 『천백년안』, 『사회史懷』, 『사취史取』 등 여러 가지 해로운 저서가 있고, 그 중에서 이탁오의 『장서藏書』의 해가 가장 심하다"라고 비판했는데, 이처럼 『천백년안』은 『장서』와 나란히 거론될 정도의 문제작이었다.57) 다음

---

55) 『明版綜錄』卷1, (明)繆昌期撰, 『新鐫繆當時先生周易九鼎』16卷, 天啓江陰書林仙源堂刊.
56) 『明版綜錄』卷6, 陳際泰撰, 『新刻七名家合纂易經講義千百年眼』16卷, 萬曆金陵書林唐國達廣慶堂刊.
57) 王夫之, 『讀通鑑論』, 「侯解」; 신용철, 「16세기 李卓吾의 진보적 역사관」, 『한국사학사학보』6, 2002, 166쪽 재인용.

절에서 언급하게 될 부분이지만, 명말에는 강학을 통해서가 아니라면 수험생이 양명학을 접하는 곳은 『사서』의 주석서였다고 할만큼 『사서』를 해설하는 데 양명사상이 많은 영향을 주었다고 지적된 바 있다.58) 따라서『역경易經』의 해설서인 이 책도 제목에서 뿐 아니라 강의講義의 내용조차도 양명학적 해설의 영향이 있었을 것이라고 추측할 수 있지만 좀 더 자세한 고찰이 필요하다.

마지막으로 경서와 유가서를 출판하면서 도교적인 용어를 제목에 붙인 경우를 살펴보자. 천계년간 판축거版築居라는 서점에서 출판했던 3종의 서적 - 경서 2종과 유가서 1종 - 은 모두 '금단金丹'이라는 말을 제목에 붙였다.59) 3종의 저자가 각각 다른 것으로 보아 이것은 서점측이 일종의 시리즈로 기획한 것으로 볼 수 있다. 이처럼 서점, 혹은 저자의 의도적인 기획의 결과로 경서의 제목에 이단적인 용어가 사용된 것은 당시의 유행 - 양명사상, 혹은 삼교합일사상三敎合一思想의 유행 - 에 편승하여 선전효과를 높이기 위한 것이었다.

이상, 텍스트의 보급이라는 측면에서 우선적으로 주목받았던 경서가 과거합격을 위한 속성의 수험서로 변화해 갔던 상황을 중심으로 출판업의 변화에 대해 살펴보았다. 이처럼 16세기 후반 이후 방각본 경서의 성격이 변화하게 된 것은 당시의 과거의 운용상황과 밀접한 관계가 있다. 15세기 중반부터 사인의 숫자가 증가했고 따라서 향시와 회시에 응시하려는 수험생의 숫자도 폭증하게 되었

---

58) Kai-wing Chow, "Writing for Success : Printing, Examination, and Intellectual Change", *Late Imperial China 17*, 1996, p.139.

59) 『明版綜錄』卷3, (明)顧起元撰, 『詩經金丹』8卷, 張燧撰, 『書經金丹』6卷, 郭偉撰, 『百子金丹』8卷, 天啓書林傅昌辰版築居刊. 金丹은 古代方士들이 金石을 단련해서 만든 丹藥으로서 불로장생을 위한 神仙方藥. 葛洪, 『抱朴子』, 「金丹」.

다는 사실을 전술하였다. 그런데 과거합격자의 정원은 사인의 증가비율만큼 늘어나지 못했기 때문에 사인들이 과거에 합격할 확률은 점점 더 적어지고 있었다.60) 갈수록 수험생이 적체되고 과거시험의 경쟁이 치열해지자 수험생들을 겨냥한 과거수험서 시장이 적극 개발되기에 이른 것이다. 이와 같은 관학제도의 붕괴에 더하여, 『영락대전』체제로 교조화敎條化되었던 명초의 학풍에 대한 사상계의 반동 역시 상업출판의 내용에 반영되었다. 학자들은 국가에 의해서 진리로 인정된 학설을 그대로 수용하며 실천하던 것에 만족하지 않고, 경전에 대해 새롭고 자의적인 해석을 시작했다. 후술하겠지만 경학연구에서 보였던 이러한 변화는 수험생들의 과거공부에도 영향을 미쳤다. 시험관들이 주자朱子에 의해서 공인된 것이 아닌 해석을 과거시험장에서 합격시킴으로써, 경전에 대한 새롭고 자의적인 해설들은 수험생들 사이에서 새로운 권위를 가지게 된 것이다.

  이러한 수요에 대처하기 위해 서상들은 갖은 방법을 동원해서 자신들의 출판물이 진정 과거합격에 도움이 된다는 것을 광고했다. 그들은 거업에 가장 기본이 되는 텍스트들을 생산하는 것에서 그치지 않고 단기간 내에 핵심만을 빠르게 습득할 수 있는 수험서로서 경전에 대한 해설서를 개발했다. 즉 경서의 상품화는 15세기 중반 무렵부터 구해보기 어려운 텍스트를 원본 그대로 생산·보급하는 차원에서 이루어지기 시작했으나 16세기 후반 이후가 되면 과거에 합격하기 위한 속성의 지식을 제공하는 수험서의 형태로 상품화되기에 이르렀다.

---

60) 余英時/정인재 譯, 『中國近世宗敎倫理와 商人精神』, 서울 : 대한교과서주식회사, 1993, 197쪽.

제2절 '합격의 지름길',
『사서四書』의 해설서

지금까지 수험서로 개발된 경서의 상품화 과정을 살펴보았는데, 수험서 시장에서 과거의 경쟁이 치열해질수록 그 비중도 커져갔던 것은 경서 중에서도 『사서』와 관련된 수험서였다. 전술하였듯이 실제 과거의 운용에서 초장의 첫 시험이었던 사서의四書義의 비중이 가장 컸기 때문인데,[61] 수험생의 숫자는 폭증했으나 답안문을 읽고 평가해야 할 시험관의 숫자는 제한되어 있었기 때문에 시간이 갈수록 사서의四書義 답안만을 합격의 평가기준으로 삼는 경우가 많았다. 따라서 수험서 시장은 『사서』와 관련된 수험서를 중심으로 모아질 수밖에 없었다.

처음 출판업이 부흥하기 시작했을 때, 서상들이 『사서』를 생산하면서 장점으로 내세웠던 것은 이전까지 구해보기 어려웠던 『영락대전』의 『사서』를 원판과 똑같이 공급한다는 점이었다. 홍치 8

---

[61] 明初의 『科擧成式』에 의하면 鄕試와 會試는 각 3차례의 시험으로 구성되어 있었고 각 場의 시험은 다음의 5단계로 구성되어 있었는데, 이 중에서 첫 시험인 經義가 가장 중요했다. 第1場=經義시험 ; 2백자 이상의 四書文 3篇, 3백자 이상의 五經 4篇. 第2場=3백자 이상의 論1篇, 判詞5條, 詔·誥·表 3가지 중 1篇 택일. 第3場=史策 5篇. 金諍/김효민 譯, 『중국과거문화사/科擧制度與中國文化』, 서울 : 동아시아, 2002, 269~275쪽 ; Benjamin Elman, *A Cultural History of Civil Examinations in Late Imperial China*, Berkeley : University of California Press, 2000, pp.380~399.

년(1495) 건양의 서점 종덕당種德堂은 다음과 같은 내용을 간기에 실었다.

> 『사서대전四書大全』의 (영락)구판은 이미 산일되어 버렸고 번각본은 오류가 많습니다. 우리 서점에서는 <u>(예부가) 반포했던 원본을 구해다가 글씨에 능한 사람에게 베껴 쓰게 하고 판각하여 천하에 내놓는 바입니다.</u> 다른 서점에서 출판한 서적과 견주어 크게 다를 것이니 진귀하게 여겨주시길 바랍니다.62)

앞 절에서 살펴보았던 방각본 경서의 경우와 마찬가지로 (2)시기에 해당하는 15세기 중후반에는 예부가 각 급 학교에 반포했던 원본原本을 근거로 충실하게 번각했다는 사실이 출판물의 장점이 되었음을 알 수 있다. 『대전』 가운데에서도 『사서대전』은 명대 거업의 가장 기본적인 텍스트였기 때문에 15세기 후반부터 서상들에 의해 누차 출판되었고 16세기에 들어서도 꽤 생산되었다.63)

하지만 16세기 말이 되면서 서상들은 더 이상 『영락대전』을 번각해서 『사서』를 출판했다고 선전하지 않게 되었다. 앞 절에서 다룬 경전의 해설서들과 마찬가지로, 『사서』의 해설서도 과거합격을 목표로 제작되었다는 수험서의 형태로 적극 생산되고 선전되었다.

이 시기 방각본 『사서』 해설서의 저자들은 실로 다양하다. 탕빈윤湯賓尹, 이정기李廷機와 같이 후에 관료로 성공했던 지식인,64) 애

---

62) 『中文善本志』 經部, 71쪽. 胡廣等輯, 『中庸章句大全』 1卷 『中庸或問』 1卷 『讀中庸法』 1卷, 弘治8年建陽熊氏種德堂刻本, 「牌記」. 밑줄 친 부분은 인용자의 강조.

63) 『中文善本志』 經部, 52쪽. 『四書集注大全』만해도 1458년 黃氏仁和堂, 1467년 劉氏萃嚴精舍 등에서 출판되었고, 1501년 劉氏慶源堂, 1529년 建陽余氏雙桂堂, 1532년 建陽魏氏仁實堂 등에서 출판되었다. 이외에도 정확한 시기를 알 수 없는 明刻本들이 소수 존재한다.

64) 湯賓尹이 출판했던 科擧참고서 및 그와 상업출판의 관계에 대해서는 金文

남영艾南英, 진제태陳際泰를 비롯한 동림당東林黨 인사,[65] 이탁오李卓吾와 같은 급진주의자, 원황袁黃과 같이 관료였으면서도 유가儒家와 주희朱熹를 비난해서 쫓겨나고 저서를 소각당했던 특이한 경력을 가진 사람에 이르기까지,[66] 지식인이라면 누구나 해설서를 저술하고 서점을 통해 출판했다고 말할 수 있을 만큼 『사서』의 해설서 출판은 일대 유행이었다. 따라서 넘치는 『사서』의 해설서들 가운데 경쟁을 뚫고 수험생들의 관심을 끌어 판매고를 올리기 위해서는 우선 유명한 저자의 원고를 확보하는 일이 중요했고, 다음으로는 자신의 서점에서 출판된 『사서』의 해설서가 진정한 '합격의 비결을 제공하는 수험서'임을 알리는 일이 중요했다.

그 일환으로 서상들이 흔히 사용했던 방법은 우선 눈에 띄는 제목을 붙이는 것이었다. 만력년간(1573~1619) 건양과 남경의 유명 서점들은 『사서』의 제목에 '훈아속설訓兒俗說: 아동을 가르치는 속설(로 된 해설)'이라든가, '발휘첩해發揮捷解: 빠른 해설의 천발闡發'이라든가, '순천첩해順天捷海: 천도天道를 따른 빠른 해설모음', '사서종신四書從信: 믿고 따를 수 있는 사서의 해설', '사서최승장四書最勝藏: 사서에 대한 가장 좋은 해설들의 모음' 등의 용어를 첨가했다.[67]

京,「湯賓尹と明末の商業出版」,『中華文人の生活』, 東京: 平凡社, 1994 참고.

65) 東林黨의 상업출판활동에 대해서는 Kai-wing Chou, *Publishing, Culture, and Power in Early Modern China*, Stanford: Stanford University Press, 2004, chapter 3 참조.

66) 『中文善本志』經部, 55쪽. 李贄 『四書評』, 李贄批評/楊起元等批點/張明憲等 參訂 『四書參』19卷, 張兆隆刻朱墨套印本; 四書에 대한 李贄의 사상 및 『四書評』과 『四書參』의 비교에 대해서는 鄭培凱,「從"四書評"看李贄思想發展與儒學傳統的關係」,『抖擻』28, 1978 참고; 袁黃에 대해서는 查繼佐,『罪惟錄』卷18; 容肇祖,『李卓吾評傳』,臺北: 臺灣商務印書館, 1973, 562쪽, 566쪽 주(19)번 재인용.

67) 『明版綜錄』卷1, 袁黃撰, 『四書訓兒俗說』10卷, 萬曆35年 建陽書林余象斗

앞에서 소개했던 『사서구정』이라는 해설서에는 표지의 서명 앞에 '등운登雲 : 관리등용'이라는 두 글자를 첨가함으로써 출세를 바라는 독자들의 시선을 한눈에 모을 수 있었다. 또 이 책은 양절본으로 구성되어 있는데, 매 쪽 위 부분의 약 1/3 위치되는 곳을 중심으로 양분하여 아래 칸에는 무창기의 『사서구정』을 새겨 넣었고 위 칸에는 당여악唐汝諤의 『사서증보미언四書增補微言』을 새겨 넣었다. 이 책의 속표지에는 "매부정가每部定價 문은대량紋銀壹兩. 구매자는 장경관長庚館의 원판임을 기억해 달라"는 붉은 도장이 찍혀있다.[68] 현재 북경도서관에 소장되어 있는 명대 방각본 실물 및 제가의 목록집에서 접할 수 있는 방각본의 가격표시가 대부분 문은紋銀 1~2량兩인 것으로 보아, 이 가격은 명말 방각본 경서 및 『사서』 해설서의 일반적인 가격이었던 것으로 보인다. 명말까지 책의 가격은 물가대비 상당히 고가였던 것으로 지적되고 있는데,[69] 어쨌든 독자로서는 한 권의 가격으로 두 권의 서적을 얻게 되는 것이다.

    三台館刊. 同卷1, 艾南英撰, 『四書發揮捷解』12卷, 萬曆40年金陵書林友花居刊. 同卷2, 申紹芳撰, 『四書順天捷海』6卷, 天啓7年建陽書林余文杰自新齋刊. 同卷1, 錢肅崇撰, 『四書從信』20卷, 萬曆40年金陵書林友石居刊. 同卷4, 馬來違撰, 『四書最勝藏』20卷, 萬曆書林陳邦忠刊.

68) 繆昌期撰, 『新鐫繆當時先生四書九鼎』13卷, 長庚館刻本. 北京圖書館소장 善本, 「表紙」.

69) 서적의 분량 및 질량에 따라 가격의 차이가 천차만별이었지만 萬曆年間 坊刻本의 가격은 每卷당 대략 1.8錢 정도였다. 명말 인기소설 『封神演義』 1部의 가격은 萬曆年間 紋銀2兩이었는데 이것을 당시의 쌀값으로 환산하면 276斤을 살 수 있는 돈에 해당한다. 당시 7品官 知縣의 월급은 쌀 900斤, 중앙정부에서 圖書를 관리했던 從9品官 典籍의 월급은 쌀 600斤을 살 수 있는 돈이었으며, 일반 刻工 및 북경의 천막 匠人의 임금은 매월 쌀 255斤을 살 수 있는 돈이었으니, 당시 서적은 아무나 살 수 있는 것이 아니었다. 遠逸, 「明代書籍價格考」, 『編輯之友』, 1993-3, 520~524쪽.

 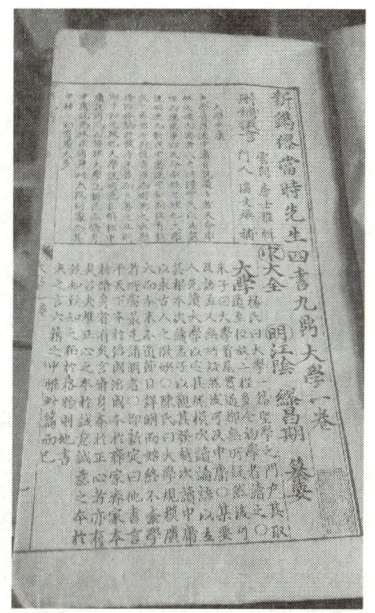

〈그림 1〉 繆昌期撰, 『新鎸繆當時先生四書九鼎』 13卷, 「扉頁」, 長庚館刻本, 北京 國家圖書館소장 善本.

〈그림 2〉 兩節本구성의 모습. 『新鎸繆當時先生四書九鼎』 卷1大學 左同

다음은 장경관長庚館서점의 주인이 이 책을 출판하면서 속표지에 새겨 넣은 문장의 내용이다.

금비金鎞를 손에 넣으면 만고萬古의 미몽迷蒙을 개도할 수 있고 보벌寶筏로 횡천橫川하면 사방의 험한 길을 극복할 수 있다. 한마디의 말로 천하를 장악할 수도 있고 한조각의 글자로 마음을 밝힐 수도 있다. 우리 서점에서는 원래 송유대전宋儒大全을 판각했었는데 이미 세상에서 진귀하게 평가받았다. 그 이후엔 『증보미언增補微言』을 출판한 바 있는데 시중에서 값이 계속 오르고 있다. 지금 출판하는 무繆선생의 이 책은 위로는 성현의 묘지妙旨를 모으고 아래로는 송유진전宋儒眞詮을 찬집한 것이다. 중금重金으로 (공인工人을) 고용해서 판각하였으니 널리 유통시키면 진실로 명明·송宋 시대 (유자儒者해설서)의 합벽合璧이라

제2장 명말 상업출판의 흥기와 과거제도 67

할 수 있을 것이다. 오직 지안智眼만이 알아보리라. 장경관주인식長庚館主人識.70)

　상기 인용문을 통해서 이 책이 출판되기 전에 장경관에서는 송유들의 『사서』해설서와, 당여악의 『사서증보미언』을 출판한 적이 있다는 사실을 알 수 있다. 이 책의 서문을 지은 진계유陳繼儒에 의하면, 무창기가 집저輯著한 『사서구정』은 아래 칸에는 송유宋儒들의 해설서 가운데 대전이라고 칭할만한 것들을 찬록纂錄하고 윗칸에는 명대인의 해설을 집록集錄한 책이었다.71) 따라서 장경관에서 원래 출판했었다는 '송유대전宋儒大全'이란 반드시 서적의 이름이었다기 보다는 무창기가 찬집했었던 송유들의 『사서』해설저작 모음집이었다는 것을 알 수 있다. 즉 장경관은 자신이 이미 출판했었던 책들을 묶어 양절본으로 출판하면서 '명·송의 합벽合璧'이라고 광고하고 있는 것이다.

　당여악은 화정인華亭人으로서 천계년간(1621~1627) 세공생歲貢生으로 상숙현常熟縣의 교유敎諭를 지내며 과거 수험서 저자로 활약했던 인물이다. 그는 강남의 여러 서점에서 『시경미언합참詩經微言合參』, 『모시미언毛詩微言』 등을 출판한 바 있는데 모두 거업용도의 저술이었으며,72) 명말의 희곡·단편소설작가인 능몽초凌濛初가 채집했던 『시경』평론에 유명 과거수험서 저자들과 이름을 나란히 올리며 저자로 참여하였다.73) 기출판된 그의 저작이 서점에서 가

---

70) 繆昌期撰, 『新鐫繆當時先生四書九鼎』13卷, 長庚館刻本. 北京圖書館소장 善本, 「扉頁」. 괄호안은 인용자의 보충, 밑줄 친 부분은 인용자의 강조.
71) 위의 책, 陳繼儒序文, 「刻繆先生四書九鼎序」.
72) 『四庫總目提要』經部·詩類, (明)唐汝諤撰, 『詩經微言合參』8卷.
73) 『四庫總目提要』經部·詩類, (明)凌濛初撰, 『言詩翼』6卷. 이 책은 詩經에 대한 徐光啟, 陸化熙, 魏浣初, 沈守正, 鍾惺, 唐汝諤 등 6명의 평론을 채

격이 오르고 있었다고 하니, 당여악은 실제로도 독자들에게 인기가 높았던 수험서의 저자였다고 볼 수 있다. 인기 있는 기존의 출판물을 덤으로 제공하고 과장된 선전문구를 통해 장점을 부각하는 방법은 이 책에 대한 독자들의 구매의욕을 높이기에 충분했을 것이다.

그런데 상기 인용문의 선전문구는 장경관의 영업능력뿐 아니라 사회적으로도 중요한 변화상을 보여주고 있다. 『사서』를 광고하면서 불교용어를 사용하고 있다는 점이다. '금비金鎞'는 본래 인도의 의사가 맹인의 눈을 수술하는 도구로서, 불교에서는 스승이 제자에게 수계受戒 혹은 전법傳法할 때 사용한다.74) '보벌寶筏'은 불교의 묘법으로 생사의 고해를 건넌다는 의미이다.75) 유교경전의 해설서를 출판해서 보급하는 일, 그 책으로 공부해서 과거를 통과하는 일 등을 불교의 설법 전수 및 고해 극복의 과정에 비유해서 강조하는 것은 삼교합일三敎合一의 정신이 만연해있던 명말이 아니었다면 불가능한 일이다. 앞 절에서 명말의 서상들이 『삼경』 및 유가서를 출판하면서 양명학적·도교적 용어를 제목으로 사용했던 것에 대해 서술한 바 있다. 유가의 텍스트를 광고하면서 이처럼 '이단적'인 용어를 사용하는 것은 '참신한' 출판물임을 보여줌으로써 광고의 효과를 높이는 일이었다.

이 문제와 관련해서 지적해야 할 것은 만력년간 다수의 『사서』

록해서 만들어진 책이다. 그 중 沈守正, 鍾惺 등은 명말의 유명한 八股文 저자들이다.
74) 望月信亨, 『望月佛敎大辭典』, 東京 : 世界聖典刊行協會, 昭和 48년(1973) 8版, 1375下.
75) 韓國佛敎大辭典編纂委員會編, 『한국불교대사전』2, 서울 : 寶蓮閣, 1982, 608쪽.

해설서들이 공인된 해설인 주자의 해석을 따르지 않고 새롭고 '이단적'인 경향의 해설을 내놓는 것이 유행이었다는 사실이다. 그 결과 수험생들이 제출했던 과거시험의 답안문에서도 '이단적' 문장이 다수 발견되었고, 예부는 이러한 현상을 단속하고자 했으나 출판을 규제할 기관과 고정적인 검열제도가 없는 상황에서 예부가 발하는 어떠한 경고도 문제를 바로잡을 수 없었다. 결국 관료적 해석과의 불일치를 조장하고 다양화를 촉진했다는 점에서 이러한 해설서들은 정주학의 정통성을 침식하는 결과를 야기했다.76) 이러한 풍조는 사인 숫자의 폭증으로 관학체제가 붕괴한 이후 사학과 강학활동이 유행하면서 양명사상과 삼교합일의 사상이 유자들 사이에 급속하게 수용되었던 상황을 배경으로 발생한 것이었으며,77) 이와 같은 학풍의 변화에 따라 서상들도 '이단적'인 불·도의 용어를 사용해 유가의 텍스트를 선전하고 수험서로서의 가치를 강조하게 된 것이다.

현재 각 목록제발目錄題跋에 보이는 장경관의 출판서는 매우 적다. 장경관의 소재를 분명하게 보여주는 기록은 없지만, 위 『사서구정』의 찬자인 무창기가 강음현의 사람이라는 점, 장경관에서 출

---

76) Chow, op. cit., 1996, pp.133~134. 朱熹의 관점에서 벗어나 『四書』에 대해 새로운 해설을 시도한 해설서들은 대부분 '新意' 혹은 '主意'라는 제목을 붙였다. 예를 들어 郭偉의 『四書主意寶藏』은 '學而時習之, 不亦說乎'의 의미에 대해서 『老子』의 문장 '棄學無慮'를 인용해서 설명했는데, 지식을 익히는 것에 반대했던 『老子』를 인용한 것 자체가 『論語』의 지식에 대한 도전이었다. pp.136~137.

77) 科擧제도의 과도한 경쟁 및 공교육제도의 쇠락, 講學의 유행으로 인한 대중교육 수준의 향상 및 정부로부터의 학문적 독립성 증가 등의 배경 위에서 明末 文社가 발달하였음은 주지의 사실이다. Kent Guy, op. cit., 1987, p.17.

판했던 또 다른 서적인 『편몽산보서경익便蒙刪補書經翼』은 저자 사정찬謝廷讚이 만력제의 노여움을 사 삭직되고 양주揚州에서 유배살이를 할 때 편찬한 것이라는 점,[78] 편몽류는 즉각적인 출판을 의도하며 찬술되는 것이 일반적이라는 점 등을 통해서 이 책을 출판한 장경관은 강소江蘇지역, 대략적으로 양주부 혹은 상주부 일대에 존재했으리라고 예측할 수 있다.

잘 팔리는 수험서를 생산하기 위해 서상들은 유명한 문인들을 수험서 저술의 전문업자로 초빙하여 원고를 확보하기도 했다. 복건福建 진강인晉江人으로 젊은 시절부터 문명이 나 있었던 곽위郭偉의 사례가 대표적인 경우이다. 그는 팔고문의 작가로 명성이 높았던 이정기 등과 함께 진강현晉江縣에서 자궁회紫宮會라는 문인의 모임에 참가했던 인물이었는데, 이정기가 훗날 과거 시험에 통과하여 관료가 되었던 것에 비해 그는 과거 수험서의 전문적 저자로서 청대淸代까지 이름을 남겼다. 곽위는 24세가 되었을 때 건양建陽출신의 서상 여사천余泗泉에게 초빙되어 남경의 삼산가三山街에서 본격적으로 저술업을 시작하게 되었고 이후 아예 남경으로 이주하여 저술업을 계속했다[79]. 그는 이조李潮, 주일교周日校 등과 같은 남경의 유명한 서상들의 서점에서 자신의 저작을 출판했는

---

78) 『中文善本志』經部, 21쪽. (明)謝廷讚撰, 『便蒙刪補書經翼』(7卷, 崇禎長庚館刻本)의 自序 및 『明史』卷233, 「列傳」121, 「謝廷讚傳」.

79) 『乾隆晉江縣志』卷12, 「人物傳·郭偉」, 中國方志叢書 82, 臺北 : 成文出版社, 民國56년[1967], 343쪽. 晉江縣志에는 郭偉가 余泗泉의 초빙을 받은 후 『鰲頭龍翔集註』등 8種의 저서를 출판했고, 남경으로 이사하고 나서는 『崇正錄』를 포함하여 모두 37部를 출판했으며 이 책들은 매우 인기가 높았다고 기록하고 있다. 이 책들은 현존하지 않으며 善本목록에도 수록되어 있지 않지만, 자찬서의 書目 「郭先生四書講意書目」에 의하면 모두 四書에 대한 해설서임을 알 수 있다.

데 『사서』의 해설서가 거의 대부분을 차지했다.

곽위郭偉가 남경서상南京書商 이조李潮의 취규루聚奎樓를 통해 출판했던 『백방가문답百方家問答』도 『사서』에 대한 해설서였는데 문답형식으로 이루어진 책이었다.[80] 이 책은 명대 송렴宋濂, 설선薛瑄, 육남양陸南陽, 서광계徐光啓 등 유명 문인 147명의 책 151종에서 해설을 발췌하고, 각 질문에 이들의 해설로서 대답하며 『사서』의 뜻을 설명하는 형식이었다. 그런데 이 책의 본문 앞에는 곽위가 그때까지 편찬했던 사서류 강의講意저작의 서목書目이 실려 있는데 무려 55종에 달한다.[81] 『거업요람擧業要覽』, 『지남거指南車』, 『원괴계약元魁啓鑰』 등 제목만 보아도 거업을 위한 수험서였음을 한눈에 알 수 있다. 이 55종의 서적이 거의 현존하지 않는데다가 제가諸家의 목록에서도 확인이 불가능하기 때문에 곽위가 실제로 이 책들을 모두 편찬하여 출판까지 했는지는 미지수이다. 다만 『진강현지晉江縣志』에 37종의 저술이 있다고 기록되어 있는 점에서 실제로도 거의 유사한 분량을 출판했거나 출판할 계획을 가지고 있었다고 보아도 무방할 것이다. 현재 제가諸家의 목록에서는 그의 저서 일부만이 확인가능하다.[82]

곽위는 천계 5년 무렵(1625년경) 회원會元이 저술한 『사서주의四書主意』에 교열자로 참가했다.[83] 그런데 이 책의 제작에 참여했던

---

80) 『明版綜錄』 卷2, 郭偉撰, 『皇明百家門問答』 15卷, 金陵書林李潮聚奎樓刊.

81) 『中文善本書志』 經部, 58~59쪽. 郭偉撰, 『皇明百方家問答』 15卷, 明末金陵李潮刻本, 「郭洙源先生歷來纂著四書講意書目」.

82) 『明版綜錄』의 卷2·3·5에 총 6종, 『中文善本志』 經部 58~59쪽에 3종, 기타 연구서에서 2종의 저작이 확인된다.

83) 『中文善本書志』 經部, 64쪽. (明)華琪芳撰, 『新刻乙丑科華會元四書主意金玉髓』 14卷, 金陵書林張少吾刻本.

사람들은, 저자 이외에도 정정訂定과 비평자批評者로 4명, 교열자校
閱者로 2명, 출판자出版者로 1명, 도합 8명에 달했다. 서문序文(1625
년서年序)과 정정을 담당했던 양세방楊世芳의 이름은 방사房師로서
저자의 앞에 기록되어 있고, 저자 뒤로 오강吳江·진강晉江·장주長
洲·무석無錫 출신 4인의 동학들이 비평자로 기록되어 있다. 그 뒤
를 이어 교열자로 곽위와 건양서상建陽書商 여창조余昌祚의 이름이
올라있다.84) 이 사람들 중에 실제로 이 책의 저술에 관여한 사람
은 거의 없었을 것이나, 그래도 이런 식으로 타인他人의 저작에
이름을 올려놓는 일은 중요했다.85) 건양서상 여씨와 저술업자 곽
위가 이런 방식으로 회원의 저서에 이름을 올리는 것은 단순히
교열자로 서적제작에 참여했다는 것을 나타내는 것에서 그치는
것이 아니라, 과거시험과 관련된 저작에서 자신의 지명도를 높이
는 길이 되며, 따라서 과거 수험서의 저술과 출판을 영위하는 데
한결 도움이 되기 때문이다. 실제로 명말 저술업자들의 저서가 청
대 이후에는 다시 출판되었다는 기록을 찾기 어려운 것에 비하여,
곽위의 저술은 청대에도 중각重刻되었다는 사실이 확인된다. 건륭
8년(1743)에 경륜당經綸堂에서 중각한 『백자금단百子金丹』에는 다음

---

84) 위 版本의 題語.
85) 중국의 저작에는 序·跋을 비롯해서 訂·閱·參·校 등의 역할을 나누어 맡은
수많은 사람들의 이름이 저자와 나란히 기록되곤 하는데, 유명인의 저작
이거나 잘 팔리는 인기 書種에 이름이 올라가 있다면 자신의 명성을 높이
는 데 매우 좋은 방편이 되었다. Chou, op. cit., 2004, pp.142~143 ; Chou[朱
啓榮]는 제럴드 주네트[Gerald Genette]의 '곁텍스트[paratexts]' 개념을 도입해
서 수많은 編校閱者의 이름이 들어가는 중국 서적의 특성을 설명했다. 곁
텍스트란 제목이 쓰인 페이지, 서문, 발문, 활자체, 책의 공간구조, 註釋과
참고문헌 등 서적의 비본질적, 부대적 항목들을 말하는데 이런 것들은 대
부분 책의 저자가 만들어내는 것이 아니고 독자들의 주목을 끌기 위해 출
판가와 편집가들이 고안해 낸 것들이다. 같은 책, pp.10~15.

과 같은 범례가 달려있다.

> 임술(강희21·1682), 을축(강희24·1685) 두 차례의 회시에서 자부子部와 사부史部의 책을 능란하게 다룰 수 있는 사람들이 모두 합격하자 사인들은 자사子史의 서적을 구해보는 데 고심하게 되었다. 특히 제자의 서적은 분량이 너무 많고 또 대부분 비장秘藏되어 있어 구해보기 어려웠으며, 설사 어렵게 구해본다 한들 정교하지 못해서 책을 여는 순간 망연해지곤 했다. 그래서 과거에 임하는 사인들의 우환이 깊어졌다. <u>이 책은 시세의 추이에 따라 과거에 유용한 첩경捷徑들만을 모아놓았으니 간편하게 암송의 자료로 삼을 수 있다.</u>[86]

이로써 과거수험서의 용도로 곽위의 저술이 18세기 중반에도 중각되었음을 알 수 있다.

곽위는 『백방가문답百方家問答』에서 147명이나 달하는 명대 유명학자들의 『사서』에 대한 해설을 모아 자의적인 문답형식으로 나열했을 뿐, 철저한 분석이나 고증에는 관심이 없는 수험서의 저술업자였을 뿐이다. 이처럼 16세기 후반 이후 과거수험서들은 경서의 근본에서 빗나가고 있었다.

한편, 명말 『사서』의 해설서가 유행하게 되자 서상들 가운데에서도 스스로 『사서』해설을 찬집纂輯·출판하는 사람들이 등장했다. 건양서상 여응규余應虯는 서적 안에 그림을 첨가해서 사서의 내용을 이해하기 쉽도록 만든 수험서 『사서익경도해四書翼經圖解』를 직접 찬집했다.[87] 그런데 여응규가 찬집한 『사서익경도해』는 그림을 빼면 당시 출판되어 있는 무수한 『사서』의 해설서를 모아 만

---

86) 郭偉選註, 郭中吉(淸) 編. 『分類評註文武合編百子金丹』, 經綸堂藏版 서울대학교 규장각소장 목판본, 「凡例」. 밑줄 친 부분은 인용자의 강조.

87) 『中文善本書志』經部, 63쪽. 余應虯撰, 『近聖居四書翼經圖解』19卷, 明末近聖居刻本.

든 책이었다. 사실 당시에 출판되었던 대부분의 방각본 『사서』류들은 이 책과 마찬가지로, 그때까지 저술된 『사서』에 대한 해설을 가능한 한 많이 모아서 독자들에게 제공하는 형태였다.[88] 그것은 마치 상점에서 백화百貨를 전시하듯이 『사서』에 대한 모든 해설을 망라한 것들이었다. 서상들은 자신들의 출판물이 '합격의 지름길', '출세의 사다리'가 될 핵심적 요소만을 모은 책이라고 선전했지만, 사실 그것은 『사서』에 대한 해설모음집이라는 총집류의 성격에 가까운 것이었다.

---

[88] 明末 『四書』의 해설서들이 가지는 새롭고 뚜렷한 경향은 陽明의 가르침이 전수되고 있었다는 것으로서, 특히 1590년대 이후 講學을 통해서가 아니라면 수험생들이 양명사상을 접하는 것은 『四書』의 해설서를 통해서였다. 이외에도 불교용어를 사용한 의미해석, 漢代와 그 이전의 텍스트에 기초한 古體운동 등이 새로운 사상을 추구하는 가운데 나타났는데, 이러한 해설서들은 註釋사이의 同異性에 대해서는 관심이 없었고 오로지 백과사전식으로 수많은 註釋을 보여주는 것에서 그쳤다. 그러나 이처럼 새롭고 다양하게 전개된 『四書』의 註釋들은 程朱學의 권위를 침식했을 뿐 아니라, 독자들로 하여금 다양한 註釋 가운데 자신의 의지에 따라 특정 해설을 선택할 수 있도록 한 것으로써, 우연히도 考證學的 풍조가 성장할 수 있는 가능성을 만들었다. Chow, op. cit., 1996, pp.136~142.

제3절 '논술 핵심정리', 책론策論의 참고서

　　이러한 추세에서 선집류 수험서가 발달하게 된 것은 어쩌면 당연한 일이라고 하겠다. 여기서 말하는 선집류란 사부四部의 분류에 따라 보자면 유서, 제자서, 총집서 등 자부子部와 집부集部의 부류에 속하는 서적들이다. 앞의 〈표 3〉을 살펴보면, 제(3)시기에 유서류와 총집류는 모두 10% 이상의 높은 출판비중을 보이고 있는데, 특히 총집류는 15.3%의 비율을 차지하며 앞의 두 시기보다 2~3배 높아진 생산량을 기록했다. 즉 상업출판에서 새롭게 주목된 서종書種은 대대적인 발전을 보였던 소설·희곡류를 제외하면 총집류의 서적이었다. 본 절에서는 이처럼 16세기 후반 이후에 선집류, 혹은 총집류 서적이 상업적으로 중시된 이유를 수험서의 발달상황과 더불어 고찰해보고, 또 그것은 과거의 운용과는 어떤 관계가 있었는지 알아보고자 한다.

　　먼저 16세기 후반 이후에 출판되었던 유서로는 명초에도 출판된 바 있는『운부군옥韻府群玉』,『사문유취事文類聚』,『사림광기事林廣記』,『시학대성詩學大成』등 송·원대의 저작들이 사인의 수요에 따라 꾸준히 출판되었음이 확인된다. 한편 명말에 이르러 새롭게 출현한 유서들도 많은데, 대중의 일상생활에 요긴하게 쓰이는 실용유서『만보전서萬寶全書』, 명가들의 편지모음집『수간인홍신찰手柬鱗鴻新扎』, 도가道家수행을 위한『성명쌍수만신규지性命雙修萬神圭

旨』 같은 종교서적류 등이다. 총집류 서적으로는 문선文選·시선詩選·소품집小品集 등이 활발하게 출판되었다. 이처럼 다양한 종류 가운데 거업擧業을 위한 유서와 총집서들도 출판되었음이 확인된다. 즉 제1장場의 시험인 경의經義가 아니라, 제2~3장場의 시험인 책策·론論에 대비할 수 있도록 제작되었으며 과거 합격을 위해서 요긴하다고 선전하는 책들이 다양한 종류로 개발되었다. 수많은 과거수험서의 종류와 경쟁해야 했으므로 유명인의 저작임을 위조하는 수법이 가장 많이 사용된 분야이기도 하다.

과거수험용 유서 가운데 가장 이른 시기에 출판된 것으로 보이는 상업출판물은 선덕 2년(1427) 건양의 서상 유극상劉克常이 출판했던 『고금원류지론古今源流至論』이다. 청대 『사고전서四庫全書』의 평가에 따르면, 이 책은 송대에 새롭게 바뀐 과거 시험제도에 대처하기 위한 목적으로 만들어진 참고서였다. 송대 신종때부터 과거시험에서 시부詩賦가 혁파되고 책론策論이 중시되자 수험생들은 고금의 전제典制를 공부해야 했는데 광범위한 이 분야에서 도움을 받을만한 책이 없었다. 그러던 차, 관련자료를 폭넓게 수집한『원류지론源流至論』이 만들어져서 이 책으로 과거시험에 대비할 수 있었다고 한다.[89] 즉 송대 시무책時務策시험을 위한 참고서였던 것이다. 이 책은 원대에도 과거 참고서로 활용되었는데, 15세기에 이

---

[89] 이 책은 宋代에도 복건지역에서 처음 출판되었는데, 이 책의 저자들도 복건지역 인사들로서 평소 청렴하고 성실히 공부하여 향론의 추천을 받아 향촌의 우두머리가 되었던 인물이었다고 전한다. 즉 官界와는 상관없는 在野의 지식인들이 書商과의 협력 하에 처음 이 책을 만들어낸 것이다. 淸代에 이르러 이 책은 비록 거업서이지만 특히 宋代의 典章制度에 대해서 다른 서적에서 구비하지 못한 要體를 갖추고 있으니 가히 考證의 자료를 삼을만하다는 평가를 받았다. 『四庫總目提要』子部 11 類書類. 『古今源流至論』(宋)林駧撰前後續集 30卷, (宋)黃履翁撰別集 10卷.

르러 유극상이 원판을 저본으로 이 책을 번각·출판했다. 유극상은 목록 뒤에 새겨 넣은 패기牌記에서 이 책의 출판과정에 대해 다음과 같이 설명했다.

> 『원류지론』은 의론議論이 정확한데다 상세히 분석하였으므로 과거를 준비하는 자들이 읽게 되면 마치 화살로 과녁을 적중시키는 것처럼 심히 의지할 바가 많은 책이다. 하지만 이 책이 출판된 것은 매우 오래 전의 일인데다가, 불타버리고 남은 것은 결전缺典뿐이었다.[90] <u>우리 서점은 우리 읍邑의 교관校官 맹성孟聲 동용董鏞선생에게 가서 초본을 구했는데 즉시 간행하려 하였으나 초본 가운데에는 비슷한 글자를 잘못 베껴 쓴 것이 많을 것으로 염려되었다.</u> 더욱이 다행스럽게도 여러 곳을 수소문하여 원본을 구하였고, 명유名儒들을 정중하게 청하여 표점을 증가重加해서 참고하는 데 오류가 없도록 만들었다. <u>마침내 4집으로 나누어 출판하게 되었으니 사방의 군자들과 함께 하게 된 것을 기쁘게 생각한다.</u> 살펴보시길 바란다.[91]

상기 인용문을 통해서 15세기 『원류지론』이 학교에서 교육용 텍스트로 사용되었을 가능성을 예상해 볼 수 있다. 단 인쇄본을 구할 수 없었기 때문에 초본이 활용되고 있었다. 이러한 상황에서 방각본 『원류지론』이 인쇄되어 서점에 출시되는 것은, 앞서 살펴본 방각본 경서의 경우와 마찬가지로 텍스트가 보급되는 결과로 이어지는 일이다. 방각본 텍스트의 특징은 소수 특권적 시민들만이 구할 수 있었던 관각과는 달리 과거를 치르려는 '사방의 군자'가 모두 접근할 수 있다는 장점과, 관각 혹은 학식 높은 문인집안

---

90) 原文에는 '回祿'이라고 기록되어 있는데 이것은 元明 교체시기의 戰亂을 의미하며, 따라서 인용문의 내용은 元版이 元明 교체기를 거치며 소실되었다는 사실을 전하고 있는 것이다.

91) 『中文善本志』子部, 421쪽. 『新箋決科古今源流至論』前10 後10 續10卷, 別集10卷, 宣德2年建陽書林劉克常刻本 ; 『藏園群書經眼錄』卷10, 子部4, 3册, 835쪽. 밑줄 친 부분은 인용자의 강조.

의 사각私刻이 아니기 때문에 문자와 내용에 오류가 많을 가능성이 높다는 약점을 동시에 지니고 있다는 것이다. 유극상은 장점은 부각하고 약점을 해소시키는 내용의 간기를 실음으로써 자신이 출판한 서적을 훌륭하게 광고했다. 이 책이 반드시 학교에서 텍스트로 사용된 것이 아니었다고 할지라도 서상이 그 쓰임새와 정확성에 대해 적극적으로 광고를 하며 출판하기 시작한 것은, 앞서 언급한 바와 같이 과거를 준비하는 사인의 숫자가 많아지고 있는 상황에서 본서의 수요가 늘어났기 때문임에 틀림이 없다. 이처럼 15세기 방각본 유서류 과거 수험서의 출판은 구하기 어려운, 비교적 권위 있는 텍스트가 보급되는 차원에서 이해할 수 있는 것이었다. 이 책은 성화년간 이후 수차례 출판이 되었고 만력 18년(1590)까지 생산되었던 것이 확인되고 있다.

  16세기 말부터는 명대인들이 편저한 선집류 수험서들이 등장했다. 만력 2년(1574) 천남서사泉南書舍의 주인 엽환성葉晥星이 출판한『육자전서六子全書』도 그러한 서적이다. 이것은 방대한 제자서를 간략하게 축약해서 수험용으로 이용하기 좋게 만든 책이다.[92] 이 책의 편집자는 당시 문명이 높던 소준蘇濬이었는데 그는 이 책이 출판되기 바로 전해인 1573년의 향시에서 해원解元을 차지했다.[93] 평소에도 학문과 과거문장에 통달했다는 평판을 듣고 있던 소준이 향시에서 수석으로 합격한 사실은 서상이 보기에 수험서의 편집자로서 더할 나위 없이 좋은 조건이었을 것이다. 가정 12년(1533)에 소주지역에서 출판된 가각본家刻本『육자서六子書』와 비교해보자면 16세

---

[92]『中文善本志』子部, 274쪽. 蘇濬輯,『新刊六子全文註釋摘錦』6卷, 萬曆2年 葉晥星泉南書舍刻本.

[93]『萬曆泉州府志』卷24,「明列傳・蘇濬」, 臺北: 臺灣學生書局, 民國76년[1987], 1,645쪽.

기 후반에 출판된 이 책은 매우 통속적이었다.94) 왜냐하면 『육자서』에서 일부의 장절章節만을 떼어내 주注를 붙인 선집이기 때문이다. 분량도 60권에서 6권으로 대폭 줄었다. 이쯤 되면 원서의 내용이 전달되기 어려울 정도의 심한 축약이라고 볼 수 있다. 그러나 이것은 방각본 수험서를 통해서 빠른 수험공부의 성취를 원하는 독자들에겐 오히려 장점으로 보일 수 있다. 게다가 소준과 같은 과거 문장계의 명사가 편집했다면 더욱 신뢰가 갈 것이다. 서상 엽환성은 이 책이 간결하면서도 거업에 꼭 필요한 핵심적인 내용들만 담고 있어서 빠르게 익힐 수 있으면서도 효과는 높다고 아래와 같이 선전했다.

> 고금의 백가평론百家評論 가운데 육자보다 훌륭한 것이 없습니다. 단 전서는 분량이 너무 번잡하니, 우리 서점에서는 명공에게 정선精選과 교열校閱을 요청했습니다. <u>무릇 거업에 요긴한 것만을 전문을 모두 싣지 않고, 때로는 3~4행만을 적출하였고, 때로는 수십여 구만을 뽑았으면서도, (내용이) 일맥상통하며 전말이 모두 갖추어지고 번잡하지 않게 요약하고자 힘썼습니다.</u> 백가의 서적은 이 범위를 넘어서지 않을 것이니 일단 책을 펴보면 핵심적인 내용이 간편하게 빛날 것입니다. 바라건대 구매자들은 여씨余氏의 정판正版이 거의 오차誤差가 없다는 것을 알아주시기 바랍니다. 근산近山이 출판함.95)

한편, 만력 29년(1601) 건양의 췌경당萃慶堂에서 출판했던 『사류첩류事類捷類』도 그러한 서적이었다. 이 책의 찬자撰者 등지모鄧志謨는 『명판종록明版綜錄』에 수록된 방각서 가운데 주로 희곡·소설류의 편저자로 자주 등장하는 인물이다. 등지모는 강서江西 요주부

---

94) 顧春編, 『六子全書』 60卷, 嘉靖癸巳顧氏世德堂刻本. 北京圖書館소장 善本. 六子로는 『道德經』 2卷, 『南華眞經』 10卷, 『至德眞經』 8卷, 『荀子』 20卷, 『揚子法言』 10卷, 『中說』 10卷이다.
95) 『中文善本志』 子部, 274쪽. 앞의 책의 「扉頁」. 밑줄 친 부분은 인용자의 강조

饒州府 안인현安仁縣 출신으로서 복건에 유람을 왔다가 여씨서상余氏書商들의 숙사塾師를 담당하면서 본격적으로 출판업에 종사하게 되었다. 등지모의 사적에 대해서는 더 이상 고찰할 길이 없지만 어느 정도의 문필력을 갖춘 그가 출판업과 관계를 맺기 위해서 의도적으로 최대 서상의 밀집지역인 건양지역으로 이주했으리라고 추측할 수 있다. 『명판종록明版綜錄』에 수록된 저작에 한해서만 그는 소설류 외에도 『사류첩류事類捷類』를 포함해서 고사故事, 서신書信제작법을 다룬 책 등 총 3종의 유서類書도 찬집한 것으로 확인되고 있다.96) 『사류첩류』는 30문의 항목으로 분류된 유서類書로서 각 항목에 대해서 경전·정사正史·별사別史·제자諸子·전기傳記 등으로부터 발췌한 기사를 실은 책이다. 서문의 뒤에 제시되어 있는 인용서목에 의하면 이 책에 인용된 서적은 총 183종에 달한다. 그러나 분량으로 보자면 유서치고는 적은 소유서에 속한다. 췌경당의 주인 여사천余泗泉은 이 책의 속표지에 다음과 같은 내용을 새겨 넣었다.

> 전적典籍은 많고도 넓다. 요령을 알지 못한 채 독서를 하는 것은 누에 뽑는 일에 비유하자면 두서가 없어서 곧 실이 얽히게 되는 것과 같고, 먼 길을 떠나는 사람에 비유하자면 안내서가 없어서 숱하게 옆길로 새는 것과 같다. 이 책은 고금의 천지민물天地民物에 대해 총체적으로 편차한 것이다. … <u>내용이 많으면서도 요점이 분명하고, 간략하면서도 공교工巧하니 진실로 후학後學의 수반晬盤이요, 거업의 첩경捷徑이다.</u> 구매자들께서 뛰어난 견해를 보여주시길 바라는 바이다.97)

---

96) 鄧志謨가 편저했던 소설류는 『明版綜錄』에 실린 것만도 卷2, 『鐵樹記』(25卷15回)를 비롯해서 11종에 이른다 ; 鄧志謨가 撰輯한 類書로는 『事類捷類』이외에, 故事유서인 『故事白眉』10卷, 각종 書信제작법을 다룬 『新刻一扎三奇』8卷이 있다. 『中文善本志』子部, 460~461쪽.
97) 『中文善本志』子部, 460쪽. 鄧志謨撰, 『鍥旁註事類捷類』15卷, 萬曆余彰德

상기 인용문에서 보는 바와 같이, 16세기 말~17세기 초에 이르면 선집류 과거 수험서들은 텍스트의 원본을 그대로 충실하게 번각했다는 광고 대신에, 번잡한 내용을 간단하게 줄여 과거 시험에 꼭 필요한 핵심만을 제공하고 있다고 선전하게 되었던 것이다.

명말 서상들이 출판했던 선집류 과거수험서들은 축약뿐 아니라 새로운 내용을 추가하거나 혹은 비슷한 성격의 출판물을 시리즈물로 기획하는 등의 방법도 사용했다. 명말 서상들에게 인기가 있던 과거 수험서 가운데 고충顧充(융경년간 거인擧人)이 편찬한『역조첩록歷朝捷錄』이라는 책이 있다. 이 책은 주대周代 위열왕威烈王으로부터 송말에 이르기까지의 역대사사歷代史事에 대한 논편論篇을 모은 것으로, 초학자들에게 용이한 주註가 많고 음석音釋과 인증引證 등이 갖추어진 것이었다. 서상들이 다투어 출판했기 때문에 원서의 면모가 멋대로 바꾸어진 결과, 2권본, 4권본, 8권본, 10권본 등이 전해지고 있고 또 유명 학자들, 예를 들면 탕빈윤湯賓尹, 고헌성顧憲成, 진계유陳繼儒 등 당시 수험서의 교열자校閱者로 내세우면 효과를 지극히 올릴 수 있는 사람들이 음석音釋과 비점批點을 가했다는 선전이 다양하게 첨가되어 있었는데, 현존하는 명대 각인서만해도 30여 종에 이를 정도이다.[98]

『역조첩록』은 고충선생이 처음 편찬했을 때부터 즉각적으로 인구에 회자되었습니다. 그러나 유전流傳이 심히 오래되어 자판字版의 마모가 심한데다가 번각된 여러 서적들이 마음대로 산정刪訂을 가하여 선생의 자구장법字句章法은 천리千里에 퍼지지 못하게 되고 말았습니다. 이에 원본을 수집하고 각공을 모아 정밀하게 간행을 하였는데, 태고

萃慶堂刻本 ; 張傳峰, 앞의 논문, 76쪽. 밑줄 친 부분은 인용자의 강조.
98)『中文善本志』子部, 267쪽. 顧充撰, 李廷機重訂,『鐫重訂補註歷朝捷錄史鑑提衡』4卷, 萬曆建邑書林熊忠宇刻本.

<u>로부터 명조에 이르기까지를 한데 모아 하나의 책으로 만들었으니
진실로 사가史家의 액백腋白이요 후학後學의 지남指南이라고 할 수 있
습니다.</u> 현재 유행되는 방각坊刻들과는 완전히 다를 것이니 식자識者
들은 판별하시기를 바랍니다.99)

이상은 소주蘇州의 왕공원王公元이 숭정년간崇禎年間 출판한 『역
조첩록대성歷朝捷錄大成』의 속표지에 새겨진 내용이다. 이에 따르면
본서는 원본의 구성대로 송말에서 끝나는 것이 아니라 원대와 명
대의 것까지 부가되어 출판되었음을 알 수 있다. 출판자를 알 수
없는 또 다른 숭정각본崇禎刻本도 원래의 『역조첩록』에다 『원조첩
록元朝捷錄』1권과 『황명첩록皇明捷錄』2권을 부가하여 명대 천계년
(1621~1627)까지 추가구성했음이 확인된다.100) 서상들이 수차에 걸
쳐 번각했다는 것은 곧 이 책에 대한 수요가 높았다는 것을 의미
한다. 명말의 서상들은 '출판되자마자 즉시 인구에 회자되었던' 인
기 수험서를 그대로 번각하는 데 그치지 않고 짧은 시간 내에 『역
조첩록』의 체제를 모방하여 원·명 양대를 부가하는 순발력을 보이
고 있는 것이다.

다음은 일종의 시리즈로서 기획된 출판의 사례이다. 천계6(1626)
년 항주의 서상 조세해趙世楷는 『양자태현경揚子太玄經』을 출판하면
서 범례凡例에 다음과 같은 내용을 적었다.

> 우리 서점에서는 이전에 『한비자韓非子』와 『동자번로董子繁露』를 출
> 판했었는데 해내海內에 전파되어 이미 명가들이 감상鑑賞하고 있는 바
> 이다. 계속해서 『양자태경揚子太經』·『안자춘추晏子春秋』를 출판하였는
> 데, 기존의 유자들의 서적을 따라 (내용별로) 나누어 (책으로) 묶으니 구

---

99) 『中文善本志』子部, 267쪽. 顧充撰, 鍾惺增定, 『顧迴瀾先生歷朝捷錄大成』
4卷, 崇禎吳門王公元刻本. 밑줄 친 부분은 인용자의 강조.
100) 『中文善本志』史部, 268쪽. 顧充撰, 『歷朝捷錄』4卷, 張四知撰, 『元朝捷錄』
1卷, 李良翰·鍾惺撰, 『皇明捷錄』2卷, 崇禎刻本.

종九種이 되었다. 이는 모두 경술經術을 보충하기에 충분하고 거업에 도움이 된다. 다른 서점들이 출판한 왜곡되고 잘못된 서적들과는 아주 다르다.101)

조세해趙世楷의 독서방讀書坊은 천계년간(1621~1627) 활동했던 서점으로, 이 서점의 다른 출판자 단경정段景亭이 1612년에 간행한 『소대경제언昭代經濟言』 14권, 『양자법언揚子法言』 10권 등 10종의 서적목록이 전해지고 있다.102) 자신의 서점에서 출판했던 기존의 서적들의 뒤를 이어 일종의 시리즈물로 출판했던 것이라고 할 수 있는데, 출판물의 성격을 일관되게 유지하는 노력 역시 다른 서점과의 경쟁에서 우위를 차지할 수 있는 방법이었다.

논론論·책책策에 대비하기 위해 독서해야 할 서적의 대상은 광범위하므로 이러한 논책용 수험서들을 광고할 때에는 수많은 저본底本을 선집하였으되, 번잡하지 않게 핵심적인 내용들로만 이루어져 있다고 선전하는 것이 중요하다. 17세기에 들어서 이러한 선집류 수험서들은 핵심적인 내용들로만 간략하게 줄였음을 광고하는 것에 그치지 않고 얼마나 믿을만한 저본들이 많이 사용되었는가를 강조하게 되었으며, 심지어는 믿을만한 저자에 의하여 개작을 거친 결과 더욱 간결하고 신뢰할 수 있는 수험서가 되었다고 선전하기에 이르렀다. 아래의 두 가지 사례를 통해 살펴볼 수 있다.

우선, 천계 7년(1627)에 소주에서 출판된 것으로 보이는 『사육법해四六法海』는 위진魏晉시대부터 원대에 이르기까지의 사육문을 칙勅·조詔·책문册文·제制·사론史論 등의 37개 항목으로 분류하여 모은 책이다. 1627년의 자서自序에 의하면 이 책은 을축(1625)년 가을

---

101) 揚雄撰/明趙如源等訂, 『揚子太玄經』10卷, 天啓武林趙世楷讀書坊刻本, 「凡例」. 北京圖書館소장 善本. 밑줄 친 부분은 인용자의 강조.
102) 『明版綜錄』卷8, 9~10쪽.

에 편집을 시작해서 병인(1626)년 겨울에 원고가 완성되었다. 자료수집에서 간행에 이르기까지 단시간 내 일사천리로 이루어졌다고 볼 수 있다.103) 이 책은「범례」를 통해서 "거업을 위해서 만들어진 책이므로 번잡하게 선집하기 보다는 차라리 간략하게 선집했다"고 직접적으로 선집의 용도와 방법을 밝혔다. 그리고 얼마나 믿을만한 저본으로부터 선집된 것인지, 그것도 그냥 선집된 것이 아니라 당대의 관점에 의해서 '쓸모 있게' 고쳐졌는지에 대해서도 분명하게 밝혔다. 즉, "이 책은『문선文選』,『예문유취藝文類聚』,『문원영화文苑英華』,『당문수唐文粹』,『송문감宋文鑑』,『문장정종文章正宗』,『원문류元文類』,『형천문편荊川文編』,『광廣·속이문선續二文選』을 위주로 하고, 제가諸家의 문집 및 정사正史·야사野史에 실려 있는 기사를 참고하여 편찬된 것이다. 게다가 인습因襲을 따르지 않고 그 안의 오류들을 모두 정정하였으니 이 책이 가진 명백한 분별력은 쟁우諍友[직언으로 조언을 해주는 벗]가 가진 그것에 필적할 것"이라고 밝힌 것이다.104) 또 속표지에는, 짜임새 있고 알찬 구성으로 "제과制科에 진실로 절실하다"는 것을 내세웠고 "이 책으로 공부한 학자는 빼어난 성적으로 과거에 합격할 것임이 분명하다"는 선전도 첨가해 두었다.105) 이 책에 선집의 저본으로 나열된 인용서목들은 송원대 이전의 저작 뿐 아니라 당순지와 같은 명인의 저작에 이르기까지 당시 작문에 있어서 없어서는 안 될 중요한 텍스트들을 거의 다 포함하고 있다. 이 일편一編으로 거업에 필요한 요체를 모두 파악할 수 있도록 요약했다고 선전하고 있지

---

103) 『明史』卷288,「王志堅傳」24, 7,402쪽.
104) 『中文善本志』集部, 541쪽. 王志堅輯,『四六法海』12卷, 天啓7年刻本,「凡例」.
105) 위의 책,「扉頁」; 張傳峰, 앞의 논문, 76쪽 재인용.

만, 인용서목의 저작들 하나하나가 모두 거질巨帙의 유서임을 생각할 때 단 12권으로 요약된 이 책의 내용이 얼마나 축약되었는지를 예상할 수 있다.

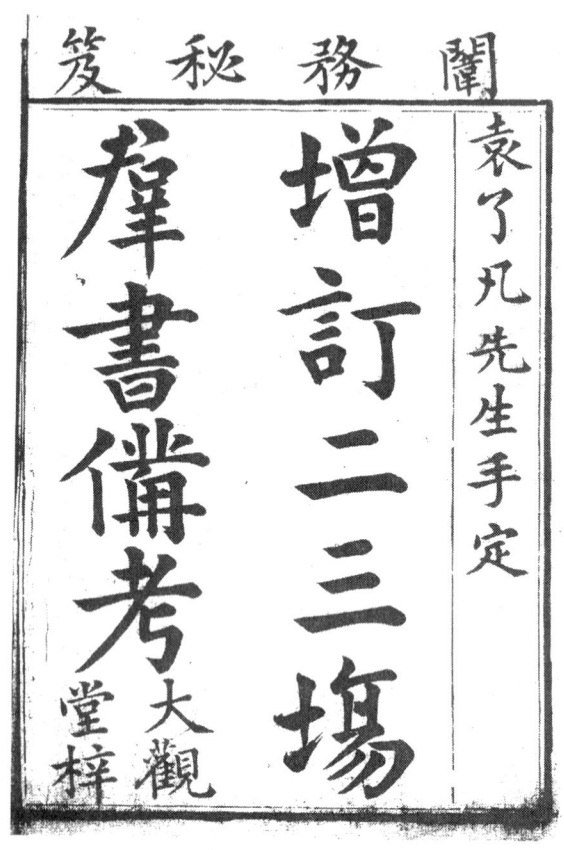

〈그림 3〉 袁黃撰/袁儼註, 『增訂二三場群書備考』4卷, 「扉頁」. 崇禎大觀堂刻本. 北京 國家圖書館소장 善本. "袁了凡선생이 손수 編定한, 科擧시험에 꼭 필요한 秘笈"이라는 내용이 새겨져 있다.

다음으로, 숭정년간에 증정되었던 원황袁黃의 『군서비고群書備考』는 제2~3장의 시험에 대비하기 위해 만들어진 수험서였는데, 역시 "수많은 원저작에 전재翦載와 개사開寫를 가하여 번잡함을 없앴다"는 것을 장점으로 선전했다.106) 심지어는 아래의 인용문에서 보이는 것과 같이, 과거공부를 위해서 번잡한 원적原籍을 볼 필요가 없으며 이 책과 같은 수험서가 오히려 거업에 쓸모가 많다고 내세우기까지 했다.

> 경적經籍을 깊이 통달하지 않아도 제경諸經의 대지大旨를 갖출 수 있으며, 잡다하게 보지 않아도 백가의 정언精言을 모두 구비할 수 있으니 뜻은 정교하고 그 문장은 쓰임에 적합하다. 진실로 문인들에게 비단이 옷을 무궁하게 하는 것처럼, 거업에 필요한 근거와 도구가 다 갖추어져 있다.107)

이처럼 논론論·책策의 수험서는 속성으로 과거 시험에 대비할 수 있도록 개발되었을 뿐 아니라 당대의 기준에 의해서 요약과 개작을 첨가한 것이 오히려 장점으로 부각되는 방향으로 발전하고 있었던 것이다.

지금까지 서술해 온 책들은 거업을 위해 도움이 되는 자료들을 모은 폭넓은 의미에서의 선집류 수험서들이다. 이와는 달리 아예 2~3장 시험의 답안문만을 선집하여 만들어진 책론의 모범답안문집도 제작되었다. 『중문선본지中文善本志』에 실려 있는 몇 가지의 예를 들어 보면 다음과 같다. 모유茅維가 선집한 『황명책형皇明策

---

106) 『中文善本志』子部, 448쪽. 袁黃撰/袁儼註, 『增訂二三場群書備考』4卷, 崇禎大觀堂刻本, 「凡例」; 이 책을 출판했던 서점은 扉頁에 "袁黃 선생이 손수 編定한, 科擧시험에 꼭 필요한 秘笈"이라는 내용을 새겨 넣었다. 같은 책, 「扉頁」.
107) 위의 책, 「沈昌世序」. 밑줄 친 부분은 인용자의 강조.

衡』22권(명만력각본明萬曆刻本), 초횡焦竑이 선집한 『역과정시장원책歷科廷試壯元策』7권 『총고總考』1권(숭정대업당각본崇禎大業堂刻本), 초횡焦竑과 왕형王衡이 찬집한 『신전선석역과정묵이삼장예부군옥新鐫選釋歷科程墨二三場藝府群玉』8권(옹일신각본翁日新刻本) 등이다.

 이상의 책들은 모두 2~3장 시험의 모범답안, 혹은 전시책문殿試策問의 합격답안들만을 모아놓은 선집이다. 이러한 서적들의 존재를 통해 명말에는 『사서』와 관련된 수험서만이 상업적으로 출판되었던 것이 아니라, 책策·론論의 시험에 대비하기 위한 지식 역시 중요한 상업화의 대상이었다는 것을 알 수 있다.

 이처럼 책策·론論의 수험서도 발달했던 것은 청대와 비교해 볼 때 명말 상업출판의 특징 가운데 하나이다. 청대에도 여전히 과거 수험서는 출판업이 주력 생산했던 서종이었지만 대부분 경의에 대비하기 위한 수험서, 그 중에서도 팔고문으로 만들어진 모범답안문 선집이 주종을 이루었을 뿐, 명말에 출판되었던 것과 같은 다양한 선집류 수험서는 발달하지 않았기 때문이다. 이에 대해서는 명·청 양대 과거 운용의 차이에서 그 원인을 찾아볼 수 있다. 즉 명대의 과거는 비교적 1·2·3장場에 고르게 무게 중심이 놓여 있어서 『사서』의 팔고문 답안을 가장 중시하긴 했지만 다른 답안도 총체적으로 평가에 포함시켰던 것에 비해 청대에는 거의 독점적으로 『사서』 답안에만 의존해서 수험생을 평가했기 때문이기도 하다는 것이다. 이와 같은 시험운용상의 변화의 가장 큰 이유는 청대에 이르면 시험관 한 사람이 읽어야 할 답안지의 숫자가 너무 많았기 때문이다.[108] 특히 본서에서 나눈 제(3)시기는 상

---

108) Elman, op. cit., 2000. pp.425~427. Elman은 『明代登科錄彙編』과 『淸代朱卷集成』에 실려 있는 明淸代 科擧의 합격답안문에 대한 시험관들의 평

업출판물 가운데 총집류 서적이 차지하고 있는 비율이 눈에 띄게 증가했던 시기였는데, 이때는 바로 명대 시무책이 매우 발달했던 시기로서, 무려 3,500글자에 달하는 시무책 답안문들이 제출되었다고 알려진 바 있다.109)

따라서 어째서 청대에는 팔고문으로 제작된 경의의 모범답안문 선집만이 과거수험서로서 유행하였고 16세기 말 이후의 명말에 유행했던 유서류와 총집류 서적들, 즉 책策·론論의 수험서들은 유행하지 않았는지에 대한 실마리를 찾아 볼 수 있다. 즉 시험운용상의 변화의 결과, 사인들이 팔고문만을 중시하고 2~3장의 공부에는 신경을 쓰지 않게 되었기 때문에 이러한 사인들의 수요에 부응하던 서상들의 출판형태도 달라진 것으로 볼 수 있는 것이다.

강희년의 진사 이불李紱(1673~1750)은 18세기 초반 운남향시雲南鄕試와 절강향시浙江鄕試의 시험관을 역임한 후 2~3장이 소홀하게 취급되는 현상이 청초 과거 시험의 폐단이 되었다고 지적했다. 경서의 문장인 경의는 체體를 명확하게 하는 능력과 논論·표表·판判·책策은 용用을 통달하는 능력을 증명하는 것으로서 이 두 가지는 상호 보완적으로 수행되는 것인데 청초 사인들이 오로지 1장의 답안문장인 팔고문만을 공부하고 2~3장 시험을 소홀히 하며, 시험관들도

가문을 비교해 본 결과, 明代에는 1·2·3 甲의 각 1등을 3場에서 합격답안문을 골고루 선택하여 수록하였고 평가문의 내용 역시 합격의 이유를 알 수 있을 만큼 길게 작성이 되었으나, 淸代에는 오로지 初場의 四書文 세 개만 평가대상이 되어 상위합격자 답안기록에 올라있었으며, 시험관의 평가문 역시 단 한 개에서 네 개 글자 정도로 짧게 작성했다고 지적했다. 즉 시험관 한 사람이 평가해야 할 답안지가 너무 많아진 결과, 四書義만 읽고 합격자를 결정하는 경우가 많아졌을 뿐 아니라 합격 평가문 역시 소략하게 변한 것이다.

109) Elman, ibid., p.445.

역시 2~3장을 중시하지 않고 있어 사습士習이 공소空疎해지고 문장의 근거가 약해지고 있다고 비판했던 것이다.110) 이러한 현상은 인재가 많기로 유명한 강남지역에서도 마찬가지였으니 학문의 수준이 강남지역에 미치지 못하는 지역이야 언급할 필요조차 없다고도 개탄했다.111) 그 결과 청대에는 시간이 갈수록 팔고문八股文으로 만들어진 경의經義의 모범답안문 선집選集의 인기와 전파력이 더욱 커지게 되었다. 그에 비해 명말에는 상대적으로 2~3장場의 비중이 컸고 따라서 책策·론論의 시험공부를 위한 수험서들의 수요가 높았던 것이다.

지금까지 서술해왔던 선집류 수험서 이외에도, 『명판종록明版綜錄』에 수록된 선집류 가운데 과거수험서로 제작되었다고 보여지는 서적은 약 57종에 이르는데, 그 가운데 제목에서부터 한눈에 거업문장만의 선집임을 보여주는 몇 가지 사례를 소개하자면 아래의 표와 같다. 다음 〈표 4〉에서 보는 것처럼, 16세기 말 이후 명말에는 제1·2·3장의 시험에 대비하기 위한 선집류 참고서들이 골고루 다양하게 발전했고 따라서 제(3)시기 상업출판의 총량 가운데 총집류의 출판비중이 이전 시기보다 큰 폭으로 증가했던 것이다.

---

110) 李紋,「雲南丁酉鄕試墨卷序」, 康熙 56년(1717), 李國鈞 主編,『淸代前期敎育論著選』中卷, 北京 : 人民敎育出版社, 1990, 331쪽 ;『淸代前期敎育論著選』은 총 3冊으로 구성된 史料集으로서, 1980년대에 사료를 모아 출판하기 시작했던『中國古代敎育文獻叢書』가운데 하나이다. 이 책은 淸初 諸家들의 문집·필기 등의 문헌자료에서 敎育理論, 敎育制度, 科擧, 書院 등에 관련된 사료를 뽑아 標點·校勘과정을 거친 후 영인 출판한 것이다. 이하『淸前期論著選·中』으로 약칭함.

111) 李紋,「浙江庚子鄕試墨卷序」, 康熙 59년(1720),『淸前期論著選·中』, 333쪽.

〈표 4〉『明版總彙』에 수록된 選集類 참고서

	찬집자	서명	출판서점
卷1	설응기 명 설응기評選	신간거업대유논종新刊擧業明儒論宗	융경원년(隆慶元年(1567) 금릉삼산서림간金陵三山書林刊
卷2	원황찬袁黃撰 원엄주袁嚴注 심세창정沈世昌增訂	증정이삼장군서비고증정三場那書備考	숭정15년오현서림대관당간 崇禎15年吳縣書林大觀堂刊
卷2	정소식찬丁紹軾撰	신전심육한림의진新鐫十六翰林擬纂 유송과장급출제지극위단전 西戌科場急出題旨亟爲丹簒	만력금릉서림이조규각본 萬曆金陵書林李潮奎樓本
卷2	여유정찬余有丁輯	신간보유표제노해지남강감찬요 新刊補遺標題魯海指南綱鑑纂要	만력27년건양서림여당목자신재간 萬曆27年建陽書林余良木自愼齋刊
卷3	식망자지언新刻擧業匠言	신각거업지언新刻擧業匠言	만력27년금릉서림주일교만권루간 萬曆27年金陵書林周日校萬卷樓刊
卷3	심일관찬沈一貫撰	신각심상국속선배가거기진 新刻沈相國續選百家擧業奇珍	만력금릉서림주일교만권루간 萬曆金陵書林周日校萬卷樓刊
卷3	주지번朱之蕃撰	신각태사회선고금문도주석명림 新刻太史彙選古今彙文攷注釋派林	만력서림주강간萬曆書林朱崑岡刊
卷3	곽악찬鄧偉撰	신간거업이용옥자답기新刊擧業利用六子拔裔	만력금릉서림주일교만권루간 萬曆金陵書林周日校萬卷樓刊

	찬집자撰輯者	서명	출판서점
卷4	주여광집周汝廣, 장이충집張以忠輯	신간곤산주해원정선예국수반록 新刊崑山周解元精選藝國萃盤錄	만력무림서림옹월계간 萬曆武林書林翁月溪刊
卷5	소경방집邵景堯選, 노효조집盧效祖輯	신간소한림부선거업주유문망 新刊邵翰林評選擧業準繩宇宙文芒	만력27년양성서림주시대박고당간 萬曆27年羊城書林周時泰博古堂刊
卷5	이정기집李廷機輯, 오용징집吳龍徵注釋	신간명유거유분류주석백자수언 新刊名儒擧業分類注釋百子梲言	만력금릉서림엽귀근산당간 萬曆金陵書林葉貴近山堂刊
卷5	고문기기顧元起輯, 시내봉선施來鳳選評	신간시회원정선방훈편명중열집 新鋟施會元精選旁訓皇明鴻列集	만력원년지성서림첨택자간 萬曆元年芝城書林詹聖澤刊
卷6	무자집武자輯	신간한림원기보정사민첩용학해군옥 新刊翰苑黃記補訂四民捷用學海群玉	만력양서림웅충우간 萬曆建陽書林熊忠宇刊
卷6	시봉래집施鳳來輯	거업고금적수옥포용업고금적수옥용림용 擧業古今摘粹玉圃龍淵	만력서유조각만력서림유조명해함지재간합지재刊合志齋刊
卷7	이정자이편李呈滋編	신전오미주석이상정론옥곡집 新鐫午未注釋二場程論玉穀集	만력장문서림간萬曆間書林刊

훗날 청대가 되면, 명대에 출판된 서적은 서상들의 자의적인 첨삭으로 인해 원서의 종지宗旨를 잃게 되었다는 악평을 듣게 되었다.112) 이러한 편집방법은 특히 과거수험서에서 유감없이 발휘되고 있었다. 물론 서적의 일부를 떼어내어 총서叢書의 형태로 모아서 출판하는 방식이 과거수험서에서만 보였던 현상은 아니었지만 그 영향력은 다른 서적보다 훨씬 컸다. 전통시대 과거시험은 관료와 수험생 당사자뿐 아니라 일반 백성들의 정신세계와 일상생활까지 강력하게 규정하고 있었기 때문이다.113)

과거제도가 가진 위력 때문에 합격의 비결을 제공한다고 선전하는 과거수험서는 빠른 속도로 전파되었고, 따라서 편저자들이나 출판업자들 모두에게 이용효과가 높았다. 그 결과 명말 출판업의 발달과 과거 참고서의 빠른 전파력은 개인이 경제적 수입 이외의 다른 목적, 예를 들면 과거의 운용방식이나 교육제도에 비판을 가하거나 학풍의 개혁안을 제시하기 위해 수험서 출판을 이용할 수 있는 여지를 만들었는데, 이에 대해서는 다음 장에서 서술하고자 한다.

---

112) 葉德輝, 『書林淸話』卷2, 「書節鈔本之始」. 서적의 일부를 節鈔하고 그 부분들을 끌어 모아 叢書類 서적을 만드는 악습은 南宋代에 시작되어 명말 陳繼儒, 胡文煥 등에 이르러 본격화되었다고 비난받았다.
113) 科擧는 전통시대 중국의 사회적·정치적·문화적 질서를 재생산하는 핵심적 기구였다. Benjamin Elman, "Political, Social, and Cultural Reproduction via Civil Service Examinations in Late Imperial China", *JAS* 50-1, 1991, p.8.

제3장

명말청초 모범답안집의 유행과 활용

제1절 명말의 입시문장 전문가
- 재야에서 활동한다는 것, 관료가 된다는 것

  수험생들이 작성한 답안문을 묵권墨卷이라고 부른다. 그 중에서도 과거시험에 합격한 답안문을 정문程文이라고 부르는데 이것의 유래는 송대부터이다. 송조는 시험이 끝난 뒤 정문 가운데 우수한 것을 골라 반포함으로써 문장의 모범으로 삼게 했다.[1] 명조도 향시와 회시가 끝나면 각각 향시록과 진사등과록進士登科錄|회시록會試錄|을 편찬하였는데, 각 시험에서 추린 합격답안문과 고관考官들의 서발문序跋文을 실어 간행했다.[2] 특히 시험 답안문의 용어가 종종 '이단잡서異端雜書'에서 채택되곤 했던 만력년간부터는 반드시 예부의 검열과 수정을 거친 후에 반포하도록 했다.[3] 청대에도 한림원

---

1) 宋代에 科擧시험을 程試라고 불렀기 때문에 답안을 程文이라고 했으며, 정부가 인쇄하여 모범문장으로서 반포했다. 정부의 程文출판은 민간에 자극이 되었고 사회적 수요가 뒤따르게 되자 민간에서도 출판하게 되었다. 朱傳譽, 『宋代新聞史』, 臺北 : 中國學術著作獎助委員會, 『中國學術著作獎助委員會叢書』6, 1967, 162~163쪽.

2) (明)廖道南, 『殿閣詞林記』卷14, 「程試」. 처음 鄕會試錄이 작성되었을 때에 그것은 지방의 布政司로부터 중앙의 禮部 및 翰林院에 시험결과를 전달하는 성격으로서, 시험문제 및 시험관, 합격자들의 등수와 籍貫, 考官들의 序文 등만 실었고 程文은 싣지 않았으나 洪武 21년(1388)부터 程文도 싣는 것을 법으로 정했다.

3) 顧炎武, 앞의 책, 卷16, 「程文」, 595쪽.

翰林院과 예부가 협조하여 우수한 합격답안문을 간행·반포했다.4) 이처럼 과거시험에 합격한 답안문의 선집은 애초 정부에 의해서 출판되었다. 그러나 정부가 발간한 답안선집은 구해보기 어렵다. 또 삼장三場의 답안이 모두 포함된 것이 아니라, 각 장에서 우수하다고 평가된 일부의 답안만이 실려 있기 때문에 과거시험의 전모를 살필 수도 없었고, 단기간 내 합격의 비결을 얻기에는 효율적이지 않았다.

16세기 후반 무렵 출판업계에서 만들어 내기 시작했던 팔고문 모범답안의 선집은 시험을 준비하는 사인들이나 과거시험에서 합격한 사람들이 작성한 묵권·정문을 선집해서 만든 것이었다.5) 이러한 선집이 출현하자 정부가 출판한 시험기록은 양적으로나 인기 면에서 빛을 잃게 되었는데, 만력 18년(1590) 무렵 서점에 방각본 모범답안문집이 넘쳐 나게 되었고 수험생들이 다 읽을 수도 없을 만큼 많은 답안문집이 생산되고 있었다. 이렇게 생산된 모범답안 선집들은 수험생들 사이에 빠르게 전파되어 실제 과거에서 효과를 올리기도 했다.6) 이처럼 16세기 후반~17세기 초반에 모범

---

4) 『大淸會典』卷84, 「翰林院」；『大淸會典則例』卷153, 「翰林院」. 우수한 합격문을 選錄하는 것은 翰林院의 임무이고 황제의 재가를 거쳐 간행·반포하는 것은 禮部의 일이었다.

5) 坊刻本 모범답안문집의 종류에 대해서 顧炎武는 17세기 초 다음과 같은 4종이 있었다고 서술했다. 즉 ①程墨：三場主司 및 士人들이 작성한 답안문 ②房考：進士들이 작성한 답안문 ③行卷：擧人들이 작성한 답안문 ④社考：諸生들의 모임이나 社의 同人들이 작성한 답안문의 4종이다. 顧炎武, 앞의 책, 卷16, 「十八房」, 584쪽；商衍鎏, 앞의 책, 257쪽；Chou, op. cit., 2004, pp.211~212. 모범답안문 選集은 다시 편집방법에 따라 2종으로 나뉘는데, 여러 사람들이 작성한 답안문을 모은 總集類를 選本, 한 사람이 編訂해서 만든 別集類를 稿本이라고 한다. 明淸代 가장 영향력 있던 選本·稿本의 종류 및 저자에 대해서는 商衍鎏, 앞의 책, 257~259쪽에 자세히 소개되어 있다.

답안문집의 생산과 유통이 광범위하게 이루어지고 있었는데, 이러한 기반위에서 복사동인들이 모범답안문의 평선을 통해서 경제적 이득 및 다른 목적을 달성할 수 있었음은 주지의 사실이다.[7]

이러한 가운데 충실한 정주학의 수호자임을 자처했던 평선가들도 상당수 존재했다. 다만 명말 분분했던 모범답안의 평선활동 가운데 유행을 주도하는 입장이 아니었을 뿐이지, 그렇다고 해서 전혀 위력을 발휘하지 못한 것은 아니다. 복사와 같은 거대한 집단은 아니었지만 지역연고와 인맥을 중심으로 소규모 집단을 형성하여 과거시험을 준비하고, 합격한 뒤에는 문생門生을 배출하는 데 일정 정도의 영향력을 행사했다. 이들은 스스로 평선가로 활약했음에도 훗날 관료가 된 이후에는 모범답안문의 유행현상에 대해 비판적인 입장으로 돌아섬으로써 모범답안 평선활동에 대해 이중적인 입장을 취했다. 관료가 된 이후에는 평선작업을 그만두었으며 대신 사습과 문체를 바로잡으려는 목적에서 모범답안문의 작성을 단속했다. 그러나 팔고문 자체에 대해서는 반대하지 않았는데, 팔고문의 한계를 인정하면서도 인재를 양성해왔던 효용성에 대해서 수세적으로 방어했다. 이와 같은 이중적인 태도는 훗날 청대에 이

---

6) 萬曆 44년(1616)에는 會試 수석합격자의 답안문이 萬曆 23년(1595)의 합격답안문을 그대로 베낀 것임이 발각되어 會元(會試 수석합격자의 합격이 취소된 사건이 있었고, 萬曆 47년(1619)에는 시험이 끝난 뒤 會試2甲의 經義답안문이 坊刻本 모범답안문집을 완전히 베껴 쓴 것임이 확인되었으며, 또 이때의 會試가 끝나자마자 書商들은 會元의 합격답안문을 즉각 출판했다. Chou, op. cit., 1996. pp.126~127 ; 2004, p.211.

7) 復社同人들은 지속적인 모범답안 評選을 통해서 社의 중요한 경제적 기반을 마련했고 동시에 尊經復古의 사상을 전파할 수 있었다. 張溥, 『七鑄麵集』; 小野和子/윤혜영 譯, 「명말청초 지식인의 정치행동 - 특히 結社를 중심으로-」, 『中國史』, 서울 : 홍성사, 1986, 444~445쪽.

르러 팔고문이 맹렬한 비난에 직면했을 때 답안문 평선행위와 팔고문을 모두 보호하는 이론적 근거가 되었다.

대표적인 사람으로 복건 진강현 출신의 소준蘇濬과 이정기李廷機(1542~1616)를 들 수 있다. 두 사람 모두 출판업계에서 모범답안의 평선가로서 높은 명성을 누리다가 훗날 고위관료가 된 사람들이었다. 앞장에서도 언급이 되었던 소준은 만력원년(1573) 향시에서 해원解元이 된 것에 이어 1577년의 회시도 합격하여 진사가 되었다. 그가 작성한 답안문은 "경서와 사서에 두루 능통하였으니, 해내海內의 사인들이 한결같이 그의 문장을 추종하게 되었다"고 전한다.8) 이정기는 만력 11년(1583)의 진사로서 명대에 단 4명 배출된 삼중원괴三中元魁의 한 사람이며,9) 심일관沈一貫·탕빈윤湯賓尹·소준 등과 함께 방각본 과거참고서에서 편교編校·찬자撰者로 이름이 숱하게 등장하는 인물이다. 향시를 통과하고 곧이어 회시도 통과했던 소준과 달리 이정기는 융경년간에 향시를 수석으로 합격한 이후 거인의 신분으로 십여 년의 오랜 시간을 보낸 뒤에 진사가 되었는데, 그 때문에 출판업계에서 누린 평선가로서의 명성은 소준보다 훨씬 높았다. 이정기는 팔고문에 뛰어나다는 명성이 워낙 자자해서 그가 회시를 치루게 되자 주고관主考官들이 오히려 기뻐하면서 이정기를 합격시켰다고 한다. 또 당시 시험관이었던 소준과 사사로운 사이였다는 것을 아무도 문제 삼지 않았다고 한다.10) 소준과 이정기는 동향인으로 젊은 시절 진강현에서 결사結

---

8) (淸)李淸馥 撰, 『閩中理學淵源考』卷70, 「按察蘇紫溪先生濬」.
9) 三中元魁는 鄕試·會試·殿試 3단계시험에서 모두 一甲의 성적을 거두는 것. (淸)宮夢仁, 『讀書紀數略』卷22, 「人部·三元」.
10) 沈德符, 『萬曆野獲編』卷15, 「讀卷官取壯元」, 元明史料筆記, 北京: 中華書局, 1997, 388쪽.

社를 만들어 함께 공부했는데 그들이 모였던 주된 이유는 제과制科의 문장을 연습하기 위함이었다. 소준이 만력 5년(1577) 회시에서 써낸 답안지를 보고 당시 시험관은 "필시 진강인의 답안지로서 소준이 아니면 이정기일 것이다"라고 예상할 만큼 두 사람은 팔고문 작가로서 높은 명성을 누리고 있었다.11) 이상과 같은 전력을 가진 소준과 이정기의 이름은 모범답안의 시장에서 매우 가치가 높았다고 할 것이다.

소준은 만력 13년(1585)부터 4년간 양절兩浙의 학정學政을 살피는 임무를 맡아 절강지역의 제군諸郡을 순시하도록 파견되었는데, 이정기의 기록에 의하면 소준은 이때 이미 우수한 합격자가 아니라 감독관으로서 명성이 높아져 있음을 확인할 수 있다. 이정기는 절강지역에서 소준의 행적에 대해 다음과 같이 기록했다.

> 이전에 학정學政을 감독하던 (제학提學들은) 특별한 본보기가 없고 해서 (학생들의 성적이) 때로는 우수했다가 때로는 저열했다가 일정치 않았으며, 그렇게 뒤섞인 것을 공정하게 만들려는 자라고 할지라도 왕왕 한 번의 시험을 치르는 것으로 그치곤 했다. <u>소준선생은 (학정을) 정밀하게 감찰하고 시험도 재삼再三실시하였는데</u> (시험답안을 평가하는 기준이 일정하여) 본말本末이 항상 식별되었으니 (답안의) 우열優劣은 처음에 시험한 결과와 큰 차이가 나지 않았다. 용렬庸劣한 사인들은 (노력해도) 뜻을 이루지 못하게 되자 예전의 답안으로 (학교의 시험을 통과하고 싶어 하는) 생각을 가지고 있었다. 그래서 소준선생처럼 학정감독에 열심이었던 사람도 없으면서 소준선생처럼 헐뜯음을 많이 당한 사람도 없었다. 그러나 <u>고학古學을 부흥시키고 책론策論을 중히 여기자 일시에 사인들의 문질文質이 겸비되며 따르게 되어 선진양한先秦兩漢시대의 학업을 자못 수학하게 되었다.</u> 이로부터 누차 향시에서 합

---

11) 『李文節集』卷21,「蘇濬墓誌銘」, 明人文集叢刊第1期, 臺北 : 文海出版社, 民國59[1970], 1,803~4쪽.

<u>격한 자들의 10의 9는 소준선생이 식별하여 발탁했던 자들이었다.</u>[12]

위의 인용문은 소준이 제학으로서 절강지역의 과거와 교육에 일정한 영향력을 행사했던 사정을 말해준다.

명대의 제학은 정통원년(1436)~천순 6년(1462)에 걸쳐 처음 설치되었는데, 부府·주州·현학縣學의 학정을 전담하기 위해서 중앙으로부터 파견되었던 관리였다. 초기에는 관할하는 범위가 너무 넓어서 각 지역 어사들과 직능이 중복될 수밖에 없었으나 만력년간부터는 숫자도 증설되고 독립적으로 각 급 학교를 관리할 수 있도록 자리를 잡았다. 성省에는 포정사布政使·안찰사按察使 등의 지방관이 있어 민정民政과 교육·감찰監察 등을 담당하고 있었지만 지방관들도 제학의 업무에는 간섭하지 못하도록 업무의 독립성이 보장되어 있었다.[13] 제학의 주된 임무는 각 부를 순회하며 관할지역내 학교의 생원들을 모아 학력을 시험하는 것이었는데, 생원의 신분을 획득하기 위해서는 반드시 제학이 주관하는 시험들을 통과해야 했으므로 과거를 준비하는 수험생들은 제학의 학문적 취향에 대해서 민감하게 반응할 수밖에 없었다. 따라서 제학은 임기가 짧은 임시파견관이었지만 각 지방의 학문에 지대한 영향을 미칠 수 있었다.[14]

상기 인용문의 내용도 소준이 절강성의 각 급 학교시험을 감독하며 학생들의 학업을 관리하는 와중에 처음에는 상당한 반발에 부딪히기도 했으나 여러모로 학생들의 자격을 엄격히 심사한 결과, 결국에는 자질 있는 학생들을 선발해서 학풍을 진작시키는 데

---

12) 『李文節集』 卷21, 「蘇濬墓誌銘」, 1,806쪽. 밑줄 친 부분은 인용자의 강조.
13) 『明史』 卷69, 「選擧志」.
14) 宮崎市定/박근칠·이근명 譯, 『중국의 시험지옥-科擧』, 서울: 청년사, 1996, 56~61쪽.

성공하였음을 말해준다. 소준이 생원의 자격으로 중시했던 것은 학문의 방법 면에서는 진한秦漢의 고학古學을 공부하는 것이었고 과거 시험의 준비단계에 대해서는 경의뿐 아니라 책策·논論도 함께 중시하는 자세였다.

소준이 선발했던 생원들이 향시 합격자의 다수를 차지했다는 것은 그가 팔고문의 작가로서 명성을 누린 것에서 그친 것이 아니라, 관료가 된 이후에는 실제 교육과 시험관리를 통한 인재양성이라는 측면에서도 일정 세력을 형성했다는 것을 의미한다.[15]

이정기도 이러한 소준의 영향력 아래 정계로 등장했다고 볼 수 있다.[16] 두 사람이 과거참고서 출판시장에서 차지하는 의미는 단지 서상들이 이용하기 좋은 작가적 명성을 누린 것에서 그치는 것이 아니라 실제 다수의 합격자를 배출함으로써 과거문화의 일정부분 헤게모니를 장악하고 있던 것으로 보아야 한다. 이정기의 경우에는 예부상서까지 올랐기 때문에 소준보다 한결 구체적으로 교육과 시험관리에 영향력을 발휘할 수 있었다.

다음은 각 목록에서 뽑은 방각본들로서, 이정기의 이름이 찬자 혹은 주석자로 되어 있는 책들이다. 이것이 모두 이정기의 저작은

---

[15] 『浙江通志』의 기록에 따르면 蘇濬이 선발했던 生員들은 모두 鄕試합격자 가운데 우수한 성적권을 차지했다. 『浙江通志』卷148, 「名宦3·蘇濬」, "浙江提學校士, 奉單車入館中, 不傍傍於人. 每卷必閱竟或重閱, 然後定甲乙, 所得皆雋材, 浙榜發七十餘人, 皆其前茅士也."

[16] 蘇濬은 萬曆 11년(1583) 會試에서 시험감독관이 되어 많은 인사들을 뽑았는데 그 중에 會元 李廷機가 가장 유명했다. (淸)李淸馥撰, 『閩中理學淵源考』卷70, 「按察蘇紫溪先生濬」. 蘇濬의 門人으로 정계에 진출하여 學文一派를 이룩한 사람들은 李廷機 이외에도 王道顯, 黃文簡, 王恭質, 何鏡山, 李衷一 등이 있다. 同卷70, 「按察蘇紫溪先生濬學派」. 또 李廷機는 福建지역은 "蘇濬이 있어서 科擧에서 혁혁한 명성을 올릴 수 있었다"고 했다. 『李文節集』卷26, 「紫溪蘇先生事記」, 2,140쪽.

아니었지만 관료가 되기 이전 그가 과거수험서 출판에서 맹활약했다는 것과, 수험서를 매개로 자신의 고향인 복건서상들과 상당한 관계를 유지한 결과, 정계로 진출한 이후에도 그의 명의로 수험서들이 계속 출판되었다는 것의 증거가 될 것이다.

① 전옥당리정룡두자림비고운해전서新鐫玉堂釐正龍頭字林備攷韻海全書 16卷首1卷, 萬曆23年(1595)金陵書林劉雙松安正堂刻本.
② 춘추좌전강목정주春秋左傳綱目定註 30卷, 崇禎5年(1632) 閩書林楊素卿刻本.
③ 신각이태사석주좌전삼주방훈평림新刻李太史釋註左傳三註旁訓評林 7卷
④ 신계한림이구아선생좌전평림선요新鍥翰林李九我先生左傳評林選要 3卷
⑤ 사서대주참고四書大註參考
⑥ 사서문림관지四書文林寬志, 사서대전참고四書大全參考, 建陽書林刊.
⑦ 전자계소선생회찬역조기요지남강감新鐫紫溪蘇先生會纂歷朝紀要旨南綱鑑 萬曆40年(1612)熊忠宇種德堂刻本.
⑧ 사기종분평림史記綜芬評林 3卷 萬曆建興書軒魏畏所刻本.
⑨ 신각구아이태사편찬고본역사대방강감新刻九我李太史編纂古本歷史大方綱鑑 21卷, 萬曆32年(1604)閩書林余氏刻本.
⑩ 신각구아이태사편찬고본역사대방강감新刻九我李太史編纂古本歷史大方綱鑑 39卷, 萬曆28年建陽書林余象斗雙峰堂刊.
⑪ 신간이구아선생편찬대방만문일통내외집新刊李九我先生編纂大方萬文一統內外集 22卷 萬曆建邑書林余象斗雙峰堂刊.
⑫ 신각이태사선석국책삼주방훈평림新刻李太史選釋國策三註旁訓評林 4卷, 書林詹霜宇刻本.
⑬ 신계정와훈해표류서언고사대전新鍥正譌訓解標類書言故事大全 10卷. 宋代著作, 李廷機釋, 明余雲波刻本.
⑭ 신계잠영필용증보비급신서新鍥簪纓必用增補秘笈新書 13卷 別集3卷 宋代著作, 李廷機增補. 明刻本.
⑮ 신간명유거업분류주석백자수언新刊名儒擧業分類注釋百子粹言 6卷 萬曆金陵書林 葉貴近山堂刊.[17]

위의 책들 가운데 이정기의 이름이 도용된 서상의 위조품이 확실한 것은 ⑥⑦⑨번이고,[18] ⑭번의 경우에는 다른 책의 서문을 이 책에 붙여 이 책의 서문인 것처럼 속여서 출판한 경우이다.[19] ⑥⑦의 경우는 이정기의 이름이 무단으로 주석자 혹은 저자로 되어 있는데, 이러한 경우 대부분 예부상서 혹은 비슷한 수준의 시험관들의 이름이 함께 가탁假託되는 것이 보통이다. 예를 들어, 만력 40년(1612) 웅충우熊忠宇의 종덕당種德堂에서 출판한 ⑦번에는 '소준집蘇濬輯 이정기찬李廷機纂 섭향고교葉向高校'라는 제어題語가 붙어있긴 하지만 이것은 3명의 이름이 모두 사칭된 경우이다. 이처럼 유명한 찬교자들의 이름을 내세우는 것은 진실로 거업에 일조한다는 것을 과시하며 수험서로서의 가치를 높이려는 위조수법이다.[20] 이정기의 이름이 도용된 것이든, 혹은 진짜 이정기의 편찬저작이든

---

17) 출처 : ①②③④⑦⑧⑨⑫⑬⑭번은 『中文善本志』, ⑩⑪⑮번은 『明版綜錄』, ⑤번은 Chou, op. cit., 2004, 참고문헌 369쪽. ⑥번은 Chow, op. cit., 1996, p.135, 주90)번 ; 이외 『明版綜錄』에는 『春秋左傳』(중복)1종과, 소설비평가에 李廷機의 이름이 들어간 수종의 사례가 있다.

18) ⑥번 Chow, op. cit., 1996, p.135 ; ⑦번 『中文善本志』史部, 128쪽 ; ⑨번 『中文善本志』史部, 127쪽. ⑨번의 경우 書商이 李廷機의 이름을 도용하여 21卷本, 39卷本, 41卷本 등을 출판했다.

19) 萬曆 19年(1591)에 南京의 유명 書商 唐廷仁·周日校가 출판했던 『新鍥簪纓必用翰苑新書』라는 책에 있는 「陳文燭序文」의 도입부만을 수정하여 이 책의 序文인 것처럼 붙였다. '簪纓'은 관리들의 冠飾으로 현귀한 신분이 되는 것을 비유하는 말이다. 『中文善本志』子部, 426쪽.

20) 『中文善本志』史部, 128쪽. 『鐫紫溪蘇先生會纂歷朝紀要旨南綱鑑』, 「扉頁」. 種德堂은 다음과 같은 내용을 扉頁에 새겨 이 책의 가치를 선전했다. 즉, 당시 서점에 『綱鑑』이 매우 많이 출판되어 있었지만 種德堂에서 출판한 책은 다른 坊刻本과는 달리 全標題가 완비되어 있고, 旨意 또한 상세하며 단 한글자의 誤字도 없어서 진실로 擧業에 도움이 된다는 것이었다. 李廷機와 같이 유명한 八股文 작가이자 현직 禮部尙書가 纂校者의 이름에 들어있다면 이러한 광고의 내용을 뒷받침해주는 효과를 낼 수 있다.

간에 이정기의 이름과 관련된 저작은 거의 대부분 건양과 남경에서, 그것도 과거수험서를 활발하게 출판했던 서상들에 의해서 출판되었다.

이정기는 17세기 초 모범답안의 전파상황을 다음과 같이 전했다.

> 새로 출판한 『관풍록觀風錄』을 보지 않았는가? 내 기억으로는 20년 전에는 남방의 시문時文이 북경의 서사에서 팔리는 것이 없었으며 북방의 학자들은 장구章句에 밝아 대지大旨를 잃은 바가 없었다. 그런데 지금은 북방의 인사들도 모두 남쪽의 기풍에 뒤섞여서 오월吳越지역의 박사博士들이 하는 가언家言과 구별할 수가 없다. 북방인사들의 문필이 강성했을 때에는 인문 역시 풍성했었는데, (지금은 그렇지 못하니) 풍속의 일변을 보기에 족하구나.[21]

상기 인용문은 강남에서 유행했던 '시문'이 20여 년 만에 북경에 이르기까지 전국적으로 유행하게 되었다는 사실을 보여주고 있다. 16세기 말 이후 모범답안의 평선가들은 소주출신이 주도권을 잡았는데, 이러한 소주출신 작가들이 주요하게 활동하던 지역은 남경을 중심으로 한 강남의 주요 도시들이었다.[22] 이정기의 진술은 17세기에 이르러 그 시장이 북경까지 확대되어 북방의 사인들도 모두 과거참고서에 의존하게 되었다는 것을 보여주는 것이다.

위의 인용문에 의하면 이정기는 스스로 모범답안의 평선가 출신이었으면서도 관료가 된 이후에는 모범답안의 유행현상에 대해 부정적이었음을 알 수 있다. 그러나 전술했듯이 이정기가 과거참고서의 저자로서, 모범답안의 평선가로서 활약해왔던 증거는 너무나 명백했기 때문에, 이정기는 지식인들의 모범답안 평선에 대해

---

21) 『李文節集』卷12, 「報蔡起岑」, 1,174쪽.
22) Chou, op. cit., 2004, pp.85~87.

완전히 부정할 수는 없었고 이중적인 입장을 취하게 되었다. 같은 모범답안이라고 해도 누가 평선했느냐, 어떤 기준을 따랐느냐에 따라 가치를 인정할 수 있는 모범답안문집이 있다는 생각이다. 거업이란 어디까지나 유자의 업을 존속하기 위한 수단일 뿐 학문의 목적은 될 수 없으며 따라서 과거수험서의 존재자체가 학문에는 위협적인 세속적인 존재인 것을 생각할 때, 이정기의 이러한 생각은 확실히 '세속적인 학문'의 위력이 강해진 명말의 분위기를 반영하는 것이라고 볼 수 있다.23)

그는 북경의 대족大族과 서리층, 서상들이 과거참고서 시장에서 결탁하는 현상에 대해 아래와 같이 서술했다.

> 북경에 머무는 장사치들은 (그 폐단이) 극심한데, 관부를 계속 괴롭히는 것은 대부분 과장科場과 관련된 것이다. 현재 대가에서는 대의大意와 주견主鐫을 강구講求하지만, (실은) 일이一二도 식별하지 못하고 남의 의론을 빌려서 취할 뿐이다. 서리胥吏들은 마치 과장科場을 시장처럼 여기고 어육魚肉을 팔듯이 글을 판다. 이러한 것들은 과단성있게 확실히 매듭을 지어버려야 한다.24)

이것은 모범답안의 남용현상과 더불어 답안문의 매매라는 부정행위에 대한 지적이라고 볼 수 있다. 이처럼 이정기는 과거의 폐

---

23) 명말 출판업의 발달로 다양한 서적들이 출판되자 茅元儀(1594~1640)는 자신의 장서목록 『白華樓書目』에 「世學」이라는 분류를 새로 만들어 각종 통속서적들을 따로 분류했다. 李瑞良, 『中國目錄學史』, 臺北 文津出版社, 民國82[1993], 218쪽 ; 科擧합격을 위한 모범답안문집이 넘쳐나게 되자 黃宗義는 『明文海』를 지을 때 모범답안문집에 쓰인 수많은 序文들을 모아 7卷의 분량을 할애해서 「時文」의 범주를 만들었다. 商衍鎏, 앞의 책, 258쪽 ; Chou, op. cit., 2004, p.24 ; 게다가 16세기 말 晁瑮과 같은 일부 藏書家들은 「擧業書」 항목을 따로 만들어서 장서목록에 포함시키기도 했다. 晁瑮, 『晁氏寶文堂書目』, 中國歷代書目題跋叢書, 上海 : 古籍出版社, 2005.

24) 『李文節集』卷13, 「報陳懷雲」, 1,261쪽.

단을 모범답안의 범람이라는 문제보다는 사치풍조·사습의 혼란과 같은 풍기문란과 연결지어 생각했다. 그는 만력 33년(1605) 자격도 없는 사인들이 향천鄕薦을 탐내며 관직을 받길 원하고 가난한 선비조차 가마를 타지 않고는 밖에 나가지 않으려 하는 사치한 풍조를 지적한 바 있다.25) 또 10년이나 지난 향시에서 뇌물수수와 관련된 부정합격의 사례가 있었다는 제보를 받고 엄밀하게 조사를 벌여 재시험까지 치르게 했다. 그는 뇌물수수로 요행히 합격한 자들은 문체가 바르지 않기 때문에 답안문엔 괴기함이 가득하다고 지적했다. 따라서 재시험을 치러 문체를 확인하면 진위가 밝혀질 것이라고 생각한 것이다. 뇌물수수와 괴기한 용어를 답안에 쓰는 행위는 둘 다 법령으로 금지시켜야 할 사항으로서, 사습과 과거를 모두 망치는 일이 된다고 하였다.26)

예부상서를 역임했던 17세기 초, 이정기는 문체 타락의 조짐을 과거 답안문 속에서 발견했다. 만력 34년(1606) 회시가 끝난 뒤 그가 올린 상소에 의하면, 일부 수험생들이 경문의 뜻을 해석함에 있어 자신의 생각을 지나치게 강조하다보니 신설新說을 창설하게 되었고, 수험생들이 사용한 문사文詞는 불서佛書 및 어록語錄의 자면字面들을 주워 모아 붙이는 꼴이 되어버렸다고 한다. 이정기가 보기에 실력이 없는 자들은 이러한 풍조를 감내할 수 없었고 총명하고 재능있는 인사들이 이와 같은 '궤이詭異함'을 행하고 있다고 생각했는데, 총명한 재자들에게 정대함을 숭상하도록 가르치는 일은 어려운 것이 아니므로 수험생들과 시험관들을 훈계하여 이런 일을 되풀이 하지 않도록 가르쳐야 한다고 주장했다. 이정기

---

25) 『李文節集』卷3, 「覆孔御史正士習疏」, 273쪽.
26) 『李文節集』卷4, 「覆試擧人疏」, 347쪽.

는 수험생들이 이처럼 괴이한 용어들을 사용하게 된 것은 평소의 사습이 타락한 결과이고, 그것이 평소 사인들의 학문적 태도에 미친 가장 큰 문제는 『오경五經』·『사기史記』·『한서漢書』와 같은 서적과 한유韓愈·류종원柳宗元·구양수歐陽修·소식蘇軾의 문장들을 학문의 대상에서 밀려나게 만들었다는 사실이라고 생각했다.27)

그의 지적에 따라 정부에서도 수험생들의 시험답안의 관리에 공식적으로 나섰다. 당시 정부는 사습의 타락만으로 이런 현상이 벌어졌다고 보기보다는 답안지를 검열하는 관리들이 스스로 규범을 동요시키고 있기 때문이라고 보았다. 따라서 시험관들에게 엄격한 기준을 강조하고 '궤이한' 용어를 사용한 답안문을 선별해서 떨어뜨려야 함은 물론, 이런 답안문을 합격시켰을 경우에는 탄핵과 처분을 가하겠다고 선언했다. 시험관들이 반드시 색출해야 할 답안문은 '경전과 공식주석을 위반하고 여기저기에서 해설을 끌어 모아다가 멋대로 해석한 문장, 불서佛書·속어俗語·은휘隱諱·괴탄怪誕한 말들을 끌어 모아 놓은 문장'이 들어간 답안문들이었다. 그러나 예부가 발하는 이러한 금령의 조치만으로는 이미 상황을 바꿀 수 없었다.28)

이러한 상황을 바로잡기 위해 이정기는 다음과 같은 방안을 제안했다. 첫째, 학교시 단계에서 과도한 시험체계를 줄여서 수험생들의 부담을 줄여주고 경쟁에만 급급한 풍속을 바로 잡아야 한다는 것이었다. 이정기는 17세기 초 행해지던 휘고彙考의 시험체계를 예로 들면서 생원의 자격을 얻기 위한 학교시 단계부터의 과

---

27) 『李文節集』 卷4, 「會試事宜疏」, 356~357쪽.
28) 『李文節集』 卷4, 「會試事宜疏」, 361~362쪽 ; Chow, op. cit., 1996, p.135 재인용.

도한 경쟁 때문에 학생들은 결국 부정한 방법을 택하게 되는 것이라고 지적하였는데, 이로써 그가 당시 과거운용의 폐단을 정확하게 파악하고 있었음을 알 수 있다. 즉 사인들이 생원이 되지 못할까봐 전전긍긍하며 권세나 재력을 이용해서 학교에 들어가려고 하고 여기에 수령의 부정행위와 결탁하면서 권세나 재력을 가지지 못한 사인들은 처음부터 과거제도에서 배제되곤 한다는 병폐를 지적한 것이다. 따라서 이정기는 휘고를 폐지해야 하며, 대신 당시에 이완되어 있던 세고歲考와 과고科考를 철저히 지켜서 이 두 개의 시험만으로 실력이 없는 자는 도태시키고, 가난한 선비도 과거에 나아갈 수 있도록 만들자고 주장했다.29)

둘째, 문인들이 올바른 형식의 시험 답안문을 작성하도록 평소에 교육해야 한다는 것이다. 먼저 경전에 대한 해석은 주자의 주석註釋을 존중하여 가장 중요하게 사용해야 하고, 이설異說을 내세우는 자는 체벌을 가해야 한다고 했다. 또한 문체에 있어서는 다음과 같은 세 가지를 지켜야 한다고 강조했는데 즉, ① 불서의 용어를 사용해서는 안 된다는 것, ② 경의답안문에서 시사를 언급하지 말 것, ③ 강학에서 구두로 사용했던 용어들도 사용하지 말 것을 강조하였다.30)

마지막으로 그는 무엇보다 '고서'를 많이 읽어야 한다는 사실을 강조하고 그래야만 근거도 없이 멋대로 새로운 주장을 만들어내는

---

29) 『李文節集』卷2,「條陳學政行歲考革彙考疏」, 142쪽 ; 彙考는 縣→府→道 단계의 학교를 승급할 때마다 치루는 입학시험이었고, 歲考는 明代提學官·淸代學政들이 매년 소속 府州縣의 生員·廩生들을 상대로 행하던 考試로 우열에 따라 賞罰을 가하는 것이고, 科考는 鄕試직전에 學官들이 주최하는 시험으로 학생들은 科考를 통과해야만 生員의 자격을 최종적으로 획득하여 鄕試를 보러 갈 수 있었다.

30) 『李文節集』卷22,「大學文體」, 2,161쪽. 同卷28,「勗會試門生書」, 2,275쪽.

습관에 물들지 않을 것이라고 강조했다.31) '고서'란 구체적으로 어떤 책을 말하는지 분명하게 밝히지는 않았다. 다만 앞에서 서술한 바, 사습이 타락한 결과 사인들이 "오경五經·사史·한漢에 기록되어 있지 않고 한유韓愈·류종원柳宗元·구양수歐陽修·소식蘇軾이 사용하지 않은 문장과 방법들만을 추구하게 되었다"는 것을 염려했던 것으로 미루어보아 이정기가 말한 '고서'란 『오경』과 『사기』·『한서』 등의 선진양한대先秦兩漢代 서적, 문장의 규범으로 삼을만한 당·송인의 저작 등이었다고 예상할 수 있다. 이정기는 '고서'의 중요성을 강조하면서 과거의 문장이 날마다 새로워지고 날마다 변모하고 있을지라도 결국에는 고아古雅를 벗어날 수 없으니 '고서'에 준하는 것만이 장기적인 대책이 될 것이라고 말했다.32) 이처럼 과거와 직접 연결시켜 '고서'를 중시한 것은 당시 유행했던 과거수험서, 모범답안문 선집들이 정통 유가설儒家說이 아닌 이설異說을 담고 있었고 경전을 해석하는 데 있어서도 기준 또한 불분명하고 제각각이었기 때문에, 경사의 원본이라고 할 만한 원전을 중시해야 한다는 의미에서였다고 할 수 있다.

이상 이정기가 제안했던 방안을 세 가지로 나누어 살펴 본 바, 이정기는 수험생들의 시험 답안문에서 이설이 유행하는 현상을 평소의 교육 및 문장의 타락과 연결시켜 생각하고 있었고 따라서 그것을 시정하는 방안도 평소의 교육적 측면에서 찾고 있었음을 알 수 있다. 즉 이정기는 과거의 폐해를 모범답안의 범람을 비롯한 명말 출판업계의 동향에서 찾기 보다는 문체의 타락에서 찾고 있으며 이러한 사정을 돌파할 수 있는 방법 역시 모범답안의 평

---

31) 『李文節集』卷12, 「報錢子」, 1,114쪽. 「報尤南華」, 1,129쪽.
32) 『李文節集』卷13, 「報申美申春元」, 1,246쪽.

선을 금지하는 것 보다 '고서'를 기준으로 삼은 바른 문체의 모범
답안 선집을 유도하는 방향으로 잡고 있었던 것이다.

만력 24년(1596)에는 이상의 주장을 담은 모범답안집을 출판하기
도 했다. 이정기의 문집을 통해 확인할 수 있는 답안집은 아래의
『태학고권太學考卷』 1종뿐이다.

> 주시관主試官이 과장科場에서 사인을 뽑을 때, (사인들의) 답안문이
> 규칙에 들어맞는지를 살펴서 그러한 (사인을) 뽑을 뿐이다. 답안문의
> 추세가 어떠해야 하는지는 미리 가르칠 수도 없지만 그것을 가르치
> 는 것이 시험관의 직능도 아니다. 하루는 내가 방공方公과 함께 태학
> 太學을 맡아 계시季試[33]를 앞두고 시험의 답안문에 사용해서는 안되
> 는 용어 등에 대해 제생諸生들에게 훈계를 했었는데, <u>이설異說을 주장
> 하지 말 것, 격식格式을 훼손하지 말 것, 불노佛老의 말을 사용하지 말
> 것</u> 등이었다. 또 근래 사인들이 습관적으로 사용하고 있는 여러 <u>부탄
> 浮誕·추비麤鄙·불아순不雅馴한 용어들을 사용해서도 안되고, 경사에
> 실려 있는 않은 문장도 사용해서는 안 된다.</u> (이처럼 경계해야 할 문제들
> 가운데) 문장가들이 버리고 수록하지 않은 것들을 모았더니 백여언百
> 餘言이 넘지 않는데, 출판하여 경계로 삼고자 한다.[34]

상기 인용문을 통해서도 이정기는 시험관이 수험생들의 답안문
에 미칠 수 있는 영향력에는 한계가 있다고 생각했음을 알 수 있
다. 시험장에서 괴기한 용어를 사용한 답안문을 색출하는 것보다
시험을 치루기 전에 제생諸生들이 올바른 답안문을 작성할 수 있
도록 교육시키는 것에 무게를 두고 있는 것이다. 상기 모범답안문
집은 아마도 태학생太學生들을 교육하기 위한 목적에서 출판된 것
으로 보이는데 이처럼 관료가 된 이후 이정기의 모범답안 평선은

---

33) 季試는 太學에서 매 분기 말에 치르던 시험.
34) 『李文節集』 卷17, 「太學考卷序」, 1,551쪽. 밑줄 친 부분은 인용자의 강조.

시험의 답안문을 관리하고 문체를 단속하기 위한 차원에서 만들어지게 되었다.

이정기의 문집에는 거업의 가르침을 구해 온 수재의 편지를 받고 거절하는 내용의 편지가 남아있는데, 이것으로 관리가 된 다음에는 문생의 교육을 관리하기 위한 경우를 제외하고는 모범답안의 평선을 그만두었다고 해도 좋을 것이다. 이 편지에서 이정기는 자신이 거업을 떠난 지 오래여서 다시금 다른 사람들을 위한 논평을 할 수 없다고 했는데, 이러한 사례는 관료가 되기 이전 오랫동안 모범답안의 평선가로 활약했던 때의 명성이 관리가 된 이후에도 잊혀 지지 않고 있었음을 의미한다고 볼 수 있다.[35]

문체를 담당해야 할 관리로서 시험 답안문의 모범적인 기준을 제시하며 이설이 난무했던 사풍士風, 혹은 학풍學風을 바로잡고자 했던 이정기의 신념은 명말 당시에는 어떠한 효과도 거둘 수 없었지만 청대에는 관변학자들에 의해서 적극적으로 수용될 여지가 있었다. 이정기는 경전의 해석에 있어 주자의 해설을 존중했던 복건福建 진강현晉江縣 출신의 채청蔡淸의 뒤를 이었으며,[36] 소준과 이정기의 평선은 충실하게 정주학의 해설을 따르는 것이었다. 치학治學의 주장에 있어서는 진한秦漢의 고학으로의 복귀 및 책론策論의 중시를 주장했던 소준만큼 확연하게 드러나는 바는 없었지만, 이정기는 주로 이단적인 용어와 정대하지 못한 표현들의 사용을 금지시킴으로써 문체를 바르게 잡으려고 노력했고, 그것의 기준으로서 경사의 원전인 '고서'를 중시했다. 이러한 가르침으로 수험생

---

35) 『李文節集』 卷13, 「報丘秀才」, 1,205쪽.
36) 蔡淸은 『四書蒙引』의 저자. 『四書蒙引』은 비록 科擧를 위해 저술된 것이지만 宋儒의 遺意와 같이 義理를 천명했다고 평가받는 책으로, 明代의 文體가 타락했다고 비난받기 이전인 成化·弘治年間의 저작이다.

들을 경계시키면서 문인들의 답안지가 정주학의 이상적인 기준에 꼭 맞기를 기대한 것이다.

그러나 이정기는 정주학의 존숭만을 고집하면서도 당시에 난무했던 이설의 모범답안 평선에 대해서는 별다른 대안을 제시하지 못했다는 점에서 매우 수세적인 입장이었다고 할 수 있다.

명말청초의 경학가經學家 전겸익錢謙益(1582~1664)은 명말의 수많은 평선가들이 지은 시문時文의 위僞·체體를 가려내기 위해 시문을 3분해서 설명했다. 즉 명말의 시문을 거자擧子·재자才子·이학자理學者의 시문으로 나누고, 각각의 위와 체에 대해서 설명한 것이다. 이 가운데 거자시문擧子時文의 진면목[體]이란, 경술經術에 근본을 두고 훈고訓詁에 능통하며, 리理를 분석함에 있어서는 필히 정주학을 기준으로 삼고, 사어詞語를 운용함에 있어서는 필히 구양수歐陽修·소식蘇軾을 기준으로 하여 한 치의 어그러짐도 없던 시문을 말한다. 이러한 기준에 들어맞던 사람들로서 성화·홍치년간의 왕수계王守溪로부터 마치 종파宗派를 열거하듯 모범답안을 평선했던 거자擧子들의 이름을 나열했는데, 신성하고 공교工巧함이 극에 달하였던 이들의 문장은 마치 사승師承으로 전수되듯이 끊어지지 않고 맥을 이어 왔다고 극찬했다. 그리고 융경·만력년간에 이르러 이러한 흐름을 계승한 인물로서 이정기를 거론했다.[37]

명말 강장지학講章之學의 난립에 대해 비판했던 전겸익이지만 팔고문과 모범답안 평선 자체에 대해서는 반대하지 않았다. "시문이

---

37) 錢謙益은 擧子·才子·理學者의 時文의 각 僞와 體에 대해서 구분하여 설명하고 각 부류에 속하는 評選家를 열거했다. 전겸익의 분류를 評選家의 직업에 따라 구분해보면 擧子는 관료, 才子는 관료를 불문한 인기 저술가, 理學者는 퇴직관료와 학자층에 대략적으로 일치한다. 錢謙益, 『有學集』卷 45, 「家塾論擧業雜說」, 『錢牧齋全集』 6卷, 上海: 古籍出版社, 2005, 1,508쪽.

란 반드시 후세에 전해야 할 정도의 문장은 아니지만 그렇다고 폐지할 수도 없는 것으로서, 300여 년 과거를 치루는 동안 쌓여 온 거인擧人의 정신과 심술心術이 여기에 들어 있기 때문"이었다. 천계 5년(1625) 이후 세상을 미혹시키는 문장이 잇달아 유행하게 되자 시문 가운데에서도 말세를 예상하는 탄식이 보이고 있었으니, 이처럼 전겸익이 보건대 사물의 이치와 본질, 발전추세를 이해하는 군자가 사려 깊게 만든 시문이라면 전할 만한 가치가 있다고 생각한 것이다. 팔고문과 모범답안 평선에 대한 이정기의 수세적 입장이 전겸익에 의해서는 한결 전면적이고 확고하게 정리되었다. 이러한 생각은 청초 대부분의 지식인들에게 계승되었다.

제2절 청초 수험서를 이용해서
퍼뜨린 새로운 학문
- 경서에 능통하고 고문을 널리 익혀라

　청대에 이르러서도 학교제도 및 과거제도의 운용은 명대와 커다란 변화가 없었다. 순치원년 명대의 학제學制를 모방한 학교제도가 반포되었고, 순치 2년(1645)에는 「과장조례科場條例」가 공포되었는데, 제1장에서는 사서문四書文과 경의 각각 3편과 4편을 시험하고, 제2장에서는 론論1편篇, 판判5도道, 조詔·고誥·표表 가운데 택擇 1도, 제3장에서는 시무책時務策 5도를 시험하게 되어 있었다. 시험의 교재로는 『사서오경』이외 『효경孝經』이 추가되었고, 강희년간康熙年間에는 『성리정의性理精義』, 『태극도설太極圖說』, 『통서通書』, 『서명西銘』, 『정몽正蒙』등이 추가되었다. 또 교육과정과 시험에서 사용하는 경전에 대해서는 정程·주朱의 해설만을 공식주석으로 인정하여 정주학의 기반위에서 사인과 학생들의 사상을 통일시키고자 하였다.[38] 이처럼 왕조교체 후에도 학교제도와 과거시험의 기본적인 틀이 그대로 유지되었으므로 과거수험서 시장도 그대로 존속할 수 있었다. 단 청조는 명조와 달리 결사를 엄격하게 금지했기 때문에 명

---

38) 「科場條例」에서 공인했던 주석서는 다음과 같다. 『四書』는 『朱子集註』, 『易經』은 『程傳』과 『朱子本義』, 『書經』은 『蔡沈傳』, 『詩經』은 『朱子集傳』 『春秋』는 『胡安國傳』, 『禮記』는 『陳澔集說』. 商衍鎏, 앞의 책, 78~79쪽.

말 시문평선時文評選을 중심으로 발달해 있던 문사들이 해체되어 더 이상의 사고社稿는 생산되지 않았으며, 따라서 명말의 동림당東林黨과 같이 과거수험서 시장의 헤게모니를 장악했던 강력한 집단은 나타나지 않았다.[39]

그렇지만 순치 3년(1646) 과거시험이 다시 부활하자 명말에 출판되었던 모범답안집은 청초에도 여전히 유행하였다. 이처럼 서점가에서 명대 이래의 방각본 모범답안집이 인기리에 유통되자, 이것이 사상통일에 위해요소가 될 것이라고 생각했던 청조는 사인과 서상들의 출판에 제재를 가하게 되었다. 즉 순치 9년(1652) 학자와 학생, 서상 등 개인이 서적을 출판할 때에는 송유宋儒의 해석을 대종大宗으로 삼은 경전의 해설서나 문장, 이학理學·정치政治와 관련되어 문업文業에 유익한 서적들에 한해서만 출판을 허락하며, 쇄어瑣語·음사淫詞 및 문사들의 사고社稿를 함부로 출판하면 치죄治罪한다는 것이었다.[40] 강희 9년(1670)에는 모범답안문을 출판할 때 과거합격자의 답안만을 출판할 수 있도록 했고, 명대에 유행했듯이 향시와 회시의 응시자들의 답안을 모아서 출판하거나 생원과 수험생, 문사의 동인들이 답안문집을 평선하여 출판할 경우에는 각자의 지위에 따라 감봉, 혹은 시험응시자격이나 학생신분을 박탈한다는 상유上諭를 내렸다.[41]

청조가 이렇듯 과거문장의 불순함을 우려하면서 무분별한 모범답안집의 범람을 막으려했던 것은, 모범답안집을 통해 반청反淸감정이 확산될 것을 경계하였기 때문이었다. 실제로 방각본 선문選文의 문장이 '패류황당悖謬荒唐'하다는 이유로 순치 5년(1648)과 14년

---

39) 商衍鎏, 위의 책, 258~259쪽.
40) 『大淸會典』卷51, 「學校」·「考試」, 順治九年條.
41) 『大淸會典』卷51, 「學校」, 康熙九年條.

(1657)에 대대적인 과장안科場案이 발생하였음은 주지의 사실이다. 이 때 문제가 된 것은 모범답안문을 통해 드러난 반청적反淸的·반체제적反體制的 사상이었고, 상업출판을 통해 그러한 사상이 확산되었다는 사실이었다.42)

따라서 청조가 모범답안문의 존재 자체를 금지한 것은 아니었으며, 한편으로는 정부 및 학자·관료측의 주도로 '모범적인' 팔고문 선집을 출판하여 사인들의 문체와 사상을 통일시키려고 노력했다. 예를 들어, 명말 이래로 유행했던 제가諸家의 경전해설서를 모두 없애고 각판刻版까지 불태우자고 주장했던 순치년간의 양옹건楊雍建, 시윤장施閏章, 강희제康熙帝를 보필하여 『성리정의性理精義』를 편찬했던 이광지李光地, 한담韓菼, 육롱기陸隴其, 방포方苞 등 청초의 유명한 관료학자들은 대부분 팔고문 저작집을 출판하였다. 건륭초년에는 건륭제의 칙명에 의해 명·청대의 우수한 팔고문을 모은 『흠정사서문欽定四書文』이 간행되어 각 성에 반포되었는데, 이것은 정부공인의 사서문 모음집이라고 할 수 있다.43) 이처럼 정부가 나서서 팔고문의 공식적인 근거를 제시함으로써, 팔고문은 명말청초를 거치며 누차 그 폐단이 지적되어 왔고 청대에 몇 차례 폐지의 위기도 맞았지만,44) 관료선발의 수단으로서 효과를 인정받으며 공령문功令文으로서의 지위를 다시 한 번 확고히 하게 되었다.

청대의 학자들이 명대의 문장에 대해서 평가할 때, 문장의 종지

---

42) 孟森, 「科場案」, 『明淸史論著集刊』, 臺北 : 文史哲出版社, 1965 ; 小野和子, 「淸初の思想統制をめぐて」, 『東洋史硏究』18-3, 1959, 102~103쪽.

43) 商衍鎏, 앞의 책. 258~259쪽.

44) 八股文은 康熙 2년(1663) 시험에서 잠정적으로 폐지되었으나 經義를 판단할 수 없다는 건의에 따라 곧 다시 시행되었고, 乾隆 9년(1738)에는 兵部侍郞 徐赫德이 八股文을 폐지하자는 상소를 올려 禮部의 적극적인 八股文 옹호론이 펼쳐지기도 하였다. 『淸史稿』 卷108, 「選擧志」.

宗旨와 형식이 타락하기 시작했다고 말하는 시점은 대략 융경·만력년간부터이다. 이단설異端說의 출현이나 무분별한 과거수험서의 남발이 심각하게 문제가 되지 않았던 가정년간까지는 대체로 문체가 질박하고 진실했다고 평가하는 것인데, 팔고문의 타락을 지적할 때에도 문체가 순후淳厚했던 성화·홍치년간의 문체를 되살려야 한다는 주장이 가장 많았다. 이와 같은 문체회복의 필요성은 문장의 타락현상이 사회문제로 노정되기 시작했다는 만력년간 당시에도 이미 의식되고 있었는데, 앞에서 살펴보았던 이정기의 경우가 그러했다. 이처럼 만력년간을 기점으로 명대의 문체가 타락했다고 지적받는 가운데, 명말청초의 평선가 중에서는 모범답안의 평선을 통해서 단지 문체를 회복하자는 주장에서 그치지 않고 학문과 교육에 대한 개혁을 주장하는 사람들이 등장했다.

    예를 들어 청초의 주자학자 육롱기陸隴其(1630~1693. 강희 9년(1670) 진사, 절강평호인浙江平湖人, 가정지현嘉定知縣)는 문장의 종지宗旨가 정주학을 따르고 형식은 성화·홍치년간의 법도를 따르도록 하는 것만으로는 과거문장의 의의意義가 완성된다고 생각하지 않았다. 육롱기가 중요하게 생각한 것은 언행일치였다. 경의시험의 답안을 뜻하는 제의制義는 송명 이래 취사取士의 도구이자 성현의 리理를 발휘하는 수단으로서, 능히 성현의 말씀을 자신의 말로 전할 수 있는 사람만이 성인의 행동을 실천에 옮길 수 있다고 생각했다. 이에 따라 문장을 통해 성현의 리理를 발현할 수 있는 사람을 뽑는 것이 제의의 원래 의의이며, 이러한 의의에 맞는 시험답안을 작성할 수 있는 사람을 가려서 뽑아야만 정치적 안정을 얻을 수 있다고 생각했다.[45]

---

45) 陸隴其,「黃陶菴先生制義序」,『淸前期論著選·中』, 25~26쪽 ;『淸前期論著選·

육롱기의 주장에서 과거문장의 문체정립은 사습을 바로잡을 수 있는 방법에서 끝나는 것이 아니라, 치세를 가능하게 하는 조건이 되는 것이었다. 그렇다면 언행일치가 이루어진 문장은 어떤 것인가? 예를 들어 명말 숭정년간에 활약했던 황순요黃淳耀의 답안문은 평소 배양되어 온 실력이 시험 때에 이르러 팔고문으로 표현되어 나온 것이니 가히 언행이 일치되어 있는 문장이라고 했다. 그리고 이런 사람들이 선집한 모범답안문집을 인쇄해서 전파하는 일도 사인들로 하여금 제의의 본뜻을 잃지 않게 하고 언행이 일치된 과거문장을 짓도록 도와주는 일이 된다고 주장했다.

육롱기의 주장을 앞에서 살펴 본 이정기의 경우와 비교할 때, 팔고문 및 모범답안의 평선이라는 행위를 한결 적극적으로 옹호했다는 사실을 알 수 있다. 이정기가 문생門生들의 답안문을 단속하고 교육시키려는 차원에서 우회적으로 지식인들의 모범답안 평선 행위를 지지한 것에 비해, 육롱기는 언행일치를 이룬 모범적인 답안선집을 출판해서 전파하는 일 자체도 언행일치가 된 문장을 짓도록 도와주는 일이 된다고 모범답안의 평선 행위를 적극적으로 지지하고 있는 것이다. 물론 같은 모범답안이라고 해도 저자가 누구인가에 따라 현창할 필요가 있는 모범답안이 따로 있다는 생각은 이정기와 같았다.

나아가 육롱기는 모범답안의 평선이 평소의 교육을 강화하는 데도 활용될 수 있다고 생각했다. 그는 어릴 때부터의 교육을 중시하였는데, 주자의 『소학』을 기치로 삼고 송명이학宋明理學의 서적들을 근본으로 삼은 모범답안 선집은 평소에 올바른 팔고문을 지을 수 있도록 교육시킬 수 있다고 주장하였다.[46] 그런데 명말 이래의 교

中』에 대한 설명은 본서 p.90의 각주 110)번 참조.

육은 공맹孔孟의 가르침을 출세의 도구로서만 인식하게끔 만들고 사람들의 이목을 놀라게 하는 재주만을 익히도록 하여 팔고문을 관직을 얻는 도구로 타락시켰다고 비판했다. 즉 육롱기는 팔고문 자체의 결점은 문제 삼지 않고 팔고문을 운용하는 사인들의 자질과 이단설의 성행, 그리고 교육의 문제점 등만을 지적함으로써 팔고문을 둘러싼 운용상의 문제들을 해결하면 팔고문을 이용해 뛰어난 인재를 선발할 수 있고 사습과 학문의 정립, 나아가서는 치세의 기반을 이룩하는 일이 가능하다고 주장한 것이다.

그러나 육롱기의 이상주의적理想主義的인 주장에도 불구하고, 명말청초 팔고문은 이미 학문을 공소空疎하게 만드는 형식적인 문장에 불과하다는 비난을 받고 있었다. 사인들은 형식적인 문장 짓기에만 매몰되어, 경전을 공부하면서 단 수십 개에 불과한 의제擬題만을 뽑아서 볼 뿐이고 모범답안 선집을 돌려가며 베끼는 것에서 그칠 뿐이었다. 그 결과 학풍이 스러졌음은 물론이고 제대로 된 인재를 뽑을 수도 없게 되었으니, 고염무顧炎武의 경우에는 팔고문의 폐해가 진시황의 분서焚書에 버금간다고 맹렬하게 비난했을 정도였다.[47] 이러한 비난에도 불구하고 육롱기는 팔고문 및 모범답안의 평선이 정주학을 존숭하는 학풍을 진작시키는 데 활용될 수 있다고 주장했다. 청초 다시금 권위를 회복해가고 있던 주자학을 신봉했던 학자로서 과거문제를 논할 때, 육롱기에게는 팔고문의 형식적인 폐단을 지적하는 것보다 교육 및 모범답안집의 출판을 활용하여 정주학의 기치를 세우는 것이 현실적인 대안이었기 때문이다.

지금까지 서술해 왔던 관변학자들과는 달리, 청초 재야의 학자들

---

46) 陸隴其, 「歷科小題永言集序」, 『淸前期論著選·中』, 28쪽.
47) 顧炎武, 앞의 책, 卷16, 「擬題」, 1994, 591쪽.

은 그 명성과 영향력이 제도권 밖에 존재했기 때문에 정부의 시험 경향 및 과거운용을 근본적으로 비난하고 시험관들이 내세운 과거의 합격기준에 대해 비판을 제시할 수 있었다.48) 이처럼 청초 모범답안 평선의 유행과 정부의 과거운용에 대해서 비판적인 입장을 가졌던 평선가 가운데, 가장 영향력 있던 인물로는 재야의 주자학자였던 여유량呂留良(1629~1683)과 대명세戴名世(1653~1713)를 들 수 있다. 지금부터는 이들의 활동을 통해서 모범답안의 평선활동과 출판이 청초 치학의 추세에 미친 영향에 대해 살펴보고자 한다.

1. 여유량

여유량에 대한 기존의 연구는 명의 유민遺民으로서 가진 반청사상과 민족감정을 조명하는 것에 집중되어 있다. 따라서 여유량의 모범답안 평선에 대해서도 재야에서 정치적 의견을 피력할 수 있었던 수단으로 이용한 것이라고 지적되었다. 즉 반청사상과 화이론華夷論을 전파하기 위해 모범답안문집을 평선했다고 보는 것이다.49) 훗날 여유량이 사망한 후에 그의 반청화이사상反淸華夷思想의 영향이 정치행동으로 돌출되어 나타난 극적인 사례가 증정안曾靜案이었다는 것을 생각할 때,50) 이러한 시각은 과거수험서 출판의 정치

---

48) Elman, op. cit., 2000, pp.407~408 ; Elman은 시험답안의 우열을 결정하는 정부의 公的인 평가 이외에도, 시험장 밖에서 在野의 유명학자들이 내리는 우열평가가 수험생들과 士人들 사이에서 인정을 받음으로써 또 하나의 '公的' 평가가 존재했다고 지적한 바 있다. 이처럼 在野에서 시험답안의 평가에 영향을 미친 학자들로는 明末淸初의 評選家들이었던 徐鑛·歸有光·艾南英·呂留良·戴名世 등을 사례로 들었다. pp.406~414.

49) 容肇祖, 『呂留良及其思想』, 臺北 : 成文書局, 1974, 1~18쪽 ; 王俊義, 「雍正對曾靜呂留良案的出奇料理與呂留良硏究」, 『中國社會科學院硏究生院學』, 2001-2, 65~67쪽.

적 영향력을 탐구하는 데 중요한 실마리가 된다고 할 수 있다. 그러나 여유량의 모범답안 평선의 의미를 지나치게 민족감정과 관련된 것으로 축소시킨 경향이 있다. 후술하겠지만 여유량은 평선가로서 뿐 아니라 서점의 경영자로서도 활약했으며 그가 출판하거나 전파한 서적의 종류는 모범답안집을 포함해서 고적古籍분야에도 미쳤다. 또 모범답안의 평선을 통해 드러난 주장에는 민족성분과는 상관없는, 전통적인 학문과 교육에 대한 개선안 역시 상당부분 포함되어 있다. 따라서 평선가로서 여유량의 활동은 정치적 영향력뿐 아니라, 당시의 사회적 요인과 학문적 경향을 더불어 복합적으로 고찰해야 한다고 생각한다.

먼저 여유량이 평선활동을 시작한 시점에 대해 주목해 보자. 여유량이 상업출판을 시작한 것은 순치 12년(1655) 방서房書진사의 합격답안문[文]를 선각해달라는 소주 서상의 요청에 응하면서부터였다.[51] 이때부터 그는 육문빈陸文霦과 함께 모범답안문을 평선하게 되었다. 육문빈은 이미 숭정 15년(1642)부터 평선에 참여하고 있었던 인물이었는데, 이것은 명말 문사에 가담했던 사인들이 필히 문자선각文字選刻을 행하던 것과 같은 맥락의 활동이었다. 여유량은 복사復社의 동인同人 장부張溥·오응기吳應箕·양정추楊廷樞·진자룡陳子龍 같은 사람들을 예로 들면서, 이들이 모두 모범답안문을 평선했고 그

---

50) 湖南 靖州人이었던 曾靜은 科擧수험준비를 하던 중 呂留良이 평선했던 時文을 구해보고 華夷之防과 井田封建論 등을 접하게 되었는데, 이에 감화를 받아 川陝總督에게 滿洲族에 모반할 것을 종용하는 투서를 냄으로써 曾靜案이 발생하게 되었다. 투서사건이 일어난 것은 雍正 6년(1728)의 일이었다. 楊甦民編, 「曾靜呂留良之獄」, 『滿夷猾夏始末記』, 中華文史叢書 9, 臺北 : 華文書局, 民國元年[1912], 280~282쪽.

51) 『呂晩村先生文集』卷5, 「庚子程墨序」, 『續修四庫全書』本 1411, 集部·別集類 ; 卞僧慧撰, 『呂留良年譜長編』, 北京 : 中華書局, 2003, 94쪽.

서적은 천하에 유행했다고 지적한 다음 "문사와 모범답안문 평선은 표리를 이루는 것"이라고까지 말했다.52) 이것은 여유량이 자신의 모범답안 평선의 동기를 명말 복사동인의 활동과 같은 맥락에서 설명한 것이지만, 사실상 이때에는 문사활동의 상황이 명말과 완전히 달라져 있었다. 청조는 순치제가 친정을 시작한 지 2~3년이 지난 1650년경부터 사인들, 특히 생원층이 정치집단화하는 것을 방지하기 위한 조치를 취했다. 특히 순치초년 과거시험이 부활되자 문사의 동인들이 다시금 거업을 매개로 세력을 규합할 것에 대해 경계하게 되었다. 순치 10년대(1653~1661)동안 강남의 사인들, 특히 문사에 가담했던 사인들을 목표로 삼은 각종 탄압사건이 이어졌고, 그 결과 17세기 중반 이후에는 문사가 통일적 목표를 상실한 채 분열하게 되어 시사詩社와 같은 문학적 결사로 남거나 과거문장을 준비하는 소규모 집단으로 축소되어 버렸다.53) 여유량이 평선가로 등장하는 시점은 이렇듯 기존의 과거수험서 시장을 완전히 장악하고 있었던 복사復社의 세력이 사라진 때였다. 훗날 여유량의 뒤를 잇는 평선가로 자처했던 대명세戴名世는 청초의 상황을 명말과 비교하면서, 명말에는 모범답안 평선이 날로 성행하여 일과一科의 문장만 해도 수백 본의 선본이 생산되었던 것에 비해, 청초 순치 이래로는 겨우 수십 부만이 명맥을 이을 뿐이었다고 지적한 바 있다.54) 특히 평선이 아예 없는 것은 아니었지만 훌륭한 선본이 없는 것이 문제라고 기록했는데, 이처럼 모범답안의 평선을 장악하고 있던 기존의 세력이 없어진 상황에서 평선을 시작함으로써 여유량은 신속하게 영향력을 확대시킬 수 있었다.

---

52) 『文集』 卷5, 「東皐遺選序」 ; 『呂留良年譜長編』, 72쪽.
53) 小野和子, 「淸初の思想統制をめぐて」, 『東洋史硏究』 18-3, 1959, 100~107쪽.
54) 戴名世, 「九科大題文序」, 『淸前期論著選・中』, 227쪽.

여유량의 평선은 강희 12년(1673) 무렵까지 18년 정도 계속되었다. 그가 모범답안의 평선에 적극 참여한 이유는 우선적으로 경제적 원인 때문이었다. 「경자정묵서庚子程墨序」에 의하면 "공허한 마음을 둘 곳이 없어 시문평선時文評選을 시작하였다"고 자술했지만, 실제로는 우선 생계를 도모해야 했다. 대략 이 무렵 여유량은 황종희黃宗羲의 소개로 고두괴高斗魁라는 의사를 알게 되는데 그로부터 의술을 배워 향후 의업을 병행하게 되었다.55) 실제로 동향인 장이상張履祥의 처를 직접 진맥하였고 남경 및 각지를 분주하며 의업을 행하였는데,56) 이처럼 의업에 참가하게 되었다는 사실은 당시 여유량이 경제적으로 어려웠다는 것을 보여주는 일이 될 것이다.

또 순치 17년(1660)에는 '빈곤한 처지의 우인을 돕기 위해서' 세 명의 우인들과 함께 예문藝文의 판매를 결행했는데, 「매예문賣藝文」을 짓고 나머지 3명의 어려운 경제적 처지를 소상히 서술했다. 비록 자신의 처지에 대해서는 한마디 언급조차 없으나 자신과 비교하여 그들이 더 어렵다는 말로 상황을 소개한 것은 자신도 경제적 곤란을 겪고 있었음을 우회적으로 표현한 것이라고 할 수 있다. 이때 여유량이 판매한 것은 시와 서화였다.57) 이상 여유량의 행보는 그의 저술업이 경제적 원인에서 비롯되었음을 보여준다.

훗날 대명세는 전대의 평선가들을 평가하면서, 충실하게 정주학을 수호했던 평선가들로서는 애남영艾南英과 여유량을 들고 이 두 사람을 다음과 같이 비교했다. 즉 인재를 흥기시킨 역량은 애남영이 뛰어났지만, 집집마다 정주의 책을 암송하게 하여 위·체를 분

---

55) 『文集』卷2, 「復高君鴻書」, 『文集』卷5, 「己任編」; 『呂留良年譜長編』, 102쪽, 116쪽.
56) 張履祥, 『楊園先生全集』卷13, 「答姚大也」; 『呂留良年譜長編』, 194쪽.
57) 『文集』卷8, 「賣藝文」; 『呂留良年譜長編』, 105쪽.

별하게 만든 능력은 여유량이 뛰어났다는 것이었다.58) 다수의 합격자를 배출시키면서 가장 효과적인 평선가 집단으로 자타가 공인했던 복사의 애남영과는 달리,59) 여유량의 모범답안 선집이 사상적 영향력과 전파면에서 뛰어났다고 평가한 것이다. 관료도 아니면서, 복사와 같은 문사의 배경없이 활동했던 여유량이 어떻게 자신의 사상을 널리 전파할 수 있었을까? 이 물음에 대한 답은 여유량이 평선가였을 뿐 아니라 동시에 서점을 운영하는 출판가와 판매업자의 활동을 겸했던 것에서 찾아 볼 수 있다.

강희 12년(1673) 무렵부터 여유량은 평선활동보다는 판매사업에 더 주력했다. 이 해 여름 송·원시대의 서적을 구하기 위해 한 달여간 남경에 머무르게 되었는데 이때 남경행의 또 다른 목적은 자신의 답안선집을 남경의 서점을 통해 판매하기 위한 것이기도 했다.

> 강희 12년(1673) 계축 여름, 나는 금릉金陵[남경]에서 송 이후의 서적을 찾고 있었다. 황씨黃氏의 천경재千頃齋, 주씨周氏의 요련당遙連堂에서 장서 수십 종을 빌려 초서抄書하였고, 또 여러 친우들과 시를 창화唱和하고 음주飲酒를 나누니 매우 즐거웠다. 그렇게 진회하秦淮河에서 다시 한 달여를 보냈다. 예전에 육문빈이 지은 묵선墨選을 가지고 가서 시장에 내다 팔았다. 상인들이 말하길 풍기風氣가 돌연 돌아와서 이 책은 폭풍처럼 (인기가) 높다고 하였다. 나는 풍기가 어떠한 것인지 알지 못한다. (풍기가) 돌아올지 아닐지, 유행이 될지 아닐지, 어찌 인간사를 예측하겠는가? 단 다른 방본坊本들을 보니 저열한 모범답안들을 평선한 것들은 비난받을 만 했는데, (그걸 보니) 기쁘다. .... (혹자

---

58) 戴名世,「九科大題文序」,『淸前期論著選·中』, 227쪽.

59) 1630년의 鄕試, 1631년의 會試에서 復社의 同人들은 합격자의 20%정도를 차지할 정도로 科擧시험에서 위력을 발휘하고 있었다. Elman, op. cit., 2000, pp.210~211. 사정이 이렇게 되자 17세기 초반 시험에 합격하려면 우선 유명한 文社의 同人이 되어야 한다는 생각이 수험생들 사이에서 상식으로 받아들여지고 있었다. Chou, op. cit., 2004, pp.234~235.

가 내게 묻기를) '공이 출판했던 육문빈의 선집이 계속해서 팔리고 있는데 지금 이 책을 증보增補한다면 이미 출판되어 있는 육문빈의 선집이 유통되기에 불편하지 않겠습니까?'라고 했다. 그 말이 맞다고 생각되었다. 그리하여 제명諸名을 합하여 서본書本으로 만들지는 않고, 평점評點과 편차編次를 하여 약간의 수만을 남겨서 금집今集의 뒤에 부록으로 붙였다.[60]

상기 인용문 가운데, 여유량이 한 달여 간 머물렀다는 진회하는 남경의 가장 번화한 거리이자 전국의 문인들이 모여드는 교류의 장소였다. 이곳에서 머물면서 황우직과 같은 대장서가大藏書家와 교류하는 것은 특히 중요했는데, 출판을 위한 원고의 출처를 확보하는 길이었기 때문이다. 게다가 남경은 애초 여유량에게 답안문 평선을 제의했던 소주의 서점가보다는 훨씬 광범위한 독자층을 확보할 수 있었으므로 수험서 판매의 적소였다. 상기 인용문은 여유량과 육문빈이 만든 모범답안집이 남경의 서적시장에서 저열한 방각본에 비해 높은 판매량을 유지하고 있었다는 점과, 여유량은 이에 대해 관심이 없는 듯 했지만 사실은 지속적으로 판매부수를 늘리기 위한 선집의 구성을 서상과 논의하여 유통에 한층 박차를 가하고 있었다는 사정을 말해주고 있다.

명말 서적의 출판과 유통이 눈부시게 발달한 결과, 17세기 초반 전국적 서적유통의 중심지로서 당시 남경에는 성 안의 소비자들을 주로 상대하던 소매서점[문시서방門市書坊]과, 타 성[他省]의 서상들과 주로 거래하던 도매서점[태객서방兌客書坊]이 따로 존재했었다는 사실이 밝혀졌다. 소매서점이 밀집되어 있었던 거리는 삼산가三山街였고 도매서점은 주로 승은사承恩寺의 주변 거리에 있었다.[61] 이에 남경

---

60) 『呂子評語餘論』 卷8, 「東皐續選附錄」, 『續修四庫全書』本 948, 子部·儒家類; 『呂留良年譜長編』, 213쪽.

을 왕래했던 여유량도 당시 서적유통의 중심지였던 남경으로 진출하게 되었다.

 대개 외지의 책이 남경에 보내지면 반드시 승은사에서 주로 거래하게 되는데 각 성의 서객들의 편의를 위해서이다. 책이 승은사에 보내지면 이곳의 서상들이 돌아가면서 판매위탁을 맡는다. 서적가격에는 정례定例가 없다. 그 책이 얼마나 유행되느냐에 따라서 가격의 고하高下가 결정된다. <u>모서某書도 예전에 승은사 지역의 엽씨葉氏서상에게 맡겨 판매하도록 했었는데 이후에 차츰 유통이 되었고, 지금의 서점으로 옮기면서 서상을 거칠 필요가 없게 되었다.</u> 이곳은 승은사에서 2~3리 정도 떨어져 있어 특히 (외지의 서상들과) 거래하기엔 불편하다.62)

상기 인용문을 통해 소주에서 서상과 협력하여 출판업에 관계하던 여유량이 남경으로 적극 진출하여 승은사에서 약간 떨어진 곳에 직접 서점을 냈다는 것을 알 수 있다. 여유량의 서점이름은 천개루天蓋樓였는데 출판업도 했다. 상기 인용문 가운데 밑줄 친 부분을 통해서 처음엔 소주에서 출판된 서적을 승은사의 상인에게 위탁·판매했었다는 사실도 알 수 있다. 자신이 출판했던 선집이 차츰 인기를 끌게 되자 승은사 부근 지역으로 거처를 옮기고 남경의 서방書坊에서 직접 출판업을 하게 된 것이다.

이처럼 여유량은 서점을 직접 운영했다. 이어 강희 15년(1676) 여유량은 그의 장남에게 남경으로 가서 임시로 서적판매를 맡으라고 명령하기도 했다.63) 이 때 여유량은 서점을 운영하면서 주의해야 할 사항들을 아들에게 알려주었는데, 스스로 경영한 자가 아니면

---

61) 井上進, 앞의 책, 243쪽.
62) 『文集』卷2, 「答潘美嚴書」;『呂留良年譜長編』, 240쪽. 밑줄 친 부분은 인용자의 강조.
63) 『晩邨先生家訓眞蹟』卷2, 「公忠識語」, 『續修四庫全書』本 948, 子部·儒家類 ;『呂留良年譜長編』, 241쪽.

해줄 수 없는 방법들을 꼼꼼하게 알려주었다. 예를 들자면 『십이과정묵수권十二科程墨殊卷』과 같은 합격답안문집은 지속적으로 원고를 구해야 한다는 사실, 무석無錫을 방문하게 되면 송인宋人의 문집이나 『지언집知言集』을 구할 수 있는지, 상숙常熟의 모씨毛氏를 만나게 되면 모진毛晉의 구舊원고를 구할 수 있는지 알아보라는 등 원고구입의 조언에서부터, 남경에 도착하면 제일 먼저 찾아가서 인사를 하고 서적을 선물해야 하는 사람들의 명단을 차례로 정해주는 것 등에 이르기까지 조언했다. 또 서점운영의 상황을 매일매일 기록해서 집으로 돌아오게 되면 보고하라고 요구했고, 남경에서는 독서와 작문활동을 절대로 멈추어서는 안 된다고 강조하는 등 여유량의 조언은 매우 구체적이고 전방위적이었다.64) 이러한 사실에서 볼 때, 그가 직접 출판과 판매 등의 서점경영에 적극 나섰다는 것을 알 수 있다.

여기에서 주목되는 것은 여유량이 과거참고서의 원고뿐 아니라 송인의 문집 및 모진의 구원고를 찾는 데도 열심이었다는 사실이다. 구원고라 함은 모진의 급고각汲古閣에서 출판했던 송원시대 저작의 원고를 말한다. 이처럼 여유량이 송원시대 저작의 채집과 출판에도 관심을 보인 것은 곧 살펴보게 될 그의 학문적 대안과도 관련이 있다.

여유량의 서적판매는 어느 정도의 범위로 이루어졌을까? 그의 장남에게 내린 조언을 보면 무석無錫, 상숙常熟, 남경에서 해야 할 일들을 따로 구분해서 명령하고 있다는 사실에서 최소한 강남은 그의 활동영역이었음이 분명하다. 구체적으로 언급된 지역은 세 곳 뿐이지만, 강남지역이 활동권역이었다면 강남의 서상을 통해

---

64) 『晚邨先生家訓眞蹟』卷2, 「論大火帖」; 『呂留良年譜長編』, 241쪽.

사실상 전국에 영향을 미칠 수 있었을 것이다. 이는 당시 과거수 험서의 출판과 유통상황에 대해서 고염무顧炎武가 "일과一科 방고 房稿의 출판만 해도 수백 부에 이르는데 모두 소주와 항주로부터 나오고 있으며, 중원북방中原北方의 상인들이 사가지고 돌아간다." 고 거론한 것에서 미루어 알 수 있다.[65]

어쨌든 여유량의 서점경영은 매우 성공적이었다. 건륭년간乾隆年 間의 왕응규王應奎는 청대 평선가의 활약을 회술하며, "본조의 시 문선가時文選家 중에는 천개루天蓋樓의 각본이 해내海內에 크게 유 행했다. 멀고도 오래전의 일이다. 방간에 발매하였는데 그 가격이 한 번에 사천량四千兩까지 올랐으니 가히 날개 돋친 듯이 팔렸다 고 하겠다."[66]라고 한 것에서도 잘 알 수 있다. 왕응규는 여유량 이 황종희와 같은 '절강지역의 급고汲古한 인사'들로부터는 '지미지 학紙尾之學'에 종사했다는 평가를 받았다고 전한다.[67] 이것은 여유 량을 출판업자라고 멸시하는 뜻이 포함된 것이지만, 이러한 방법 을 통했기 때문에 여유량은 자신의 선집을 널리 전파할 수 있었 고, 답안선집에 담긴 자신의 치학주장도 함께 전파시킬 수 있었 다. 그 결과 '집집마다 정주의 책을 암송하게 하며 위·체를 분별 하게' 만들 수 있었던 것이다.

자신의 모범답안 평선집이 이렇듯 널리 유행하게 된 상황에서 여유량은 팔고문 및 모범답안 평선활동에 대해 어떤 입장을 가지 고 있었을까? 우선 팔고문에 대해서는 사인들이 팔고문으로 된

---

65) 顧炎武, 앞의 책, 卷16, 「十八房」, 584쪽.; Wu, op. cit., 1943-3, p.205 재 인용.
66) 井上進, 「書肆·書賈·文人」, 荒井健編, 『中華文人の生活』, 東京 : 平凡社, 1994, 336쪽 재인용.
67) 王應奎, 『柳南續筆』卷2, 「時文選家」;『呂留良年譜長編』, 412쪽.

모범답안 선집만을 읽게 되었을 뿐 경전을 공부하지 않아서 결과적으로 학문을 공소空疎하게 만들었다는 명말 이래의 비판론을 견지하고 있었다.

 과거시험에서 팔고문으로 취사取士를 하게 된 이후 사람들은 어떤 책을 읽어야 하는지 모르게 되었고, 소중히 비전되어 온 수권의 책을 탐독하는 것으로는 한 단계의 시험도 넘지 못하게 되었다. (이에) 교활한 자들은 (책의) 앞머리를 쪼개고 뒷부분 갈라서 멋대로 문류門類를 세웠고 (남의 글을) 베끼거나 발췌함으로써 갑자기 청자靑紫고관현작高官顯爵를 얻어 고거대마高車大馬를 이끌고 과시하고 다녔다. 나는 일찍이 조룡祖龍[진시황秦始皇]이 오늘날에 다시 살아나 천하의 팔고문들을 모두 모아서 모조리 태워버린다면 진시황은 공자학문의 공신이 될 것이며 천고일대千古一大의 유쾌한 일이 될 것이라고 여겨왔다. …… 그러나 팔고문으로 인재를 뽑은 지는 이미 수백 년이 지났다. 이학석사理學碩士와 장상명신將相名臣들이 모두 그 속에서 나왔는데 과거시험의 폐단을 모두 팔고문에게 돌리는 것이 타당한가? 무릇 과거의 폐단은 평범하고 진부함에 안주함으로써 요행수를 바라는 구차한 마음에서 비롯된 것이다. 이로 인하여 문기文氣는 날로 옅어졌고 인재는 날로 피폐해져서 진부함을 답습하는 행태를 구원하여 멈추게 할 방도가 없어지게 된 것이다.[68]

그러나 상기 인용문에서 보는 것처럼, 팔고문 자체보다는 정부의 과거운용방식과 과거수험서가 남발하게 된 상황을 비판하고 수험서만으로 요행수를 바라며 합격만을 노리는 사인들의 진부한 행태를 비판했다. 즉 팔고문과 과거제도를 운용하는 사람들의 타락이 더욱 문제라는 것을 지적하고 있는 것이다. 또,

 일찍이 살펴보건대 근 300년 이래 시와 문에는 걸출한 작품이 없었다. 누군가 "이것에 이유가 있는가?"라고 묻는다면 "그렇다, 그 병폐

---

68) 呂留良, 「戊戌房書序」, 『淸前期論著選·中』, 11~12쪽.

는 거업에 있다."라고 대답하겠다. 또 "그 죄가 모두 거업에만 있는
가?"라고 묻는다면, "거업은 죄가 없고 거업을 공부하는 사람들에게
있다."라고 대답하겠다. …… 오늘날 거업을 위한 문장은 모두 속된
격식에만 한정되어 있어서 이것을 따르면 적합한 답안이라고 하고,
조금이라도 다르면 적합하지 않다고 한다. …… 그러나 그 격식이란
획일화 된 것으로서 상투적으로 귀인들이 이미 만들어 놓은 글을 사
서 글귀를 베끼고 책편冊篇을 따라 하는 것에 불과하다. 단 한 자의
글자도 상투적으로 따라하지 않은 것이 없다. 이로써 (합격답안문은)
시험이 끝나면 곧바로 팔리는데, 노력은 적게 하고 효과는 신속하게
볼 수 있기 때문에 아비는 아들에게 전수하고 스승은 이것으로 제자
들을 가르치게 되었으니 마치 초목이 바람에 휩쓸리듯이 모두가 따
르게 되었다.[69]

라고 하여, 특히 합격답안문 선집이 사인들 사이에서 절대적으로 신봉되고 있었던 상황을 전하였는데, 이처럼 합격답안문집이 평소 사인들의 학문과 교육의 교재처럼 사용된 결과 명대에는 걸출한 작품이 없었다고 평가할 정도로 시와 고문사古文辭가 외면당하였음을 지적하였다.

그러나 그는 과거제도의 운용에 있어 보다 근본적인 문제는 경의經義를 제대로 익히지 못하도록 만든 교육현실이라고 생각했고, 그러한 병폐는 어린 시절의 교육에서부터 시작한다고 지적했다. 여유량은 파제破題·승제承題 이하 팔고문의 고정된 각 단락에서 기본적으로 지켜야 할 사항 등을 열거하고 나서, 이러한 것들은 어린 시절 처음 공부를 시작할 때 이미 명확하게 배워야 했던 가장 기본적인 법칙임에도 불구하고, 당시에는 거공巨公들조차 이런 법칙을 범하였으며 평선가들은 그런 글을 칭송하고 있다고 한탄했다. 고로 문체의 폐단은 평선가들로부터 시작되었으나 당시 평선

---

69) 呂留良,「古處齋集序」,『淸前期論著選·中』, 8~9쪽.

가들은 바로 몽사蒙師들이 키워 낸 제자들이니, 결국 모든 폐단의 근원은 어리석은 몽사들, 즉 어린 아이들을 교육하는 교사들 때문이라고 지적했다.[70]

교사들의 자격이 이처럼 떨어진 이유에 대해서도 설명했다. 당시 부모들은 마치 기술자를 고용하듯이 교사를 고용했고, 교사들도 제자들의 입맛에 맞추며 자신의 자리를 보존하는 데에만 신경을 썼다. 게다가 교사를 고용하는 값이 날이 갈수록 싸지고 교사의 품질이 날로 떨어지면서 교사가 되는 사람들이 점점 많아졌다. 심지어 수천 명의 스승에 수십 명의 생도가 있다는 농담이 있을 정도였으니, 따라서 구독句讀·음석音釋·강해講解 등을 가르치는 일은 아예 불가능했고 공소空疎하고 비속卑俗한 서적, 즉 과거수험서, 특히 모범답안의 선집을 가지고 제자를 속성으로 키워낼 뿐이었다. 이 과정에서 모범답안의 평선활동을 통해서 호구책을 삼는 자가 많아지면서 다시금 누구나 다 평선가가 되었다. 평선가는 몽사를 낳고, 몽사는 평선가를 낳는 악순환이 계속되면서 문체는 돌이킬 수 없을 정도로 피폐해지고 말았다는 것이다.

이들에 의해서 피폐해진 문체도 문제이지만, 더 큰 문제는 독서讀書를 단절시켜 천하의 인재들이 성장할 수 없게 만들고, 서로 경쟁하는 기술만을 익히게 해서 인심과 풍속이 크게 어그러진 것이라고 생각했다. 즉 여유량이 가장 심각하다고 생각한 것은 어리석은 촌사村師들이 '비천한 강장지학講章之學'과 시문을 가지고 아이들을 가르쳤기 때문에 이들에게서 배운 사인들은 주자의 『장구章句』·『전주傳注』의 말들이 강장류講章類와 같다고 여기게 되고, 리理에 대한 이해와 문자규칙의 오묘함이 시문류時文類와 같다고 여

---

70) 呂留良, 「程墨觀略論文」一則. 『清前期論著選·中』. 13~14쪽.

기게 되어 버린 현상이었다. 이러한 사정은 결국 이학理學의 혼란
을 야기시켰다. 가정년간 이후 강학講學이 분분이 일어나 촌사들
의 그릇됨을 어느 정도 바로잡기는 했으나, 강학을 행했던 사인들
역시 『장구』・『전주』를 연구한 것이 아니라 각종의 다른 사서해설
서를 발췌하여 기존의 그릇됨을 바로잡는다고 나선 것이니, 스스
로 이설異說과 사설邪說에 빠지는 것을 자각하지 못했다. 따라서
촌사와 강학가講學家들 모두 경의에 정통하지 못한 것은 매한가지
라고 주장하였다.[71]

  영락년간에 『사서대전四書大全』을 찬수纂修하였는데, 일시一時에 학
자들이 정난靖難의 역역으로 모두 죽임을 당하고 호광胡廣・양영楊榮
등 구차하고 용렬한 인물들만이 겨우 살아남아 그 일을 주도하였다.
따라서 모아놓은 내용이 『전주傳注』와 어긋나고 잘못된 것이 많았고,
심지어는 주자의 말씀이 아닌데도 잘못 들어간 것도 있었으니, 대체
로 통의通義의 잘못을 그대로 답습하여 올바른 의미를 알지 못했다.
그 이후 (성화・홍치년간에) 『사서몽인四書蒙引』・『사서존의四書存疑』・『사
서천설四書淺說』 등이 분분이 출현하였으나 역시 억지로 견강부회牽强
附會하여 (경전의 대의大義를) 작게 나누어 지루하게 만드니, 훈고訓詁의
정교精巧함과 멀어짐으로써 얻는 것은 없었고, 후세를 더욱 미혹시킴
으로써 잃는 것은 심했다. …… 그 후 양지가良知家(양명학자)들이 이단
의 술술을 가지고 정情이 쫓는 바를 살펴 자신들의 영역을 확보하였
다. …… 융경・만력년간이 되자 결국에는 주자의 『전주傳注』를 배격
하는 것을 일삼게 되어 그 피해는 이루 말할 수 없었다. 식지識者들
은 선학禪學으로 귀의하거나 그 정도가 안 되는 사람들은 강장講章을
했다. 근래 방간坊間에서 성행하고 있는 교본은 비루함이 더욱 심하
고, 또한 (서상들이) 멋대로 증보와 개작을 가해서 출판했기 때문에 출
판을 거듭할수록 오류는 커져만 갔다. 게다가 집집마다 (누구나) 외우
고 베끼게 되었는데 간편히 구할 수 있기 때문이었다. 혼탁함은 이미
극에 달해서 그 형세는 변화하지 않을 수 없게 되었는데, 이렇게 변

---

71) 呂留良, 「答葉靜遠書」, 『淸前期論著選・中』, 5쪽.

하게 되면 반드시 다시 이단異端에서 나오기 마련이었다. 이것이야말로 심학心學을 중시하는 (양명학자들이) 심히 우려하며 골치아파하는 현상이다.72)

    상기 인용문의 첫 문단에서 잘 나타나듯이, 여유량은 정주학의 부활을 주장했지만 명초로의 복귀를 주장한 것은 아니다. 명초 이래 인재등용의 기준이 되었던 『영락대전』의 체제를 극복대상으로 인식했고, 명말까지 주자학자들에게 존숭되어 왔던 성화·홍치년간의 해설서들도 신뢰하지 않았다. 결국 명대의 과거운용은 애초 정부와 학자들에 의해 방향이 잘못 잡혀 있었다고 본 것이다. 그 잘못이란 인용문에서도 언급되어 있듯이, 훈고를 정밀하게 하지 않은 채 여러 사람들의 해설을 끌어 모아 과거취사의 기준으로 삼았다는 점이었다. 여기에 독서와 인재양성의 기본을 무너뜨린 촌사·몽사, 얕은 요령만을 남발하며 무분별하게 증가한 선문가選文家, 이단적 해설을 유포시킨 강장의 무리들, 이단서를 재생산하고 확산시키는 서상 등이 가세하여 총체적으로 이학을 위기로 몰아넣었다고 보았다. 여유량이 모범답안문의 유통망 및 출판업을 통해 전파하고자 했던 것은 이러한 위기에 대한 타개책이라고 할 수 있다.

    여유량은 팔고문 취사도 인재등용에 있어 우매한 방법이긴 하지만, 이렇게 해서라도 인재를 뽑기 위해서는 우선 '용부庸腐한 유자儒者'들을 과거시험의 현장에서 도태시켜야 한다고 생각했다. 이것은 과거에 참여하는 사람들이 요행수를 바라던 현상을 바로잡기 위한 것이었는데, 시험의 기준을 강화하고 합격정원을 줄여서 결과적으로 실력이 없는 유자儒者들이 도태되도록 유도해야 한다

---

72) 呂留良, 「程墨觀略論文」二則, 『淸前期論著選·中』, 15쪽.

는 것이었다. 우선 각 군·읍의 유자수를 줄이고 다음으로는 삼시의 각 단계를 통해서 엄격하게 '통경通經·박고博古·명이학明理學'의 자질을 갖춘 유자만을 걸러내는데, 해마다 조금씩 정원의 숫자를 줄이는 방식으로 몇 해의 과거시험을 거듭하게 되면 사인들이 모두 '통경·박고'와 '명이학'하는 데 힘쓰게 되어 사풍은 완전히 변하게 될 것이라고 했다.[73]

즉 그는 과거시험을 통해서 학문의 정화가 가능하다고 생각한 것이다. 그러기 위해서는 모범답안문집 역시 철저히 정주학에 기반을 두고 생산되어야 했는데, 이것이 '재야의 인사로서 과거의 운용에 책임이 없는' 여유량이 경제적 수입 이외 모범답안의 평선에 참가하게 된 또 다른 목적이라고 할 수 있다.[74] 여기에서 '통경과 박고'는 학문적 태도를, '명이학'은 학문의 목표를 말한다고 볼 수 있다. 즉 이학의 정립이라는 학문적 목표를 달성하는 방법이 통경과 박고였다. 통경과 박고의 구체적인 방법은 다음과 같다.

> 현재의 (학문정황이) 설사 신속하게 옛날로 돌아갈 수는 없다고 하더라도, 강습講習으로 문장을 논하려는 사람들은 천박하고 비속한 법칙들을 모아서 강론講論을 통해 그것을 분명하게 만들어야 한다. <u>문장을 지을 때에는 반드시 『육경六經』, 『좌전左傳』, 『국어國語』, 『장자莊子』, 『이소離騷』, 『사기史記』, 『한서漢書』 및 당송의 저작들에서 재료를 취해야 한다</u>(일칙一則). 주자는 제자를 가르칠 때 경전의 본문을 깊이 연구한 후, 그래도 이해가 되지 않는 부분이 있을 때 본주를 보도록 했다. 그 후에도 이해가 되지 않는 것이 있으면 혹문或問을 보도록 했다. 지금도 마땅히 그러한 방법을 법도를 삼아야 할 것인데, <u>본주를 위주로 삼고 강장류는 신구新舊를 막론하고 빠지지 않아야 한다</u>. 『영락대전』의 내용 가운데에서도 정주의 말씀이 분명한 것만 보고,

---

73) 呂留良, 「戊戌房書序」, 『清前期論著選·中』, 12쪽.
74) 呂留良, 「答吳晴巖書」, 『清前期論著選·中』, 2쪽.

<u>기타 나머지 유자들의 저술 중에서는 주자의 주석에 합치되는 것만 취하고 그렇지 않은 것은 빼버리도록 한다.</u> 이와 같이 해야만 들어가서는 유자의 학문을 구원할 수 있고, 나와서는 옛날의 훈고를 행하게 될 것이다(이칙二則).[75]

상기 인용문에서 보듯이, 여유량이 과거문장의 학습에서 가장 중요하게 생각했던 텍스트는 선진先秦과 양한兩漢시대의 저작들이었다. 여기에 당·송인의 저작들을 첨가했는데 경전의 이해를 돕기 위해서는 당·송인들의 해설을 참고하라는 의미로 볼 수 있다. 이는 주자의 교육방식을 인용하여 명대의 텍스트를 정비해야 한다고 지적했던 부분을 통해서 알 수 있다. 즉 과거공부와 학문을 위한 텍스트로서 『육경』 및 제자서諸子書 등을 기반으로 삼고, 그 후에 경전의 원주原註와 주자의 주석을 통해 경전의 뜻을 이해하고, 마지막으로 명초의 저작도 주자의 해석을 기준으로 삼아 부합하는 내용만을 골라서 공부해야 한다는 것이다. 이렇게 함으로써 일찍이 정자程子가 이단과 구별되는 유학의 특징 가운데 하나라고 했던 훈고를 제대로 행할 수 있고, 나아가서는 유학을 정립할 수 있다고 주장했다.

경전의 학습에 대해서는 어느 하나만을 익혀서 되는 것이 아니라 육경을 모두 통달해야만 한다고 강조했는데 역시 한대의 방식을 통해서 설명했다. 전한무제前漢武帝가 천하의 사인들을 불러 모아 세무世務와 경술經術에 대해 시험했을 때, 『시경詩經』은 노魯·제齊·한韓·모毛 사씨四氏의 주해서注解書가 있었고, 『역경易經』은 『연산連山』·『귀장歸藏』·『주역周易』의 삼대의 저서가 전해지고 있는 등 당시 사인들은 일경을 연구하는 데 있어서 매우 정밀하고 엄격하

---

75) 呂留良, 「程墨觀略論文」 一·二則, 『淸前期論著選·中』, 14~15쪽. 밑줄은 인용자의 강조.

였음을 지적하였고, 또 후한後漢 백호관白虎觀의 유학자들은 『오경』의 동이同異를 참고하며 연구하는 등 통경通經의 연구를 중시했었다는 사실을 지적하였다. 그리고 전한회남왕前漢淮南王 유안劉安의 말을 빌려 통경연구의 중요성을 강조하면서 "오행의 서로 다른 기운이 모여서 조화를 이루듯이 육예六藝의 동이同異도 서로 통하는 것이다. 고로 육경을 모두 공부하지 않으면 일경을 통달하기에도 부족하다"76)고 강조하였다.

이처럼 『육경』과 고전에 널리 통달해야 한다는 입장은 명말의 학문에 대한 반성에서 출발한 것으로, 여유량은 모범답안의 평선과 출판업의 유통망을 이용했기 때문에 이러한 주장을 널리 유포할 수 있었다. 대명세에 의하면, 명말에 유행했던 애남영의 모범답안 선집만큼 널리 유행한 것은 청초에 들어서는 여유량의 선집밖에 없었다고 한다. 그는 여유량이 강희 11년(1672)~12년을 끝으로 모범답안의 평선활동을 중지하는 바람에 그 이후로는 참고할만한 선집이 없어서 자신이 그 뒤를 이어 평선활동을 하게 되었다고 밝혔다. 이것으로 여유량이 평선했던 모범답안문집이 청초의 일정시기에 독점적으로 유행했다고 보아도 무방할 것이다.

대명세는 애남영과 여유량을 비교하면서 두 사람 모두 정주학의 이상을 존숭한 학자들이지만 애남영이 평선한 모범답안문집은 문장의 선택이 정교하지 않고 언어가 상세하지 않다는 문제가 있다고 지적했다. 여유량이 평선했던 모범답안문들에 대해서는, "사정邪正을 분별하고 지침指針을 강구하여 사인들로 하여금 속학俗學의 강장講章에서 벗어나 정주의 논의에 이르게 했고, 제의制義로부터 나아가 고문古文의 다양한 의도에 이르게 했다"고 평가함으로써,

---

76) 呂留良, 「戊戌房書序」, 『淸前期論著選·中』, 11쪽.

여유량이 특히 정주학에 기반을 두면서도 고인古人의 뜻에 상부하는 훈고적訓詁的인 학문태도를 견지하고 있었음을 지적하였다.77)

명말 만력년간의 이정기는 명초 해설서의 권위를 인정하고 그러한 책들이 주자학의 요체를 밝혔다고 칭송한 바 있다.78) 청초의 여유량은 성화·홍치년간의 『사서』해설서들에 대해서 정주의 해석을 존숭했다고 하지만 훈고를 치밀하게 행하지 못함으로써 주자학의 진면목을 보여주지 못했을 뿐 아니라 경전의 내용에 대해서도 오히려 미혹함을 증가시켰다고 비판했다. 따라서 훈고적訓詁的 학문방법을 강조했던 것인데, 즉 선진양한先秦兩漢시대의 경사經史서적과 제자서諸子書, 당송 이래의 저작 등 '고서'에 대한 독서를 강조했던 점에서는 비슷하지만, 이러한 서적들을 기본으로 문장의 훈고를 철저히 해야 한다는 치학방법을 제시했다는 점에서 여유량은 명말 문체만을 주로 문제로 삼았던 이정기와 같은 정주학 신봉자들과 차별성을 가진다.

---

77) 戴名世,「九科大題文序」,『淸前期論著選·中』, 227쪽.
78) 李廷機는『四書蒙引』과『易蒙引』의 저자 蔡淸이 朱子의 요체를 밝혀 四方의 학자들에게 숭상을 받아왔으니 諡號를 내려달라는 上疏를 올렸다.『李文節集』卷8,「爲虛齋蔡先生請諡疏」, 781쪽. ; 蔡淸은 福建출신의 학자로서 成化·弘治年間 그의『四書』해설서가 매우 숭상을 받아 유행했으며, 앞장에서 살펴보았듯이 萬曆年間에 이르러 그의 해설서는 더 이상 유행이 아니게 되었지만 文體의 회복을 주장하는 학자들로부터는 변함없이 존숭을 받았다.

2. 대명세

지금까지 살펴 본 여유량과는 달리, 대명세는 출판업이나 서적판매업은 하지 않았고 오로지 저술만 했다.[79] 대명세는 강희 44년(1705) 53세의 나이로 향시에 급제하고 강희 48년(1709)에는 진사가 되었는데 그의 모범답안 평선이 거의 대부분 강희 44년(1705) 이전에 저술된 것임을 보면 평선활동의 일차적 원인은 역시 경제적인 것이었음을 알 수 있다.

오랫동안 재야학자로 생활해야 했으므로 모범답안을 평선하는 일은 수입원으로서 중요한 일이었지만, 대명세는 모범답안문집의 유행에 대해서는 기본적으로 부정적인 입장을 가지고 있었다. 모범답안이 유행함으로써 사인들이 경전을 보지 않게 되었다고 생각했기 때문이다. 그는 『사서오경』을 좀먹은 것으로 시문보다 더 심각한 것은 없다고 말했다.[80] 그는 사인들이 출세를 위해 평생 읽고 익히는 책은 사자지서四子之書와 거업지문擧業之文일 뿐이며, 이런 책으로 공부한 자들이 과거를 치르게 되면 통과하는 자도 있고 떨어지는 자도 있는데, 그 차이는 실력의 유무가 아니라 운

---

79) 戴名世에 대한 연구는 『南山集』案을 중심으로 살펴보는 정치사상적 고찰이나, 18세기 동성학파의 선구자로서 文壇에서 차지하는 위상에 대한 고찰이 주를 이룬다. Lynn Struve, "Ambivalence and Action : Some Frustrated Scholars of the K'ang-hsi Period", Spence and Will ed., *From Ming to Ch'ing Conquest, Region, and Continuity in 17th Century China*, New Haven : Yale University Press, 1979 ; 郭紹虞, 『中國文學批評史』, 上海 : 古籍出版社, 1979, 267쪽 ; 종합적인 연구로는 何冠彪, 『戴名世研究』, 香港 : 香港大學中文系出版, 1987 ; 자료집으로는 Pierre-Henri Durand/中譯, 『戴名世年譜』, 北京 : 中華書局, 2004.

80) 戴名世, 「四家時義合刻序」, 『淸前期論著選・中』, 232~233쪽.

의 유무일 뿐이라고 말했다.[81]

하지만 대명세는 합격답안문에 대한 조정의 공식평가에서 지적하지 못한 부분을 재야의 평선가들이 보충해 줄 수 있다고 생각했다.

> 과거에서 합격한 자는 마땅히 그 답안문이 뛰어나다. 뛰어나지 않으면 당연히 시험관들이 배척하고 (향회시록鄕會試錄에) 기록하지 않는다. 그러나 시험이 끝나고 수험생들의 답안문이 선문가의 손으로 넘어가면 선문가들의 (평가는) 한결같지 않다. 신중하게 교정하고 분별하는 과정을 거치며 흑백을 가려, 무엇은 뛰어나고 무엇은 뛰어나지 않다고 의론이 분분하게 되는데, 이러한 것은 시험관들이 미처 내리지 못한 평가에 도움을 주기에 족하니 문교文敎와 전혀 상관이 없다고 말할 수 없다. …… 무릇 평선가들은 대부분이 포의제생布衣諸生들로서, 날마다 과거용 문장을 익히는 사람들이므로 (그들의 평가는) 완전히 황당한 무리들의 것과는 가히 비교할 수 없다.[82]

이로써 대명세는 지식인들이 모범답안을 평선하는 행위가 재야에서 문교를 보충할 수 있는 길이 된다고 적극적으로 옹호했음을 알 수 있다. 대명세도 모범답안 평선집의 무분별한 유행에 대해서는 반대했지만 문교를 보충할만한 능력이 되는 재야 지식인들의 평선활동에 대해서는 긍정하는 입장을 취하고 있는 것이다.

대명세는 학문적 방법으로서 특히 문체를 중시했다. 모범답안의 평선을 통해 그가 확립하고자 했던 것은 고문의 진흥이며, 구체적인 방법으로 주장한 것은 고문을 이용해서 팔고문을 작성하는 것이었다. 고로 그는 팔고문 형식의 시문 때문에 과거취사가 실패한 것이 아니라, 고문을 근거로 하지 않는 문체 때문에 과거의 운용이 제대로 이루어지지 않은 것이라고 파악하였다.

---

81) 戴名世,「己卯科鄕試墨卷序」,『淸前期論著選·中』, 220쪽.
82) 戴名世,「庚辰會試墨卷序」,『淸前期論著選·中』, 223쪽.

과거로 취사를 하자 시문時文의 설說이 등장했고 그러면서 고문은 망해버렸다. 사실 '시문'이라는 것은 각 시대마다 일시적으로 숭상하는 하나의 문체로서, 그 문장이 반드시 고문의 법도를 따르면 안된다는 것을 의미하는 것은 아니다. … 고로 시문이라는 것도 고문의 한 가지 문체이다. 그럼에도 지금 세속에서는 고문으로 시문을 삼는 것은 지나치게 높은 수준의 논의라고 하면서, 고문과 시문을 구별하고, 시문은 반드시 시문의 법칙을 따라야 한다고 주장한다. … <u>고문의 격식이란 성인의 『육경』에 그 뿌리를 두고 『좌전』, 『장자』, 『사기』, 『한서』 등의 제서에서 선택적으로 문장을 취하는 것이다.</u> …… 고로 사실상 고문이 시문 때문에 망한 것이 아니라 시문의 격식 때문에 망한 것이라고 하겠다.[83]

이처럼 대명세도 팔고문으로 인재를 뽑는 것 자체가 우수한 제도는 아니지만 고문을 이용해 팔고문을 짓는다면 문체를 확립하고 인재를 뽑는 데 유용하게 활용할 수 있다고 생각한 것이다.

그런데 대명세에게서는 문장의 형식인 고문의 뜻이 매우 느슨하게 사용되고 있다. 명말청초의 고문이란 16세기 귀유광歸有光·당순지로부터 비롯된 당송고문파唐宋古文派의 산문형식을 말하는 것으로서, 고대의 텍스트에서 뽑아낸 언어의 양식이라기보다는 16세기 이래 확산되기 시작하여 18세기 초에 문학계의 주류를 차지했던 명·청시대에 사용된 산문의 양식이었다.[84] 그런데 대명세의 경우에는 상기 인용문의 밑줄 친 부분에서 보이는 것처럼 고문의 기준을 '고대의 텍스트와 경전에 근거를 둔 문장'이라는 뜻으로

---

83) 戴名世,「甲戌房書序」,『清前期論著選·中』, 214~215쪽. 밑줄 친 부분은 인용자의 강조.

84) Kai-wing Chou, "Discourse, Examination, and Local Elite.: The Invention of the T'ung-Ch'ing School in Ch'ing China." Elman & Woodside ed., *Education and Society in Late Imperial China, 1600~1900*, Berkeley: University of California Press, 1994, pp.186~187.

사용하고 있다.

물론 당송학파의 문장양식이라는 뜻이 함께 사용된 경우도 있다. 예를들어, 동자시童子試에 대비한 소학전용 수험서를 만들어서 어린 시절부터 고문의 법도를 익히게 하자는 주장이 그러한데, 즉 당송팔대가唐宋八大家 및 명대 고문학파의 문장 가운데 소학에 관련된 부분을 뽑아 과거수험서를 만들자고 한 것이다. 이러한 문장으로 만들어진 수험서의 내용은 너무 어려울 수 있으므로 방각본 선본에서도 알맞은 내용을 발췌하여 합하는 것이 좋다고 했다.[85] 즉 대명세는 고문의 문체를 특히 중시했지만 고문의 의미는 매우 느슨하게 사용했다고 볼 수 있다.

아래의 인용문에는 대명세가 경의시험을 공부하면서 텍스트로 삼아야 한다고 제시한 고전들이 소개되어 있다.

> 오늘날 (경의의) 문장은 외형만을 갖추고 (문장의 대의를 빠뜨리거나) 심지어는 외형조차 모두 갖추지 못하기도 한다. 그러니 어찌 성인을 대신하여 입언立言할 수 있겠는가! …… (그것을 바로잡는 방법은) 오로지 『논어論語』·『맹자孟子』·『증자曾子』·『자사子思(중용中庸)』를 반복적으로 음미하고 『역易』·『시詩』·『서書』·『춘추春秋』·『예기禮記』에 이르기까지 침잠沈潛하는 것이다. 또 주렴계周濂溪·장횡거張橫渠·이정二程의 저술과 주자의 집주集注 및 사제간에 오고간 변난辨難 문답의 말들을 통달하면 (문장의 대의와 어기語氣가) 서로 융합하고 정돈되어 얼음이 녹듯이 문제가 해결될 것이다. 여기에 『좌전左傳』·『국어國語』·『장자莊子』·『굴원屈原(이소離騷)』·『순자荀子』·『한비자韓非子』·『사기史記』·『한서漢書』·한유韓愈·류종원柳宗元·구양수歐陽修·증공曾鞏·소식蘇軾·왕안석王安石의 문장을 곁들여서 섭렵하고 그 뒤에 하나의 문제問題를 접하여 그 신묘함을 새기며 붓을 든다면 성인지천聖人之天을 살필 수 있게 되고 성인지의聖人之意를 얻게 될 것이다.[86]

---

85) 戴名世,「小學論選序」,『淸前期論著選·中』, 216쪽.

즉, 사자지서四子之書와 『오경』을 가장 중시하고 그 외 선진양한 대先秦兩漢代와 당송시기의 고전을 섭렵하라고 제안한 것인데, 특히 경전의 대의를 해설하는 데 있어서는 송대의 저작을 중시했다.

> 사자지서는 주周말기에 비롯되어 한대와 당대를 거치며 천여 년을 이어져 왔는데 송대에 이르러 비로소 그 뜻이 분명하게 되었다. 송유宋儒들은 사자지서 사이의 아무리 극히 작은 문제라도 모두 구별해내어 종지宗旨에 도달하지 않음이 없었다. 후대의 사람들은 그러지 못했음은 물론이고, 송유의 서적들에 대해서조차 사리를 궁구하지 못했으며 설사 사리를 궁구했다고 할지라도 그 취지를 얻지 못했다. ······ 따라서 거업의 문장을 보아도 실제로 송유의 서적과 더불어 서로 통하는 바가 있기도 하다.[87]

따라서 대명세가 '고문의 법도에 따라서 시문을 지으면 고문이 진흥하게 될 것'이라고 표현하며 고문의 문체를 강조하기는 했지만,[88] 사실 내용상으로는 여유량이 주장했던 것처럼, 학문의 방법으로서 오경과 고대의 텍스트에 널리 근거를 두는 훈고적인 태도를 주장한 것이라고 볼 수 있다. 명말의 평선가를 평가하면서 애남영에 대해서는 선본이 난립하고 문장이 쇠락하던 가운데 정주

---

86) 戴名世, 「有明歷朝小題文選序」, 『淸前期論著選·中』, 225~226쪽.
87) 戴名世, 「己卯科鄕試墨卷序」, 『淸前期論著選·中』, 221~222쪽.
88) 戴名世는 韓愈·柳宗元 2家의 말을 인용하여 古文의 법도를 제시했다. : 韓子가 말하기를 "古文에 입각해서 言을 세우고자 하는 자는 速成을 희망하지 않고 勢利에 유혹되지 않으며 근본을 배양하여 내실에 뛰어나다." 柳子曰, "『書經』을 근본으로 문장의 질을, 『詩經』을 근본으로 항상성을, 『禮記』를 근본으로 마땅함을, 『春秋』를 근본으로 결단력을, 『易經』을 근본으로 감응력을 추구한다. 『穀梁傳』을 참고하여 氣를 연마하고 『孟子』·『荀子』를 참고하여 기술을 통달하고 『莊子』와 『老子』를 참고하여 올곧음을 발하고 『國語』를 참고하여 취미를 넓히고 『離騷』를 참고하여 그윽함에 도달하고 『史記』를 참고하여 고결함을 현저하게 한다." 戴名世, 「甲戌房書序」, 『淸前期論著選·中』, 215쪽.

학을 숭상하고 지사志士의 학풍을 완성했다고 높이 평가하면서도, 훈고적이지 않았다고 비판했던 것은 대명세가 여유량과 마찬가지로 정주학의 신봉 못지않게 훈고적인 학문태도를 중시했기 때문이었다.[89]

이상 여유량과 대명세는 각각 이학理學의 정립 및 고문의 부흥을 목표로 삼고 있었다. 그 과정에서 중시된 텍스트들을 보건대, 두 사람의 주장은 결과적으로는 경학을 중시하고 고대의 텍스트와 당송의 저작에 기반을 둔 훈고적 학문방법을 연마하자는 것이었다. 이러한 학문적 경향을 전파하는 데 과거수험서 시장의 유통망이 적극 이용된 것이다. 충실한 정주학의 신봉자였던 그들이 오로지 모범답안의 평선가로서만 활약한 것은 아니었고, 또 그들의 평선 활동이 주자학의 이상과 훈고적 학문태도를 전파하기 위해서만 진행되었던 것도 아니었지만, 명말 이래 과거의 폐단과 교육상의 문제를 비판하고 대안을 제시하는 데 있어 모범답안의 평선과 출판업의 유통망이 유효하게 활용되었던 것은 분명하다. 경학 및 한대 이래 저작을 중시하며 훈고적 학문태도로 문장을 분석하려는 시도는 명말의 학문에 대한 반성에서 우러나온 새로운 경향으로, 이러한 경향이 하나의 학문으로 정립된 것은 18세기 고증학에 의해서였지만 그 단초는 이미 명말청초에 나타나고 있었던 것이다.

단 여기에서 훈고적 방법이란 18세기 이후 고증학 전성시기에 본격적으로 진행되었던 『이아爾雅』·『설문해자說文解字』 등의 소학이 강조되었던 훈고학과는 차이가 있다. 18세기 고증학은 소학을 치경治經의 수단으로 삼아 문자의 훈고와 음운을 연구하고 고서를 교감校勘하고 집일輯佚하는 학문이었다. 고증학은 주자학마저도 훈

---

[89] 戴名世, 「九科大題文序」, 『淸前期論著選·中』, 227쪽.

144

고의 대상으로 삼고, 장구章句의 변위辨僞, 교감校勘, 성운聲韻 등을 주요 내용으로 한다는 특징을 가지고 있었는데, 지식을 위한 지식 탐구라는 주지주의적主知主義的 경향을 강하게 띠고 있었다. 그러나 여유량과 대명세에게 훈고적 학문태도란, 명초에 획일화된 경전연구의 범위와 명말에 범람했던 경전의 신의新義에 대한 동시 반발로서, 원전에 충실하고 박학한 증거에 입각한 해석을 강조하는 정도의 차원에서 진행된 것이었다. 이러한 경향은 기본적으로 고증을 경전연구의 도구로 삼아 경전해석의 쓰임을 극대화하려 했던 명말청초의 경세치용학經世致用學과 맥락을 같이 하는 것이다. 경사와 제자학에 널리 정통할 것을 주장하며 경전연구와 정치비판, 고증과 경세가 서로 결합할 것을 주장했던 경세치용학은 멀게는 명대중기부터 발단이 되었는데, 특히 정치사회적으로 우환의식이 각성되었던 명말청초에 이르러 본격적으로 개진되었다.[90]

또 여유량과 대명세는 훈고적 학문태도를 지향했지만 훈고라는 치학방법을 중시하는 목적도 18세기 고증학과는 달랐다. 18세기 고증학은 송명이학宋明理學에 대한 철저한 불신에 기반하며 주자학의 공소空疎함을 극복하려는 목적을 가지고 있었다. 따라서 주자학조차 고증의 대상으로 삼아서 상대적으로 주자학의 권위를 해체시키게 되었고 훈고라는 행위 자체가 하나의 학문적 목표가 되었지만, 여유량과 대명세에게 있어 훈고는 이학의 정립이라는 목표를 달성하기 위한 방법에 불과했다. 즉 훈고라는 치학방법을 통해 주자학의 권위를 더욱 공고히 하려는 목표가 있었다는 점에서 18세기 훈고학과는 확실한 차이를 가지고 있었다.

---

[90] 김충렬,「淸初實學의 精神과 理論」,『국제대학논문집』제4·5합집, 1977, 247, 249~251쪽.; 葛榮晉,「淸代 實學思潮의 歷史的 變遷」,『동아문화』28, 서울대, 1990, 80, 92~93쪽.

양계초梁啓超의 『청대학술개론淸代學術槪論』에 따르면 청대사조淸代思潮의 가장 큰 특징은 송명이학宋明理學의 일대 반동으로써 복고復古를 사명으로 삼았다는 점이다. 18세기 혜동惠棟·대진戴震·단옥재段玉裁에 이르러 전성기를 맞이한 고증학의 핵심은 송학을 비판하고 실사구시實事求是와 무징불신無徵不信의 슬로건 아래 경학을 주요한 학문대상으로 삼는 것이었다. 고증학의 증거인용과 자료수집의 범위는 선진양한先秦兩漢시대까지 소급된다. 이러한 학문방법이 절정에 달한 것은 18세기의 일이었지만 본서에서 살펴본 바, 명말청초의 평선가들의 주장 속에서도 이러한 치학방법이 제시되고 있었던 것이다. 여유량과 대명세의 주장이 한대의 방식으로서 통경을 중시하고 선진양한대先秦兩漢代의 경전과 제자서를 기준으로 철저한 고증을 중시했다는 점에서 이들의 주장은 청대 고증학과 유사한 면을 가지고 있었다. 다만 청대 고증학이 송명이학宋明理學에 대한 철저한 불신과 극복을 기치로 삼고 있었던 것에 비해, 이들의 주장은 훈고적 치학을 통해 이학의 정립을 목표로 하고 있었다는 점에서 청대 고증학과 차별성을 보이고 있었다.

기존의 연구에서는 청대 고증학이 발달하게 된 원인과 배경을 청조의 고압적인 정책의 결과로 보고, 문자옥文字獄의 탄압을 두려워 한 한인 사대부들이 문헌연구에 몰두함으로써 고증이 하나의 학문으로 성립하게 되었다고 보는 것이 주된 시각이었다.[91] 그러나 다른 한편, 명대중기부터 도학독존의 학풍을 극복하기 위해서 제자학을 중시하며 일어났던 경학의 비평사조가 필연적으로 고증학적 사고로 귀결되었음을 지적한 시각이 제시되기도 하였고,[92]

---

[91] 黃愛平, 『四庫全書纂修硏究』, 北京 : 人民大學校出版部, 1989 ; 『朴学與清代社会』, 河北 : 人民出版社, 2003 참조.
[92] 葛榮晉, 「中國實學簡論」, 『제4회동양학 국제학술회의 논문집』, 成均館大

또 명말 강남을 중심으로 활발하게 성장했던 학술공동체의 전문화된 문헌연구와 장서사업, 이들에게 풍부한 서적을 공급해 주었던 출판업의 발달이 고증학 발전의 실제적인 바탕이 되었음을 지적하는 시각도 제시되었다.93) 따라서 고증학적 풍토는 명말부터 마련되고 있었다고 할 수 있다. 그리고 이러한 풍토를 확산시켰던 것은 출판업의 유통망이었다.

본서에서 살펴 본 대로 여유량과 대명세의 훈고적 치학방법은 모범답안문을 매개로 하여 신속하게 전파될 수 있었다. 이들이 오로지 모범답안 평선집을 통해서만 교육과 학문 개선안을 펼쳤던 것은 아니지만, 모범답안문집이 갖는 신속한 전파능력 때문에 다른 저작을 통하는 것보다 훨씬 빠른 파급효과를 낼 수 있었던 것이다.94) 따라서 경학과 훈고적 치학을 중시하는 학문적 태도를 유통시켰다는 점에서 청초의 출판업은 청대 학문이 고증학으로 정합되어 가는 과정에 일조하는 역할을 하게 되었다.

學校 大東文化研究院 1990, 76쪽, 82~83쪽.
93) Elman, Benjamin/양휘웅譯, 『성리학에서 고증학으로』, 서울 : 예문서원, 2004, 5장 참조.
94) 이와 관련하여 18세기 桐城派의 八股文 창작활동은 또 다른 사례를 제공한다. 즉 桐城派는 八股文과 古文을 결합함으로써 古文운동을 淸代散文의 주요한 흐름으로 위치시킬 수 있었다. 桐城派가 八股文을 중시했던 이유는 八股文이 格律과 聲色·排偶의 사용을 중시하는 桐城派의 작문방법과 유사하기 때문이기도 했지만, 八股文은 當代 文人들에게 피할 수 없는 功슈文으로서 이러한 功令文의 존엄성을 보호하고 八股文의 수준을 높이기 위해서이기도 했다. 따라서 古文을 이용한 八股文의 작문을 주장했고 당시 八股文 名家 가운데에는 桐城派 인물이 가장 많았는데, 이처럼 八股文과 밀접한 관계를 맺고 은연중에 八股文과 합류했던 것이 淸代 文人들로 하여금 桐城派의 古文을 보편적으로 받아들이도록 만드는 원인이 되었다. 中華文化復興會編, 『中國文學講話10-淸代文學』, 臺北 : 巨流圖書公司, 1987, 112~113쪽.

제4장

청초 관료들의 출판활동과 정치기반

1장에서도 언급했듯이, 중국출판의 활용, 특히 개인의 출판활동과 사회적 영향에 관련된 연구는 명말에 집중되어 있고 청초 개인의 출판활동 및 영향에 대해서 상대적으로 소홀한 실정이다.

물론 명말 방각본 서적에서 볼 수 있었던 서상들의 적극적인 광고와 자기표현이 청대에는 사라졌으며,[1] 명대 출판의 커다란 성과 가운데 하나로 평가받고 있는 채색판화彩色版畵도 청대에 들어와서는 거의 사라져 버리는 등 출판문화 자체가 퇴보한 측면도 있다. 그러나 채색판화는 강남의 일부지역에서 가각家刻의 성격으로 발달한 것이었고,[2] 또 출판의 발전면모를 학풍과 연결 지어 생각했을 때에는, 지식인들이 지적 무기력에 빠지고 그 영향으로 출판도 완벽함을 상실함으로써 서적의 정확함 보다 물질적 외형에 치중했던 명말에 비해, 재기발랄한 학풍의 영향을 받으며 조금 더 정확함을 추구했던 청대 출판업의 면모를 오히려 발전이라고 평가할 수도 있는 것이다.[3]

---

1) 필자가 확인한 바에 따르면, 淸代 坊刻本 實物에는 明代 坊刻本 實物의 牌記, 扉頁[속표지], 겉표지 등에서 볼 수 있는 출판자·출판지역 표시·광고성 문장들이 거의 없다. 다만 板權을 보호하려는 차원에서 새겨 넣었던 "翻刻千里必求：무단으로 출판하면 아무리 먼 곳일지라도 반드시 법의 심판을 받을 것이다"라는 경고성 문구만은 淸末까지 보이고 있다. 이러한 현상에 대해서는 淸初부터 발생했던 文字獄의 화를 피하기 위해 書商들이 출판정보를 표시하지 않은 것으로 예상할 수 있는데, 예를 들어 康熙 2년(1663)에 발생했던 明史案에서는 莊廷鑨이 출판했던 『明史輯略』을 소장하거나 이 책에 序文과 校閱을 맡았던 사람들뿐만 아니라, 출판·판매를 맡았던 刻工과 印刷工, 출판업자, 書商들까지 모두 처형당했다(李瑞良編著, 『中國出版編年史』下, 福建；人民出版社, 2004, 536쪽). 이러한 사건이 계속 발생함으로써 출판업자들은 출판정보를 드러내지 않게 되었다고 예상할 수 있지만 좀 더 자세한 고찰이 필요하다.

2) 方維保·王應澤, 『徽州古刻書』, 遼寧：人民出版社, 2004, 25~90쪽.

3) Wu, op. cit., 1943-3, p.256.

따라서 서적의 생산과 활용을 고찰함에 있어서도 그것이 청조의 수립과 더불어 명말의 창의성을 상실한 채 단절되어 버렸다고 단정 지을 것이 아니라, 명말청초를 거치면서 사회의 어떠한 요구를 수용하며 생명력을 이어갔는지, 청대에 이르러 새로운 지적환경에서 지식인 및 학풍과 주고받은 영향은 무엇인지를 고찰할 필요가 있다.

청대 출판의 역할에 대해 살펴볼 수 있는 기존의 연구는 주로 대중문화의 확산이라는 측면에서 진행되었다.[4] 이러한 연구들은

[4) Rawski는 18세기~19세기 지식인이 아닌 일반 백성들에게 제공된 광범위하고 다양한 교육기회를 탐색하여, 청말 교양능력의 확산의 가장 강력한 추동요소가 된 것은 13세기 이후 인쇄의 확장이라고 지적했다. Evelyn Rawski, *Education and Popular Literacy in Ch'ing China*, Ann Arbor : University of Michigan Press, 1979 ; Widmer는 명말청초의 還讀齋라는 서점이 의료지식의 대중화에 선구적 역할을 했다는 것을 밝혔는데, 왕조교체의 격변기를 맞아 경영방식을 변화함으로써 활동영역을 유지했다고 지적했다. Ellen Widmer, "The Huanduzhai of Haungzhou and Suzhou : A study in 17th-century Publishing", *HJAS* Vol. 56-1, 1996 ; Hegel은 明淸代 소설의 상업출판에 대한 연구에서 명말 최고조에 이른 판화기술의 예술성은 청대에 이르러 급감해 버렸던 대신 다른 발전의 길을 모색했음을 밝혔는데, 즉 청대의 출판업이 일반대중을 상대하는 대신에 文人소설과 戲曲을 출판함으로써 제한된 독자와 유통범위를 선택하는 것으로 방식을 바꾸었다고 지적했다. R. Hegel, "Niche Marketing for Late Imperial Fiction", Cynthia Brokaw &, Kai-wing Chow ed., op. cit., 2005 ; Brokaw는 청말 출판업과 유통업이 대도시 지역을 벗어나 궁벽한 향촌지역으로 파고들어간 상황에 대해 연구했는데 상업출판이 공급한 것은 저열한 텍스트여서 이런 책으로 공부했던 청말의 일반백성들은 엘리트와 문화적 수준의 격차가 더욱 벌어지게 되었다고 지적했다. Cynthia Brokaw, "Commercial Publishing in Late Imperial China : The Zou and Ma Family Businesses", *Late Imperial China* 17, 1996 ; "Book Markets and the Circulation of Texts in Rural South China, 17~19th Centuries", 『中國近代知識 轉形與知識傳播學術討論會』미간행발표문, 2003. ; "Reading the Best-Sellers of the Nineteenth Century : Commercial Publishing in Sibao," Cynthia Brokaw &, Kai-wing Chow ed., op. cit., 2005.

출판이 문화의 저변확산에서 수행한 역할을 밝히는 데 상당한 성과를 올렸으나, 청초 새롭게 질서가 잡혀 가는 가운데 지식인 혹은 관료들이 출판을 어떻게 활용했는지, 출판업이 청초 사인들의 문화 내에서 수행한 역할은 무엇이며 이후에는 어떠한 영향을 남겼는지를 살펴보기에는 부족함이 있다.

16세기 말~17세기 초에 이르러 지식인들이 출판활동으로 경제적 이득을 올리는 현상은 보편화되어있었는데5) 이러한 현상은 청초에도 지속되었다. 나아가 과거가 부활하고 사회가 안정되어 가자 관계로 진출했거나 진출할 목표를 가졌던 지식인들, 관변학자들은 정치기반을 확대하기 위해서, 혹은 사회적 명성을 얻기 위해서 출판을 활용하게 되었다. 제4장에서는 개인이 정치기반을 확대하고 사회적 명성을 높이기 위해서 출판을 어떻게 활용했는지, 그것은 청초 사회에 어떠한 영향을 미쳤는지를 살펴봄으로써 새로운 질서의 수립시기에 출판이 수행했던 역할에 대해 고찰해 보고자 한다.

---

5) 黃宗羲의 증언에 따르면 명말청초의 유명한 詩人이자 經學家였던 錢謙益도 훗날 자신의 장례비용을 마련해두기 위해서 세 편의 墓誌銘을 팔았다. 명말의 인기가 가장 높았던 저술가 陳繼儒는 다른 書商들의 출판업을 자문해주었으며, 자신에게 들어 온 원고청탁을 문하생들에게 나눠 짓게 하고 본인은 감독역할을 맡는 등 거의 기업화된 저술편집가로 활약했다. 黃裳,「梅花墅」,『銀魚集』, 北京 : 生活.讀書.新和三聯書店, 1985, 366~372쪽.

제1절 과거시험 답안의 새로운 유행
― 시험답안 문장으로 만들어 낸 가짜 명성

    과거수험서는 청대 장서가의 소장대상이 아니었기 때문에 장서가들의 목록에서 그에 대한 기록을 찾을 수 없다. 또한 청대의 출판업자들은 명대와는 달리 자신의 출판물과 서점을 선전하는 요란한 광고성 문구를 싣지 않았기 때문에 서점측의 기록을 찾는 것도 어렵다.[6] 따라서 청대의 경우, 수험서를 제작했던 지식인들과 관련된 각종 문헌 속에 남겨진 서문 등을 통해서 수험용 서적의 궤적을 찾아보는 방법뿐이다. 그러므로 청대 과거수험서적들이 전체적으로 어떤 특징을 가지면서 출판되고 확산·유통되었는지 살펴보는 일은 쉽지 않다. 다만 청대에도 서점을 통해 과거수험서가 꾸준히 생산되고 있었으며, 특히 모범답안의 선집은 18세기 말에도 사인士人들 사이에서 매우 인기가 높았다는 사실이 확인된다.[7] 16세기 말에 시작되었던 모범답안문집의 출판은 출판업

---

6) 19세기 중반 이후에 이르면 다시금 明末과 비슷한 양상의 광고성 문장들이 상업출판물에 보이기 시작한다. 단 淸初 雍正年間 南京의 啓盛堂이라는 서점에서 펴낸 『四書體注』의 표지에 광고성 문장이 수록되었음이 확인되었는데, 이 책은 銅版 인쇄품인 것으로 보아 상업출판물 치고는 매우 예외적인 경우라고 할 수 있다. 袁逸, 「中國古代的書業廣告」, 『編輯之友』1993-1 ; 『中國編輯史料』下卷, 湖北 : 敎育出版社, 2004 재수록. 499~500쪽.
7) 앞장에서 살펴보았듯이, 順治·康熙年間 서점에서 활발히 팔리고 있던 모범답안 選集에 대한 禁令이 내려졌고, 乾隆 2년(1737)에는 坊刻本 답안選

계의 상식적인 일로 정착되어 출판업의 주요 서종書種으로서 청대에도 변함없이 생산되었다고 하겠다.

1. 모범답안을 이용한 정치세력의 확대

청초에 생산되었던 과거수험용 서적을 살펴보면, 16세기 말 이후 출판비중이 완전히 축소되었던 유가적 관점의 텍스트들의 비중이 다시 커지기 시작했다는 변화를 보이고 있었다. 그렇다고 해서 명초의 텍스트를 그대로 번각하는 것은 아니었고, 명초 텍스트들의 오류와 단점을 지적하면서 비판적으로 수용하는 모습을 보이고 있었다. 따라서 이 시기는 명말의 수험서 시장에서 간과해왔던 텍스트들을 비판적으로 재생산하는 과정이었다고 하겠다. 나아가 이러한 수험용 서적들은 관변학자들에 의해서 적극적으로 생산되었다.

예를 들어 대학사大學士 위예개魏裔介(1616~1686)는 영락년간의 『사서대전』이 너무 방대하고 내용이 복잡해서 수험생들이 그 속의 내용을 다 공부할 수 없다고 지적하면서 『사서대전』의 핵심부분만을 채집해서 거업용으로 쉽게 읽고 암송할 수 있는 『사서대전찬요四書大全纂要』를 지었다.[8] 이 책은 위예개가 수험생이었던 명말 숭정

集의 범람을 막고 정부가 공식적으로 인정할 수 있는 모범답안문의 기준을 제시하기 위해서 『欽定四書文』이 편찬되었다.; 또 乾隆帝는 士人들이 모범답안의 選集만을 읽고 다른 古典들을 읽지 않는 폐단이 심각하다고 여겨 乾隆 22년(1757)과 乾隆 52년(1787) 두 번에 걸쳐 科擧과목에서 論·表 등의 文體를 폐지하고 試帖詩를 첨가하는 조치를 취했다. 金諍/김효민 譯, 앞의 책, 284쪽.

8) 魏裔介, 『兼濟堂文集』卷3, 「四書大全纂要序」.; 『四庫總目提要』經部 四書類, 魏裔介撰, 『四書大全纂要』無卷數.

8년~9년(1635~36)에 수고手稿로 완성해 두었던 것을 관직에 오른 뒤 20여 년이 흐른 순치 18년(1661)에 출판해서 유통시킨 것이었다.

또 그는 강희 9년(1670)에는 『영락대전』을 대종大宗으로 삼고 『사서몽인四書蒙引』, 『사서존의四書存疑』, 『사서천설四書淺說』 등 일찍이 명대 성화·홍치년간에 숭상되었던 서적들을 참고하여 『사서』의 해설서를 저술했는데, 상기 책들에서 제대로 천명하지 못했던 경전의 뜻을 철저하게 파헤쳤고, 다음 해에는 여기에 다시 청초인물 10여 명의 해설을 모아 책의 내용을 보강하여 출판했는데, 이때에도 취사선택의 기준으로 삼은 것은 주자의 『집주』와 명초의 『영락대전』이었다.[9]

강희 48년(1709) 진사에 합격했던 황월黃越도 『영락대전』을 저본으로 삼아 『사서대전합정四書大全合訂』을 저술했다.[10] 이처럼 청초 과거수험서의 추세는, 명말 뒤로 물러나있었던 정주학의 입장이 다시 권위를 되찾는 것이었다. 위예개의 문집에는 당시 이러한 기준에 입각해서 만들어진 『사서』의 해설서에 써준 서문들이 실려 있다. 이 가운데 주목해야 할 것은 송원시대 이후로 『사서』의 뜻을 바르게 설명한 것으로 상기 저작들 외에 이정기의 해설서를 중요하게 언급하고 있다는 점이다.[11] 앞에서 살펴보았던 것처럼, 이정기의 주장이 명말 만력년간 당시에는 효과를 거둘 수 없었더라도 청초 관변학자들에 의해 적극적으로 계승됨으로써 정주학을 정립시키려고 했던 그의 의도는 일면 성공했다고 보아도 좋을 것이다.

---

9) 魏裔介, 『兼濟堂文集』 卷3, 「四書精義彙解序」, 『四庫全書』本 1312, 集部·別集類.

10) 『國朝先正事略』 卷40, ; 『四庫總目提要』 集部 別集類, 黃越撰, 『退谷文集』 15卷 『詩集』 7卷.

11) 魏裔介, 『兼濟堂文集』 卷3, 「四書簡捷解序」.

그러나 형식면에서는 유가의 정론에 입각했던 명초 수험서들을 그대로 따랐던 것은 아니며, 오히려 명말 수험서의 구성을 따르고 있었다. 강희 29년(1690)에 조찬영趙燦英이 저술한 『시경집성詩經集成』은 경전과 경전의 해설, 답안문을 섞어서 만든 새로운 형태의 과거수험서였다. 맨 앞에는 주자의 『집전』이 있고, 다음에는 어기語氣를 부연하는 관강申講이 있고, 관강 뒤에는 총해總解가 있다. 전체적 구성은 방각본 고두강장高頭講章12)과 같다. 더구나 총해 뒤에는 최근의 향시·회시의 묵권을 첨부시켜 놓았는데, 이것은 전통적인 설경說經의 체제에서 완전히 벗어난 것이었다.13) 위에서 서술했던 『사서대전합정』의 저자 황월은 『명문상明文商』, 『금문상今文商』, 『묵권상墨卷商』, 『고권상考卷商』 등과 같은 모범답안문집도 출판해서 매우 높은 인기를 누렸다. 황월은 회시를 통과한 후에 한림원翰林院 편수編修에 임명되었으나 관직에 나아가지 않고 바로 다음해 귀향해서 평생 강장시문류講章時文類의 저술에 주력했다.

앞 장에서 살펴보았듯이, 청초의 재야학자들은 지식인들의 모범답안 평선활동에 대해서 적극적으로 긍정하는 입장을 가지고 있었는데 이러한 입장은 청초 관료 평선가들에게서도 공통으로 보이는 현상이었다. 단 모든 평선집에 대해 긍정하는 것은 아니었고 누가 평선한 것이냐에 따라서 사인들에게 유익한 답안문집이 있다는 생각을 가지고 있었다. 이는 일찍이 명대 만력년간의 이정기 등에게도 보였던 생각이었지만, 명대의 경우와 비교할 때 청초의 관료들은 모범답안문집의 기능에 대해 훨씬 적극적으로 인정하는 자세를 가지고 있었다는 데 차이가 있다. 위예개는 사습의 타락을

---

12) 經典 본문 위에 넓은 공백을 두어 文字해설을 인쇄해 넣는 방식.
13) 『四庫總目提要』經部 詩類, 趙燦英撰, 『詩經集成』30卷.

시정하기 위한 조치를 상소하면서 모범답안문집의 출판에 대해서 아래와 같이 주장하였다.

> 나는 항상 명초에 인재가 많았던 것은 사인들이 참된 공부에 힘썼기 때문이고, 그 후에 인재가 쇠락하게 된 것은 시문이 범람하여 사인들을 망쳤기 때문이라고 말해왔다. 이에 칙령勅諭을 내릴 것을 청하였으니, 예부에서 방각본 시문의 유통을 금지시키고, 해마다 향시와 회시 후에는 예부가 묵권을 평선하여 청진전아淸眞典雅한 것만을 출판하도록 한다. 또 강남의 학신들의 출판활동도 정식程式을 정하여 경서묵권經書墨卷·고문강의古文講義만을 출판하도록 한다. 이 외에 <u>서상들이 사사로이 시문時文을 출판하거나 사인들이 사사로이 시문을 평선하는 행위는 과도科道·제학提學 등의 관리들이 조사하여 처벌하도록 한다. 그러나 학신이 상고하건대 우수한 답안문의 출판인 경우에는 금례禁例에 포함시키지 않는다.</u>[14]

즉, 서상과 사인들이 개인적으로 모범답안을 출판하는 행위를 원칙적으로는 금지하면서도 학신이 인정하는 답안문집에 대해서는 출판의 가능성을 열어두고 있었다.

그렇다면 어떤 저자들의 답안집을 출판해도 좋다는 것이었을까? 청초 많은 학자들이 명대 평선가들을 언급하면서 이 정도라면 믿고 따를만하다는 예시를 제공함으로써 우수한 모범답안의 기준을 제시했다. 재야의 주자학자 육세의陸世儀(1611~1672)도 다음과 같은 사람들을 기준으로 제시했다.

> 혹자는 과거문장은 전세傳世되지 않는다고 하는데 그렇지 않다. 당대의 시부詩賦는 즉 당대의 과거문장이었지만 모두 전세되었다. 하물며 오늘날의 과거문장은 모두 성현의 도리를 천명하는 것이 아닌가. 훗날에 전세되면 고문이 될 것이니 나는 반드시 전수될 것을 알고 있

---

14) 魏裔介,『兼濟堂文集』卷1,「士習陵靡已久疏」. 밑줄 친 부분은 인용자의 강조.

다. 명초 (성화년간) 왕오王鏊가 지은 문장은 진정한 과거문장으로서, 공령功令에서 벗어나는 말은 한마디도 없었다. (가정년간) 당순지에 이르러서는 고문의 기풍으로 (과거문장을) 지어 유행시켰다. 융경만력년간에 이르러서는 평선가들이 모두 제과의 본래 의의를 잃어버렸다. 역사책이나 문학서적을 익혀서 모방하거나 석노釋老의 말과 속설을 넣어 작문을 하였고 심지어는 성인의 말씀으로써 소설을 모방하기까지 했으니 성언을 모독하기가 이러한 지경에까지 이르렀다. 그러한 폐단은 오늘날에까지 쌓여 미치게 되었으니 어찌 하루아침에 생겨난 것이라고 하겠는가. (그러다가 과거) 문장은 (숭정년간) 황순요黃淳耀에 이르러 진실로 일대의 으뜸이 되었다. 한마디 한마디가 모두 (경전의) 근본에서 흘러나왔다. 고문古文·제의制義·경제經濟·이학理學의 (정신을) 하나로 꿰뚫고 있으니, 가히 당순지의 문장과 더불어 전세할 만했다.15)

먼저 짚고 넘어가야 할 문제는 위예개나 육세의에게서도 '고문'의 뜻이 매우 불분명하게 사용되고 있다는 점이다. 그것은 대체적으로 '경술과 작문에 있어 모범으로 삼을만한 전대의 텍스트에서 나온 문장'이라는 뜻을 가지고 사용되고 있으며, 당순지와 같이 구체적인 인물을 지칭할 때는 문장의 형식을 뜻하는 의미로 사용되기도 하였다. 앞에서 살펴보았던 대명세의 경우가 그러했듯이, 이처럼 막연한 의미에서 '고문'의 사용을 주장하는 것은, 근거에 입각한 작문의 태도를 강조하려는 생각에서 비롯된 것이며 청초의 학자들에게 공통적으로 관찰되는 경향이기도 했다.

상기 인용문에서 육세의가 대가로 지칭한 세 명의 명대인물, 왕오王鏊(15세기), 당순지唐順之(16세기), 황순요黃淳耀(17세기)는 모두 청대학자들로부터 전세의 모범으로 삼기에 충분하다는 평가를 들었던 평선가들이다. 이들의 제의문制義文이 우수한 이유는 문장의 종지宗旨가 모두 경술에 근본을 두고 있다는 점과, 시문의 문체를 '고문'으로

---

15) 陸世儀, 『思辨録輯要』 卷5, 『四庫全書』724, 子部·儒家類.

서 바로잡았다는 점 때문이다. 여기에 귀유광歸有光(1506~1571)과 탕현조湯顯祖(1550~1617) 등의 인물이 첨가되기도 한다.16)

이처럼 개인적인 답안선집의 출판을 금지하면서도 특정기준에 의한 출판을 예외로 두는 것은 민간에서 자체적으로 출판을 관리하도록 하는 여지를 만들었다. 관변학자들에 의해서 제시된 기준에 맞는 과거참고서를 제작한다면, 그것이 곧 공식적으로 출판을 해도 좋다는 인정을 받는 길이 되므로 출판업자가 자율적으로 이 기준을 지키려고 했었음은 당연하다고 하겠다. 더 나아가 그러한 기준이 청조에 의해서도 인정받고, 실제로 과거시험의 평가기준으로도 적용이 된다면 그 효과는 더욱 커졌을 것이다.

순치 15년(1658) 황제는 직접 향시 합격자들의 답안지를 살펴보고는 고문시부古文詩賦에 뛰어났던 무진武進의 오가명吳珂鳴을 일등으로 뽑아 특별히 진사의 지위를 내려주었다.17) 순치제의 이러한 행동은 과거에서 고문사古文辭의 위상을 높여주는 일이 되었을 것이다. 또 같은 해 순치제는 「과장조례科場條例」를 새로 제정하여 수험생들의 답안문에서 부정한 문체와 의심스러운 자구가 사용되지 않도록 엄격하게 관리하도록 했는데,18) 이러한 정부의 조처는

---

16) 何焯, 「兩浙訓士條約」, 『淸前期論著選·中』, 287~288쪽.
17) 李調元, 『制義科瑣記』 卷4, 「特賜進士及第」; (淸)王士禛, 『池北偶談』 卷1, 『叢書集成簡編』本, 123쪽.
18) 『世祖實錄』 卷166, 順治 15年(1658)4月丁亥, 順治 15년에 마련된 「禮部更定科場條例」에는 鄕試와 會試의 합격답안문을 재검사해서 의심이 가는 字句가 들어간 답안문이 색출될 경우, 그러한 답안문의 권수에 따라 主考官과 同考官의 봉급 및 직품을 삭감하는 조항을 두었는데 최고 革職과 소환심문까지 가할 수 있게 되어 있었다. 수험생들의 경우에는 의심스러운 字句를 포함했거나 不正한 文體로 답안문을 작성하면 탈락시키는 것은 물론 有司에 보고하도록 했으며, 病句를 포함시킨 자는 會試의 응시자격을 2회 박탈하고, 이러한 禁例를 기억하지 못하는 자 역시 會試의

과거의 운용이 새롭게 자리를 잡아 가면서 수험생들이 하여금 정부의 기준에 맞는 답안을 작성하도록 만드는 요인이 되었을 것이다. 실제로 17세기 말에는 과거에 합격한 거자擧子들에 대한 칭송으로 고문사에 능하다는 표현이 자주 목격되고 있다.19)

18세기에 이르면 '고문'은 모범답안 선집에서 확고한 위치를 차지하게 되었다. 건륭 2년(1737) 방포方苞는 무분별한 방각본 답안선집을 근절시키고 사인들이 어떤 규칙들을 준수해야 하는지 기준을 제시하기 위해서 명·청대에 저술된 수백편의 모범답안을 모아 『흠정사서문欽定四書文』을 휘집彙集했다. 여기에 포함된 청대인의 모범답안 선집을 보면, 18세기 초 '고문'의 답안선집이 다수 출판되어 있었음을 알 수 있다.20) 이 책은 사서문에 대한 정부의 공식 기준이라고 할 수 있는데, 전대의 모범답안 선집을 평가하는 기준도 앞에서 서술했던 청초 관변학자들의 기준에서 크게 벗어나지 않았다. 명대의 여러 답안문 가운데 왕수계王守溪, 당순지唐順之, 귀

응시자격을 3회 박탈한다고 규정했다. ; 이 때 「科場條例」가 다시 제정된 것은 바로 전해 일어났던 丁酉科場案의 영향도 컸을 것이다. 주지하다시피 順治 14년(1657) 南北京鄕試에서 발생했던 丁酉科場案은 淸代 최초의 대규모 科場案이었다.

19) 徐乾學, 『憺園文集』 卷23, 「送孫古嘽之官南靖序」, 『續修四庫全書』本 1412, 集部·別集類. 徐乾學은 孫古嘽이 進士합격 이후 翰林院에 선발되지 못하고 外職을 받아 福建의 연해지역으로 떠나게 되자 이것을 안타깝게 여겼는데, 孫古嘽이 우수한 실력으로 科擧에 합격했음을 상기시키면서 "擧子시절부터 古文辭로 동남지역에서 명성이 높았다"고 칭찬했다. ; 또 何焯은 康熙 18년(1679) 누차 향시에서 떨어졌던 姜西溟이 薦擧를 통해 史館에 들어가게 되었을 때 그가 古文辭, 특히 唐詩와 宋文에 뛰어났음을 강조했다.

20) Elman, op. cit., 2000, p.417. ; 『欽定四書文』의 選集과정 및 方苞의 評選기준, 乾隆年間에 미친 영향에 대해서는 Kent Guy, "Fang Pao and the Ch'ing-ting Ssu-shu-wen", Elman & Woodside ed., *Education and Society in Late Imperial China*, Berkeley : University of California Press, 1994 참조.

유광歸有光, 호성지胡成之, 장대력章大力, 황순요黃淳耀 등 대가들의 선문이 탁월하여 가히 전세할 만 하다고 평가한 것이다.21) 이처럼 왕조와 관변학자들이 '모범적인' 답안문의 기준을 제시한 것은 여기에 부합하는 답안선집에 대한 암묵적인 공인이 되었다. 따라서 정부가 원하는 유형의 답안선집이 출판되도록 분위기를 유도하여 어느 정도는 출판업에 대한 관변적 선별이 가능하였고, 이에 따른 서상들의 생산 확산도 초래하였다.

이러한 사정은 강남의 일부 평선가들에게 새로운 기회를 제공했다. 관변학자들과 정부가 인정하는 뛰어난 모범답안의 작가로서 명성이 알려지면 관료로 특채되는 기회를 얻을 수 있었기 때문이다. 대표적인 인물이 강소江蘇 장주長洲의 하작何焯(1661~1722)이었다.

하작은 강희 24년(1685) 23세의 나이로 국자감國子監 감생監生에 발탁되었다. 이때는 국자감좨주 옹숙원翁叔元과 서건학徐乾學이 널리 후진後進을 모집하고 있던 차에, 하작도 두 사람의 문하에 드나들게 되었다.22) 그러다가 서건학이 강희 26년(1687)의 향시와 이듬해

---

21) 乾隆帝는 정부가 四書文을 選集해야 하는 이유와 明代의 뛰어난 四書文에 대해서 다음과 같이 말했다. "時文의 기풍은 누차 변하여 한결 같지가 않았다. 만약 표준을 명시하여 海內학자들로 하여금 取捨選擇의 사이에서 선별해야 할 것을 명확하게 알게 하고 부정확한 旨趣에 미혹되지 않도록 만들지 않는다면, 鄕試기간이 되어서 시험관이 어떻게 규칙을 적용할 것이며 士人들은 어떻게 규칙을 지킬 것인가? 明代 制義의 諸體는 王唐歸胡金陳章黃과 같은 大家들의 문장 속에 모두 갖추어져 있었으니 매우 뛰어나서 가히 傳世할만하다." 方苞, 『欽定四書文』(乾隆元年 六月欽奉), 「上諭」.

22) 『何義門先生集』附錄, 沈彤, 「何先生行狀」. 『續修四庫全書』本 1420, 集部・別集類.

의 회시에서 뇌물을 사용하여 문인들을 합격시키도록 압력을 행사한 사건이 발생했는데, 서건학의 문하를 왕래하며 이러한 폐단을 잘 알고 있던 하작은 강희 28년(1689) 서건학을 대신하여 「회시묵권서문會試墨卷序文」을 지으면서 이 사건을 풍자적으로 기록했다. 이 사실을 알고 서건학은 즉시 서포書鋪를 향해서 「서문」을 뽑아내서 없애도록 명령했고, 또 강남순무江南巡撫에게 하작을 체포하라고 고발했다.23) 「행장行狀」의 기록에 따르면 이 사건으로 당시 정치권력을 장악하고 있던 서건학과 정면으로 대립하게 된 하작은 이후 누차 향시에 응시했으나 그때마다 실패했다고 한다. 그러나 반대로 그의 이름은 더욱 유명해져서 사방에서 그를 모르는 자가 없게 되었다.24) 그러다가 강희 41년(1702) 강희제의 남순南巡행차시 직예순무直隸巡撫 이광지李光地의 추천을 받아서 남서방南書房에 초빙되었다.

그런데 강남지역에서 하작은 위에서 언급한 사건 이외에도 두 가지 면에서 명성이 높았다. 첫째는 고적古籍을 폭넓게 수집하고 고증하는 일이었다. 전조망全祖望의 기록에 따르면 그는 강소江蘇지방의 많은 서상들과 왕래하며 송宋·원元구각본舊刻本 및 고가의 초본抄本을 사들였고 그 책들을 한권 당 수십 번이 넘게 세밀히 교수했다.25) 강남지역의 서적수집과 관련된 하작의 역할에 대해서는 다음 절에서 다루게 될 것이다.

---

23) 蔣良騏, 『東華錄』卷15, 「康熙28年10月條」; 川勝守, 「徐乾學三兄弟とその時代-江南鄕紳の地域支配の一具體像-」, 『東洋史硏究』40-3, 1981. 492쪽 및 滝野邦雄, 『李光地と徐乾學：康熙朝前期における黨爭』, 東京：白桃書房, 2004. 184쪽 재인용.

24) 『何義門先生集』附錄, 沈彤, 「何先生行狀」.

25) 全祖望, 「長洲何公墓誌銘」, 『藏書記事詩』卷4, 351쪽.

두 번째는 모범답안의 평선활동이다. 하작은 "젊은 시절부터 방坊·사社의 시문을 선정選定하였는데 그가 평선했던 답안선집은 널리 유행하여 오척동자들도 모두 그것으로 공부를 할 정도였다"는 평을 들었다.26) 훗날 하작의 『독서기讀書記』에 대해 혹독한 비평을 남겼던 청말의 유정섭俞正燮은 하작에 대해서 비난하기를, "시문時文으로 이름을 천하에 날렸는데, 시문을 비평하듯이 독서를 하고 독서비평을 작성했다"고 한 바 있다.27) 이것은 비록 하작의 독서비평문의 수준을 비판하고 있는 것이지만 그가 모범답안의 평선에 있어서만은 당시 최고의 명성을 누리고 있었다는 것을 알 수 있다.

이처럼 모범답안의 작가로서 유명했던 하작은 일찌감치 서건학의 정적이었던 이광지의 눈에 들었던 것으로 보인다. 그 근거로서 다음과 같은 기록이 주목된다. 아래의 인용문은 강희 28년(1689)의 「회시묵권서문」 대작사건이 일어나기 바로 직전, 하작의 행보에 대해 설명하고 있다.

> 제생諸生의 신분으로 경사京師에 갔던 하작은 상서尙書 서건학을 알게 되었으나 곧 환대를 잃었다. 그래서 상서 옹숙원翁叔元의 문생이 되었다. 옹숙원이 휴주인睢州人 탕빈湯斌을 탄핵하여 모든 학자들의 분노를 사자, 강신영姜宸英은 문서를 돌려 옹숙원을 비난했고 하작도 문생의 적籍을 빼달라고 요청했다. 옹숙원은 이 일을 몹시 한스럽게 생각했다. 대학사 이광지가 하작의 그 박아博雅함과 맹렬한 의지를 소중히 여겨 특별히 소疏를 올리고 추천했다. (하작은) 거인의 신분을 하사받고 남서방에 시직侍直하게 되었다.28)

---

26) 錢林, 『文獻徵存錄』 卷9, 「何焯」, 『續修四庫全書』本 540, 史部·傳記類.
27) 俞正燮, 『癸巳存稿』 卷14, 「義門讀書記」, 『續修四庫全書』本 1159, 子部·雜家類.
28) 錢林, 『文獻徵存錄』 卷9, 「何焯」, 『續修四庫全書』本 540, 史部·傳記類.

이광지는 강희제의 총애를 받는다는 이유로 서건학에 의해 정치적 생명을 위협받고 있었다.[29] 그런 이광지에게 하작과 같은 작가로서의 명성과 강남출신으로서 갖는 인맥 등을 가진 사람을 끌어들이는 일은 자신의 세력을 키우는 데 도움이 되었을 것이다. 하작의 「행장行狀」에는 강희 38년(1699)에 이광지의 도움으로 모범답안문집을 평선했던 사정이 기록되어 있다. 즉 하작은 사서문의 모음집인 『행원집行遠集』을 비롯해서 수종의 답안문집을 평선하여 간행했는데, 이 책들은 모두 널리 유행하게 되었고 학자들의 구태의연한 습관을 변혁시킬 수 있는 책이라는 평가를 받았다. 이것은 바로 이광지로부터 받은 300편의 역대 정묵程墨을 저본底本으로 삼아 평선한 것으로서, 이 300편의 원고는 명대 성화·홍치년간의 유자들이 작성한 답안문이었다. 원고를 제공했던 이광지는 "명나라가 성세이던 시절, 정치는 태평하고 풍속은 순후淳厚하였으며 사대부들 가운데 명리 하는 자도 많았다. 그 때의 문장들이니 경의지학經義之學에 도움이 될 것"이라고 말했다.[30] 이광지가 이렇듯 당시 새로운 풍조 – 즉 정통유가적 관점의 텍스트들이 다시 중시되고 과거시험에서 '고문'의 능력이 중시되기 시작했던 상황 – 에 들어맞는 답안선집의 원고를 제공할 수 있었던 것은 이광지 자신도 이름난 팔고문의 전문가였기 때문이다. 그는 관료가 된 후에도 팔고문의 작가로 유명했다.[31]

---

29) 徐乾學과 李光地 사이의 정치권력 투쟁 및 浙江출신 徐乾學의 세력확장의 부침에 대해서는 滝野邦雄, 앞의 책 참조.
30) 『何義門先生集』附錄, 沈彤「何先生行狀」. 이러한 사정은 文集에 실려 있는「行遠集序」에는 기록되어 있지 않다. 『何義門先生集』卷1.
31) 이광지는 청초의 八股文 4大家 가운데 1명이었다. 4大家는 劉子壯, 熊伯龍, 李光地, 韓菼이다. 梁章鉅, 『制義叢話』卷8.: 滝野邦雄, 앞의 책, 2쪽. 재인용.

어쨌든 하작이 서건학과 정면으로 대립하게 된 이후, 이광지의 도움을 받기 시작했다는 것을 알 수 있다. 하작이 관계官界로 진출하는 데 결정력이 되어 준 이광지와의 관계가 모범답안 선집 때문만은 아니겠지만 하작이 가진 고적업古籍業 및 팔고문 작가로서 갖는 유명세, 그리고 강남지역의 인적 교류능력은 이광지가 하작을 초빙하는 데 커다란 요소가 되었을 것이다.

하작은 명대의 과거운용의 문제점에 대해 "시대의 변화에 대처하지 못했다"고 말하고, "재능이 있으면서도 품행이 뛰어난 자들이 과거시험에서 성공하지 못하고 사라진 경우가 많았다. 따라서 호고자好古者들이 문장을 권면시킬 수 있는 길이 없게 되었다. 명대의 고문이란 당송의 문장에도 크게 뒤떨어지는 것이었으니 어찌 양한兩漢의 문장에 견주기를 기대할 수 있었겠느냐"고 지적했다.[32] 이로써 하작이 말하는 재능이란, 곧 고문사古文辭의 능력을 뜻하고 있음을 알 수 있다. 고문사에 뛰어났던 사람들이 과거에 합격하지 못함으로써 문단을 주도할 수 있는 기회를 얻지 못했고 이것은 결국 명대 사인들이 고문사를 익힐 수 있는 기회를 잃어버리게 했다는 것이다. 따라서 과거가 '고문'에 뛰어난 인재를 선발하는 방향으로 운용되어야 한다고 생각한 것이다.

하작의 정계진출은 당시의 정치상황에서 보자면 서건학을 중심으로 벌어지던 정치권력간의 투쟁 속에서 이루어진 것이라고 볼 수 있다. 각 정치세력이 저마다 문인을 관계로 진출시켜 관료사회에서 자신의 입지를 강화시키려고 노력하는 가운데, 이 방면에서 가장 강력한 힘을 발휘했던 사람은 서건학이었다. 앞서 소개했던 「회시묵권서문」의 대작사건에서도 볼 수 있듯이, 서건학은 문인을

---

32) 何焯, 「姜西溟四書文序」, 『淸前期論著選·中』, 281쪽.

과거의 급제자로 배출시키기 위해 자신의 권력과 물력을 동원했고 과거시험장에 압력을 행사하기 위해 부정행위를 서슴지 않았다. 또 실제로 당시 수험생들도 서건학의 문인이 되면 급제의 확률이 높다는 것을 알고 모두 서건학의 문하로 몰려들었기 때문에, 서건학의 문객은 '청운靑雲의 적적籍'이라는 말까지 있을 정도였다.33)

인재를 끌어 모아 과거 급제자로 배출하는 방법은 서건학의 명성을 일시에 높여줬다. 수험생들뿐만 아니라 과거답안을 심사하는 시험관들조차 서건학을 따르지 않는 사람이 없었다고 한다.34) 이처럼 서건학은 주고관主考官이 되어서 급제자와 좌주문생座主門生의 관계를 맺고 정계에서 정치력을 키워가는 전통적인 방법이 아니라, 수험受驗준비과 응시應試단계에서부터 과거의 기풍에 영향력을 발휘하는 방식으로 정치기반을 넓혀가고 있었다.

서건학이 과거에 영향력을 행사하는 방법 중에는 고문사로 명성이 높은 문인과 합작으로 답안선집을 출판하는 일도 포함되어 있었다. 대표적인 예가 왕령이王令詒와 함께 모범답안문집을 평선하여 출판했던 일이다. 청포靑浦 출신의 왕령이는 시험에 합격하기 오래 전부터 고문사로 이름이 널리 알려진 사람이었다. 왕령이가 회시에 합격한 것은 강희 27년(1688)의 일로서 이미 장년에 접어든 때였지만, 고문사에 능하다는 명성은 일찍이 나 있었고 어린 시절부터 과거에 등극한 것이나 다름없다는 소문을 듣던 인물이었다. 서건학은 1688년의 회시에서 시험관 중 한 사람이었다. 회시가 끝나자 서건학은 왕령이를 자신의 집에 초빙하여 문객으로 삼고 함께 문장을 논했다. 서건학은 왕령이의 사람됨에 대하여 "겸손하고

---

33) 滝野邦雄, 위의 책, 183~184쪽.
34) 趙翼, 『簷曝雜記』卷2, 「徐健菴」; 滝野邦雄, 위의 책, 121쪽 재인용.

성리性理에 근본을 두고 있어 마치 명대 고문으로 일대의 종사宗師
가 되었던 귀유광歸有光과 같다"고 평가했다.35) 여기서 거론된 귀유
광(1506~1571)은 당순지와 함께 명대 당송고문파唐宋古文派를 이끌었던
인물로서, 경술經術에 조예가 깊고, 특히 고문으로 작성한 제의制義
는 도의 궤적 그 자체라는 평가를 받았던 사람이었다. 이렇게 귀유
광에 비유할 만큼 고문에 뛰어난 왕령이를 문하로 들이고 함께 답
안선집을 평선하는 일은 과거에서 '고문'의 비중이 커지고 있던 당
시, 과거문화를 장악하는 데 도움이 되는 일이었다. 서건학은 왕령
이가 평선한 답안문과 자신이 선정한 답안을 합하여 백편의 모범
답안을 한 책으로 출판했다.

그런데 서건학의 사례에서 명말의 모범답안선집 출판의 사례와
는 사뭇 다른 분위기를 느낄 수 있다. 앞장에서 살펴보았듯이, 명
말 평선가들은 관료가 된 이후에는 평선가로서 경제활동에 참여했
던 전력을 지워버리는 것이 보통이었다. 그러나 청대에는 오히려
관료가 된 이후에도 적극적으로 평선집을 출판하고 있었다. 이러한
사례는 하작과 더불어 장주지역에서 오랫동안 모범답안을 평선해
왔던 학자들 가운데 강서명姜西溟의 경우에서도 찾아 볼 수 있다.
강서명은 뛰어난 고문사, 구체적으로는 뛰어난 당시唐詩와 송문宋文
능력으로 강남일대에서 약 40여 년 동안 명성을 날리고 있었지만
향시에는 누차 합격하지 못했다. 심지어 그의 친구인 주이존朱彝尊
으로부터 향시를 그만 포기하라는 권유를 받은 적도 있었다.36) 그
러던 강서명은 강희 18년(1679) 천거를 받아서 사관史館에 들어가게
되었다. 그는 홍사과의 시험을 거치지 않았기 때문에 관직은 받지

---

35) 徐乾學, 『憺園文集』 卷22, 「王令詒制義序」.
36) 朱彝尊, 『曝書亭集』 卷53, 「書姜編修手書帖子後」, 『四庫全書』本 1318, 集
部·別集類.

않았고 7품의 봉급만을 받았다. 그 후 70세 가까운 나이에 결국은 향시에 급제하게 되었는데, 그 이후 강희 33년(1694)에 자신이 평소에 평선해 두었던 사서문 답안선집을 출판했다.37) 이러한 사례로 볼 때, 당시 모범답안문 선집의 평선과 출판은 오랜 재야생활에서의 활약상을 대변하고 있을 뿐 아니라, 더 나아가서는 과거에 합격하여 관리가 될 능력이 충분하다는 것을 증명하는 길이 되기도 했음을 알 수 있다. 이로써 청초 모범답안 평선의 이유는 경제적인 목적에만 있는 것이 아니었음이 분명하다고 하겠다. 오히려 왕조의 기준에 달하는 답안문을 지어 유포시킴으로서 과거문장을 장악하고 있다는 사실을 과시하는 수단으로 활용되고 있었던 것이다.

2. 유권遺卷 출판의 유행

이상 과거문화를 주관할 수 있었던 특권층은 모범답안문의 선집을 출판함으로써 고문사에 대한 능력을 과시하고 과거문화에서 일정한 지위를 차지하고자 하였다. 이러한 특권층 이외의 일반 사인, 그 중에서도 자비自費로 답안문집을 출판할 정도의 경제력을 가진 사인들도 답안문 출판을 특별한 목적으로 활용하기 시작했다. 그 목적은 뛰어난 답안문의 작가인 것처럼 거짓된 명성을 퍼뜨려 과거에 합격하려는 것이었다. 이른바 유권의 출판이 그것이다.

유권 출판의 출현이 언제부터인지는 확실치 않다. 강희 39년(1700) 과장의 폐단과 그에 대한 근절방안을 건의했던 호광총독湖廣總督 곽수郭琇는 상주문을 올려 그 실상을 자세하게 묘사하였는데, 총독의 상주문에서 폐단의 시정을 요구했을 정도라면 17세기 말에

---

37) 何焯,「姜西溟四書文序」,『淸前期論著選·中』, 281쪽.

이미 상당 정도 유행하고 있었던 것으로 보아야 한다.

곽수는 과장의 폐단이 가장 심한 지역으로 순천부順天府와 강절江浙을 뽑았다. 그 폐단이란 주로 출세를 위해서 수험생들이 행하는 부정한 행위들이었다. 이러한 부정행위를 저지르는 자들은 거의 대부분이 대신의 자제들이거나 부유한 집안 출신들이었다. 즉 관료가문의 인맥이나 뇌물을 이용해서 부정한 방법으로 과거에 통과하려는 것이었다. 곽수가 지적한 폐단은 다음과 같다.

> (과거에서 부정을 행하는 젊은이들은) 납속納粟, 연공捐貢, 선발選拔 등의 방법을 통해 학교에 (등록하고) 수업을 받는다는 명목으로 모두 경사京師로 모여들었다. 시험기간이 되면 비밀리에 뇌물을 바치는 부정행위를 도모하면서, (부정행위를) 연계해 줄 수 있는 가문과 왕래하며 거의 전 재산을 맡기다시피 하는데, (이런 현상이) 전국적으로 마치 광풍처럼 번지고 있다. 또 명사를 가칭假稱하는 무리들은 권문세가를 찾아가 시와 문을 바침으로써 마치 시문에 능한 것처럼 허명虛名이 나도록 유도하기도 하였다. 이러한 일들은 거의 습관처럼 일어나고 있다. 마침내 그들이 허명을 만들어 스스로 명사로 이름이 나게 되면 시험관들도 기꺼이 이런 무리들을 합격시키곤 했다. 이러한 사람들을 문하생으로 수렴하여 인맥을 맺으려는 의도에서였다. 이와 같은 현상을 '명사관절名士關節'이라고 불렀다.[38]

상기 인용문에 의하면 '명사관절'이라고 특별히 지칭될 만큼 부정합격을 원하는 수험생들과, 정치세력의 확보를 원하는 시험관들이 결탁하고 있었음을 알 수 있다. 그러나 그 어떤 폐단보다도 심각한 것은 시험이 끝난 뒤 유권을 출판하는 현상이라고 지적했다.

> 더욱 괴이한 것은 시험 후에 유권을 출판하는 것으로, 이보다 심각한 폐단은 없었다는 점이다. 불초한 자가 계속해서 시험에 합격하지

---

38) 郭琇撰 『華野疏稿』 卷3, 「具陳科弊疏」, 『四庫全書』本 430, 史部·詔令奏議類.

못하면 시험이 끝난 뒤에 다른 사람에게 대작을 시키거나 아니면 이미 만들어진 답안문에 문자를 조금 고치는데, 결코 자신이 시험장에서 썼던 원래의 답안문이 아니다. 여기에다 주고방관主考房官이 평가한 것처럼 훌륭한 글이라는 비평을 꾸며 넣어서, "반드시 장원이 될 답안으로서, 그러나 작은 결점이 있다"고 하면서 공공연히 출판하여 증송한다. 부끄러운 줄도 모르고 평선가와 서상들에게도 보내서 합격 답안과 더불어 출판한다. 심지어 평선가들은 비점批點을 찍어가며 극찬을 하고 합격생들의 답안문보다도 수배나 더 많이 출판한다. 이런 행위는 헛된 명성을 불러오는 데에서 그치는 것이 아니라, (거짓된 명성 때문에) 다음 과거에서 합격할 수 있는 수단이 되는 것이다. 따라서 사람들 사이에 "오늘의 유권은 내일의 장원"이라는 말이 있을 정도이다. 이것은 해로운 인간들의 비열한 수단이니 불량배를 다스리듯 다스려야 하고, 또한 부정한 일이 행해지지 않도록 칙령을 내려 엄격하게 금절해야 한다.[39]

유권이란 시험에 떨어진 답안문을 말한다. 그런데 시험이 끝나고 서상을 통해 출판해서 주변에 증송하는 현상이 유행하게 된 것이다. 실제로는 자신이 작성한 것이 아니라, 남들이 지어놓은 문장이며 거기에 시험관이 매긴 것처럼 비평문까지 가짜로 첨부하여 '비록 아깝게 합격하지는 못했지만 우수한 답안'이라고 선전하는 것이었다. 평선가들과 결탁하여 마치 '장원이 될 만한' 뛰어난 답안인 양 평선의 변도 꾸며 넣고, 합격 답안문과 함께 출판해서 훌륭한 답안임을 가장하였다. 이렇게 함으로써 과거문장에 뛰어나다는 거짓 명성을 가지게 되는 것이고 이러한 명성을 얻으면 다음 번 시험에서 운 좋게 합격이 될 수도 있었다. '명사관절'에서 설명했듯이 수험생들이 권문세가와 관련을 맺는 부정한 방법으로 스스로의 명성을 조작해서 허명이나마 명사로 이름이 나게 되면,

---

[39] 郭琇의 위의 사료에서 계속.

시험관들도 이런 사람들을 끌어다가 문생으로 삼기 위해서 합격시킨다고 했으니, 유권을 통해서 명사가 된다면 똑같은 효과를 기대해 볼 수 있는 것이다. 실제로 유권을 통해 과거를 통과한 사람이 있는지, 있다면 어느 정도인지 현재까지는 확인할 방법이 없다. 그러나 총독의 상주문에서 '오늘의 유권이 내일의 장원이라는 말이 있을 정도'라고 지적되고 있다면, 그 폐단은 상당히 퍼져 있었으리라고 예상할 수 있다.

이처럼 일반 사인들도 과거합격을 위해 개인적인 명성을 조작하는 데 답안문 출판을 활용하게 될 정도로 출판의 이용범위는 확산되어 있었다. 비록 거짓 답안문이지만 유권의 형식에는 명말 이래 서상과 지식인들이 합작으로 과거수험서를 상업화해왔던 경험이 고스란히 누적되어 있다. '우수한' 수험생이 작성한 답안문과 시험관들의 평가는 물론이고, 재야 평선가들의 비평문까지 첨가하여 출판하는 것이다. 명말청초를 거치며 활동했던 수많은 평선가들의 위상이 상업출판의 유통망을 통해 전全사회에 전달되었던 경험이 없었다면, 유권은 사회적 명성을 얻는 데 효과를 발휘할 수 없었을 것이다. 모범답안 평선을 통해 쌓여 온 평선가들의 권위를 이용했기 때문에 유권은 나름의 목표를 달성할 수 있었다.

제2절 고전을 수집하고 출판하는 이유
- 진귀한 서적이 주는 정치적 명성

청초의 사인들이 정치·사회적 명성을 높이기 위해서 출판을 이용했던 사례는 모범답안의 선집을 출판하여 유통시키는 일에서 그친 것이 아니었다. 명말청초의 혼란기를 거쳐 청조에 의해 정치·사회적 질서가 재건되고 있었던 당시에는 청조의 우문정책右文政策으로 새로운 정부에 필요한 문헌의 일대 수집과 정리 작업이 진행되고 있었으므로, 전국에 흩어져 있던 이전 시기의 우수한 고적古籍을 발굴하고 소장하거나, 혹은 출판을 통해 재생산 하는 일 역시 정치명성과 세력을 넓히는 데 활용될 여지가 있었다. 특히 명말 이래 상업출판의 발달로 나날이 사회에 인쇄본이 많아지는 가운데, 과거수험서를 비롯한 통속서적들이 범람함으로써 고적은 점점 더 찾기 어려워졌다는 우려도 지식인들 사이에서 지속적으로 제기되어 오던 바였다. 이와 같은 상황에서 권위 있는 고적을 찾아 소장하거나 출판하는 일은 그 자체가 개인의 명예를 높여주는 일이 되기도 했다. 즉 중국에서 장서는 사인들에게 독서치학讀書治學의 도구로서 언제나 중요한 존재였지만 청초에는 특히 정치자원으로서 활용될 여지가 있었던 것이다.

중국에서 개인의 장서가 하나의 사회문화적 현상으로 자리 잡게 된 것은 북송대의 일이었지만 송대까지 장서를 보유하는 것은 사대부층에 국한된 일이었다. 조판인쇄기술 및 상업경제의 발달로 서적의 매매가 용이해지고 사회전반에 서적의 유동량이 많아진 결과, 신분에 관계없이 장서가의 숫자가 폭증하게 된 것은 명대중기 이후의 일이었다.40) 이후 청대까지 강남의 부유한 도시를 중심으로 장서가 비약적으로 발전하여 고증학과 목록학目錄學, 골동骨董·감상학鑑賞學 등 독서치학과 문화생활의 근간이 되었다. 장서가들에게 풍부한 서적을 제공함으로써 장서문화의 지속적인 발전을 가능하게 만든 것이 상업출판이었다. 이처럼 명 중기 이후 청말에 이르기까지 장서가들을 위해 요긴한 서적을 감별해내고 재생산했던 출판업자 및 서상들의 대략적인 활약은 기존의 연구에서 밝혀진 바 있기 때문에 여기에서는 재차 언급하지 않기로 한다.41) 다만 상업출판의 생산력과 유통망이 지속적으로 발전했던 결과 꾸준히 확산되었던 장서풍조가 청초 정치기반을 확보하고자 했던 사람들에 의해 어떻게 활용되었는지를 고적의 수집과 출판을 중심으로 살펴보려고 한다.

고적은 경술과 작문의 모범적인 근거로서 중요한 서적이었으므로 그 자체가 사인에게 매우 실용적인 존재이다. 앞에서 16세기 후반 사습과 문장의 타락에 대한 비판과 반성이 일어났던 정황을 과거수험서를 중심으로 살펴 본 바 있는데, 그와 동시에 한편으로는 명말의 학문과 문장의 타락을 개선하기 위한 일환으로서 고적의 재생산을 주장하는 움직임도 존재하고 있었다. 그 대표적인 인물로는 명말청초시기 문학비평가이자 경학가經學家였던 전겸익錢

---

40) 李萬健,「序言」,『中國著名藏書家傳略』, 北京 : 書目文獻出版社, 1986 ; 范鳳書,『中國私家藏書史』, 鄭州 : 大象出版社, 2001, 166~167쪽.
41) 袁逸·簫東發,「中國古代書商與藏書家」,『出版發行研究』1999年 1期~2期 ; 任繼愈主編,『中國藏書樓』上編, 遼寧 : 人民出版社, 2001, 241~259쪽.

謙益(1582~1664)과, 그의 기대에 부응하며 대단위의 고적을 재생산했던 고적업자 모진毛晉(1599~1659)을 들 수 있다.[42]

전겸익은 명대 정주이학程朱理學이 공리공담空理空談에 빠져버리고 팔고문만을 우선시한 결과 '속학'으로 타락했다고 생각했다. 그 결과 학자들은 강장講章·어록류語錄類의 서적만 읽고 저술하게 되었다는 것이다. 그리고 이러한 상황은 곧 경학의 위기로 이어졌다고 여겼다. 이처럼 위기에 빠진 경학을 구원하기 위한 방편으로 전겸익이 제시했던 것은 한당漢唐의 경학으로 복고復古함으로써 학풍을 자성하자는 주장이었고, 이를 실천하고자 자신의 제자이기도 했던 모진에게 『십삼경십칠사十三經十七史』를 출판하도록 독려했다.[43]

대장서가이기도 했던 전겸익은 내부장서內府藏書와 맞먹는다는 평이 나있을 정도의 풍부한 장서를 보유했다. "동남의 문헌은 모두 전겸익에게로 귀속되었다"고 할 정도로 그의 장서는 강남에서 가장 중요한 것으로 주목받고 있었다.[44] 교감가校勘家로서 전겸익은 장서활동에서 우수한 송원판본宋元版本이 아니면 중시하지 않는 호고好古의 태도를 분명하게 견지했다. 학문적으로는 경학을,

---

42) 錢謙益은 王世貞(1526~1590)과 더불어 明代 文章형식에 가장 큰 영향을 주었던 문학비평가로도 유명하다. 南明정권에서 禮部尙書를 지냈음에도 淸의 관리가 됨으로써 淸初 정치적 명성에는 크게 타격을 입었지만, 문학비평에서 錢謙益이 갖는 권위는 조금도 손상되지 않았다. F. Wakeman Jr., "Romantics, Stoics, and Martyrs in Seventeenth-Century China", *JAS* Vol.635, p.637.

43) 吉川幸次郎, 「錢謙益と淸朝"經學"」, 『吉川幸次郎全集』卷16, 東京:筑摩書房. 1974, 77쪽, 132쪽.

44) 簡秀娟, 『錢謙益藏書硏究』, 臺北:漢美圖書有限公司, 1992 및 任繼愈主編, 앞의 책, 2001, 1,121쪽.

방법적으로는 복고를, 텍스트로서는 송원판을 중시하는 그의 태도는 모진에게 고스란히 전수되어 모진의 출판업의 방향을 제시했다. 이처럼 명·청 교체기의 문화영수文化領袖였던 전겸익의 영향력은 실로 거대한 것이어서 그의 장서기호는 그대로 차세대 장서의 방향을 선도했다. 18세기에 이르면 어떤 장서의 가치는 송원판이 얼마나 포함되었느냐에 따라 평가될 정도로 청대 장서가들에게 송원판은 특히 중시되었다.[45]

이상 학문의 타락을 시정할 수 있는 텍스트로서 고적의 출판이 중시되고 교감과 저술의 저본으로 송원판이 중시되었던 풍조가 청초의 사인들 사이에서 퍼져가고 있었다. 그러던 중 조정차원의 문헌수집 정책이 추진되자 장서는 사인들의 지지를 끌어낼 수 있는 수단이면서 동시에 관료로서의 능력을 보여줄 수 있는 도구로 활용될 수 있었다. 이것의 좋은 사례가 바로 앞 절에서 등장했던 서건학과 하작의 경우이다. 이들에게 모범답안의 평선 못지않게 장서의 건립, 고적의 수집과 출판활동도 정치·사회적 명성을 높여주는 중요한 수단이었다. 따라서 이들의 고적 수집과 출판활동이 정치적 기반을 넓히고 사회적 명성을 높이는 데 어떻게 활용되었는지 살펴 청초 출판의 역할을 고찰해보고자 한다.

1. 장서와 권력

명말청초 강남에서 가장 중시되었던 전겸익의 장서가 그의 사후 다른 장서가들에게 전파된 경로에 대해 청말의 육심원陸心源은 다음과 같이 말했다.

---

45) Cheuk-woon Taam, op. cit., 1935, 3장의 3절 참조.

송본 『무주구경婺州九經』. 이 책은 이친현왕怡親賢王이 소장했던 도서이다. 왕은 강희제의 아들로서 그의 장서가 소장되었던 곳을 낙선당樂善堂이라고 불렀는데 거대하고 웅장한 장서루에 서적이 가득 차 있었다. (전겸익의) 강운루絳雲樓에 불이 나기 이전, 송원정본宋元精本은 거의 모진과 전증錢曾에게 귀속되었다. 모毛·전錢의 장서가 산출되자 거의 서건암徐建庵과 계창위季滄葦에게 귀속되었다. 서徐·계季의 서적은 하의문何義門(하작)의 소개로 이부怡府로 돌아갔다[46]

상기 사료는 중국 장서의 전승에 대해 지적한 연구에서도 활용된 바 있다. 즉, 특정지역의 장서가 해당지역의 다른 장서가에게 전승되면서 그 지역의 장서전통이 계승되고 독서讀書·치학治學의 기풍도 계승되었는데, 특히 이러한 경향이 강했던 상숙常熟지역의 장서가 서건학·계진의季振宜에게 전파되어 상숙의 범위를 벗어나 곤산崑山[=서건학]과 태흥太興[=계진의]으로 이동했고, 다시 북경의 이부에 소속됨으로써 남쪽에서 북쪽으로 이동했다고 지적된 바 있다.[47] 단 이 연구는 전겸익의 장서를 계승했던 모진과 전증이 사망한 후, 그들의 장서의 행방이 어떻게 되었는지를 간략하게 지적하는 것에 그쳤다.

본서에서는 상기 사료가 일러주는 경로를 따라 17세기 장서 중 가장 유명했던 전겸익의 장서가 왜 서건학 등에게로 모아졌고 다시 북경의 황족에게 귀속되었는지를 장서풍조의 정치적 활용이라는 측면에서 살펴보고자 한다.

서건학이 명말청초 시기에 가장 중시되었던 장서 이동과정에서 직접적인 교량역할을 한 것은 특히 주목되는 일이다. 서건학의 아

---

46) 陸心源 『儀顧堂續跋』, 「宋槧婺州九經跋」, 『藏書記事詩』卷4, 北京 : 燕山出版社, 1999, 279쪽.

47) Cheuk-woon Taam, op. cit., 1935, pp.62~63 ; 傅璇琮·謝灼華, 『中國藏書通史』下, 寧波 : 寧波出版社, 2001, 833쪽.

우도 진사에 합격하여 관리가 된 이후, 형제는 북경에서 고서구입에 매진하거나 고본을 대여·초록하면서 서적을 모았다. 그 결과 서건학의 전시루傳是樓는 천하제일의 장서를 자랑하게 되었다.[48] 그런데 서건학의 장서가 '천하의 으뜸'이 될 수 있었던 것은 그가 새로운 정부에서 요직을 담당함으로써 관료제의 인맥을 구서求書에 활용할 수 있었던 것이 큰 요인이었다.

이에 황종희黃宗羲는 서건학의 장서루를 방문하고, "상란喪亂을 겪은 후 장서가 가운데 장서를 지킬 수 없는 사람이 많았다. 이전에 먼지로 뒤덮여 사람의 손길이 닿지 않던 서적들, 수백 년간 요대우협瑤臺牛篋에 깊이 묻혀있던 서적들이 일시에 (산출散出되어) 나오게 되었다. 그러면서 남북대가南北大家의 장서들이 모두 서건학에게로 귀속되었다. 서건학의 문생들은 관리로서 천하에 두루 파견되어 있었기 때문에, 각자가 근무하는 임지에서 서적을 수집할 수 있었다. 떨어져나간 편지조각까지도 망라하지 않은 것이 없었다."[49] 라고 기록하여 저간의 사정을 잘 설명하였다.

즉, 황종희의 기록은 청초 제국의 질서가 차츰 안정되어가는 가운데 전국에 묻혀있던 장서들이 산출되고 있었다는 사실과, 서건학이 관료제를 이용해 주요 장서들을 흡수할 수 있었다는 사정을 말해준다. 서건학은 강희 9년(1670)에 진사에 합격, 한림원편수翰林院編修로 관직을 시작한 이래 명사총재관明史總裁官·대학사大學士·형부상서刑部尙書 등의 요직을 거쳤고, 『명사明史』, 『청회전淸會典』, 『대청일통지大淸一統志』 등 주요 사적의 찬수작업에 관여했다.[50]

---

48) 『同治蘇州府志』, 『藏書記事詩』 卷4, 321쪽.
49) 黃宗羲, 「傳是樓藏書記」, 『藏書記事詩』 卷4, 321~322쪽.
50) 『淸史稿』 卷271, 「徐乾學傳」.

따라서 이러한 경력이 그의 장서사업에 큰 도움이 되었음은 충분히 짐작할 수 있다.

그런데 서건학의 활동 가운데 특히 주목되는 일은 젊은 만주귀족 납란성덕納蘭性德(1655~1685)의 『통지당경해通知堂經解』 출판을 지원했던 일이었다. 이 책은 당~명대에 걸친 제유諸儒들의 경해류經解類 서적을 모아 출판된 총서로서, 분량만도 1,781권에 달하는 대단위 총서이다. 이 책의 출판사정에 대해 납란성덕은 다음과 같이 적었다.

> 경해류의 서적은 유전이 이미 오래되어 10의 1~2도 남아있지 않다. 나는 원래 친구 진송령秦松齡·주이존朱彝尊 등에게 부탁하여 장서가들이 소장하고 있던 경해류의 서적들을 사 모으고 있었다. 그러나 조판 상태는 마모되고, 각판도 훼손되어 읽을 수 없는 것들이었다. 초본은 오류도 많아서 완전한 것은 10의 1~2도 안되었다. 서건학 선생에게 말하니, 선생은 본인의 장서를 모두 나에게 보여주며 "이것은 내가 30여 년간 힘들게 모은 것이다. 알맞은 것들을 취해서 교정에 사용하라"고 했다. 나는 기뻐하며 선생의 책 140여 종을 베껴왔다. 자하역전, 당인의 서가 2·3종이고 나머지는 모두 송원 제유의 저술이었다. 명대인의 저술은 1~20%정도 된다.[51]

강희 12년(1673) 진사에 합격했던 납란성덕은 강희 11년의 향시에서 부고관副考官이 서건학이었던 것을 계기로, 서건학에게서 수학했다. 상기 인용문은 이러한 인연에서 서건학이 수집했던 경해류 서적을 납란성덕이 넘겨받아 총서叢書로 교간校刊했다는 사정을 말해주고 있는 것인데, 그러나 이 책의 실제 편저자는 서건학이며 납란성덕의 명의로 출판되도록 서건학이 지원한 것이었음은

---

51) 『通志堂經解』卷10, 「經解總序」康熙 12년(1673), 臺北 : 漢京文化事業有限公司, 1987.

주지의 사실이다.52)

그런데 이러한 사정에 대해 훗날 건륭황제는 "서건학이 부고관을 담당했던 강희 11년(1672)의 순천부順天府 향시에서 성덕이 거인으로 합격하게 된 일조차 부친 납란명주納蘭明珠가 '식당영사植黨營私'한 결과, 인연에 의해 얻어진 과명科名이라고 의심이 간다"고 하면서, 나아가 "강희년간에 강력한 정치력을 가지고 있던 명주는 서건학과 같은 당대 명류들을 초빙하여 교류하면서 자신의 무리를 키워가고 있었는데, 서건학이 수집한 서적들을 아들의 명의로 출판시킴으로써 가일층 권력의 핵심에 서고자 했다"는 것으로 결론을 지었다.53) 이로써 볼 때, 『통지당경해』의 출판은 명주에게는 정치적 명예를 높이는, 서건학에게는 권력에 영합할 수 있는 도구로 이용되었던 것이다.

결국 건륭제의 결론은 청초 교감과 출판행위가 정치활동의 하나이기도 했다는 것을 보여준다. 이 과정에서 장서의 수집이 관건이었다는 것은 새삼 지적할 필요가 없다. 명주明珠는 강희 3년(1664) 내무부총관內務府總管으로 발탁된 이후 11년(1672)에는 병부상서, 16년(1677)에는 무영전대학사武英殿大學士가 되었고, 『실록實錄』, 『방략防略』, 『일통지一統志』, 『명사明史』 등의 찬수를 총재總裁했다.54) 따라서 이 시기의 명주는 "강력한 세력을 장악하며 중외中外에 자신의 무리를 포진시키고 있었고, 그런 명주에게 서건학은 감히 다른 의견을 피력할 수 없었다."55) 서건학이 명주의 북인당北人堂에 압

---

52) 『書林淸話』卷8, 「納蘭性德刻"通知堂經解"之二·三」, 湖南 : 岳麓書社出版社, 1999, 202~3쪽.
53) 「乾隆50年2月29日上諭」, 『書林淸話』卷8, 202쪽.
54) 『淸史稿』卷269, 「納蘭明珠傳」.
55) 『淸史稿』卷271, 「徐乾學傳」.

력을 넣으며 세력을 넓힌 것은 강희 20년대의 일이었다.56) 따라서 그 이전에는 권력이 강했던 명주의 힘에 영합할 수밖에 없었다. 서건학의 정치력이 북당을 제압한 뒤에 장서는 그의 명성을 증명해 주는 존재와도 같았다고 볼 수 있다. 황종희黃宗羲는 서건학의 장서루인 전시루를 방문한 뒤 서건학의 장서에 대해서 다음과 같이 말했다.

> 정주의 학문이 시문으로 변질되면서 공허한 화려함으로 부패되었고 인재는 용렬하고 어리석게 되었다. 세민細民에 이르기까지 모두 (시문류時文類 서적의) 모방출판에 뛰어들어 생계를 도모하려 했다. 결국 이러한 서적들이 곳곳에 넘쳐나게 되었으니, 선왕의 대경대법大經大法은 황폐하게 버려졌고 대인들은 학문에 힘쓰지 않게 되었다. 그러나 운수가 다하면 반드시 회복하는 법이니, 서건학이 문운文運을 주지主持하자 이 곳[전시루]을 당연히 근거로 삼았다. 사람들은 전시루를 백록白鹿과 고명高名함을 겨루는 존재라고 생각했다.57)

정주학이 거업을 위한 학문으로 변질되었던 풍조가 운수를 다하고 원래의 기운을 회복하는 시점에 서건학이 문운을 주관했다고 평가하며 그 근거가 되는 존재로 서건학의 장서를 지목하고 있는 것이다. 주희의 백록동白鹿洞 서원과 명성을 겨룬다는 것은 전시루가 대단위 장서를 자랑하는 사대부의 개인 장서루이면서, 청초 문예운동의 거점으로 인식되고 있었음을 의미한다. 그가 정부의 편찬사업에서 주도적인 역할을 담당한 것도 사실이지만, 특히 '문운을 주지主持'한다고 표현했던 것은 정치세력의 중심에서 문인들을 끌어 모으는 존재가 되어 있었음을 의미한다고 볼 수 있다.

이러한 서건학의 장서는 그의 사망 이후 하작의 소개로 이부에

---

56) 謝國楨, 『明淸之際黨社運動考』, 臺北 : 臺灣商務印書館, 1967, 137~141쪽.
57) 黃宗羲, 「傳是樓藏書記」, 『藏書記事詩』卷4, 322쪽.

귀속되었다. 앞에서 살펴보았듯이, 하작은 정계로 입문하기 이전에 모범답안의 평선으로 명성을 날리고 있었다. 동시에 그는 고적에 대한 고증에 몰두하여 고적의 수집과 교감에 있어서도 유명한 인물이었다. 강남지역에서 하작의 교수校讎는 그 자체가 서적에 대한 보증이어서 하작의 교감을 거친 고적은 특히 비싸게 팔렸다. 이 때문에 서상들 가운데에서는 하작이 교수한 것처럼 흔적을 위조하는 서상들이 있을 정도였다.58) 강희제가 남서방을 설치하고 고적찬집에 박차를 가하게 되자 이처럼 고적업에 조예가 깊었던 하작은 앞에서도 언급한 바와 같이, 거인의 직함을 받아 남서방에 초빙되었고 곧이어 진사로 특채되어 한림원에 들어가게 되었다.

또한, 전조망全祖望은 하작이 관계에 등장했던 당시의 상황에 대해서 "제왕들이 모두 문치文治를 숭상하고 있었는데 제왕들의 사저에 모인 서적들은 하작의 교수에 의존함이 많았다"라고 전했다.59) 이 기록은 한림원 서길사庶吉士로 북경에 간 하작이 왕부의 문객이 되어 많은 서적을 교수할 수 있었다는 사실을 알려준다. 그가 문객으로 지낸 왕부라면 서건학의 장서를 흡수하도록 소개시켜 주었다는 이부怡府였을 것이다. 하작의 「제문祭文」에도 "노종공老宗工의 집에 머물고 있었다"라고 되어 있는데,60) 바로 강희제의 13번째 아들인 이현친왕怡賢親王 윤상允祥의 집에 문객으로 머물렀다는 것을 의미한다.

강희년간에는 숭문정책을 추진하는 황제의 뜻에 부합하기 위해 제왕들도 문치의 실현에 참가하고 있었다. 그 와중에 하작과 같은

---

58) 錢林, 『文獻徵存錄』 卷9, 「何焯」.
59) 全祖望, 「長洲何公墓誌銘」, 『藏書記事詩』 卷4, 351쪽.
60) 儲大文, 『存研樓文集』 卷15, 「祭何義門文」, 『四庫全書』本 1327, 集部・別集類.

인물을 영입하는 것은 왕부의 위상을 높이는 데 매우 중요한 일이었다. 왜냐하면 그가 고증에 대한 높은 식견을 가지고 있었을 뿐 아니라, 강절지역의 서상들과 잦은 왕래로 고적의 입수경로를 잘 알고 있었기 때문이다. 조정차원에서 수서修書가 중시되던 즈음, 저술과 교감의 저본이 될 만한 고적을 보유하는 것은 정치적으로나 재산상으로나 가치가 높은 일이었다. 따라서 전통적으로 장서의 선진지역이었던 소주에서의 수집활동이 중요했음은 물론이었으므로 하작은 황족들의 주목을 받았던 것이고, 최종적으로 그를 문객으로 맞아 가장 큰 효과를 올린 곳은 이부였다고 볼 수 있다. 서건학의 장서를 입수하여 전겸익으로부터 시작된 송원정각宋元精刻들을 흡수하는 데 성공했기 때문이다.

강희제의 숭문정책으로 강희말년에 이르면 제왕들의 문치활동이 경쟁적으로 실현되고 있었다. 제왕들과의 치열한 다툼 끝에 제위에 오른 옹정제가, 즉위하자마자 『고금도서집성古今圖書集成』 편찬의 공로를 가로챈 일화는 유명하다. 옹정제는 이 책의 편찬이 부친 강희제의 뜻에서 비롯되었음을 누차 강조했다. 결국 '금구옥언金口玉言'의 권위에 의해서 『고금도서집성』은 강희제가 발의하고 옹정제에 의해서 완성되었다는 설이 정설이 되어 후세로 계승되었다. 하지만 강희제의 3자 성친왕聖親王 윤지允祉의 적극적인 후원 아래, 윤지의 문객이었던 진몽뢰陳夢雷가 강희 48년(1709)에 이미 대강의 틀을 완성해놓았다는 것은 주지의 사실이다.[61] 『고금도서집성』과 같은 대규모 유서를 편찬하는 일은 제왕으로서의 자질을 증명해 주는 도구였다. 그것도 문치를 실행할 수 있는 현왕임이 증명되는 것이었다. 이러한 증명을 위해 가장 우선적인 작업

---

61) 裵芹, 『古今圖書集成硏究』, 北京: 北京圖書館出版社, 2001, 「編纂考」, 27~42쪽.

은 말할 것도 없이 고적을 모으는 일에서 시작하였다. 강희 40년대 이후 황태자의 폐위와 복위가 반복되고 제위를 계승받기 위해 왕자들 사이의 정치적 투쟁이 치열해지자 장서는 제왕으로서의 자질을 검증받는 하나의 척도가 된 것이다. 따라서 전국의 우수한 고적들이 경사의 왕부로 모아지게 된 것이다.

  서적을 모으는 일이 지식체계를 장악하는 것이고 왕자들의 경우에는 현왕으로서의 자질이 있다는 것을 증명하는 방법이었다는 것은 다음의 사례를 통해서도 알 수 있다. 강희말년에 일어났던 제위다툼에 대한 탄핵은 옹정초년에 본격적으로 이루어졌다. 즉 옹정 4년(1726) 4월부터 9월까지 제왕들과 의정대신들에 의해서 옹정제와 제위를 다투었던 왕자들에 대한 최종적인 죄상고발이 진행되었다. 옹정제는 형제들의 처벌을 원하지 않는다고 했지만, 탄핵에 대한 심문이 진행되는 가운데 옹정제의 가장 유력한 라이벌이었던 윤사允禩·윤당允禟 등이 구금 도중 사망함으로써 강희말년부터 이어져왔던 제왕들 간의 갈등이 마침내 정리되었다. 6월 3일 강친왕 이하 패륵貝勒·패자貝子·대신大臣 등은 '비망非望을 소망하고 동악同惡들과 결당結黨했던 무리의 괴수' 윤사(강희제의 8자)의 40가지 죄를 고발했는데 그 가운데 아래의 조항이 주목된다.

    아기나阿其那(윤사)는 자신이 청렴결백한 척 했지만 사실은 재물을 가지고 인심을 매수하곤 했는데 이것은 모두 새사흑塞思黑(윤당)에게서 얻은 (계략)이다. 하작의 아우에게 위탁하여 남방의 각처에서 비싼 값을 주고 서적을 매우 많이 사들였다. 이것은 남방의 문사들로 하여금 아기나가 마치 호학好學한 인물이며 지극히 올바른 현왕인 것처럼 생각하고 칭송하도록 만들려는 계략에 불과했다.[62]

---

62)『世宗憲皇帝上諭八旗』卷4, 雍正四年六月初三日.

즉, 장서활동 자체가 문사들의 지지를 끌어내는 하나의 방법이 될 수 있었던 것이다. 그렇다면 전겸익에게서 서건학으로 넘어간 전시루의 장서를 입수하는 것은 서적수집 이상의 의미가 있었다고 할 수 있다. 마치 서건학의 장서가 문운을 주관하는 근거라고 표현되었던 것처럼, 그러한 장서를 입수하여 문인들의 구심점 역할을 하는 수단으로 활용할 수 있었기 때문이다.

제왕들이 저마다 '현왕의 자질이 있음을 과시'하려던 강희말년의 약 20년간은 하작이 한림원편수로 북경에서 활약했던 기간에 해당한다. 강희 61년(1722) 사망할 때까지 하작은 이부의 장서사업에 공헌하면서도, 동시에 다른 왕부의 주목도 받았다. 상기 인용문 뒤로 이어지는 기록은 윤사의 또 다른 죄상에 대해서, "아기나는 패륵의 지위를 혁파당한 뒤에도 자중하지 못하고 재물로 사람들을 매수해서 사조직을 만들려고 했다. 한림翰林 하작과 비당匪黨을 맺고 부당하게 각종 명예를 취하였다. 몰래 이심을 쌓아가고 있었다는 것은 모두가 아는 바였다."[63)]라고 고발했다. 이로써 볼 때, 하작이 강희년간 당시에 고적수집과 편찬사업에서 중요한 기능을 수행했기 때문에 그와의 교류는 곧 문운과 관련된 각종 명예를 올릴 수 있는 길로 계속 인지되었음이 분명하다고 하겠다.

지금까지 명말청초를 거치며 강남의 주요 장서 및 고적들이 전승되고 모아졌던 사례들을 살펴보았다. 전통시대 중국에서 장서는 지식인에게 독서와 저술의 근거로서, 혹은 사대부 가문의 자질을 증명해주는 가산으로서 항상 중요한 존재였지만 명말청초 시기에는 학문적으로나 정치적으로나 새로운 의미가 부여되고 있었다. 즉, 명말에는 학풍과 문장의 타락을 개선하기 위해서 모범적 근거

---

63) 『世宗憲皇帝上諭八旗』卷4, 雍正四年六月初三日.

를 마련해야 한다는 신념아래 저술과 교감의 저본이 될 수 있는 고적의 수집과 출판활동이 중시되었다. 그 결과 장서는 청초에 이르러서 정치적 기반을 확대하고 사회적 명성을 높이는 효과적인 방편으로 이용될 수 있었다. 서건학과 하작 등의 인물들은 우수한 고적을 수집하고 출판하는 능력을 보여줌으로써 정계의 관심과 문인들의 지지를 이끌어 낼 수 있었고, 강희말년의 왕자들은 왕부의 위상을 높이고 제왕의 자질을 검증받는 척도로 활용할 수 있었던 것이다.

이처럼 고적수집 및 장서활동이 정치활동의 사례로 활용될 수 있었던 사정의 근저에는 명말의 혼란상황을 수습하고 전제통치의 안정을 이루려는 청조의 숭문정책이 자리하고 있었다. 또한 명말 이래 사인들 사이에서 새롭게 등장하기 시작했던 치학의 관심, 즉 경전을 비롯한 고적을 중시하고 근거에 입각한 저술을 주장하며 철저한 훈고를 강조했던 훈고적 학문태도의 흐름도 자리하고 있었다.

2. 만주족 장서가와 북경의 신흥 상업지구

하작의 소개로 이부에 소속되었던 서건학의 장서는 이후 어떻게 되었을까? 이 장서는 윤상允祥의 아들 홍효弘曉에게 계승되었다. 홍효는 이부의 장서루를 '낙선당樂善堂'이라고 이름짓고 물려받은 장서를 보존했다. 육심원의 기록에 따르면, "건륭년간에 사고관四庫館이 개설되어 천하의 장서가들이 서적을 조정에 바쳤으나 이부의 서적은 바치지 않아도 되었다. 그래서 그 가운데에는 세상에서 보기 힘든 서적들이 매우 많았다"[64]고 한다. 이것으로 이부의 장서가 18세기 말까지도 건재했음을 알 수 있다.

　이처럼 대략 강희말년부터 북경에 거주하는 황족 및 만주귀족들의 장서활동이 하나의 기풍을 이루게 되었다. 앞 절에서 언급되었던 만주귀족 납란명주納蘭明珠와 그의 아들 납란성덕納蘭性德도 매우 풍부한 장서를 보유했던 장서가였는데, 명주는 강희년간 고위직을 두루 거치며 무영전武英殿 대학사로서 각종 관찬官撰사업을 주재했던 경력을 지녔으며, 또 서건학의 전시루 장서를 일부 흡수하였기 때문에 대장서가로 발전할 수 있었다.65) 또 상기 옹정제와 그 형제들의 사례에서 보았듯이 제왕들에게도 장서풍조는 확산되고 있었고, 이후 옹정제의 아들인 과친왕果親王 홍첨弘瞻, 건륭제乾隆帝의 아들인 성친왕成親王 영성永瑆 등이 유명한 장서가의 대열에 합류했다. 이 가운데 과친왕부果親王府의 장서는 건륭 33년(1768)경 유리창琉璃廠의 서상에게 일시에 팔려나감으로써 북경의 서적시장에서 전국의 문인들과 만날 수 있게 되었다.66)

　이상과 같은 만주족 장서가의 등장은 청초 전국의 서적이 북경으로 모여들었던 사정을 배경으로 하는 것이었는데, 전국을 대상으로 서적을 수집하는 일은 청조가 '계고우문稽古右文'의 기치를 내걸고 적극적으로 진행했던 일이기도 했다.67) 이 과정에 고적에 능통했던 한인들의 개입과 조력이 꼭 필요했음은 앞 절에서 살펴 본 바이다. 이처럼 북경이 새로운 서적의 집산지가 되어 가자 명대부터

---

64) 陸心源, 『儀顧堂續跋』, 「宋槧婺州九經跋」. 『藏書記事詩』卷4, 279쪽.
65) 任繼愈主編, 앞의 책, 2001, 1,415쪽, 1,418쪽.
66) 李文藻, 「琉璃廠書肆記」, 『藏書記事詩』卷4, 280쪽.
67) 예를 들면 清朝는 順治初年, 康熙 4년(1665), 25년(1686)에 걸쳐 禮部·翰林院을 주체로 삼아 전국적 범위에서 明末의 공문서와 典籍, 官民들이 소장한 서적 등을 수집했다. 任繼愈主編, 위의 책, 1,166~7쪽.

존재했던 서적시장 이외에도,[68] 청초에 이르러 자인사慈仁寺 등지
에 새로운 서적시장이 등장하였고,[69] 청조의 정치질서가 안정되어
북경으로 유입되는 인구가 늘어날수록 북경의 서적시장도 **빠른 속
도로 성장하였다.**[70] 이상의 청대 서적시장의 발달과정에 대해서는
기존의 연구에서 충분히 고찰되었으므로 생략하기로 하고,[71] 청조

---

68) 胡應麟에 의하면 明代 北京의 店鋪형식의 서점은 皇宮의 南門에서 正陽
門에 이르는 朝前市 지역에 모여 있었고, 節期市나 廟市가 설 때에는 부
수적으로 노점형식의 書攤이 따라 섰는데 城隍廟, 燈市의 書攤이 가장
유명했다. 특히 科擧시험기간이 되면 시험장 근처에 대대적인 임시 서적
시장이 설립되었다. 胡應麟, 『經籍會通』卷4. (上海 : 上海書店出版社, 2001.)
41~42쪽. ; 胡應麟의 기록은 張秀民(앞의 책)외 명말 諸도시의 서적시장을
언급한 거의 모든 연구에서 인용되고 있을 만큼 기본적인 사료이다. ; 明
代 北京의 서점이 모여 있었던 正陽門 일대거리는 政府부서가 밀집해 있
던 지역으로서 明初에 의도적으로 조성했던 상업지역이었는데, 이곳은 明
末까지 北京전체의 상업중심지였다. 中國社會科學院編, 『北京通史』卷6,
北京 : 中國書店, 1994, 92~94쪽.
69) 慈仁寺에서 서적을 파는 書商을 보았다는 기록이 보이기 시작한 것은 順
治 16년(1659)이며, 이곳에서 서적을 구입했다는 기록을 가장 많이 남긴
사람은 王士禎이고 그 다음은 朱彝尊이다. 王士禎, 『池北偶談』卷20, 「客
氏刺」, 『古夫于亭雜錄』卷3, 「慈仁寺攤」 ; 劉鳳雲, 『明淸城市空間的文化探
析』, 北京 : 中央民族大學出版社, 2001, 82쪽 재인용.
70) 淸代에도 북경의 서적시장은 상업지구, 특히 廟會에 부설하는 형태로 발
전해 나갔다. 북경의 서적시장이 定期市나 廟會에 부속하여 발달했기 때
문에 북경 서적시장에 대한 연구는 廟會연구나 風俗연구 등에서 함께 다
루어지는 경우가 대부분이다. 이러한 연구에 의하면 康熙年間에는 外城
西城區에 위치해 있던 慈仁寺 廟市의 書攤이, 乾隆年間에는 琉璃廠 묘회
의 서적시장이 가장 중요했다. 待餘生, 「燕市積弊」, 『愛國報』, 1909 ; 孫殿起
輯・雷夢水編, 『北京風俗雜詠』, 北京 : 古籍出版社, 1982 ; 習五一, 『北京的
廟會民俗』, 北京 : 北京出版社, 1999 등 참조. 이러한 방면의 자료집은 北
京市東城區園林局匯纂, 『北京廟會史料通考』, 北京 : 燕山出版社, 2002.
71) 당시 『四庫全書』 찬수에 참여한 실무자들은 대부분 翰林・詹事들이었는데
琉璃廠의 부근지역인 宣南에 다수 거주했다. 또 유리창은 山林과 泉石이
약간 있는 곳이라 文士들이 유람과 감상을 즐길 수도 있었다. 이처럼 文

가 신흥상업지구를 조성하여 새로운 서적시장이 발달할 수 있도록 조장했다는 것, 그러면서 동시에 서적의 유통방면도 관리하여 통치에 저해요소가 되는 사상의 전파를 막고자 한 것을 지적하고자 한다. 또 이와 같은 청조의 출판 및 서적시장에 대한 관리의 결과가 새롭게 서적의 집산지로 떠오른 북경의 서적문화에는 어떠한 모습을 남겼는지 살펴보고자 한다.

청조는 북경을 점령하자마자 거주공간 및 경제구역을 재편하여 경제사회적 관리를 시도했다. 우선 북경의 행정구역을 재편하여 만滿·한漢의 거주지역을 구분하고 백성들을 대대적으로 이동시켰는데, 정양문正陽門 안쪽 내성지구는 만주귀가滿洲貴家들이 거주하게 되어 만성滿城 혹은 달단성韃靼城이라고 별칭되었고, 외성은 모두 한인들이 거주하게 되어 한인성漢人城, 혹은 중국성中國城이라고 별칭되었다.72) 이때 한인 관료들의 사저가 선무문宣武門 남쪽에 많이 위치하고 있어서 그곳에서 가까운 자인사 묘회廟會의 서탄書攤이 자연스럽게 문인학사들의 주목을 받게 되어 발달하게 되었다.73) 자인사의 서적시장에 대해서 기존 연구는 강희 18년(1679)에 이르러 지진이 발생하는 바람에 서성西城지구가 폐허가 됨에 따라 자인사의 서탄은 점차 몰락하게 되었고, 그 이후 건륭년간에는 『사고전서四庫全書』의 찬수작업으로 유리창에서 전국적 규모의 서적시장이 발전하

人學士들이 늘 모일 수 있는 조건이 마련된 곳이어서 書市가 따라 발달하게 되었다. 孫殿起輯, 『琉璃廠小志』, 제1장 「槪述·附絞廠詩輯」, 北京: 古籍出版社, 2001. 王冶秋, 『琉璃廠史話』, 三聯書店, 1979. Susan Naqin, *Peking: Temples and City Life, 1400~1900*, Berkeley: University of California Press, 2000, pp.625~631.

72) 劉鳳雲, 앞의 책, 58~59쪽.
73) 孫殿起, 「販書瑣記二則」, 『琉璃廠小志』, 北京: 古籍出版社, 2001, 313쪽.

게 되었다고 지적해왔다.74)

그러나 다음의 기록들을 통해 지진 이후에도 자인사의 서탄은 비록 예전 같지는 않았으나 여전히 서적매매가 이루어지고 있었다는 것을 알 수 있다. 왕사정王士禎의 『거이록居易錄』과 『향조필기香祖筆記』에는 자인사에서 보았거나 구입한 서적에 대한 기록이 총 12건이 있는데, 정확한 연도를 알 수 있는 사례 가운데 가장 이른 시기의 것은 강희 16년(1677)에 공안국孔安國의 『상서대전尚書大傳』·『주자의례朱子儀禮』·『경전통해經傳通解』, 원굉袁宏의 『후한기後漢紀』를 보았던 일이었다(『거이록』권14). 왕사정은 그 후에도 30년 가까이 계속해서 자인사 서탄을 방문했다. 지진이 일어난 바로 다음해인 "강희 19년(1680)에는 자인사의 서탄에서 매우 정교한 구각舊刻 『양한기兩漢紀』와 구각 『삼례경전통해三禮經傳通解』를 보았다. 강희 41년(1702) 여름에는 구판舊版 『옹록雍錄』을 보았는데 판각상태가 매우 훌륭했다."고 기록했다(『향조필기』권3). 또 열흘이 지나서 다시 찾아갔더니 이미 다른 사람에게 팔려나갔다고 한 것으로 보아 이때에도 자인사 서탄의 서적은 여전히 수요가 높았음을 알 수 있다. 정확하게 연대가 표시되어 있는 기록 가운데 가장 시간대가 늦은

---

74) 任繼愈主編, 앞의 책, 1,171~1,172쪽 ; 기존연구에 의하면 청조가 琉璃廠 부근으로 燈市를 옮기면서 이 지역이 상업지구로서 발달하게 되었던 사실이 유리창에 서점거리가 성장하도록 자극한 자생적 요인이었다면, 『四庫全書』 찬수의 일은 유리창을 북경에서 가장 중요한 서점거리일 뿐 아니라 전국에서 가장 유명한 서적시장이 되게 만든 외부적 요인이었다. ;『藤蔭雜記』에 나오는 다음의 대목은 당시 유리창이 북경뿐 아니라 강남지역까지도 서적시장으로서 이름을 떨치고 있었다는 것의 사례로 자주 인용된다. 즉 사고전서 편수관이 된 程晉芳이 袁枚에게 시를 지어 보냈는데 "勢家들은 馬을 멈추고 珍玩을 評論하네. 冷客들은 돈을 나누어 古書를 구하네."라는 절구를 보자 袁枚가 즉시 "유리창에 있는 게 분명하다"고 말했다는 것이다. 『琉璃廠雜記』, 18쪽.

구입사례는 강희 42년(1703) 여름에 『진자앙문집陳子昂文集』10권을 샀던 일이었다.(『향조필기』권3).

물론 서성지구의 지진이 장기적으로는 자인사의 서탄이 쇠락하게 된 요인이 된 것은 사실이겠지만, 상기 기록으로 볼 때 지진 이후에도 자인사의 서탄에서는 계속해서 영업이 이루어지고 있었다고 할 것이다. 따라서 자인사 묘회가 쇠락하게 된 원인을 또 다른 곳에서도 찾아야 할 것이다.

필자는 그러한 또 다른 원인의 하나로 새로운 상업지구, 즉 만주족이 거주했던 내성에 신흥 상업지구가 발달했다는 점을 들고자 한다. 한인들이 외성으로 이주하게 되자 한인들의 절기시節期市도 따라서 외성으로 옮겨가게 되었고,[75] 북경성의 서쪽에 위치해 있던 성황묘는 옮겨가지 않았지만 청대에는 성황묘의 시장기능 자체가 상당히 위축되었다.[76] 따라서 이러한 상업지구에 부설되었던 서탄은 더 이상 발전할 가능성이 없었다고 볼 수 있다.

그러므로 자인사 서탄의 쇠락은 전반적인 외성지역 상업지구의 쇠락과 맥을 같이하는 것이었다. 이것은 내성지구의 신흥 상업구역이 자라나고 있었던 것과도 관련이 있다. 자인사의 서탄이 쇠락해가고 있을 즈음 만주인들의 거주지역에서는 새로운 상업지구들이 형성되고 있었다. 그중에 서적시장의 발전과 관계가 깊은 지역은 내성지구 동쪽에 위치했던 융복사隆福寺 주변이었다. 융복사에 대한 기존의 연구는 북경지역의 풍습연구 차원에서 이루어져 있

---

75) 『天咫偶聞』; 北京市東城區園林局匯纂, 『北京廟會史料通考』, 北京 : 燕山出版社, 2002, 92쪽.

76) 명대의 번화에 대해서는 『日下舊聞考』「燕都遊覽志」, 『萬曆野獲編』「廟市日期」. 청대의 위축에 대해서는 『天咫偶聞』; 『北京廟會史料通考』, 71~72쪽, 78~79쪽.

는데 건륭년간 융복사일대에 황족·귀족들이 많이 거주했고 이들
이 융복사 묘회에 참가하면서 이들을 고객으로 하는 골동품상·사
치품상·서상들이 모여들었다는 것을 지적한 정도이다.77) 이러한
지적을 참고하면서 내성 신흥상업지구의 발달원인을 찾아보고 여
기에서 활약했던 서상들의 경영형태는 어떠했는지, 어떠한 책을
다루었는지, 그것은 청조와 어떠한 관련이 있었는지를 알아보자.

건·가년간에 활약한 관료대학자 법식선法式善(1753~1813 蒙古人)에
의하면 18세기에 들어서 북경 묘시의 중심이 바뀌고 있었다.

> 경사의 묘시는 애초 자인사·토지묘土地廟·약왕묘藥王廟 등 수처에 불
> 과했다. 그 후 직군왕直郡王이 보은사報恩寺를 건축하여 묘시가 흥성했
> 으나 수년만에 왕이 금고禁錮하는 바람에 묘시는 없어졌다. 강희 61
> 년(1722) 예전 숭국사崇國寺의 보수를 명하여 호국사護國寺라는 이름이 하
> 사되었다. 매월 7~8일이 되면 자인사 등의 여러 시장과 마찬가지여서
> 북경성의 남쪽을 찾아가는 사람은 적어지게 되었다. 또 융복사를 중건
> 重建하였는데 매월 9~10일이 되면 시장이 선다. 오늘날 (호국사와 융복사
> 의 묘회) 그 두 개를 합쳐 동·서묘라고 부르며 무역이 매우 성행하였다.
> 자인·토지·약왕의 3시를 찾아가는 사람은 거의 없다. 『고부우정잡록古
> 夫于亭雜錄』에 (왕사정을 만나려면) "자인사 서탄에서 기다리면 된다"고 기
> 록되어 있던 고사는 이미 그 효용을 잃었다. 단지 유리창 화신묘火神廟
> 에 정월 상순이 되면 서시書市가 서고 훈화薰花·영옥零玉을 파는 자들이
> 있다.78)

청대 북경의 내성은 황성皇城과 8개의 팔기八旗거주지역으로 나
뉘어져 있었고, 내성의 남쪽지역인 외성은 왼쪽으로부터 서·북·중·
남·동성의 5개로 나뉘어 있었다. 자인사·토지묘는 외성지구의 서성
에, 약왕묘는 남성에 위치해 있었다.79) 강희제의 장자인 윤제允禔가

---

77) 郭子升,『市井風情』, 淸代社會文化叢書, 沈陽 : 遼海出版社, 1997, 68~69쪽.
78) 法式善,『陶廬雜錄』卷1, 26條. 淸代史料筆記 北京 : 中華書局, 1997, 16~17쪽.

직군왕에 봉해진 것은 강희 37년(1698), 폐위된 것은 강희 47년(1708)의 일이며, 그에 의해서 잠시나마 묘시가 흥성했다는 보은사는 내성의 동쪽지역에 있던 사찰이다.80) 그러므로 1698~1708년 무렵부터 내성지구에 황족의 지원을 받는 묘시가 흥성할 조짐이 있었음을 알 수 있다. 한편, 호국사와 융복사는 각각 내성의 서북쪽 정황기正黃旗지역과 동쪽 정백기正白旗지역에 있었다.81)

즉 상기 인용문은 첫째, 자인사 서탄의 쇠락이 외성지구 묘시의 전반적인 쇠락현상과 궤를 같이 하였다는 사실을 알려주고 있다. 청초 외성지구에 설립되어 있던 묘시들은 18세기 초에 이르러 거의 다 쇠퇴해 버렸고 유리창의 화신묘에서만 정월초에 서시 및 장신구를 파는 시장이 열릴 정도였다.

둘째, 18세기 내성지구에 황족, 혹은 청조의 지원을 받아 새로운 묘시들이 발달해서 신흥 상업지구를 형성했다는 사실을 알려준다. 융복사 주변이 번창하기 시작한 것은 옹정 원년元年(1723)에 사찰을 중건重建하고 나서부터였다. 이 사찰을 중건하게 된 내력은 옹정제가 지은 「어제융복사비문御製隆福寺碑文」에 잘 나타나 있다. 즉, "경태 4년(1453)에 지어진 융복사는 원래 명황실의 복을 기원하던 사찰이었는데, 18세기 초엽에 이르러 오랜 세월의 풍화로 폐허가 되어 있었다. 이것을 안타깝게 여기던 차, 대량의 재원財源을 풀어" 사찰을 중수했다는 것이다. 그 결과 "사우寺宇는 이전의 모습보다 더 광채를 발하게 되었으며 불상도 훨씬 장엄한 위상을 갖게 되

---

79) 侯仁之, 『北京歷史地圖集』1, 「淸北京城 乾隆15(1750)年」, 北京 : 北京出版社, 1988, 41~42쪽.
80) 『皇朝文獻通考』卷246, 「封建考」1 ; 『日下舊聞考』卷48, 「城市·內城東城4·報恩寺」, 北京 : 古籍出版社, 2001, 765쪽.
81) 侯仁之, 위의 지도.

었다." 옹정제는 이러한 행위의 목적을 "스스로의 복을 추구하고자 함이 아니라 강희제의 공덕을 기리기 위해서, 그리고 강희제의 홍기鴻基를 이어받아 백성들로 하여금 지속적으로 강희제의 은혜를 누릴 수 있게 하기 위해서이다"[82]라고 밝혔다.

옹정제가 황자들의 극심한 견제와 암투를 뚫고 제위를 차지한 것은 주지의 사실이다. 결국 융복사의 중건은 '상천上天의 경복景福을 황고皇考로부터 물려받았다'는 것을 만방에 과시하기 위한 일환이었다. 명대 황실의 사찰이 선택된 것은 전왕조의 권위를 빌려 황통皇統의 정당성을 주장하는 데 적합했기 때문이다. 어쨌든 옹정제의 즉위와 더불어 융복사는 황실의 의도적인 지원을 받아 번창하기 시작했다. 건륭년간에도 어서편액御書扁額을 내리는 등 융복사에 대한 관심은 계속되었다. 그 결과 매월 9~10일에 서는 융복사의 묘시는 '백화百貨가 즐비하여 제시諸市 가운데 가장 번화한 묘회廟會'가 되었다.[83]

융복사 묘시의 서탄도 명실상부한 서적시장으로 발전했다. 건륭 34년(1769) 이문조李文藻(1730~1778)는 융복사 서탄의 성황을 다음과 같이 전했다.

> 내성 융복제사隆福諸寺에는 정기시장이 서는 기간이 되면 서적을 파는 자가 많아지는데 그것을 '간묘趕廟'라고 칭한다. 그들이 내어놓은 서적이 땅바닥에 가득했고, 왕왕 온전하지 않은 것들이어서 싼 가격에 판다. 주예당朱豫堂은 날마다 자제를 보내 서적을 물색했는데 그러기를 수십 년이 되자 수십만 권의 서적을 모았다. 모두 불완전한 것들을 점차 모아서 완전하게 만든 것이다. 대개 불완전한 것들은 대

---

82) 『日下舊聞考』卷45, 「城市·內城東城1·隆福寺」, 北京 : 古籍出版社, 2001, 711쪽.
83) 『(乾隆)大淸一統志』;『北京廟會史料通考』, 253쪽.

부분 인가人家의 노비들이 훔쳐서 판 물건들이다. 그 가운데는 완전한 것도 있어서 그런 것들을 기대하고 날마다 그 곳에 가는 것이다.[84]

이로써 18세기 후반에 이르러 융복사의 서탄은 비록 완질完帙이 갖추어지지 않은 서적들이 주를 이루었지만, 서적을 파는 서상이나 서적을 모으려는 장서가들이 모두 중시하는 서적시장이 되어 있었음을 알 수 있다. 그러나 이문조의 기록 가운데 서포書鋪에 대한 사항이 없는 것으로 미루어 보아 18세기 말, 특히 건륭년간까지 융복사에 고정적인 서점이 형성된 것은 아니라는 것이 분명하다. 이곳에 고정 서점의 기록이 보이는 것은 청말이었으며,[85] 민국시기까지 서점거리가 존재했다.[86]

비록 18세기 말 융복사 주변 상업지구에 고정적인 서점이 출현한 것은 아니었지만, 서탄이라고 할지라도 16세기 말 호응린胡應麟이 기록했던 서탄과는 의미가 달랐다. 형식은 명말과 마찬가지로

---

84) 李文藻,「琉璃廠書肆記」,『琉璃廠小志』, 北京 : 古籍出版社, 2001, 102쪽.
85) 淸末民初의 만주족 학자 戴鈞(1857~1920)의 관찰에 의하면 1850년대 이전까지 隆福寺 부근에서 영업하던 서점으로는 삼괴당·동립당·보서당·천회각 4개가 있었다. 同治年間에 이르러 이 가운데 동립당이 폐업했고 천회각은 광서년간 진취당으로 이름을 바꾸어 영업을 계속했다. 이들 3개의 서점은 1910년대까지 존재했던 것으로 확인된다. 震鈞,『天咫偶聞』卷7, 北京 : 古籍出版社, 1982, 164쪽 ; 宣統 2년(1910) 京師大學堂에서 교편을 잡았던 震鈞은 같은 기사에서, 淸末民國初 주로 古書만을 취급하던 三槐堂의 영업이 이전만 못하다고 서술하였다. 아울러 寶善堂과 聚珍堂이 서로 경쟁적으로 영업하고 있으나 차츰 古書는 사라지고 북경성 내외에 통행되는 것은 新書뿐이라고 한탄하였다.
86) 민국시기에는 위의 3개 서점뿐 아니라 문전각·보수재·보문서국 등 15개의 서점이 융복사 부근에서 영업을 하고 있었고, 이들 서점에서 파는 것은 주로 古書였으며, 1940년 즈음에는 잦은 병화와 일반인들의 경제력 상실로 이전보다 못하게 되었지만 옛날에는 꽤 盛業했었다는 관찰이 남아있다. 李審言,「隆福寺廟會」,『國民雜志』1941年 7期. ;「北京廟會史料通考」, 257쪽.

상업지구에 부설되어 정기적 날짜에만 설립된 것이었지만, 실제로는 노비들조차 서적을 훔쳐내면 이곳에 와서 팔 정도로 서상들의 중개판매가 활기를 띠고 있었고, 사인들도 장서를 완결하기 위해서 수십 년간 지속적으로 찾아가는 명실상부한 서적시장으로 자리 잡고 있었던 것이다. 이처럼 내성지구의 신흥상업지구는 청조의 의도적인 지원을 받아 번창하였고, 주변에 거주하는 만주족 귀족 등의 장서가를 상대로 서적시장이 발달할 수 있었다.

청조는 신흥상업지구를 개발했을 뿐 아니라 서적시장의 통제와 관리도 함께 진행했다. 앞에서도 서술했듯이 순치 9년(1645) 학생들이 함부로 글을 지어 출판하는 행위를 금지하고 서상들은 이학理學과 정치, 문업에 유익한 서적에 한해서만 출판을 허락한다는 조치가 내려진 이래,[87] 강희 26년(1687), 강희 53년(1714)에는 서점에서 팔고 있는 소설과 음사淫詞한 서적들의 생산과 판매를 금지시켰고, 금령禁令을 제대로 수행하지 않는 관리들까지 처벌한다는 구체적인 체벌 규정도 마련하였다. 이러한 금령은 옹정년간에 이르러서 희곡 상연을 금지하는 것으로 확대·시행되었다.[88] 이러한 조치는 서적시장을 통해서 풍속을 저해시킬만한 서적이 전파되는 것을 막기 위한 것이었지만, 과거수험서의 유통에서와 마찬가지로, 내심 반청감정이 확산되는 것을 경계하기 위한 것이었다.

청조의 이러한 의도가 철저하게 관철되었다고는 보기 어렵지만, 사고관四庫館 설립을 계기로 본격적으로 발전하게 된 유리창의 서점거리를 보면 출판업의 관리와 통제를 통해 정부가 원하는 학술

---

87) 『大淸會典』卷51, 「學校」·「學規」, 順治九年條.
88) 『學政全書』卷7, 「書坊禁例」; 王利器, 『元明淸三代禁毁小說戲曲史料』, 上海: 古籍出版社, 1981, 37~38쪽.

사상을 재생산해 내려는 의도는 어느 정도의 달성되었다고 볼 수 있다. 이문조가 건륭 34년(1769)에 남긴 기록에 의하면 약 2리정도 되는 유리창의 서점거리는 가운데의 다리를 중심으로 동서로 나뉜다. 동쪽으로 23개, 서쪽으로 7개의 서점이 있었는데 이 가운데 구서舊書를 주로 다루는, 따라서 사인들이 주로 찾아가는 서점은 서쪽지역에 몰려있었다. 이문조가 서적을 구입했거나 특히 주목해서 관찰하고 기록을 남긴 서점은 다음의 표와 같다. 특별한 표시가 없는 한 이문조의 기록에 의한다.[89]

다음의 표 가운데 진하게 표시된 서점 가운데, ①②③번의 서점들은 강남의 서상들이 적극적으로 북경에 진출한 사례에 속하는 것으로, 이들은 강남에서 수로를 통해 북경까지 서적을 조달했다. 따라서 명말 이래 호주湖州·소주 상업출판의 판로가 18세기 말 이후에는 북경까지 확대되었다는 것을 알 수 있다.

그렇다면 강남에 본거지가 없는 서상들은 어떤 식으로 서점을 운영했을까? 이문조의 기록에 의하면 ④주씨의 보명당은 원래 관리명부나 형법서·여행기 같은 책을 팔았는데 건륭 26년(1761) 당시 과친왕부果親王府가 소장하고 있던 서적을 대량 사들여 판매에 나섰다. ⑤유씨劉氏의 연경당도 당시 내성에서 수십 부의 책을 사들여 판매하고 있었는데 매부每部마다 찍힌 검인기鈐印記로 미루어 그 서적들은 조인이 소장하고 있다가 전보보錢寶甫에게 넘겨준 책들이었다. 이처럼 강남에서 서적을 조달할 수 없던 서상들은 내성지구의 장서가들로부터 서적을 구했다는 것을 알 수 있다.

---

89) 李文藻, 「琉璃廠書肆記」, 『琉璃廠小志』, 北京 : 古籍出版社, 2001, 100~102쪽.

〈표 5〉 李文藻가 기록한 琉璃廠의 서점과 서적

서점이름		구입서적 혹은 관람서적	특기사항
성일당聖一堂		『광동신어廣東新語』외 불완전한 신서新書 수종數種 구입	부분적으로 훼손되어 불완전한 서적을 주로 판매
이유당二酉堂			명대부터 있었기 때문에 노이유老二酉라고 불림
②문수당文粹堂	초본鈔本	송宋통감장편기사본말通鑑長編紀事本末, 려포필기瀘浦筆記, 목사휘기牧史彙記, 간만편簡萬編, 건곤청기乾坤淸氣, 여경부시집呂敬夫詩集, 단서어모집段氏二抄集, 예하초예학편禮學編, 건염이래계염록建炎以來繫炎復編, 공남훈집黃南薰집 호록湖錄, 월옥만五月屋漫稿, 앙공암집仰空菴集, 조석경직지경직지焦氏經籍志 구입	주인은 김씨金氏로 북이서적이지만, 이 서점이 서상西商 사씨謝氏(소주인蘇州人)는 특히 서적에 대한 조예가 깊다. 오류거五柳居의 도씨陶氏, 감고당鑑古堂 서상으로 지목됨 개달은 서상으로 지목
	각본刻本	장안지長安志, 계륵집鷄肋集, 호운봉집胡雲峰集, 향가금집黃稼翁集, 강호집江湖長翁集, 당미산집唐眉山集 구입	
선월루先月樓			내판內板(=관각官刻)서적이 많다
④보명당寶名堂	초본鈔本	양인원사탁梁元史略, 계문안집문소支, 독사방여기요讀史方輿紀要, 구씨재편구책소원소산九册所元龜와 명헌종실록明憲宗實錄 등의 실록, 방명계方名系 등의 자서의 읽고 등을 관람	원래는 사적仕籍(관리명단) 및 률례律例(형법) 노정기路程記를 판앞았는데 1769년 당시 과친왕부果親王府의 서적 2권여를 세트로 사다가 서가에 진열해놓음
	각본刻本	자경편自警編 반부本部, 온공서의溫公書儀 1부 구입, 송가본未刻本	
서금당瑞錦堂			구서舊書가 많다
③오류거五柳居		장주인長州人 오태래吳泰來의 장서있던 서적들을 관람	주인은 도씨陶氏, 건륭년간 영업시작. 문수당文粹堂과 더불어 매년 소주에서 서적을 사서 배로 싣고 돌아온다
⑤연경당延慶堂		조인曺寅의 장서였다가 전보보寶甫에게 로 전수되 수많은 서적을 관람. 송조宋조동감장편기사본말通鑑長編紀事本末 등의 조본의 각본서石刻本 구입하신모시요의魏鶴山毛詩要義, 누공괴문집제지제樓文集諸書 송가본宋刻本	원래 ①노위老韋가 운영하던 감고당鑑古堂. 노위가 서적 구입해왔있는 당시는 중간됨. 1769년 당시 내성에서 수십 부의 책을 구입해서 진열

유리창의 서점들은 출판업을 병행했을까? 장수민張秀民의 연구서에서 밝혀진 북경서점의 상호를 이문조의 기록과 비교해보면 이문조가 기록한 31가家의 서점 가운데 보명당寶名堂·감고당鑒古堂·오류거五柳居·문금당文錦堂·동승각同陞閣 등이 각서를 병행했다는 사실을 알 수 있다.90) 이중에서 보명당은 건륭 57년『대청진신전서大淸縉紳全書』를, 동승각은 건륭초년 『만한진신전서滿漢縉紳全書』를 출판했다. 이문조는 이 서점에 대해서 "원래 판매하던 서적은 관리명부"라고 지적한 바 있다. 강남에서 서적을 조달해 올 수 없었던 서점들은 내성의 장서가들로부터 사온 구서舊書를 팔거나 스스로 판각해 낸 서적을 팔기도 했던 것인데 그 중 하나의 예는 관리명단·형법서 등의 신서였다는 것을 알 수 있다.

왕사정은 건륭 이전 북경에서 출판된 서적은 훌륭한 것이 드물다고 했으며 건가년간에 이르러서야 각수刻手와 사수寫手의 실력이 날로 정교해지고 출판의 수준이 좋아졌다고 기록했다.91) 북경에서 서적인쇄가 발달하는데 기초가 된 것은 강희 19년(1680)에 수서처修書處를 무영전에 건립하고 서적의 인쇄와 정장을 담당하게 한 일이었다.92) 내부의 각서가 서적에 대한 관심을 높이고 장기적으로는 출판업을 활성화시킬 것은 분명했지만, 실제로 사각私刻과 방각이 흥성하게 된 것은 그로부터 약 1세기 가까운 시간이 흐른 뒤였던 것이다.

그러나 북경의 출판이 강남의 수준만큼 번영할 수는 없었다. 현재 상호가 밝혀진 북경의 서점들은 대부분 각서는 하지 않고

---

90) 張秀民, 앞의 책, 1987, 552쪽.
91) (淸)張穆,,「帛齋書札詩稿」手稿本, 張秀民, 위의 책, 552쪽 재인용.
92) 『日下舊聞考』卷70,

판매업에만 종사했다고 지적되고 있다. 그 원인은, 각공들의 대량 유입이 불가능했고 출판의 재료조달이 어려웠기 때문이라고 추론해 볼 수 있다. 법식선은 건가년간의 사각私刻이 박고博古한 문인에 의해 이루어지고 판각도 매우 훌륭하다는 사실을 높이 평가하면서도, 저楮·묵墨이 최상품이 아니기 때문에 인쇄면에서는 아쉬움이 많다는 것을 지적했다. 이것은 인쇄출판의 재료들이 강남보다 못하기 때문이라고 덧붙였다.93) 인쇄업이 발달했지만 종이가 귀해 서적의 가격은 매우 비쌌다는 것도 지적되어 온 바이다. 이러한 문제는 방각의 경우 더욱 심각했을 것이다. 북경으로 진출한 서상의 경우 출판업의 기반시설이 없는 상황에서 각서포刻書鋪를 새로 만드는 일보다는 강남으로부터 각판을 들여와 인쇄만 하거나, 아니면 완성품으로서의 서적을 들여다 파는 것이 이익을 남길 수 있는 방법이었을 것이고, 따라서 유리창은 서적의 생산보다는 유통과 집산을 위주로 하는 서점거리가 되었던 것이다.

한편 18세기 유리창에서 취급되었던 서적의 종류로는, 고증학이 전성기를 맞아 사인들에게 인기가 높았던 소학류小學類 서적을 들 수 있다.94) 법식선의 관찰에 따르면 당시 문자에 대한 분석과 해설류 저술이 속속 등장하던 가운데, 소진함邵晉涵의 『이아정의爾雅正義』, 왕염손王念孫의 『광아소증廣雅疏證』, 완원阮元의 『경적찬고經籍纂詁』 등이 원전과 가장 잘 합치하는 저술로서 팔리고 있었다. 세 사람은 모두 고증학의 대표주자들이다. 한편 법식선은 또 한 사람의 중요한 고증학자 "방밀方密이 편집한 『통아通雅』를 본 적이 있

---

93) 法式善, 『陶廬雜錄』 卷4, 32條, 淸代史料筆記 北京 : 中華書局, 1997, 127쪽.
94) 『爾雅』, 『說文』 등 小學類의 서적이 당시 사인들에게 인기가 높았다는 사실은 기윤과 홍대용의 대화를 통해 알려진 유명한 일화이다. 柳得恭, 「燕臺再遊錄」 고전국역총서.

었는데 그 해박함이 앞의 3개 저술과 비교해서 전혀 뒤떨어지지 않는다"고 평가했다. 다만 "최근의 저술에 비해 출판된 지 오래되었기 때문에 재차 인쇄가 되지 않음을 애석해하고 있던 차", 이 책이 당시 요씨서숙姚氏書塾에 소장되어 있다는 것을 알게 되었는데 소주출신의 서상으로부터 이 책을 사가지고 와서 판매하겠다는 약속을 받고 기뻐했다고 전하고 있다.[95] 이 서상이 누구인지는 더 이상의 언급이 없다. 다만 위에서 언급했던 서상들, 즉 감고당의 노위, 문수당文粹堂에서 일하던 소주인蘇州人 서상 사씨謝氏, 오류거의 주인 도정상陶正祥 등과 마찬가지로 강남에 근거지를 둔 서상이 북경에 진출한 경우였으리라고 예상할 수 있다.

그러나 북경의 서상들은 비록 출판업을 위주로 하지 않았더라도 수요만 있으면 대여貸與와 초서抄書를 통해 서적을 재생산 할 수 있었다. 건륭 37년(1772) 사고관개설四庫館開設을 계기로 유리창은 문인들의 가장 중요한 집합소가 되었기 때문에 그러한 수요는 늘 있었다고 볼 수 있다. 따라서 18세기 말 유리창은 대여와 초서, 서적정보를 교환하는 서점거리로서, 중국의 국내외에 고증학풍考證學風을 확산시키는 '거대한 도서관'의 역할을 했다는 평을 듣게 되었다.[96] 출판을 관리하는 제도적 장치가 없던 상황에서 청조는 통치에 위협이 될 수 있는 불온한 사상이 출판을 통해 퍼지는 것을 완전히 통제할 수는 없었다. 그러나 적어도 청초 이래 꾸준히 신흥상업지구를 관리하고 서점가의 출판물을 검열한 결과, 융복사와 유리창과 같이 학술과 사상의 통일에 일조하는 서적시장을 발달시

---

95) 法式善, 『陶廬雜錄』 卷2 23條, 淸代史料筆記 北京 : 中華書局, 1997, 35쪽.
96) 청말 梁任公은 "유리창에 한번 갈 때마다 그곳에서 하루 종일 시간을 보내게 된다. 京朝士大夫들의 公共圖書館 역할을 하는 곳이다"라고 했다. 張秀民, 앞의 책, 552쪽 재인용.

킬 수 있었던 것이다.

　유리창이 고증학 기풍을 확산시키는 정보의 교류처 기능을 담당하게 된 사실은 중국 사인들 뿐 아니라 북경으로 찾아왔던 외국의 사신들, 특히 대외지식의 창구는 오로지 중국밖에 없었던 조선 사대부들에게도 중요한 일이었다. 주지하다시피 조선의 사인들이 중국서적을 수입해 들어오는 방식은 사행을 통한 공·사무역이었다. 특히 공무역보다는 개인적인 서적구입이 다양한 중국서적을 국내로 유입시키는 데 큰 역할을 한 것으로 지적되어 왔다. 조선 사인들은 유리창을 주요 거점으로 삼아 서적구입은 물론 조朝·중中 학인간의 교류를 이어갔고 이러한 교류를 통해 청대 절정기에 달한 고증학이 조선으로 유입되었다.[97]

---

97) 藤塚鄰, 『淸朝文化東傳の硏究 : 嘉慶道光學壇と李朝の金阮堂』, 東京 : 國書刊行會, 1975.

제5장

중국서적과 조선의 정치이념

제1절 중국서적의 보급과 번각
- 읽고 싶은 책, 읽히고 싶은 책

1. 과거수험용 서적의 선별적 이용

16세기 말 이래 중국에서 대량출판의 시대가 열린 것은 상업출판을 포함한 민간출판의 폭발적인 성장이 있었기 때문이다. 특히 앞에서 살펴보았듯이, 개인의 출판활용은 명말청초의 변혁기를 거친 후에도 여전히 사회적으로 위력을 발휘하고 있었다. 이러한 사정은 개인의 장서활동을 자극하여 중국의 장서가들은 스스로 출판가로 활동하면서 적극적으로 책을 재생산해냈다. 또 유명한 선본을 출판하는 것은 출판가에게 사회적 명성을 가져다주는 길이 되기도 했다.[1] 이처럼 민간출판의 지속적인 발전은 명말청초시기에 중국의 서적이 활발하게 해외로 전파되는 데 기반이 되었다. 반면 조선에서 출판의 주체는 정부였고 장서가는 장서를 위한 출판활동을 하지 않았다. 16세기 말엽부터 상업출판이 분명 존재하기는 했

---

[1] 예를 들면 北京의 藏書家이자 出版家였던 郭勛은 正德 3년(1508) 武定侯에 봉해졌는데 그가 편집해서 출판했던 책들은 우수하기로 유명하여 '武定版' 이라는 특별한 이름으로 불렸다. 武定版은 훗날에도 藏書家들의 중시를 받았다. 출판업자 중에서는 명말청초의 毛晉이 影宋鈔를 개발하여 희귀한 宋本을 그대로 재생산해냄으로써 淸代까지 명성을 떨쳤다. 任繼愈主編, 앞의 책, 2001, 154~155쪽, 1,127~1,130쪽.

지만,2) 광범위한 시장을 형성하지 못함으로써 본격적인 서적수집의 방도가 되지 못했다.3) 개인에 의한 출판은 가문과 선조의 위상을 높이기 위한 족보나 문집출판에 국한되었다.4) 즉 전반적으로 민간의 출판이 부진했던 점에서 중국의 출판문화와 결정적인 차이를 보이고 있었다.

그런데 조선에서는 선초부터 꾸준히 왕명으로 중국의 서적수입을 시행하였고 특히 16세기 말부터는 사행을 이용하여 개인적인 구서求書도 적극 추진하였는데,5) 어느 경우에나 사전에 구서求書목록을 제작해서 계획적으로 구서求書를 진행했으리만큼 적극적이었음에도 불구하고,6) 서적의 활용이라는 측면에서 볼 때에는 이처럼

---

2) 조선 방각본은 16세기에 처음 등장했는데, 현재까지 알려진 조선 最古의 방각본은 선조6년(1576)의 『故事撮要』이다(안춘근, 『韓國出版文化史大要』, 서울 : 靑林出版, 1987년, 201쪽). 방각본이 본격 발전하기 시작한 것은 17세기부터이다. 안춘근의 저술에는 저자가 수집한 非小說 坊刻本의 목록이 수록되어 있는데 이 가운데 출판년도가 확실한 17세기의 방각본으로는 『明心寶鑑抄』1644年 泰仁孫基祖改版1冊, 『史要聚選』1648年 西溪1冊, 1679년 西溪1冊 등의 3건이다(194~195쪽).
3) 中宗 10년대(1520년대)와 明宗 6년(1551) 무렵 書肆설립의 필요성이 제기되었고 조정에서 열띤 논의가 일어났으나 書肆의 설립으로 실행되지는 않았다. 조선에서 본격적인 書肆가 운영된 것은 純祖 29·30년(1829·1830) 이후의 일이었다. 정형우, 『조선조 서적문화 연구』, 서울 : 구미무역주식회사출판사, 1995, 386~396쪽, 413~430쪽.
4) 안춘근, 위의 책, 1987, 179~182쪽.
5) 明人 姜紹書가 朝鮮士人들의 서적구매 열의에 대해 묘사한 일화는 유명하다. 그는 朝鮮國人들은 책을 가장 좋아해서 使臣들이 入貢하면 불과 5~60명밖에 되지 않지만, 舊典·新書 및 稗官小說에 이르기까지 날마다 시장에 나가서 구입하였는데, 書目을 제작해서 만나는 사람들마다 서적에 대해 묻고 비싼 값을 아끼지 않고 서적을 구입해 돌아갔으니 중국보다 오히려 조선에 기이한 서적이 더 많이 소장되어 있다고 서술했다. 姜紹書, 『韻石齋筆談』卷上 ; 吳楓·劉乾先主編, 『中華野史大博覽』下冊, 北京 : 中國友誼出版公司, 1992, 1180쪽 재인용.

현격한 차이가 발생했던 이유는 무엇이었을지 의문이 생긴다. 물론 양국의 경제적 배경이 다른 상황에서 민간출판의 발달여부를 단선적으로 비교하는 것은 무의미한 일이겠지만, 조선은 중국과 마찬가지로 과거를 통해 인재를 선발했기 때문에 지식인들에게 과거에 응시하기 위한 텍스트를 구하는 일이 중요한 문제였을 것이므로, 이러한 텍스트 내지는 과거수험서의 보급과 관련해서 출판업이 발달할 여지는 전혀 없었는지 궁금증이 생기게 된다. 따라서 조선에서는 앞에서 살펴보았던 것과 같은 중국의 과거수험서, 혹은 과거응시용 모범답안의 종류가 존재하지 않았는지, 존재했다면 출판될 여지는 있었는지, 또 어떻게 활용되고 있었는지를 우선 살펴보고자 한다.

17세기부터 그 존재가 확인되는 조선의 방각본은 주로 소설과 과거공부에 필요한 경전이었다.[7] 수험용 경전이라 함은 대개 소학서, 『사서삼경』, 기타 공령功令에 필요한 서적들을 말한다. 이 분야의 선구적 연구에서 소개하고 있는 〈비소설 방각본 일람표〉[8]를

---

6) 이존희, 「조선전기의 對明 서책무역」, 『진단학보』44, 1978, 61~67쪽.
7) 조선 坊刻本은 임란 이후 전라도에서 발생하여 다시 서울로 전파되었는데, 書種은 주로 소설과 과거공부에 필요한 經典들이었다. 坊刻本이 발전하게 된 배경에는 ①임란 이후 문화재 소실이 심각한 상황에서 서적을 비롯한 문화재를 회복하려는 노력이 경주되었다는 점, ②정권에서 유리된 양반계층의 숫자가 많아지자 신분질서가 동요되기 시작했고 입신양명을 위한 수단으로서 과거공부에 필요한 경전들이 방각본으로 만들어지기 시작했다는 것, ③서민문화의 팽창의 결과 여성과 서민층이 독자층으로 부상했다는 점 등의 요인들이 작용했다. 따라서 방각본의 주요 수요층은 서당과 규방이었다고 볼 수 있다. 김동욱, 「방각본에 대하여」, 『동방학지』11, 1970, 100~104쪽.
8) 이 표는 1970년 당시에 현존하고 있던 坊刻本을 위주로 하고, 국내외 朝鮮 坊刻本에 대한 연구성과 가운데 해제가 되어 있는 坊刻本까지 포함해서 만든 것이다. 김동욱, 위의 논문, 118~133쪽.

살펴보면, '과거공부에 필요한 서적들'이란 『천자문千字文』, 『명심보감초明心寶鑑抄』, 『동몽선습童蒙先習』, 『격몽요결擊蒙要訣』, 『소학제가집주小學諸家集註』, 『사략史略』, 『당시장편唐詩長篇』, 『고문진보古文眞寶』, 『사서삼경四書三經』, 『규장전운奎章全韻』 등의 책들이었음을 알 수 있다. 이 가운데 방각본이 본격적으로 발전하기 시작했다는 17세기의 출판물은 『명심보감초』(1664)와 『동몽선습』(1654) 단 2종뿐이고 나머지는 대개 19세기~20세기 초반의 출판물이다.9) 따라서 17세기 출판업이 존재했다는 것은 확인이 되지만 본격적으로 발전한 것은 19세기에 이르러서였다고 할 수 있다.

이상의 서적들은 모두 과거시험과 어떻게든 관련된 서적들이지만, 과거수험서의 범주에 속한다고는 볼 수 없다. 과거수험서는 과거시험에 쉽게 통과할 수 있도록 만들어진 요령을 제공하는 지침서로서, 작문선집作文選集 혹은 모범답안의 모음집 등을 말한다. 앞의 〈일람표〉에 소개된 방각본들의 경우는 비교적 저렴한 가격의 경전과 교육용 텍스트들이 확산되어갔음을 보여주는 사례에 속한

---

9) 조선 방각본의 始發지역은 전라도 泰仁이었다. 이곳은 서울에서 거리가 멀고 종이의 産地였다는 점에서 坊刻本이 발달할 수 있는 조건을 가진 곳이었다. 방각본의 원류는 『童蒙先習』으로 추정된다. 태인지역의 방각본 출판자들은 田以采와 朴致維라는 인물이었는데, 泰仁板 『古文眞寶』(1676년)의 後書에 따르면 이들은 衙前이었다. 이들이 출판물에 堂號 대신 본인의 이름을 사용했고 이것이 1세기 후에도 출판자의 이름 맨 앞에 사용되었다. 김동욱, 위의 논문, 104~106쪽.; 그런데 다른 연구에 의해서 泰仁板 『古文眞寶』(1676년)의 後書를 쓴 耐翁이라는 사람은 당시 태인현감이었던 趙恒鎭(1738~1803)이었다는 것이 밝혀졌다. 이로써 泰仁板 『古文眞寶』가 발행되었던 병진년은 1676년이 아니라 1796년이라는 설이 제기되었다. 이 주장에 따르면 출판자인 田以采의 생존연대도 1세기 이상 후대로 내려가는 것이다. 김윤수, 「泰仁坊刻本 詳說古文眞寶大全과 史要聚選」, 『서지학연구』5·6 합집, 1990 참고.

다고 할 수 있다. 따라서 조선의 출판업이 발달하기 시작했고 소설과 경전이 판매되기 시작했지만, 그것은 경전의 확산과 보급이라는 맥락에서 이해될 수 있는 것이었다. 즉 본서의 제2장 1절에서 살펴본 바대로, 성화·홍치년간부터 서서히 흥기하기 시작했던 중국의 상업출판이 결과적으로 '경서의 보급에 일조'했던 것과 같은, 상업출판의 발달이라는 측면에서 볼 때 초보적 수준에 머무는 것이었다.

그렇다면 조선에서는 모범답안의 선집이 사용되지 않았을까? 실록기사에 의하면 세종시기부터 모범답안을 이용한 과거시험의 표절이 문제가 되고 있었다.

1429년 세종은 유생들의 수험공부 및 답안작성의 문제점을 다음과 같이 지적했다. 즉 "유생들이 『사서오경』과 『삼장문선三場文選』·『원류지론源流至論』 등의 종류만 잘 공부했어도 제술製述을 지을 수 있는데, 이것조차 공부하지 않고 오로지 동료들이 제술한 것을 모아서 초집抄集해 두고는 어쩌다 비슷한 문제가 출제되면 모범답안을 그대로 표절하는 것이 풍속을 이루게 되었다"고 개탄했던 것이다. 심지어는 세종이 "국학國學에 행차하여 전문箋文을 제술하게 한 자리에서도 권맹손權孟孫이 도시都試에서 장원壯元을 차지했을 때 쓴 답안 「빈풍도豳風圖」전箋을 표절한 글이 있을 정도였다."고 하며, 세종은 평상시 제술작문일지라도 도리를 아는 유생이라면 초집을 표절하지 않는 것이 마땅할진대 임금이 직접 선비를 시험하는 자리에서조차 모범답안을 표절할 정도이니 사태가 심각하다고 느끼고 있었다.[10] 세종의 지적을 통해서 15세기 국학의 유생들이

---

10) 『世宗實錄』44卷 世宗 11年(1429) 5月 28日 癸酉,「中國의 抄集과 東國名儒가 製述한 表箋·策文을 인쇄하여 반포하게 하다」.

과거합격자의 기출답안, 혹은 동료들의 우수한 모범답안을 선초選抄한 과거수험서를 만들어 사용했다는 사실을 알 수 있다. 유생들이 모범답안을 선초해놓고 표절하는 현상에 대해서 세종은 『사서오경』 같은 기본 텍스트만을 공부하도록 요구하는 것으로는 표절의 풍조를 바로잡을 수 없다는 것을 느끼고, 중국의 유명한 초집과 조선의 명유名儒들이 제술한 표전·책문 종류를 인쇄하여 반포하도록 명령했다. 이로써 졸렬한 글을 금지시키고 또 정도에 어긋나는 방법으로 과거에 합격하는 길을 막겠다는 것이었다.

이런 풍조는 국학뿐 아니라 지방의 학교에도 해당하는 것이었고, 실제 과거시험장에서도 문제가 되고 있었다. 1432년 세종은 신진선비들의 답안이 합격시킬만한 가치가 없다고 지적하면서, 다시 한 번 모범답안 초집의 표절을 문제 삼았다. 1429년에는 모범답안의 표절을 없애기 위해서 중국과 조선의 우수한 거업문 모음을 인쇄하여 반포하는 조치를 취했지만 이번에는 단속을 강화했다.

> 지금 시험에 응시하는 생도들은 경서와 『사기』를 깊이 공부하지 않을 뿐 아니라, 『원류지론源流至論』, 『책학제강策學提綱』, 『단지독대丹墀獨對』, 『송원파방宋元播芳』 등 과장에서 표본으로 삼는 고문까지도 전연 따르려 하지 않는다. 오로지 제배儕輩의 저술을 전사傳寫해서 한결같이 그대로 베껴 쓰고 요행으로 과거에 합격하기를 바란다. …… 지금부터는 옛글을 익히지 않고 제배가 지은 것을 뽑아 표절하거나, 몰래 책을 가지고 들어와서 펴보는 자를 중외의 교관과 시험관에게 수색하도록 하라. 학교 안에 가지고 와서 펴보는 것이 발각된 자는 1식년을 기한으로, 시험장 안의 수색 검열에서 발각된 자는 2식년을 기한으로 과거의 응시를 정지시켜 학문의 방법을 바로잡게 하라.[11]

---

11) 『世宗實錄』 55卷 世宗 14年(1432) 3月 11日 庚午, 「科擧시험에 책을 숨겨 표절하는 생도 등에게 응시를 정지하게 하다」.

윗글에서 수험생들은 경전이나 사서를 공부하지 않는 것은 물론이고, 송원대에 만들어진 과거수험서12)조차 공부하지 않는다는 지적을 받고 있다. 수험생들이 의존하는 것은 모범답안문을 선초하여 만든 과거수험서 뿐이었다는 것이다. 이로써 평소에 중앙과 지방의 학교에서 이런 과거수험서를 보는 것이 일상화되어 있었고, 심지어 시험장에도 몰래 반입했을 정도로 과거수험서는 수험생들에게 애용되고 있었다는 것을 알 수 있다.

그런데 세종이 '과장에서 표본으로 삼는 고문'으로서 제시했던 송원시대의 과거수험서들은 동시대 중국에서는 달리 받아들여지고 있었다. 과거수험서 남용실태의 사례 가운데 하나로 거론되던 것이다. 세종이 언급했던 서적 가운데 『고금원류지론』은 본서의 제2장에서 이미 언급한 바 있는 서적으로서, 송대에 새롭게 바뀐 과거방식에 대비하기 위해서 만들어진 과거수험서였는데, 명대에 이르러서는 선덕 2년(1427) 건양의 서상에 의해서 번각되었다.13) 전술했던 바와 같이 이 서적을 출판했던 서상은 이 책의 내용이 '과거를 준비하는 자들에게 마치 과녁을 적중시키듯이' 유익하다고 선전하며 판매하기 시작했었는데, 1427년 무렵 만해도 송대의 판본은 온전치 못한 것들만 남아있었고 자신이 구할 수 있는 것은 초본뿐이었다고 서술하였다. 그런데 천순년간(1457~1463)이 되면 이 책은 과거수험서 남용의 사례로 언급되기에 이르렀다. 즉 (명) 절강태평인浙江太平人 사탁謝鐸은 학교와 인재선발 등의 문제를 재정비해서 교화敎化를 밝히자고 주장하는 가운데, 수험생들의 과거수험서 남용이 심각하다는 사정을 아래와 같이 지적했다.

---

12) (宋)林駉 撰, 『源流至論』, (元)祝堯, 『策學提綱』, (元)吳鼒, 『丹墀獨對』
13) 본서 p.77 각주 89), p.78 각주 91) 참고.

오늘날 소위 과거라는 것은 비록 뛰어난 인재들을 뽑을 수는 있는 방법이기는 하지만 (동시에) 허황된 욕심과 성급한 경쟁의 풍조를 일으키는 것으로서 이보다 심한 것은 없다. 무릇 과거란 독서에 근거해야 하는 것임에도 불구하고, 오늘날 수험생들은 『경화일초京華日抄』가 아니면 『주의主意』를 읽고, 『원류지론源流至論』이 아니면 『제강提綱』을 읽는다. 심지어는 경經·사史가 무슨 책인지 모르는 사람도 있다.[14]

상기 인용문에서 사탁謝鐸이 지적했던 과거 수험서로 맨 앞에 나오는 『경화일초京華日抄』는 15세기 말에 항주부杭州府 통판通判 심징沈澄이 간행했던 모범답안의 선집이었다. 항주杭州에서 이것을 통해 많은 이득을 올리게 되자 곧 복건성에서 모방하게 되었고 차츰 각 성各省의 제학들도 이것을 모방하여 고시考試의 답안집을 출판하게 되었다고 한다.[15] 산서성山西省 문희현聞喜縣의 사람이었던 조중휘趙仲輝는 성화 원년(1465)에 거인이 되었는데, 당시 수험생들이 『경화일초』를 많이 외우는 것을 목격하고 이 책의 금절을 주청했을 정도였으니,[16] 『경화일초』가 얼마나 신속하게 널리 유행했었는지 짐작할 수 있다. 이처럼 인기가 높았던 명대의 모범답안집과 함께 '허황된 욕심과 성급한 경쟁의 풍조'를 일으키며 사인들로 하여금 '경經·사史가 무슨 책인지도 모르게' 만드는 과거수험서로 나란히 거론되고 있는 것이 바로 송대의 『원류지론』이었다. 이 두 가지 서적은 15세기 말까지 중국에서 가장 널리 유행했던 과거수험서였다고 볼 수 있다.

그러나 조선에서 『원류지론』은 오히려 정부에게 쓰임이 많은

---

14) 黃訓編, 『名臣經濟錄』 卷26, 謝鐸 「奏修明教化事」.
15) 郎瑛, 『七修類稿』 卷24, 「時文石刻圖書起」, 上海古籍筆記叢刊. 259쪽 ; 井上進, 앞의 책, 231쪽 ; 趙翼, 『陔余叢考』 卷33, 「刻時文」, Wu, op. cit., 1943, p.250 재인용.
16) 『山西通志』 卷134, 人物34.

서적이었다. 전술했듯이 수험생들이 모범답안집을 표절하던 현상을 근절시키기 위해서 세종은 1429년에 "중국의 유명한 초집과 동국명유東國名儒들이 제술한 표전·책문 종류을 간행해서 반포하라"고 하교했는데, 이때 『원류지론』이나 『삼장문선三場文選』 등이 출판되었을 것이다.

그것이 수험생들에게 반포되었다고 할지라도 이 책은 수험생들보다는 정부의 편의를 위해 사용되고 있었다. 『원류지론』의 활용 사례를 보면 세종년간 답안지를 평가하는 '과장의 표본'이었을 뿐 아니라 과거제도의 연혁을 고찰하는 전거典據이기도 했는데, 1430년과 1435년 무과시험의 정식程式을 변경할 때 이 책의 내용을 근거로 삼아 시험과목의 내용을 수정했다.17) 또 내외관과 문무관의 전선銓選을 고르게 시행하는 법을 세울 때에도 『원류지론』이 입론立論의 준거準據가 되었다.18) 세조초년에는 사간원에서 주사奏事를 고열考閱할 방도가 없으니 난신亂臣의 집에서 적몰籍沒한 책을 달라고 요청한 일이 있었는데, 이때 요청한 중국서적 가운데 경사의 서적과 함께 요구했던 것이 바로 『원류지론』이었다.19) 이처럼 송

---

17) 『世宗實錄』 48卷 世宗 12年(1430) 6月 1日 庚午, 「병조에서 무과 시험의 내용 변경에 대해 아뢰다」; 『世宗實錄』 68卷 世宗 17年(1435) 6月 18日 戊午, 「병조에서 무과 정식을 수정할 것을 건의하다」.

18) 『世宗實錄』 100卷 世宗 25年(1443) 6月 22日 乙巳, 「행수의 법을 세울 것에 대해 논의하다」.

19) 『世祖實錄』 5卷 世祖 2年(1456) 11月 4日 庚午, 「사간원에서 직무의 고열을 위해 난신에게서 적몰한 서책을 줄 것을 청하다」; 癸酉靖難으로 희생된 사람들은 주로 집현전관련 관리였으므로 이때 적몰된 책은 왕실에서 하사 받아 개인적으로 소장하고 있던 책들이라고 볼 수 있다. 따라서 이런 책들을 자유롭게 이용할 수 있었던 사람의 숫자는 매우 한정되어 있었다. 여기에 거론된 서적은 『四書』와 經書, 『左傳』 『少微通鑑』 『宋元節要』 『通鑑綱目』 『通鑑續編』 『大學衍義』 『源流至論』 『陸宣公奏議』 『禮部韻略』 『玉

대의 과거수험서가 15세기에 이르러 중국에서는 상업출판에 의해 수험생들에게 애용되는 대중서적이 되어갔던 것에 비해, 조선에서는 정서政書로 활용되고 있었던 것이다. 이것은 조선이 중국을 유일한 대외지식의 창구로 삼고 선진적인 문물과 지식을 중국으로부터 들어오고 있었지만 일단 들여온 지식에 대해서는 조선의 실정과 필요에 맞게 선별해서 활용했음을 보여주는 것이다.20)

한편, 조선 사대부들이 과거공부를 위해서 선초選抄해놓은 모범답안을 보는 일은 16세기 이후에도 계속되었다. 명종 9년(嘉靖 33년·1554) 윤개尹漑는 과거시험장에서 만연하고 있는 부정행위에 대해 묘사하면서, 중종대에는 금법禁法이 매우 엄했기 때문에 감히 부정행위를 위해서 책자를 끼고 시험장에 들어오는 자가 없었으나 "지금은 시험장이 마치 서사書肆와 같다. 심지어는 고작故作을 베껴 쓰기도 하며 요행으로 급제하고자 하는 사람이 많다"고 지적하는 동시에, 이렇게 되자 "사인들은 학업에 열중하지 않게 되었고 날마다 표절만을 일삼게 되어 버렸다."고 저간의 사정을 묘사한 바 있다.21) 여기서 윤개가 말했던 '고작'이란, 수험생들이 미리 작성했던 모범답안문이거나 과거의 합격자가 제출했던 기출답안문이었다고

篇』『高麗史』『三國史』『東國史略』『大明律』『元六典』『續六典』『謄錄』 등이었다.

20) 朝鮮실정에 맞는 儒敎정치를 구현했던 세종시기에는 이러한 사례가 많다. 예를 들어 朝鮮의 農政이념을 반영했던 『農事直說』의 출판은 비록 기본 정신이 中國儒敎의 農本主義를 표방하고 있지만 中國農書 『農桑輯要』의 일방적인 翻刻이 아니라 조선의 현실에 기반한 農政을 담고 있었다. 김용섭,「世宗祖의 농업기술」,『韓國中世農業史硏究』, 서울 : 지식산업사, 2000, 418~421쪽.

21) 『明宗實錄』明宗 9年(1554) 1月 19日 庚申,「조강에 나아가 서얼 허통에 대해 논의하다」.

볼 수 있다.

숙종 18년(강희 31년·1692) 21세의 나이로 향시에 합격한 신익황申益愰은 오로지 경전의 독송讀誦만을 열심히 하고 거업문자擧業文字는 익히지 않았다고 전한다. 따라서 그는 답안지의 격식에는 익숙하지 않았기 때문에 시험에 통과하지 못할 뻔 했으나 문장실력이 뛰어나 결국 합격할 수 있었다.[22] 신익황의 향시합격 사실을 전하면서 특별히 그가 정식程式에 익숙하지 못했다는 점을 내세우는 것은 그가 과거를 대비해서 공부한 적이 없으며 경전을 통해 제대로 공부를 했다는 것을 강조하는 것이다. 그런데 실제로 15세기부터 초장初場마다 강경講經을 시행한 이후, 서울과 시골의 학도들이 강독 공부는 부지런하게 하나, 제술에 있어서는 격식이 틀리는 자가 많다는 의정부의 지적이 있었다. 그리하여 성균관成均館 학당 및 각 고을의 향교의 생도들에게 달마다 열흘에 하루씩 표表·부賦·책문策問 중에 한 문제, 의의義擬 중에 한 문제를 내어서 각각 정문程文을 습득하도록 했다.[23] 따라서 신익황이 향시를 준비하던 17세기 말 정문을 습득할 수 있는 작문의 표본으로서 과거수험서를 가지고 수험공부를 하는 것은 그다지 특별한 일이 아니었다고 할 수 있다. 그러나 이 당시 '거업문자'라는 것은 반드시 책자형태였다고는 보기 어렵고 시험답안의 모범형식에 따라 작성한 초고草稿형태였다고 보아야 할 것이다.

서울에서 태어나고 자랐던 신익황과는 달리 문헌과 인재가 매우 부족했던 함경도에서 태어난 주형리朱炯离에게는 다른 사람이

---

22) 申益愰, 『克齋先生文集』 卷12, 附錄 「申益愰年譜」.
23) 『世宗實錄』 116卷 世宗 29年(1447) 5月 7日 丁酉, 「科擧를 준비하는 공부를 하도록 하다」.

작성한 '거업문자'를 구해보는 일이 불가능했다. 18세기 초 주형리는 관북의 궁벽한 향촌에서 수험공부를 했던 시절을 다음과 같이 회고했다.

> 신臣은 …… 태어난 곳도 궁벽한 향촌이어서, 어렸을 때에는 사표師表(도덕이나 학문상 학습모범)나 학습을 권면할 자료가 없었고, 성장해서는 학습효과를 더욱 올려줄 친구들이 없었습니다. 이런 상황에서 입신하여 군주를 섬기는 길은 아득하여 방향이 보이지 않았고, 거업문자에 있어서도 정식程式을 익히지 못했기 때문에 과거에 급제하리라고는 기대하지 못했습니다. 그러다가 하루아침에 삼장에 합격했으니 기구한 운명이 행운으로 바뀌는 경우는 원래 예정이 없는 것이지만 신과 같이 심한 경우는 없을 것입니다.[24]

주형리가 문과에 합격한 것은 숙종 43년(강희 56년·1717)의 일이었으니, 상기 인용문을 통해서 18세기 초 관북처럼 궁벽한 지역에서는 수험공부를 위한 책자도, 사우師友도, 모범답안의 초안도 구해볼 수 없었음을 알 수 있다.

숙종 25년(강희 38년·1699) 과거합격자의 액수額數를 고정시켜야 한다고 주장했던 최석정崔錫鼎은 "근래 서울의 선비들은 글 읽기를 싫어하고 표절을 즐겨하는 반면에 경서에 밝은 사람은 먼 시골출신의 선비들이 많다"고 했다.[25] 이것은 서울과 지방의 사풍의 차이를 지적한 것이지만, 최석정의 말을 통해서 서울과 지방간 수험조건에도 많은 차이가 있었다는 사실을 알 수 있다. 즉, 과거합격자의 답안, 혹은 동료들의 모범답안을 선초選鈔하여 과거수험서로 활용할 수 있었던 사람들은 최소한 고관考官이 파견되어 학정

---

24) 『承政院日記』英祖 3年(1727) 12月 17日 戊戌.
25) 『肅宗實錄』肅宗 25年(1699) 4月 26日 乙丑, 「직관·선거·전부·군려에 관한 좌의정 최석정의 箚子」.

을 점검하는 학교가 있는 곳의 사인들 정도였던 것이다. 이로써 볼 때, 당시 조선의 과거수험서는 학습공동체 내부에서 마련되고 순환되는 정도의 범위를 가진 것이었다고 볼 수 있다.

그러나 과거의 답안이 매매되는 경우가 완전히 없었던 것은 아니었다. 다만 그것은 출판업과는 관련이 없었고, 과거시험장에서 벌어지는 부정행위와 관련된 문제였다. 선초부터 문제시되어 왔던 시험장의 부정행위는 18세기에 이르면 보편적인 현상이 되어 있었고, 차술借述·대술代述 등의 행위가 매우 조직적으로 발달해 있었다는 것은 주지의 사실이다.[26] 주목되는 것은 그처럼 부정행위가 만연하게 된 결과, 과문을 파는 것으로 생업을 유지했던 유생들까지 많이 등장하게 되었다는 지적이다.[27] 이러한 사람들의 실체는 무엇인지, 시험기간이 아닌 때에도 매문賣文을 일상적으로 행했는지 등에 대해서는 분명하지 않으나, 명문가의 후손이지만 실세를 잃어버린 양반이었거나,[28] 향곡鄕曲 교원校院의 학생으로서 과거에서 성공할 능력이 없었던 사람 등이 주로 시험장에 가서 대신 글을 지어주었던 것으로 확인이 가능한 정도이다.[29]

18세기 조선에서도 수험생의 숫자가 폭증하여 과거의 경쟁이 치열해지고 있던 가운데, 위와 같은 사람들이 일상적으로 매문업賣文業에 종사했다면 과거수험서는 상업적으로 개발되었을 여지가 있다. 그러나 과거시험기간이 아닌 때에도 사인들에게 일상적으

---

26) 조좌호, 「學制와 學校制」, 『한국사』10, 국사편찬위원회편, 1974, 170~175쪽.
27) 이병휴, 「다산 정약용의 과거제 개혁론」, 『동양문화』13, 영남대동아문화연구소, 1975, 1~2쪽.
28) 『英祖實錄』英祖 21年(1745) 2月 12日 甲寅, 「趙徵과 李煕의 巫蠱를 고발한 宋寅明·趙顯命의 아룀」.
29) 魏伯珪, 『存齋集』卷2, 「萬言封事」丙辰(1796).

로 과거의 답안문을 팔았다는 증거는 없다. 따라서 모범답안문의 상업화에 대해서는 좀 더 고찰해 봐야 할 것이나, 현재까지는 과장에서 답안의 대필이나 짜깁기, 혹은 바꿔치기를 하는 등 대가를 받고 저지르는 부정행위의 연장선에서 이해해야 할 것이다.30)

조선에서 과거수험서가 상업적으로 개발되지 못했던 것은 무엇보다 상업출판의 부재가 큰 원인이었다. 그러나 신분상승의 도구로서 과거시험이 갖는 사회적 실효성이 중국만큼 절대적이지 않았고, 과거운용방식에 있어서도 중국과는 달리 과거수험서가 발달할 수 있는 입지가 처음부터 좁았다고 할 수 있다. 즉 사士·서庶의 신분구별에서 시험합격이 갖는 의미가 중국처럼 절대적이지 못했는데, 조선은 후기로 올수록 문과급제만 가지고는 입사入仕 및 그 후 성공에 충분치 않았다.31) 즉, 급제에 가문이 더해져야 했던 것인데 이처럼 조선에서는 과거를 통한 실리가 양반과 관료층에 의해 독점되어 있었다.32) 또 중국의 과거가 3년1시의 원칙을 철저하게 지켰던 것에 비해 조선은 특별시험인 별시別試의 시행이

---

30) 돈을 받고 科文을 지어 주었던 사람 가운데 지금까지 이름이 남아있는 사람으로는 柳光億이 가장 유명하다. 李鈺,「柳光億」,『李鈺全集』(2) ; 강명관,『조선뒷골목풍경』, 서울 : 푸른역사 2003, 172쪽. ; 또 嶺南의 郭師徵이란 사람의 이름도 확인이 되는데, 그는 다른 일로 인해 秋曹에 체포되었다가 석방되기에 이르렀으나 賣文으로 이름이 높았기 때문에 本罪를 다스려야 한다는 주청에 따라 刑問을 받게 되었다.『英祖實錄』英祖 21년(1745) 2월 7일 己酉,「李端夏의 奉祀孫을 調用할 것을 宋寅明이 아뢰다」. ; 또 숙종대에 참판을 지냈던 李宖의 손자 李熙가 場屋에서 賣文을 하는 자였다고 보고되었다.『英祖實錄』英祖 21년(1745) 2월 12일 甲寅,「趙徵과 李熙의 巫蠱를 고발한 宋寅明·趙顯命의 아룀」.

31) 원창애,「16-17세기 과거제도 추이-문과를 중심으로-」,『청계사학』9, 1992, 38~42쪽.

32) 송준호,「토론문」,『科擧-역사학대회주제토론』, 서울 : 일조각, 1981/1992, 180쪽.

매우 잦아서 정규시험이 갖는 의미가 상대적으로 축소되는 등의 차이가 있었다. 중국에서는 비정규 과거가 치러지더라도 정규시험과 똑같은 방식으로 진행되었으나 조선의 경우는 별시가 자주 치러졌고 예고기간도 짧은데다가 시험방식도 서울에서 1~2차, 혹은 1차 시험만 운영되는 등, 지방유생들로서는 각종 별시에 참가하는 것이 불가능하도록 운영되어서 강한 배타성을 가지고 있었다.33) 또한 중국에서는 명초 이래 학교와 과거제도가 일직선상으로 연결되어 있어서 과거에 응시하기 위해서는 학교시를 통과하는 것이 필수적이었던 것에 비해, 조선의 경우는 성균관을 제외하고는 학교시험이 과거시험의 예비시험으로서의 성격을 가지지 못하였다.34) 이상 제반의 상황들이 전국에 퍼져 있는 유생들을 치열한 시험의 경쟁으로 내몰았던 중국과 달랐던 것이다. 제2장에서 이미 언급했지만 중국에서는 학교시를 통과해서 생원의 자격을 얻으면 국가로부터 우면권優免權을 부여받고 사인으로 대접받을 수 있었기 때문에 생원, 혹은 생원이 되려는 사람들의 숫자가 폭증하면서 갈수록 시험의 경쟁이 치열해졌다. 제3~4장에서 살펴보았듯이, 학교시의 단계부터 경쟁이 치열했기 때문에 소준이나 이정기와 같은 모범답안 평선가출신의 관료들이 학정을 관리하면서 수험생들의 답안작성에 일정한 영향을 미칠 수 있었고, 재야의 평선가들은 수험생들을 대상으로 관료제 밖에서 또 다른 권위를 얻을 수 있었으며, 이러한 상황에서 과거수험서의 출판은 갈수록 활용도가 높아졌다. 이와 달리 조선에서 과거수험서란 현실적으로 중국의 경

---

33) 송준호, 「부록 : 科擧制를 통해서 본 중국과 한국」, 위의 책, 214~215쪽.
34) 이성무, 「한국의 과거제와 그 특성-고려·조선초기를 중심으로-」, 위의 책, 138쪽.

우처럼 강력한 힘을 갖는 존재가 아니었다.

2. 번각을 중심으로 본 중국서적의 재생산

그렇다면 당시 조선에서는 어떤 중국서적들을 재생산하고 있었을까? 이것을 중앙과 지방의 경우로 나누어 살펴보겠다. 16세기 이후 중국에서 출판의 주역은 상업출판이었던 것에 비해서, 조선은 중앙과 지방의 정부였다. 현재 16세기 이전과 18세기 무렵 조선의 출판상황을 살펴볼 수 있는 사료는 다음과 같다. 16세기까지 조선의 출판상황에 대해 가장 중요한 사료는 명종 9년(1554)에 어숙권魚叔權이 편찬한 유서『고사촬요攷事撮要』이다. 이 책의 권상卷上에는 교서관校書館에서 간행하여 팔고 있었던 책의 목록이 있으며, 권하卷下의「팔도정도八道程途」에는 책판册版에 관한 기록이 있다(임란이전 간본).[35] 18세기경 조선의 출판상황을 살펴볼 수 있는 사료로는

---

35) 『攷事撮要』에 실린 册版목록의 서지학적 분석 및 수록서적분석은 다음의 연구에서 이루어졌다. 김치우,「典籍의 간행빈도로 본 임란이전 지방문화사정의 분석적 고찰-『攷事撮要』册版목록을 중심으로-」,『도서관학논집』1, 경북대, 1974 ; 김치우,『攷事撮要의 册版목록 연구』, 민족문화, 1983. 이상의 연구는 개판된 册版의 상당수가 목록에서 누락되었다는 점을 지적하고 16세기 영남지방의 傳存本만도 250종이 누락되었다는 것을 밝혔다. 또 지역별로 서적출판의 빈도와 과거시험 합격자의 숫자를 비교함으로써 출판문화가 발달한 지역일수록 인재가 다수 배출되었다는 상관관계를 밝히고 그것이 곧 문화적 선진성의 척도가 된다는 것을 지적했다. 한편 배현숙,「宣祖初 地方册版考」(『서지학연구』25, 2003)에서는 조선중기 학자 柳希春의『眉巖日記』를 통하여『攷事撮要』책판목록에서 누락된 서적을 부가하였는데, 이에 따르면 宣祖 9년本『攷事撮要』는 30種, 宣祖 18년本에서는 13種의 册版을 누락했다. 이 연구는『攷事撮要』가 官撰書이므로 崇儒정책에 도움이 되지 않을 경우 고의적으로 册版의 기록을 누락시켰고 校書館의 책판목록은 매매를 위해 작성된 것이므로 성격상 판매할 수 없

정조년간 중앙정부에서 간행한 서적의 해제목록집 『군서표기群書標記』, 정조년간 중앙과 지방에서 제작된 책판을 보고하게 해서 만든 책판해제목록집 『누판고鏤板考』, 기타 편저자를 알 수 없는 지방의 책판목록 수종이 있다.36) 이러한 목록들 가운데, 중앙과 지방의 출판상황을 개괄적으로 고찰할 수 있는 기록으로서 『누판고』를, 팔도 가운데 가장 개판빈도가 높았던 경상도의 출판상황을 고찰할 수 있는 기록으로서 『고서책판유처고古書冊版有處考』(숙종 26년경(1700) 경상도지역 25개 고을의 책판기록)를 선택했다. 이 목록들 가운데 포함된 중국본의 번각서적들을 뽑아 특징을 살펴봄으로써 중국서적이 조선 내에서 어떻게 활용되었는지 살펴보려고 한다.

『누판고』는 정조 2년(1778) 전국에서 개판된 책판을 조사하기 시작하여 정조 20년(1796)에 완성한 책판의 해제목록집이다.37) 여기에 실린 중국저작은 총 85종인데, 이 85종의 서적에 대해 101건이 번각되었다. 본서에서는 먼저 이것을 사부四部로 분류한 다음, 각 서적의 장판처藏板處/각판刻板종류/개판開板지역/저술시기를 기록하여 〈『누판고』수록 중국저작 번각상황표〉를 만들었고 이 표는 본서의 부록으로 첨부했다. 『누판고』의 번각서를 분석한 결과, 각판종류별로는 관각官刻 76건, 사찰각寺刹刻 23건, 서원각書院刻 2건으로 관각이 압도적으로 많았다. 개판지역별로 살펴보면 충청도와 황해도를 제외한 전국에서 비교적 골고루 번각사업이 있었음을 알 수 있다.

는 책판의 경우는 기록하지 않았을 것으로 예상했다.

36) 이상의 冊版目錄들은 정형우·윤병태 편저, 『韓國의 冊版目錄』, 연세대 국학연구원, 1995. 上·下·補遺 3권에 총망라·영인되어 있다.

37) 『鏤板考』에 대한 연구는 다음의 연구가 유일하다. 김윤식, 「鏤板考의 書誌的 硏究」, 성균관대 도서관학과 석사논문, 1978 ; 이 논문은 『鏤板考』의 主編者인 서유구에 대한 고찰, 편찬동기와 경과, 서지학적으로 분석한 편성체제와 내용분석, 기타서목과의 비교 등에 대해 고찰했다.

〈표 6〉『누판고』 수록 중국저작 번각서 개판지역·판각주체별 상황표 : 85종 101건

	경부經部				사부史部				자부子部				집부集部				지역합계
	관官	사私	사寺	원院	관官	사私	사寺	원院	관官	사私	사寺	원院	관官	사私	사寺	원院	
중앙관									14								14
경상도	2		1	4					7	1	1		6				22
전라도			2						2				5				9
충청도																	0
경기도		6					2			3					1		12
강원도									2								2
함경도							2		8				1				11
평안도							3		12		10		1				26
황해도																	0
제주도							2		3								5
합	2	0	6	1	13	0	2	0	48	0	14	1	13	0	1	0	101

〈표 7〉『누판고』 수록 한국저작 개판지역·판각주체별 상황표 : 438종 476건

	경부經部				사부史部				자부子部				집부集部				지역합계
	관官	사私	사寺	원院	관官	사私	사寺	원院	관官	사私	사寺	원院	관官	사私	사寺	원院	
중앙관	5				1				15				0				21
경상도	8		3	11	5	1	5	20	14		1	11	27	11	47	82	246
전라도	1			2	3		2	5	4		1	1	23	6	23	13	84
충청도				5				3				1	3		5	15	32
경기도		1					1						1		4	2	9
강원도							1				1			2	2		6
함경도	2						6	2	9				8				27
평안도	8				5	1			2		1		12		1	2	32
황해도							1					1	3	4		3	12
제주도	3						1					1	2				7
합	27		4	18	23	2	10	29	46		3	16	82	17	82	117	476件

다음으로, 중국서적의 번각상황과 일반 출판상황을 비교하기 위해서 〈표 6〉, 〈표 7〉을 만들었다. 『누판고』에 수록된 중국저작 번각서 85종 101건, 한국저작 438종 476건을 먼저 사부법四部法에 따라 분류하고, 다시 각 부 서적을 개판지역과 판각주체에 따라 분류한 것이다.

우선 주목되는 것은 한국저작의 경우 관官·사私·사寺·원각院刻을 할 것 없이 경상도 지역의 출판이 압도적으로 많은 것에 비해, 번각서의 경우는 함경도와 평안도, 경기도의 출판결과가 경상도보다 오히려 높다는 사실이다. 수치상으로 보면 평안도만이 경상도를 웃돌고, 함경도와 경기도의 숫자는 경상도보다 적지만, 한국저작의 출판에서 차지하는 경상도의 압도적인 비율을 생각할 때 타도他道의 약진은 단순히 수치상으로 보이는 것보다 훨씬 큰 의미가 있다. 이것을 삼남지역으로 확대시켜도 결과는 같다. 전통적으로 경제문화가 가장 발달하고 다수의 학자를 배출했던 삼남지역에서의 번각서 출판상황은 전혀 압도적이지 않았던 것이다. 충청도는 단 1건의 번각사례도 없다.

이러한 현상이 나타난 이유는 번각되는 중국서적의 성격을 통해 알 수 있다. 후술하겠지만 이의현李宜顯의 구서求書기록에서 볼 수 있는 것처럼, 18세기에는 민간루트를 통해서 중국의 지리서, 소설류, 백과사전식 교양서적, 소품小品과 같은 동시대인들의 개인저작들이 활발하게 수입되고 있었다. 그럼에도 불구하고 조선에서 재생산하는 중국책들은 여전히 교육을 위한 주자서와 유가류 서적, 시문짓기에 필요한 선집류에 머물고 있었다.[38] 즉 조선정부가 필

---

38) 자세한 飜刻書의 종류에 대해서는 본서 부록의 〈『鏤板考』수록 중국저작 翻刻상황표〉를 참고.

요로 하는 텍스트만을 재생산해내고 당시 사회적으로 높은 인기를 끌었던 중국서적은 전혀 출판하지 않은 것이다.[39] 교육에 필요한 텍스트는 지방관아의 판단에 의해서 생산되는 것이므로 출판사정이 좋지 못한 함경도, 평안도 등의 관각출판이 오히려 강세를 보인 것이다. 삼남지역은 지방관아의 공식적인 출판이 아니더라도 지역 사대부들의 열망에 의해서 원하는 책을 출판할 수 있는 여력이 있었으므로 상대적으로 번각서 출판이 저조했을 것으로 예상할 수 있다.

그러나 이것만으로는 설명이 부족하다. 위의 두 표 가운데 경상도 지역만을 비교해보면 관각의 경우는 번각서와 한국저작 양자의 출판에서 그다지 큰 격차가 보이지 않는다. 하지만 한국저작 출판에서 대단히 강세를 보이고 있는 서원과 사찰이 번각서 출판에서는 각 2건과 1건을 기록하는 것에 그쳐 출판율이 저조하기 그지없다. 비교적 출판 상황이 좋았던 영남지역이라면 중국서적을 (그것이 교육용 텍스트에 국한된 것일지라도) 재생산할 수 있었을 것인데 위의 표는 전혀 그렇지 않았다는 것을 보여준다. 이것은 조선 사대부들이 중국서적을 소장할 때 번각서보다는 중국본 자체에 가치를 두었기 때문이라고 할 수 있다.

특히 서원의 번각출판 상황을 살펴보면, 상기 경상도 지역 서원에서 출판한 사례 단 2건이 『누판고』에 수록된 서원각 번각서의

---

39) 17·18세기 조선 사대부들에게 인기가 있었던 중국서적에 대해서는 다음의 두 가지를 참고할 수 있다. 김영진, 「朝鮮後期의 明淸小品 수용과 小品文의 전개 양상」, 고려대 국문과 박사논문, 2003 ; 홍선표 외, 『17·18세기 조선의 외국서적 수용과 독서실태:목록과 해제』, 서울:혜안, 2006. 후자에는 당시 조선 사대부들이 독서했던 중국서적의 서명, 종류, 해제 등이 실려 있다. 독서기록이 반드시 그 책을 직접 본 후에 작성되는 것은 아니지만 그래도 독서기록이 있는 책은 수입되었을 확률이 높다.

전부이다. 번각된 서적의 하나는 청도淸道 선암서원仙巖書院에서 출판했던 『예부운략禮部韻略·옥편玉篇』인데 이것은 남송시대 방각본 수험용 책이다. 나머지 하나는 경주慶州 옥산서원玉山書院에서 출판했던 『근사록近思錄』이다. 앞서 중국에서는 수험용으로 개발되었던 과거수험서가 조선에서는 정서 및 교육용 텍스트로 활용되었다는 사실을 세종년간의 사례로 살펴 본 바 있다.[40] 따라서 경상도 지역의 서원에서 번각했던 남송의 과거수험서 역시 중국의 사용례와는 달리 교육용 텍스트로 활용하기 위해서 재생산했다는 사실을 알 수 있다. 『근사록』은 주자학의 필수적인 서적이므로 거론할 필요도 없다. 이처럼 조선에서 중국서적을 번각하여 재생산했던 것은 교육용 텍스트로 활용하기 위한 경우에 국한되어 있었고, 중국서적을 독서하거나 소장하는 것에서는 중국본을 위주로 삼았던 것이다. 따라서 관각官刻의 경우 한국저작에 비해 번각서 출판상황이 그다지 저조하지 않은 것에 비해, 자의적 출판사례가 더 많았던 서원과[41] 사찰의 경우에는 양자 간의 차이가 대단히 컸던 것으로 볼 수 있다.[42]

---

40) 제5장 제1절 1. 참조.

41) 서원의 출판은 교육·교화용 텍스트와 의례儀禮지침서 및 서원과 관련된 개인을 칭송하는 종류의 저작물인 전기류와 문집류가 주류를 이루고 있다. 『鏤板考』에 수록된 사례를 보면, 경주 옥산서원은 이언적의 저작을, 성주 회연서원은 정구의 저작, 인동 동락서원은 장현광의 저작을 다수 출판한 것으로 기록되어 있는데 각각 저자들이 배향된 서원이었다.

42) 『鏤板考』에 수록되어 있는 사찰의 飜刻書 특징을 잠깐 짚어보자. 경기도의 경우 經史子集에 걸쳐 모두 사찰각으로만 12종의 중국저작이 번각되었으며, 평안도의 경우에도 子部서적 10종이 사찰에서 번각되어 비교적 높은 비율을 보이고 있다. 경기도의 경우 서울과 인접지역이었으므로 官刻이 존재할 이유가 없는 것인데, 南漢開元寺와 北漢太古寺에서 『大學章句』, 『十九史略』, 『千字文』 같은 기본적인 교육용 텍스트를 번각했다. 따

다음으로, 어느 시기의 중국저작이 주로 재생산되었는지를 살펴보자. 아래의 표는 번각서의 저작년대를 분류한 것이다. 번각서의 저작시기를 살펴보면 송대의 서적이 가장 많고 그 다음은 명대의 서적이 뒤를 따르고 있다. 특이한 것은 청대의 서적이 단 한 건도 없다는 것이다. 17세기 이래 양국의 접촉은 밀접해졌고 민간을 통한 서적의 유입이 더욱 활성화되었는데 청대의 저작이 단 한 종도 번각되지 않은 것은 특이하다. 18세기 조선 사대부의 저술에서 최신의 중국본 서적들이 다수 언급되고 있으며 심지어는 자신들이 열람한 중국서적의 인용서목을 권두에 첨부하는 것이 새로운 풍조를 이루기까지 했었던 것을 생각하면 더욱 기이하다.43)

이러한 현상이 생긴 이유는 무엇일까? 아마도 중국본은 최신의 정보를 담은 서적으로서만 중시되었기 때문일 것이다. 새로운 유행과 정보를 알려주는 존재로서 조선 사인들이 보고 싶어 했고 소장하고 싶어 했던 책은 중국본이었을 가능성이 있다. 반면 조선에서 번각하는 서적은 교육과 교화에 필요한 최소한의 중국서적이었다고 할 수 있다. 저작시기를 보건대, 18세기 말까지 중국저

라서 이 두 사찰이 정부와 밀접한 관계를 맺은 사원이라는 사실을 짐작할 수 있다. 평안도의 경우 寧邊普賢寺에서만 10종의 중국저작이 번각되었는데 모두 불경이거나 불교선사의 전기류이다. 따라서 보현사는 자체적으로 매우 높은 출판능력을 보유한 사찰이었음을 알 수 있다. 이에 대해서는 좀 더 자세한 연구를 기다려야 할 것이다.

43) 18세기 이후의 중요 저작물, 예를 들면 『海東繹史』, 『紀年兒覽』, 『芝峰類說』, 『山林經濟』, 『林園經濟志』 등에는 저자가 인용한 서적에 대한 書目을 작성하여 첨부했다는 특징이 있다. 이 가운데 『海東繹史』와 『林園經濟志』는 권두에 引用書目을 모두 열거했을 뿐 아니라, 각 기사마다 典據가 된 原本의 출처를 밝히고 있다. 이에 대해서는 淸代 實證的 考證學의 영향을 받아 典據意識이 발동되었기 때문이라고 지적된 바 있다. 이태진, 「海東繹史의 학술사적 검토」, 『진단학보』 53·54, 1982, 231~232쪽, 235~239쪽.

작 가운데 송대의 저작과 명초의 저작이 여전히 권위를 가지고 재생산되고 있었음을 알 수 있다.

〈표 8〉『누판고』수록 중국저작 번각서적의 저작년대 분류표

	주周	제齊	진秦	한漢	후한後漢	진晉	량梁	육조六朝	수隋	당唐	송宋	원元	명明
경經					1						7		1
사史				1	1	1					3		3
자子	4	1	1	1	1		2	1	1	9	13		14
집集					1					2	12	1	3
합계	4	1	1	2	3	2	2	1	1	11	35	1	21

그렇다면 지방에서의 중국서적 재생산은 어떠한 형태로 이루어 지고 있었을까? 출판이 가장 왕성했던 지방이었던 경상도 지역의 중국서적 번각翻刻상황을 통해서 이를 알아보고 중앙정부의 번각 상황과 비교해 보고자한다. 이를 위해서 숙종 26년경(1700) 경상도 지역 25개 고을의 책판기록인『고서책판유처고』를 사부법에 따라 분류해 보았다. 그 결과는 다음의 표와 같다.

〈표 9〉『고사책판유처고』수록 중국저작 번각상황표

분류	내용
經	호전춘추胡傳春秋 중용中庸 대학大學 용학지남庸學指南 회통춘추會通春秋 회용춘추통會通春秋 주역周易 논어論語 주역주경注周易經注 효경주孝經經注 효경孝經 혹문或問 中庸 가례家禮 신간서新刊書 가례의절家禮儀節(명明/구준邱濬) 대자효경大字孝經 성리대전性理大全 대자효경대전大字孝經大全 신간예기소학新刊禮記小學 주례대전周禮大全 성리예기대전性理禮記品節 예기대전禮記大全 공자통기孔子通記 원元노魯 반부半部 보蒲符)
史	십구사략十九史略(원말명초元末明初) 불기지문不已齋文 명일통지明一統志 귀거래사집歸去來詞帖 구성궁성誠(당唐/구양순歐陽詢) 백리지남百里指南(금金) 집금석법첩集金石法帖(원元/조맹부趙孟頫) 집금석법첩集金石法帖(원元/조맹부趙孟頫) 집금석법첩集金石法帖(원元/조맹부趙孟頫) 성암서첩誠庵書帖 진초천진초千眞草千字(원元/조맹부趙孟頫) 성암집금석법첩誠庵集金石法帖(원元/조맹부趙孟頫) 성암집자서금문병첩自字序文屛帖(원元/조맹부趙孟頫) 집금석법첩集金石法帖 범어제서여유룡어여女訓龍禹 집도기集圖記 동감총집통감總集(송末/중국南편纂) 남정수필南征隨筆(사명박四明) 독남사기讀南史記 양명서명신기명鳴書名臣事行錄(송末/양명서수명名臣徐嫩) 주회기朱熹記/전기류傳記類 향명의절皇明名臣行錄名臣(명明/양렴梁廉) 기전기류傳記類
子	이정전서二程全書 주자서朱子詩集 장자莊子 맹자孟子 의안방醫按方(명明/고정신顧鼎臣) 의기류醫기류 유양잡조酉陽雜組(당唐/가성식賈成式) 유서類書 이학지류異學之流 이학지남史學指南(원元/서원서徐元瑞) 무원록無寃錄(원元/왕여王與) 송양휘산법末楊暉算法(남송南末/양휘楊暉) 천문天文유類 잠서蠶書(송末/진농자陳敷) 자경편自警編(송末/조선료趙善璙) 자경편農家類 농서農書(송末/진부陳溥) 장부약산집遵山集 의기류醫기류 성리자의性理字義(송末/진순陳淳) 유가儒家類 여의방어의절御節(명明/상용상용常用) 신기사요산거요요술山居要術 의기류醫기류 진기고기록眞記 이합필원二合筆源 유가儒家類 명황광기明皇廣記大不彙書(송末/조동동조동조선료趙善璙同) 단계요번단계要訣 의종범례모要要(명明/노온이온盧溫) 의기류醫기류 나음운첩羅隱運羅隱 집도수인集道修因(편전習家類) 홈림도서요내전법都藍法(송末/재경料料) 진등신료등登新料 향제소문黃帝素問 향방양방서方양방方(당唐/왕빙王氷) 주왕주王注 의기류醫기류 사문진요사문사문진요(명明/이기류医기류) 신록수新錄手 적매부적처적의학입門文 역고초草篇 집당賈山逸逸集 조서운희조시해학草書亦壁賦 임고일찬入高逸襄(송末)
集	당시정음正音(명明/진혜陳薰) 두시杜詩 도연명집陶潛淵明集(중진集總集類) 고문진보古文진보대전大全集選集類 고문진보古文眞寶(명明/이동양李東陽) 향산집黃山谷集集 위소주蘇州集(당唐/위응물韋應物) 초사楚辭 운장계運庄繼문장궤범文章軌範(송末/사방득謝放得) 유설집類說集 구수수 간타수手附 조서운희조시해학草書亦壁賦 임고일찬入高逸襄(송末/양수양유幼)

『고서책판유처고』에는 총 238종의 서적이 수록되어 있는데 이 가운데 중국저작은 98종에 달한다. 이 98종의 서적 가운데 저자를 확인할 수 있는 서적 86종을 사부법으로 분류하고 저작년대를 고찰해 본 결과, 경상도의 번각상황역시 중앙의 번각과 마찬가지로 송대와 명초의 저작을 중심으로 이루어졌음을 알 수 있었다.

다만『누판고』의 기록보다는 지방관아의 통치에 실용적으로 도움이 되는 서적들이 보다 많이 포함되어 있는데, 예를 들자면『무원록無寃錄』,『농서農書』등과 같은 서적이다. 또『누판고』에 포함된 자부서적의 경우 유가류 서적이 압도적이었던 것에 비해, 상기 책판고에서는『유양잡조酉陽雜俎』,『자경편自警編』,『전등신화前燈新話』등의 유서류와 잡가·소설가류의 서적이 포함되어 있다는 특징을 보이고 있다.『고서책판유처고』의 기록이 중앙정부에 보고되었던 출판기록인『누판고』보다는 지방의 현실을 잘 반영해주는 것이었을 테니, 18세기 지방에서 출판되었던 서적의 종류는 중앙정부가 파악하고 있는 것보다는 한결 다양했다고 볼 수 있다. 그러나 저작년대로 보자면 송대와 명초의 중국서적들만 집중적으로 번각하였고, 청대 이후 최신의 중국서적은 전혀 재생산하지 않았다는 사실은 다시 한 번 확인되고 있다.

중국서적의 국내 번각상황을 고찰하는 일은 중국서적이 어떠한 목적을 가지고 어떻게 활용되었는가를 살펴보는데 있어서 중요하다. 조선에서는 교육과 교화에 필요한 최소한의 중국서적, 그것도 주자학의 기준에 부합하는 전통적 권위를 가진 중국서적들만을 재생산하여 사용했다. 이것은 유가적 사상통일이나 통치에 위협이 될만한 요소가 자라나지 않도록 지식체계를 장악하고 통제했던 조선왕조의 학문정책의 결과였다.[44] 중국과 마찬가지로 유가경전의 이념을 정치담론으로 삼고 유교국가를 지향했던 조선은 정주학의 권위가 하락하는 현상을 허용하지 않았다. 제2장에서 살펴보았듯이 명말청초를 거치며 중국에서는 경전에 대한 해석이 다양화되면서 주자의 해석을 따르지 않는 '이단적'인 경전해설도 유행하였다. 조선에서는 이러한 시각을 가진 서적들이 반입되고 유포될 것을 경계했던 것이다. 후술하겠지만, 이러한 경계심은 조선 지식인들로 하여금 인쇄본이 증가하는 것 자체에 대해서도 부정적인 생각을 갖게 하였다.

---

44) 高橋亨, 「弘齋王の文體反正」, 『朝鮮時代政治史』, 서울 : 한국인문과학원, 1989 ; 박현욱, 「朝鮮 正祖條 檢書官의 역할」, 『서지학연구』.20, 2000 ; 정옥자, 『正祖의 文藝思想과 奎章閣』, 서울 : 효형, 2001 참고.

제2절 조선의 지식체계와 중국서적
- 이들을 통달하면 학문이 가능하고
공명(功名) 또한 이룰 수 있다

중국에서 전파된 서적을 어떻게 활용했는가는 번각상황 뿐만 아니라 장서문화의 특징을 통해서도 살펴 볼 수 있다. 장서란 한 사회의 지식이 체계화된 결과물이자 그 사회의 학문과 독서활동이 어떠한 목표를 위해서 수행되었는가를 가늠하는 지표가 되기 때문이다. 조선에서 장서문화를 주도했던 것은 왕실이었는데, 특히 정조正祖시기는 장서량이 대폭 증가했을 뿐 아니라, 중국서적만을 위한 장서목록과 장서각이 구축되고 관리제도가 마련되는 등 중국서적의 유입과 정리·이용이 체계적으로 정비되었다는 점에서 이전 시기와 뚜렷한 차이를 가지는 시기였다.[45] 정조가 내세운 숭유와 우문정책의 기치 아래서 구축된 왕실장서의 성격은 이단서를 배척하고 성리학서를 존숭하는 것이었고, 장서의 목적은 서

---

45) 정형우,「正祖의 文藝振興政策」,『동방학지』11, 1970. 영·정조시기의 문예부흥은 황금기에 도달한 건륭문화라는 외적요인과, 그 외적요인을 적극 수용하려는 정조와 18세기 조선학자들의 사상적·학문적 성숙이라는 내적요인이 맞물려 가능했다. 정조는 구입을 희망하는 서적의 목록『內閣訪書錄』2권을 편찬해서 체계적으로 중국서적을 구입하도록 했으며, 규장각제도를 정비시켜 중국서적만을 수장하는 閱古觀·皆有窩 두 개의 書庫를 설치했다.

적을 통해서 계고稽古의 전거典據를 밝히고 문운文運을 진흥시키는 것이었다.46)

그렇다면 조선에서 국가적 임무를 가진 장서가 아닌, 민간장서는 어떤 특징을 가지고 발전했을까? 조선의 사인들은 장서를 독서치학의 도구 이외에, 또 어떠한 목적을 위해 활용할 수 있었을까? 제4장에서 새로운 왕조의 기틀을 잡기 위해 문헌의 수집과 정리작업이 중시되었던 청초, 고적을 수집하고 출판하는 행위가 정치사회적 명성을 올리는 수단으로 활용되었음을 살펴 본 바 있다. 중국과 마찬가지로 문헌을 통해 지식이 체계화되고 계승되어 왔던 조선 역시, 장서를 구축하는 행위 자체가 신분을 증명해주는 방편이 되었을 개연성이 있다. 그렇다면 17세기를 기점으로 유입된 대량의 중국서적은 조선의 민간장서에 어떠한 영향을 주었는지도 살펴보아야 할 것이다. 이것은 중국 상업출판의 유통망이 주변국으로 확대된 결과, 주변국에 남긴 영향력을 고찰하는 하나의 사례가 될 것이기 때문이다.

조선 장서가의 존재에 대해서는 일찍이 문헌의 지방분포 상황과 더불어 고찰된 바 있다. 초기연구들에 의하면 조선시대의 문헌은 삼남지방에 집중적으로 존재했는데, 삼남 중에서도 특히 영남이 조선문물의 총연總淵이었으며, 20세기 초엽 영남지역에 백부이상의 서적을 소장한 장서가가 약 50~70명에 달한다고 소개되었다.47) 단 이 연구들은 실지조사를 통해서 얻은 결과가 아니라 영

---

46) 송일기,「"奎章總目"과 "閱古觀書目"」,『淸浪鄭駜謨博士華甲紀念論文集』, 1990, 434쪽.
47) 靑木修三,「朝鮮の典籍に就て」,『文獻報國』7-4, 昭和16(1941)년2월, 朝鮮總督府圖書館, 8쪽 홍선표 외 辛東燁,「朝鮮典籍分布의 지방적 고찰과 歷代

남출신의 인사들과 접촉하면서 수시로 얻은 견문과 정보에 의한 것이기 때문에 문헌분석을 통한 논지의 보강이 필요하다. 그렇긴 해도 삼남지역, 특히 영남지역에 문헌이 집중된 만큼 장서가도 많이 존재했다는 대지大늡는 틀림이 없다고 하겠다.

조선 장서가의 출현에 대해서 본격적으로 논의한 것은 18~19세기 경화세족의 문화의 측면에서 고찰한 연구가 유일하다. 내부적으로 18세기 조선사회에서 일어난 문예부흥을 배경으로 하고, 외부적으로는 17세기 이후 민간영역에서 중국서적의 수입이 활발하게 진행되던 차 18세기에 이르러 북경 유리창에 서점거리가 형성되자 중국예술품을 수집·소장하고 있던 경화세족들이 장서가로 등장했다는 것이다.48) 이 시기 장서가로 등장한 경화세족들은 단지 서적을 소장하는 것에서 그치는 것이 아니라 청대 감상학자鑑賞學者들이 그랬듯이 서적을 감별할 수 있는 능력을 가지고 있었다.49) 조선의 장서문화를 중국과의 관계와 영향이라는 맥락에서 파악했다는 것, 특히 18세기 절정에 달한 중국의 골동학·감상학이 조선에서 어떻게 실현되고 있었는지를 밝혔다는 점에서 의의가 크다.

단 중국서적의 유입은 그 이전에도 적극 진행되었고 특히 16세기 말~17세기 초는 중국의 서적문화에 있어서나 조선의 중국서적 유입에 있어서나 중대한 획기를 이루는 시기였는데 장서가 출현

藏書家」, 『향토』9, 1948년 6월.
48) 강명관, 「조선후기 서적의 수입·유통과 藏書家의 출현」, 『민족문화사연구』 9-1, 1996.
49) 18세기 이래 중국에서 수입된 사치품의 주요 소비자는 서울에 世居하던 경화세족들이었다. 이들이 예술품을 수집·감상하는 행위는 삶의 중요한 일부였으며 심지어는 그것이 삶의 목표이기도 했다. 이처럼 예술적 취향이 의식적으로 구현되는 경우는 조선전기에는 보이지 않는 새로운 현상이었다. 강명관, 「조선후기 京華世族과 古董書畵 취미」, 『부산한문학연구』12, 1998.

의 시기를 지나치게 늦춰 결정했다. 더구나 18~19세기 이후 감상학·예술학적으로 발달한 장서만을 가지고 장서가의 출현을 논하는 것은 장서문화의 범위를 지나치게 축소시키는 오류를 낳는다. 중국의 장서문화만 해도 명말 이후 감상학적으로 분화해간 측면도 있지만, 장서문화의 다양한 측면은 그 이전시기부터 존재했다. 따라서 조선의 장서문화에 미친 중국서적의 영향을 고찰하는데 있어, 자체적으로 발전해가던 장서의 특징 위에 중국적 요소가 수용, 혹은 변형되어 어떠한 조선만의 특징을 이루었는지 살펴보아야 할 것이다.

1. 조선의 서적수집 환경과 중국본 장서가의 등장

한 사회의 서적수집 환경을 고찰하는 가장 손쉬운 방법은 개인이 어떻게, 그리고 얼마나 장서를 모을 수 있었는가를 살펴보는 일일 것이다.[50] 16세기 조선의 장서문화가 차츰 확산되어 가던 가운데, 조목趙穆(1524~1606), 홍성민洪聖民(1536~1594), 배삼익裵三益(1534~1588)·배룡길裵龍吉(1556~1609) 부자 등의 장서가들은 짧게나마 자신의 구서법求書法에 대해 기록을 남겼다. 조목은 '사거나 얻거나 직접 출판하거나 혹은 뜻밖에 하사받았다'[51]라고 기록했고, 홍성민은 '내사본內賜本의 책들을 소장했다'[52]라고 했으며, 배삼익부자는 '서

---

50) 조선에서 개인 藏書에 대한 기록이 등장하는 것은 15세기의 일이며, 이 때 藏書는 특권층의 교류수단으로 활용되는 등 극히 제한적으로 소장되고 있었다. 16세기부터는 차츰 藏書量도 구체적으로 기록에 남기고 藏書處도 확인되는 등, 조선의 藏書가 차츰 확산되고 있었음이 확인된다. 이상 15~16세기 조선에서 성장하고 있던 藏書문화에 대해서는 이 책의 부록에서 藏書家 및 藏書활동의 사료를 제시하는 것으로서 대신하고자 한다.

51) 趙穆, 『月川先生文集』卷5, 雜著「重修書室記」.

울에서 관직을 지낼 때 하사받거나 구득한 책'53)이라고 기록했다. 이들의 사례를 볼 때 어느 한 가지 방법에 주로 의존했다기보다는 사정이 허락하는 한, 하사·증여·구매 등의 방법을 최대한 동원해서 장서를 모았다고 할 수 있다.

조선 사인들이 서적을 보유하는 방법으로 가장 오래된 것은 정부의 하사였고,54) 그 외 직접 출판하거나 구매하는 방법이 있었다.

---

52) 洪聖民 『拙翁集』 卷5, 「送家奴安連還洛寓意五首 : 書籍」.
53) 裵善源, 『守碉集』 卷4, 「欣託室銘幷小序」.; 김종석, 「퇴계학자료총서해제: 6차분-裵善源 "守碉集"」, 『퇴계학』14, 2004. 346쪽 재인용.
54) 『實錄』에 기록된 16세기까지 정부가 반포한 서적 및 대상을 표로 나타내면 다음과 같다.

책이름	반포대상	실록기사
家禮	150부를 평양에서 인쇄해서 각 司에 하사	太宗3年8月29日甲戌
孝經	東班 集賢殿應敎이상의 관원, 西班 僉摠制이상의 관원	世宗11年5月20日乙丑
恤刑敎旨	京外官 및 宗親, 東班 5품 이상, 西班 3품 이상	世宗13年6月19日辛亥
直解小學	2백본을 각 고을의 鄕校와 文臣에게 하사	世宗23年辛酉10月18日辛巳
東國正韻	여러 道와 成均館·四部學堂에 頒賜	世宗30年10月17日庚午
銅人經 脈經	각 1건씩을 함길도에 頒賜	世宗31年3月2日壬午
고려사절요	단종년간 간행하여 반포	端宗1年7月22日丁丑
三綱行實列女圖	諺文으로 된 약간帙을 간행해서 京中 五部와 諸道에 頒賜하여 村巷 부녀를 講習	成宗12年3月24日戊戌
三綱行實	八道에 頒賜	中宗5年1月4日辛酉
小學		中宗12年12月28日己巳
辟瘟方	中外에 頒賜	中宗20年5月6日甲子
大典後續錄	중종39(1544)년에 간행해서 반포한 바 있음	明宗12月27日庚戌
	명종년간 소수서원에 정부출판물 한 부씩을 하사	明宗7年3月28日庚戌
聖學十圖	40여건을 頒賜	宣祖2年9月4日甲戌
	김굉필·정여창·조광조·이언적의 事蹟을	宣祖3年5月16日癸未

조선왕조는 선초부터 중요한 텍스트들을 수차에 걸쳐 간행하고 학교와 관료들에게 반포했다. 특히 중국에서 들여온 유교서들을 반포하는데 주력했다.55) 그런데 이러한 내사본은 관료가 아니면 얻을 수 없었고, 관료라고 해도 정부의 서적반포가 항상적인 일이 아닌데다 전체 관료를 대상으로 하는 것이 아니기 때문에 장서를 구하는 일은 제한적일 수밖에 없었다.56) 이것은 15세기 장서가들이 소수의 특권층에 집중될 수밖에 없던 이유이기도 했다.

둘째, 직접 출판하는 방법이다. 앞에서 조목은 직접 출판에 의해서 서적을 구했다고 서술했는데, 지방관이 아닌 이상 서적을 출판하는 경우는 선조의 문집이나 족보류에 국한되어 있었다. 선조의 문집이라고 해서 쉽게 출판할 수 있었던 것은 아니다. 유희춘柳希春(1513~1577)은 외조부 최부崔溥의 『표해록漂海錄』을 출판하고자 했으나 자비로는 출판이 불가능했고 관서지역의 관찰사 오겸吳謙에

	기록한 책을 간행해서 반포하기로 함.	
儀禮經傳續	교서관에서 간행하여 반포	宣祖4年7月8日戊辰
禮記	사대부로서 예기를 소유한 자가 드물어 豐儲倉의 注紙로 간행하여 널리 頒賜	宣祖4年10月14日癸卯
皇華集	선조년간 간행, 반포	宣祖6年2月20日辛未

55) 태종이 조선최초의 銅活字 癸未字를 鑄造하게 된 것은 중국에서 수입된 서적을 廣布하기 위함이었다. 가장 기본적인 經典註釋書 『五經四書大全』·『性理大全』 등은 世宗年間을 전후해서 3차례 중국에서 전래되었고 곧 翻刻되어 文臣관료들과 각 급 학교에 반포되었다. 이런 책들은 儒教經典의 기본 주석서이기 때문에 국내의 수요가 매우 높아서 翻刻이 불가피했다. 만약 지방의 고을이나 향리에서 이 책을 원하는 경우가 있다면 인쇄용지를 준비해서 보내는 것에 한해서 인쇄해 보내주었다. 정형우, 「"五經·四書大全"의 수입 및 그 刊板廣布」, 『동방학지』63, 1989, 12쪽, 18~23쪽.
56) 宣祖年間 정부의 서적출판 및 頒賜에 대해서는 배현숙, 「宣祖初 校書館활동과 서적유통고」, 『서지학연구』18-1, 1999, 237~241쪽에 표로 정리되어 있다.

게 편지를 써서 간곡하게 도움을 요청한 결과 마침내 출판할 수 있었다.57) 또 지방관이라고 할지라도 자유롭게 서적을 출판할 수 있었던 것은 아니다. 유희춘은 선조 4년(1571) 호남관찰사로 부임하여 스승인 김안국의 문집을 출판하려고 했지만 사정이 여의치 않아 실패했다. 이후 선조 7년(1574) 김안국의 또 다른 문인이었던 허충길許忠吉이 영천榮川군수로 부임하여 전임감사前任監司 노진盧禛과 후임감사後任監司 금계휘金繼輝의 도움을 받아 출판할 수 있었다.58)

이러한 사정은 17세기에도 마찬가지였다. 지방관이 판단하건대 교육이나 교양에 도움이 되는 책이라고 해도 다른 출판의 역사役事가 있기 전까지는 마음대로 출판을 감행할 수 없었다. 진주목사였던 남몽뢰南夢賚(1620~1681)는 현종 15년(1674)에 진양晉陽에서 『구소수간歐蘇手柬』을 간행했는데 마침 『양촌문집陽村文集』중간重刊의 역사가 있었기 때문에 가능한 일이었다. 남몽뢰는 서울에서 친구에게 빌려 이 서적을 처음 보았는데 미처 다 보지 못하고 주인에게 돌려준 일이 있었다. 이후 1671년에 정홍현鄭弘鉉이 함양咸陽의 관저를 방문해서 이 책의 출판을 의논해오자 『양촌문집』중간重刊에 맞추어 간행하게 된 것이다.59)

이상 몇 가지 사례는 지방관에 의한 출판도 관료 개인의 역량만으로는 불가능했고 동료들의 협조에 의해서, 구체적으로는 임지에 출판의 역사가 생겼을 때를 상호 이용하여 진행될 수밖에 없었다는 것을 보여준다.

지방관이 아닌 개인이 서적을 출판하는 데 결정적 요인은 물론

---

57) 『錦南先生集跋』, 柳希春, 「錦南先生集識」. 宣祖 2年(1569)에 간행.
58) 柳希春, 『眉巖先生集』卷3, 「慕齋先生集序」.
59) 南夢賚, 『伊溪先生文集』卷15, 「歐蘇手柬跋」.

경제력이었다. 그러나 경제력만 있다고 해서 출판이 가능한 것은 아니었고 출판을 실행할 수 있는 기반이 있는 지방이어야만 비로소 간행할 수 있었다. 후술하게 될 18세기 장서목록의 소유자 하응운河應運(1676~1736)의 족보출판을 하나의 사례로 살펴볼 수 있는데, 시기가 맞지 않지만 민간출판의 일면을 살펴보기 위해서 소개하고자 한다.

숙종 45(1719)년 하응운은 영남진주에서 대대로 거주했던 하씨가문의 두 번째 족보를 완성시켰는데, 족보편찬의 재원財源은 종인宗人들이 공동으로 마련했고, 각자 소장하고 있던 전거典據 및 출판용품도 보내왔다. 이 가운데 주목되는 것은 종인들 가운데 몇 명의 각공을 보내온 경우가 있었다는 점이다. 개인이 각공을 고용한 경우 그들이 어디에 속한 공인들인지, 공가工價는 얼마인지 고찰할 수 있다면 민간출판을 파악하는 데 큰 진전이 있을 것이다. 그러나 하응운의 경우 더 이상 고찰할 수 있는 자료를 찾지 못했다. 다만 계속되는 구절에, "청곡사靑谷寺에서 역사를 시작했고 역사가 끝난 뒤에는 청곡사의 법사法舍에 각판을 보존하여 영원히 전세傳世될 것을 도모하였다"[60]는 내용이 있는 것으로 보아 민간출판이 사찰의 출판역량에 의존했을 가능성이 엿보인다. 사찰은 고려시기부터 출판의 중추를 담당했던 곳으로 전국적인 체계를 형성하고 있었고, 출판역량에 있어서도 비서성秘書省 산하의 국가기관을 능가하는 수준이었다. 『대장경』출판의 경험으로 인해 고려시대부터 중앙과 지방의 주요 사찰에는 판각기술과 인쇄시설, 각판보존의 기술이 축적되어 있었다.[61] 이처럼 출판이 가능하려

---

60) 河應運, 『習靖齋文集』卷2, 「晉陽河氏族譜跋」.
61) 리철화, 『조선출판문화사 : 고대~중세』, 북한 : 백산자료원 1995, 90~91쪽.

면 출판재료를 조달할 수 있는 경제적 능력도 중요하지만, 출판가가 살고 있는 지역에 목판인쇄의 기반이 존재하고 있어야 비로소 가능했다. 18세기 영남의 사정은 비교적 좋은 편에 속하는 것이었을 테니, 다른 지역의 사정은 이것보다 훨씬 어려웠을 것으로 예상할 수 있다.

셋째, 조선 사인들은 구매로 서적을 모으기도 했다. 선초부터 주자소鑄字所와 교서관校書館에서 책을 반사頒賜·매매賣買했음은 주지의 사실이며, 이밖에 사사로운 매매와 교환행위도 있었다.[62] 그러나 교서관의 서적판매는 서적반포의 연장에서 이해되는 것이고,[63] 조선에 서사가 설립된 것은 순조 29년(1829)~30년(1830) 무렵의 일이었기 때문에,[64] 그 이전까지 서적매매행위가 있었다고 할지라도 그것은 서적을 상품으로서 취급했던 서적업의 성립이었다고는 보기 어렵다. 상인에 의해서 생산과 유통이 구조적으로 순환되는 것

---

[62] 정형우, 「書肆에 대한 몇 가지 문제」, 『조선조 서적문화연구』 재수록. 서울:구미무역주식회사, 1995. 394쪽. 이 논문에서는 『中宗實錄』에 실린 다음의 주장을 인용하여 사사로운 서적매매 행위가 존재했음을 지적했다. "書店設立事 名似崇文 果爲好矣 … 如寡婦之家 雖或有賣書冊者 其私相賣買之事 必爲之矣"『中宗實錄』 24年 5月 庚申條.

[63] 校書館의 서적판매의 실상에 대해서는 좀 더 자세한 연구가 보충되어야 할 것이다. 교서관의 서적판매방식은 교서관이 판주노릇을 하고 관아에 종이를 납입하면 인쇄를 해주는 방식과, 완제품을 돈을 받고 파는 방식 두 가지가 있었는데, 후자의 경우에 판매를 중개하는 사람을 書儈라고 불렀다. 이들은 중국에 드나들면서 중국책을 구입해 양반가에 퍼뜨린 주역인데 우리나라에 존재하는 宋元明淸版이 모두 이들의 손을 거쳐 수입되었다고 해도 과언이 아니라고 지적된 바 있다. 김동욱, 「坊刻本에 대하여」, 『동방학지』11, 1970, 100~101쪽.; 이외, 유희춘의 일기를 통해서 교서관의 활동을 살펴 본 연구가 부분적으로 이 문제를 언급하고 있다. 배현숙, 앞의 논문, 236~237쪽.

[64] 정형우, 위의 논문, 393쪽.

이 아닌, 서적 소유자의 개인적인 이유에 의해서 불규칙하게 판매되는 것이었기 때문이다. 그러나 16세기부터 장서를 건립하는 데 구서購書가 중요한 방법 가운데 하나였다는 것만은 다음의 기록들을 통해서 알 수 있다.

정유일鄭惟一(1533~1576)은 젊은 시절 집안이 가난해서 책을 살 수 없었기 때문에 사람들에게 빌려서 직접 선록繕錄한 뒤 책을 읽어야 했다. 그래도 『오경』 및 제자서는 물론이고 패잡지설稗雜之說에 이르기까지 모두 계고稽考하여 깨닫지 못한 것이 없었다고 전한다.[65] 여기에서 서적을 사는 일은 오로지 금전의 유무에 달린 문제로 표현되고 있다. 김부륜金富倫(1532~1599)은 선조 18년(1585) 호남의 동복현감同福縣監으로 제수되었는데, 정치는 우선 학문을 흥성시켜야 한다고 생각하여, 제생들을 이끌고 학교를 중수重修하고 월급을 모아 서적 800여 권을 사서 학교에 장서로 소장하게 해주었다.[66] 이러한 기록들은 16세기 조선에서 서적을 구매하는 일이 전혀 특별하지 않은 현상이었음을 의미한다. 그러나 서적이 매매의 대상이라는 것, 그 이상으로 상황이 발전되지는 않았다. 17세기의 장서가 박륵朴玏(1594~1656)은 말년부터 장서를 모으기 시작했는데 좋은 책이 어느 곳에 있다는 소식을 들으면 반드시 재산을 풀어 구입하거나 혹은 깨끗하게 베껴 썼다.[67] 박륵의 서적구매는 개인가문의 장서가 유출된 경우이거나 혹은 개인이 좋은 책을 소장하고 있다는 소식을 접하고 직접 연락을 취해 구입해왔던 것으로 볼 수 있다.

---

65) 鄭惟一, 『文峯先生文集』 卷6 附錄)李光庭 撰, 「行狀」.
66) 金富倫, 『雪月堂先生文集』 卷6, 附錄 「行狀」.
67) 李徽逸, 『存齋先生文集』 卷6, 「禦侮將軍行都摠府經歷朴公家狀」.

개중에는 장서가를 상대로 의도적으로 책을 팔았던 사람들도 있었다. 송시열宋時烈(1607~1689)은 자신의 장서가 손실되고 있던 상황에 대해서 다음과 같이 말했다.

> 고향 화양동華陽洞에 남겨 놓은 것이라고는 오직 효종대왕조에 하사받은 서책 및 기타 남에게서 빌린 수천 권의 책과 약간의 서화첩뿐이다. 고로 10여 명의 노비를 남겨 두고 지키도록 했다. 그런데 뜻밖에도 서재를 지키던 명옥鳴玉이라고 하는 중이 계심戒心을 지키지 않고 노비 8명을 데리고 도망을 가 버렸다. 또 훔쳐간 서화 등도 적지 않았는데 멀지 않은 곳에서 출몰하고 있다. 그가 지옥에 들어가는 것은 사후의 먼 일이고 지금 당장은 서책이 심히 소략해지고 있다."[68]

멀지 않은 곳에서 도난당한 서화 등이 출몰하고 있다는 것은 곧 노비들이 훔쳐서 내다팔았다는 얘기가 된다. 직접 언급한 것은 서화이지만 서책이 소략해지고 있다고 근심하고 있는 것으로 보아 장서도 같은 방법으로 손실되었다고 볼 수 있다. 이것은 서화나 서책을 구매하는 사람들이 존재했기 때문에 가능한 일이다.

17세기 말~18세기 초의 장서가 임방任埅(1640~1724)은 자신이 젊은 시절부터 서적벽書籍癖이 있어서 책을 파는 사람을 보게 되면 옷을 벗어서라도 구입했다고 기록했다.[69] 책을 파는 사람이란 반드시 서상을 말한다고 볼 수는 없지만, 사대부 사이에 장서가의 숫자가 늘어가고 장서활동이 확산되면서 장서가의 수요에 맞추기 위해 서적을 팔러 다니는 사람이 조금씩 생겨나고 있었음을 알 수 있다.

그러나 전술했듯이 서적매매가 가능했다는 것 이상의 진전, 이

---

68) 宋時烈, 『宋子大全』 卷122 「與或人書」.
69) 任埅, 『水村集』 卷8, 「載籍錄序」.

를테면 서적에 대한 정보를 수집해서 매매를 알선한다든지, 장서가가 원하는 책들을 골라서 구해온다든지 하는 조직적이고 상업적인 매매현상은 아직 나타나지 않고 있었다. 이것은 개인의 출판사정이 좋지 못했던 상황에서 서점도 발달하지 않았던 사회적 배경과도 관련이 있는 문제인데, 17세기를 기점으로 서적매매를 활성화시키는 하나의 계기가 마련된다. 바로 사행使行을 통해 개인이 중국서적을 들여와 소장하는 것이었다.

조선왕조의 서적수집 양상이 16세기를 기점으로 달라졌다는 것은 기존의 연구에서 누차 지적되어 온 바이다. 즉 선초부터 15세기까지는 국가기강의 확립이라는 목표아래 정부주도적인 수집정책이 주류를 이루었으며 대외서적 수입에 있어서도 민간차원의 활동은 그만큼 저조할 수밖에 없었던 것에 반하여,70) 16세기 이후에는 경제성장 및 인구의 증가를 기반으로 사대부 이외 중인과 서리胥吏 등 평민층이 서적의 독자층으로 부상한데 이어 조선사회 전반에 걸쳐 서적의 수요가 늘어나자 중국서적의 수입에 있어서도 역관들을 중심으로 한 민간차원의 구서求書활동이 주류를 이루게 된 것이다.71) 이러한 민간차원의 중국서적 수집은 사행에 부수하는 밀무역 형태로 이루어지는 것이 대부분이었는데, 사행에 직접 참가하지 못하는 사인들도 서상 혹은 역관들과 긴밀한 거래를 통해 개인적으로 중국서적을 수집하는 것이 일반적이었다.72) 따라서 16세기 이후 조선의 민간에 유통되는 서적의 양이 전반적

---

70) 신양선, 「15세기 조선시대의 서적수입정책」, 『실학사상연구』12, 1999.
71) 강혜영, 「조선후기 對中 서적수입정책 硏究」, 『한국도서관정보학회지』11, 1984, 11쪽.; 백운관, 「朝鮮朝 官撰圖書 流通樣態考」, 『출판학연구』3, 1989, 247~251쪽.
72) 이존희, 앞의 논문, 68~70쪽.

으로 증가하게 되었음은 필연적 결과라고 하겠다.

특히 중국서적의 유입이 조선국내의 서적유통 및 장서활동의 활성화에 있어서 결정적인 계기였다는 것은 다음의 관찰을 통해서도 확인할 수 있다. 조선 사인들은 명·청교체의 전란기를 맞아 중국서적의 유입이 중단된 상황을 서적유통의 일대 위기로 받아들였다. 김육金堉은 인조 21년(1643) 『유원총보類苑叢寶』를 저술해 놓고 이렇게 말했다. "내가 어찌 좋아서 이 일을 했겠는가. (조선에서는 왜란과 호란 등의 전란으로) 장서들이 모두 소진되어 버렸는데 천금을 주고 북경의 시장에서 사오던 서적들도 끊어져 버렸다. 그래서 내가 참람되게도 여러 근거들을 수집하여 이 책을 지은 것이다. 그 사정이 참으로 비탄스럽도다."73) 이것은 자신의 저술행위에 대한 겸손한 표현을 겸한 것이기도 하지만, 중국에서 서적이 유입되지 않는 것에 대해 그가 보였던 불안감은 전혀 과장이 아니었다.

전란이 완전히 수습된 18세기의 안정복安鼎福(1712~1791)에게도 같은 불안감이 있었다. "근래처럼 많은 서적이 유행되기는 예전에 없던 일이다. 이는 대체로 중국과 상통相通하면서 요동遼東과 심양瀋陽의 길이 막히지 않았기 때문이다. 훗날 혹시라도 사변事變이 발생하여 요동과 심양의 길이 끊겨 중국과 통하지 않을 경우 국내에 없어지지 않을 서적이 얼마나 되겠는가?"74)라고 했던 안정복의 말을 통해서, 18세기에도 중국서적이 국내 서적유통의 중심을 이루고 있었다는 것을 알 수 있다.

그렇다면 민간에 의한 중국서적 수입이 특히 16세기 말 경부터 적극적으로 진행될 수 있었던 이유는 무엇일까? 당시 조선사회는

---

73) 金堉, 『潛谷遺稿』卷9, 「類苑叢寶序」.
74) 安鼎福, 『順菴先生文集』卷9, 「答李仲命別紙甲午(1774)」.

전후(특히 임란壬亂) 복구사업의 일환으로서 전적을 회복시켜야 한 다는 사명감이 팽배해 있었다. 정부에게나 민간에게나, 16세기까 지 자체적으로 발전해오던 장서를 회복하는 일은 급선무가 되었 다. 최립崔岦(1539~1612)은 선조 34년(1601) 8월 진주사陳奏使가 되어 북경으로 가게 된 유근柳根(1549~1627)에게 다음과 같이 말했다.

> 우리나라는 원래 소중화小中華라고 불리웠으니 육경자사六經子史를 비롯하여 훌륭한 책들이 없는 것이 없었습니다. 그러니 당신과 같은 군자야 읽지 않은 책이 있겠습니까. 혹 있다손 치더라도 근거없이 편 조編造된 지괴류志怪類들이겠지요. 이런 것들은 반드시 봐야 할 책들은 아닙니다. 현재 병화兵火 때문에 공사公私의 장서들이 모두 망해버렸 습니다. 따라서 북경에 도착하거든 시급히 책을 구하지 않으면 안될 것입니다. 그러나 반드시 읽을 만한 책들만 구하시기를 청합니다.75)

이상 최립의 말을 통해서, 국내의 출판상황을 고려할 때 빠른 시간내에 전적典籍을 회복할 수 있는 방법은 중국서적을 수입해 오는 것이었음을 알 수 있다. 이것이 민간의 중국서적 수입이 급 증했던 첫 번째 이유이다.

그러나 그 원인은 조선사회의 내부적인 것에만 있던 것은 아니 고 서적의 공급원이었던 중국의 사정이 변한 것도 중요한 원인이 되었다. 16세기 이래 중국에서는 상업출판의 눈부신 발전으로 대 량출판의 시대가 열리고 사회에 유통되는 서적의 숫자가 획기적으 로 증가했음은 누차 지적해 왔다. 장서가의 숫자 및 장서량도 대폭 증가했으며, 서적문화에서 소외되어 있던 일반백성이 독자층으로 부상하면서 소설과 희곡 등을 중심으로 출판물의 종류도 다양해졌 다. 16세기 중국의 서적문화는 이전시기의 시각으로는 표현해낼

---

75) 崔岦, 『簡易文集』卷3, 「送柳西坰赴京師序」.

수 없는 정도의 발전을 이룩한 것이다. 그 중에서도 지식인들이 상업출판에 깊숙이 관여하기 시작했다는 점, 그런 지식인들과 내재적인 관계를 맺으면서 서상들이 독립적인 직업군으로 부상하여 전국적인 유통망을 발전시켰다는 점이 중요하다. 지금까지 기존연구들은 조선의 중국서적 수입에 대한 배경으로서 북경의 유리창에 서점거리가 형성되었다는 것에만 주목해왔다. 따라서 18세기에 모든 관심이 집중되었다. 물론 건륭제의『사고전서四庫全書』사업으로 18세기 중국의 서적문화가 또 한 차례 도약을 맞이한 것도 사실이지만, 서적의 유통면에 있어서는 이미 16세기 말에 정점에 도달해 있었다. 이처럼 일신—新된 중국의 서적문화가 조선의 중국서적 수입의 외적 배경이 되었던 것이다.

앞에서 최립이 임란 후 장서복구를 위한 구서求書활동을 요청하면서, "지괴류志怪類의 서적들은 시급하지 않고 육경자사의 꼭 봐야할 책들을 우선적으로 구해야 한다."고 했음을 서술했는데, 그의 말은 임란이전 지괴류의 서적이 이미 상당수 유입되어 있었음을 의미한다. 16세기 말 고도로 발전한 중국의 유통망은 거의 동시대의 서적을 조선으로 전파시켰고 양국 서적전파의 시간차는 차후 계속 줄어들게 될 것이었다.76) 후술하겠지만, 이렇게 성장한 중국의 상업

---

76) 許筠(1569~1618)이 17세기 초 두 차례의 使行을 통해 4천여 권의 서적을 구입해 왔고 이것은『閑情錄』저술의 근거가 되었음은 주지의 사실이다. 『閑情錄』의 典據書目에 의하면 총 96종이 저술에 인용되었다. 고전국역총서『閑情錄』해제편「典據書目表」.; 그런데 이 인용서적 가운데 거의 반수에 해당하는 43종의 서적이 明代人의 저술이었다. 그것도 허균과 동시대를 살았던 明代 문인들의 저작들이 다수 포함되어 있었다. 그 외 16세기 말 17세기 초 明代人이 저술한 청언소품, 문언소설, 산문 등이 포함되어 있는데 이들 서적의 대부분이 두 번의 使行에서 구입해온 것임에 틀림이 없다. 당시 중국에서도 유행하고 있던 인기서적들을 거의 동시대에 조선으로 들여올 수 있었던 것은 중국 서적업이 구축해놓은 유통망이

출판 및 서적시장이 조선에게도 서적을 구입할 수 있는 시장이 되어 줌으로써 민간차원의 활발한 구서求書가 가능하게 된 것이다.

이와 같은 기반위에서 조선의 장서활동도 활성화되기 시작했다. 16세기 말에서 17세기 초에 이르러 조선의 장서문화 가운데 가장 특기해야 할 사항은 전혀 장서의 기반이 없던 사람이 사행使行을 통해서 일시에 장서가의 반열에 오른 경우가 등장했다는 사실이다. 중국에서 유입된 대량의 서적은 국내의 구서求書상황만으로는 기대하기 어려웠던 장서문화의 발달을 촉진했던 것이다. 몇 명의 사례를 들어보자면 다음과 같다.

유강俞絳(1510~1570)은 젊은 시절 빈곤해서 책을 구하기 어려웠다. 과거에 급제한 뒤에는 서적을 모으기로 결심했는데 명종 13년(1558) 사행使行에 오르게 되었고,77) 사행에서 돌아오는 길에 책을 구입해 와서는 향장鄕庄과 경제京第, 해양산방海陽山房(해주) 등 세 곳에 나누어 비치했다. 이상의 기록을 남긴 유만주俞晩柱(1755~1788)는 자신의 시대에 이르러 향장과 경제에 있던 책들은 거의 다 흩어져 버렸고, 후손가에 남아있는 것이라고는 해양산방에 소장하던 서적 한두 종류와 장서목록 4책뿐이라고 했다. 그 목록에 기재된 책은 2,874권이었다.78) 유강이 중국에서 책을 구매한 과정에 대해서는 명확하지 않다. 그가 구입한 책들을 사저에 소장했던 것으로 보아 공무역公貿易과는 별개의 사적인 구입이었음을 알 수 있다. 유만주는 그 장서목록을 보며 다음과 같이 기록했다. "목록에는 금석

없었다면 불가능한 일이다.
77) 『明宗實錄』明宗 13年戊午 3月癸酉(25일) 謝恩使로 중국에 파견되었다.
78) 俞晩柱, 『欽英』, 「1786年1月16日條·1月18日條」.; 김영진, 「朝鮮後期의 明淸 小品 수용과 小品文의 전개 양상」, 고려대 국문과 박사논문, 2003, 26쪽 재인용.

산해정원류통구金石山海靜遠留通求이라고 씌여져 있고, 목록에 수록된 책은 18상자의 분량에 달하며 장연묘회사長淵妙會寺에 저장해둔 책들이라는 내용이 실려 있었다. 그 가운데『소자전서邵子全書』15책,『여씨춘추呂氏春秋』4책,『태현경太玄經』2책,『사서인물고四書人物考』6책 등은 모두 주가 있으며 특히 암자에 비치해두었다고 전한다."[79]

중종 29년(1534) 정사룡鄭士龍의 막하관幕下官으로 동지사冬至使行에 합류했던 유이손柳耳孫은 서얼 출신의 서예가이자 사자관이었다.[80] 유이손은 이렇다 할 가문과 관직을 지니지 못했지만 뛰어난 서화실력으로 사대부와 동등하게 교류했고 사행에 동참함으로써 수천 권의 장서를 이룩했다. 유이손은 안락당安樂堂이라는 소당小堂을 짓고 장서를 보관했다.[81]

---

79) 이것은 위의 박사논문에서는 인용하고 있지 않은 부분으로서,「1月18日條」유만주가 목록을 보면서 남긴 기록이다. 유만주가 보았던 장서목록은 海陽山房의 소장서를 물려받은 후손이 작성한 것으로 예상되지만 자세한 고찰이 필요하다. 만약 유강 자신이 작성한 목록이라면 개인장서가 목록의 출현을 1세기 가까이 끌어올릴 수 있는 증거가 된다. 게다가 분량도 4책에 달한다 하니, 후대의 장서목록이 成册되었더라도 1册에 불과했음을 상기할 때 대단히 중요한 목록이라고 하겠다.

80)『中宗實錄』23年 2月 17日己未條.『明宗實錄』卽位年 10月 25日甲寅條.

81) 유이손은 서예에 매우 능했다. 어숙권의 기록에 따르면 사행에서 돌아오는 길에 龔雲岡이 지은 시를 유이손이 써서 雲興館의 현판으로 걸었는데 이것을 본 공운강이 유이손을 왕희지에 비유했으며 侍讀華察은 칭송의 詩를 지어주었다고 한다. 魚叔權,『稗官雜記』卷4,「使行에서 돌아오는 길. 定州新安館45里, 郭山雲興館30里」. 고전국역총서. ; 嚴昕(1508~1553)은 평소에 유이손의 뛰어난 서예솜씨에 대한 명성을 듣고 있었으나 직접 만나지는 못했다. 그러던 차, 開城館에서 우연히 만나게 되었는데 유이손의 직책이 비록 낮았으나 엄흔은 자신과 똑같이 녹을 받는 관리라고 표현하며 동등한 자세로 교류했다. 이후 안락당을 짓고 수천 권의 장서를 소장했다고 한 것으로 보아 유이손의 장서는 1534년의 使行에서 이룩된 것임

이외 비교적 잘 알려진 사례로 이시발과 허균이 있다. 이시발李時發(1569~1626)은 임진왜란 당시 원군으로 참전했던 중국의 악상지駱尙志와 서로의 용맹함에 감복하여 의형제를 맺었다. 이에 악상지가 수천 권의 중국서적을 선물로 기증했고 이시발의 가문은 이때부터 장서가 풍부하게 되었다.[82] 허균許筠(1569~1618)은 1614년과 1615년 두 차례의 사행에 참가하면서 4천 권의 서적을 구입해 돌아왔다.[83] 이 때 구입해 온 책들을 다른 선비들도 빌려볼 수 있도록 별도로 장서각을 세워 보관했다.[84]

신정하申靖夏(1681~1716)는 자신의 가문에는 원래 책이 없었는데 부친 신완申琓(1646~1707)이 두 번의 사행을 통해 백 여 종의 서적을 사 가지고 돌아온 이후 장서가 풍부해지기 시작했다고 서술했다. 신정하는 부친이 읽었던 필사본 『논어』가 폐상자 안에서 발견되자, 이 책에 제어를 쓰면서 다음과 같이 말했다. "우리 가문의 풍부한 장서는 부친이 기틀을 마련한 것이다. 필사본 『논어』가 소중한 것은 오직 가문의 오래된 구물舊物이기 때문만은 아니다. 나는 이 책을 후손들에게 남겨 훗날의 경계로 삼도록 하겠다. 이 책을 보면 예전 서적을 구해보기가 이처럼 어려웠다는 것을 알 수 있기 때문이다."[85] 신완은 사행에서 사온 서적 및 자신이 예문관에서 10여 년을 일하면서 하사받은 책 등으로 풍부한 장서를 이룩할 수 있었

을 알 수 있다. 嚴昕, 『十省堂集』上, 「題安樂堂詩卷」.
82) 洪良浩, 『耳溪集』卷21, 「請皇明參將駱尙志追配武烈祠啓」(壬子箕伯時). 이 기사는 『正祖實錄』 16년 8월 6일條에도 실려 있으며, 위의 박사논문은 실록기사를 인용했다.
83) 민족문화추진회 고전국역총서229, 『惺所覆瓿藁』4, 『閑情錄』 해제.
84) 許筠, 『惺所覆瓿藁』卷6 文部3, 「湖墅藏書閣記」. 고전국역총서
85) 申靖夏, 『恕菴集』卷12, 「題家藏論語舊本」. "今是書之得, 不獨以舊物而重之, 欲使他日之爲吾子孫者, 因觀此書而知昔之見書之難如此."

다. 『논어』조차도 초록해서 읽어야 할 정도로 책이 없던 신완이 일시에 장서가로 발돋움한 것은 중국에서 사온 서적들이 기반이 되었기 때문에 가능한 일이었다.86)

단숨에 대량의 중국본을 소장함으로써 장서가가 된 사람들의 행적은 국내 서적의 유통에 자극이 되었고 저조한 수준에서 머물고 있던 민간의 서적유통에 활기를 불어넣었다.87) 차후 국내 서적유통의 중심은 중국서적에 맞춰지게 되었고, 명·청교체의 전란기가 끝나자 중국서적은 다시 국내 장서형성에 중요한 위치를 차지했다.

청대에 들어오면 북경의 사정도 조선 사인들의 구서求書활동에 유리하도록 변화가 생겼다. 명조는 북경에 도착한 외국의 사신들이 숙소인 회동관會同館을 벗어나 북경시내를 자유롭게 돌아다니도록 허락하지 않았다. 이러한 사례는 15세기부터 확인이 되고 있는데, 본국의 사정이 누설되는 것을 금지하기 위해서였다.88) 1520년대부터는 조선 사인들의 출입도 상당히 제한을 받기 시작하였

---

86) 申靖夏 위의 글에서 계속 ; 이외, 개인의 장서는 아니지만 周世鵬(1495~1554)도 중국에서 수천 권의 經史서적을 貿入해 들여와 백동서원의 장서를 구축했다. 『武陵雜稿』(附錄)卷4, 金魯敬, 「諡狀」.
87) 18세기 서울에는 曹生이라는 書儈가 燕行을 통해 입수되는 책 및 산실되는 가문의 藏書를 중개판매하여 서적유통을 활성화 시켰고(정약용, 조희룡, 「曹神仙傳」), 이외 孫氏라는 서쾌도 사대부를 상대로 서적을 판매하고 있었다(俞晩柱, 『欽英』). 김영진, 「18세기 말 서울의 明淸서적 유통실태」, 『17·18세기 동아시아의 독서문화와 문화변동』, 이화여자대학교 한국문화연구원 학술대회자료. 2004, 110~112쪽, 114~115쪽.
88) 『成宗實錄』成宗 8년(成化 13년·1477) 閏2월 6일, 「正朝使가 北京에서 돌아와 復命하고 聞見 사건을 아뢰다」. 당시 會同館에 榜을 써 붙여서, 모든 朝貢하는 夷人들은 市肆에 출입하여 사람들과 서로 통해 事情을 누설하는 것을 허락하지 않았고 中國人도 夷人과 자유롭게 왕래하는 것을 금지하였다. 다만 '朝鮮使臣은 예전에 비추어서 賣買하라'는 聖旨가 내려 약간 예외적으로 대우받았다는 사실을 알 수 있다.

는데,[89] 조선의 입장에서는 약재와 같은 필수품의 무역문제 때문에 자유로운 출입을 보장받고 싶어 했다.[90] 따라서 조선 조정 내에서는 옥하관玉河館 문금에 대한 원인을 분석하여 대책을 수립하고, 수차례에 걸쳐 중국예부를 향하여 문금을 해제시켜달라는 요청을 올리게 되었다.[91]

16세기부터 명조가 조선 사신들의 옥하관의 출입을 엄격히 통제했던 이유는, 우선 북방 이민족의 위협이 가중되는 가운데 대외 정보가 유출되는 것을 꺼렸기 때문이고,[92] 여기에 중종년대부터 조선에 사치풍조가 유행하여 중국물품의 사무역이 성행하게 되었는데, 이처럼 사행에 동반된 사무역이 활성화되자 무역질서가 혼란될 수 있는 가능성이 생겼기 때문이었다.[93] 대체로 명말까지는 이러한 사정이 지속되었다가, 청대에 이르면 사정이 바뀌어, 강희 말년부터는 조선 사인들이 북경시내를 비교적 자유롭게 다닐 수 있게 되었다. 18세기 무렵에는 공식적인 통제는 거의 없었고 직접 관리를 맡았던 아문衙門들이 외국 사신들과 중국인들이 접촉하는 과정에서 발생할 수 있는 문제들에 대해 감독하는 차원에서만 출

---

89) 『中宗實錄』 中宗 20년(嘉靖 4년·1525) 3월 7일, 「정조사 박호로 하여금 중국 조정의 일을 모두 서계하게 하다.」
90) 『中宗實錄』 中宗 20년(嘉靖 4년·1525) 5월 2일, 「중국이 우리측 출입을 통제하며 무역 장애가 생기게 하는 것에 대해 논의하다.」; 中宗 23년(嘉靖 7년·1528) 12월 4일, 「중국 무역에 관해 정원에 전교하다.」
91) 『中宗實錄』 中宗 20년(嘉靖 4년·1525) 3월 7일, 「중국 조정이 우리나라를 소원하게 대함에 대해 논의하다.」
92) 『中宗實錄』 中宗 36년(嘉靖 20년·1541) 12월 28일, 「천추사의 서장관 이안충이 돌아와 상이 인견하다.」
93) 『中宗實錄』 中宗 28년(嘉靖 12년·1533) 12월 10일, 「중국과의 무역 등에 대해 논의하다」; 中宗 39년(嘉靖 23년·1544) 6월 11일, 「선정전 앞 월랑에서 사은사 심광언·황염 등을 인견하다.」

입을 통제하는 정도였다. 이와 같은 상황을 조선 사인들은 통사들로 하여금 뇌물을 준비하게 하여 해결하곤 했었다.[94]

이처럼 달라진 구서求書환경 아래에서 조선의 사인들은 민간차원의 서적수입에 더욱 열중할 수 있었다. 당시 조선의 사인들이 어떠한 중국서적을 원하고 있었는지는 사행에 동참했던 사람들의 기록을 통해서 일부나마 확인이 가능하다.

이의현李宜顯(1669~1745)은 숙종 46년(1720) 사행에서 54종, 영조 8년(1732)에는 20종의 서적을 구입하고 그 서명과 권수를 기록했다.[95] 이 책들을 경사자집經史子集별로 분류하고 저작자의 시대를 기록해보면 아래의 표와 같다. '/' 표시를 기준으로 앞부분은 1720년에, 뒷부분은 1732년에 구입해 온 서적들이다.

〈표 10〉 이의현이 1720·1732년 북경에서 구입한 서적

경經	사서인물고四書人物考(명명/설응기薛應旂) / 좌전左傳 역경易經 사서대전四書大全 수진사서육경袖珍四書六經 규벽예기奎璧禮記 규벽서경奎璧書經 규벽사서奎璧四書 규벽소학奎璧小學 규벽시경奎璧詩經
사史	속문헌통고續文獻通考(명명/왕기王圻1586) 통감직해通鑑直解(명명/장거정張居正16세기 말) 명산장名山藏(명명/하교원何喬遠17세기) 성경지盛京志 통주지通州志(명명/침명신沈明臣16세기 말) 황산지黃山志(청청/민린사閔麟嗣) 서호지西湖志(청청/양시정梁詩正) / 송사宋史 기사본말紀事本末 봉주강감鳳洲綱鑑 원사元史 삼국지三國志 고금인물론古今人物論 만년력萬年曆

---

94) 洪大容, 『湛軒書外集』卷7, 「燕記·衙門諸官」. 고전국역총서.
95) 李宜顯, 『庚子燕行雜識』·『壬子燕行雜識』. 고전국역총서 ; 이 사료는 김영진, 「조선후기 중국사행과 서책문화」, 『연행의 사회사』, 수원 : 경기문화재단, 2005, 245-6쪽에서도 인용된 바 있다. 18세기 초 燕行使가 구입해 온 서적의 규모를 설명하고, 중국서적 구입은 使臣이 譯官에게 부탁하고 譯官은 다시 현지의 序班輩들에게 부탁하는 경로를 통해 이루어지는 것이 일반적이었음을 지적하는 데 이용되었다.

자자	책부원귀册府元龜(송宋/왕흠약王欽若) 도서편圖書編(명명/장황章潢1562) 형천패편荊川稗編(명명/당순지唐順之1507~1560]) 삼재도회三才圖會(명명/왕기王圻) 산해경山海經 만보전서萬寶全書(청淸/모환문毛煥文) 복수전서福壽全書(명명/진계유陳繼儒) 발미통서發微通書 염이편艶異篇 국색천향國色天香 황미고사黃眉故事(청淸/등지모鄧志謨) 백미고사白眉故事(청淸/등지모鄧志謨) / 태평광기太平廣記(송宋) 근사록近思錄(송宋) 주자어류朱子語類(송宋) 지림志林(송宋) 외과계현外科啓玄 장과성종張果星宗
집집	초사楚辭(송宋) 한위육조백명가집漢魏六朝百名家集(명명/장부張溥17세기) 전당시全唐詩(청淸/강희康熙46년(1707)호진형집胡震亨輯) 당음통唐音統(명명/호진형편胡震亨編) 당시정성唐詩正聲(명명/고병高棅) 당시직해唐詩直解 당시선唐詩選(명명/이반룡편李攀龍編) 설당시설唐詩(청淸/서증徐增) 전주두시錢註杜詩(청淸/전겸익錢謙益) 영규율수瀛奎律髓(원元/방회方回) 송시초宋詩鈔(청淸/오지진吳之振) 원시선元詩選(청淸/고사립顧嗣立) 명시종明詩綜(청淸/주이존편朱彛尊編) 고문각사古文覺斯 사마온공집司馬溫公集 주렴계집周濂溪集 구양공집歐陽公集 동파시집東坡詩集(송宋/왕십붕王十朋) 진회해집秦淮海集(송宋) 양귀산집楊龜山集(송宋) 주위재집朱韋齋集(송宋) 장남헌집張南軒集(송宋) 육방옹집陸放翁集(송宋) 양철애집楊鐵厓集(명명) 하대복집何大復集(명명) 왕엄주집王弇州集·속집續集(명명) 서문장집徐文長集(명명) 포경재집抱經齋集(청淸/서가염徐嘉炎) 열조시집소전列朝詩集小傳(청淸/전겸익錢謙益) 장원책壯元策 휘초변의彙草辨疑 제금편製錦篇 / 원문류元文類(원元) 사육초징四六初徵 당시품휘唐詩品彙 자휘字彙 초려집草廬集(명명) 서피집西陂集(명명) 육선공집陸宣公集

이상을 중종 말년(1541) 김안국金安國이 북경에서 사온 책들96) 및 선조 초년(1567~1577) 유희춘柳希春이 구입했거나 혹은 구입을 희망했던 책들과 비교해 보았다.97) 그 결과 다음과 같은 특징이 보인다.

---

96) 中宗代 정권을 잡은 士林은 성리학풍을 조성하기 위해서 서적의 확충 및 간행반포에 관심을 기울였다. 이에 중국을 왕래하는 사신들에게 중국서적을 널리 구해오라는 왕명이 내려졌고 국내에서도 私藏되어있는 遺經逸書가 있으면 헌납하라는 傳旨가 내려졌다. 金安國(1478~1543)은 中宗13(1518)년 北京使行에서 7종의 性理書를 구하여 진상하였고 中宗 36년(1541)에는 貿來할 서적의 목록을 작성해서 좀 더 계획적으로 서적을 구입해 왔다. 이 때 구입해 온 서적은 經學理書5종, 家訓類1종, 政事書3종, 文學書4종, 筮占地理書2종으로 총 15종이었다. 이 가운데『杜詩注解』는 조선에 이미 간행본이 많기 때문에 다시 인쇄할 필요가 없다고 생각하여 제외하고 나머지 14종의 서적을 翻刻했다. 김항수, 「16세기 士林의 性理學이해-서적의 간행편찬을 중심으로-」,『한국사론』7, 1981, 148~151쪽.

첫째, 모든 경우에서 경부서적의 구입이 미약하다. 1732년에는 사서류를 수종 구입하였는데 대부분 남들의 의뢰을 받고 사다 준 것이다. 김안국도 역경류易經類 서적 1종, 유희춘의 경우는 사서류와 의례경전儀禮經典 약간만을 기록하고 있을 뿐이다.

둘째, 역시 모든 경우에서 자부와 집부의 서적구매량이 단연 돋보인다. 이것은 16세기 이후 중국의 출판사정과 관련이 깊다. 중국에서는 대량출판이 시작되면서 고인의 별집別集과 당대인의 저술이 활발하게 출판되었는데 그 종류도 유가류의 서적에 국한되지 않았고 문학·예술방면의 출판이 현저히 증가했다. 이러한 중국 서적계의 변화가 조선에도 영향을 주고 있었던 것이다. 그러나 정부의 공식적인 서적구입사례에 속했던 김안국의 경우에는 약간의 예외가 있다. 김안국이 구입한 자부子部의 서적은 여전히 송인의 유가류 서적들이었다.

셋째, 똑같이 자부子部·집부集部의 서적이 주요하게 구입되었다 할지라도 어느 시기의 저작물을 구입했는가에는 뚜렷한 차이가 있다. 이의현의 경우 1720년의 구입을 사례로 볼 때 총 44종의 자子·집集 서적 가운데 송·원인의 저작이 12종, 명인의 저작은 14종, 청인의 저작은 10종이 포함되어 있는데 이의현과 동시대의 저술도 상당수 포함되어 있다. 이에 비해서 김안국이 사들인 자子·집集의 서적 11종 가운데 명대인의 저술은 단 2종뿐이었고 김안국과 동시

---

97) 柳希春(1513~1577)의 『眉巖日記』(1567~1577年間)에 보이는 서적들이다. 배현숙, 앞의 논문. 이 논문은 수입된 중국서적, 혹은 유희춘이 사행길에 오른 사람들에게 구입을 요청한 서적들을 정리하여 〈宣祖初의 燕貿書册〉 표로 작성했다(243~245쪽). 이 표에 기록된 모든 서적이 실제로 구입되었는지는 확실하지 않다. 다만 당시 조선 士人들이 구입을 희망하는 중국 서적을 살펴보는 것에는 전혀 문제가 없다.

대의 저술은 그 중 1종뿐이었다.98) 나머지는 모두 당·송인, 혹은 그 이전의 저작들이었다. 유희춘의 경우에는 총 41종의 자집서子集書 가운데 명대의 저작은 11종인데 유희춘과 같은 시대인 16세기의 저작은 5종뿐이다.99) 이것은 후대로 갈수록 민간을 통한 중국서적 수입이 많아졌기 때문에, 여전히 송대인의 저작에 권위를 두고 있었던 정부의 구입사례와는 달리 동시대인들의 저술에도 많은 관심을 보이게 되었다는 것을 보여준다.

하지만 이의현의 구입에서도 송인의 문집만은 여전히 큰 비중을 차지하고 있음을 알 수 있다. 이것은 명말청초 이래 중국의 구서求書경향과 관련이 깊다. 2~3장에서 살펴보았듯이, 당시 중국에서는 증거에 입각한 학문방법을 중시하려는 경향이 일어났고 이에 따라 한당漢唐 이래 송·원인의 저작, 특히 문집을 중시하는 풍조가 일어났다. 본서에서 다루지 않았지만 명말청초의 장서가 조용曹容(1613~1685)은 특히 송·원인의 문집을 많이 소장한 것으로 유명했는데 이 특별한 소장만을 위한 목록을 따로 제작했을 정도이다.100) 18세기 이문조와 법식선 등 중국문인들이 유리창 서점거

---

98) 明代人의 저작 두 가지는 다음과 같다. 첫째, 명초 洪武年間 大學士였던 朱隱老의 『皇極經世書說』. 김안국은 이 책이 (宋)邵雍의 『皇極經世書』를 이해하는 데 도움이 된다고 밝히고 있다. 둘째, 謝鐸·黃世顯, 『赤城論諫錄』. 이것은 台州名賢들의 論諫疏奏를 모아놓은 책이다. 謝鐸은 15세기 말 成化弘治年間에 활약했던 인물이었다.

99) 명대인의 저작 가운데 개인의 저술은 다음의 6종. 明初 岳正(正統12(1448)年進士)의 『類博雜言』, 莊㫤(成化 2년(1446)進士)의 『定山集』, 楊起元(成化弘治年間)의 『楊文懿公詩選』, 尹直(1427~1511)의 『交泰錄』, 薛瑄(1389~1464)의 『薛文淸公集』, 李夢陽(16세기)의 『空同集』, 『李夢陽文集』. 나머지 5종은 총집류 『殿閣詞林記』(廖道南,正德辛巳1521年進士), 『皇明名臣錄』(尹直·楊廉), 『皇明文衡』(15세기 程敏政), 『皇明經濟錄』(15세기黃漙), 『皇明鴻猷記』.

100) 葉昌熾, 『藏書紀事詩』卷4, 北京 : 燕山出版社, 1999, 291~292쪽.

리에서 열심히 사들인 것도 송·원인의 문집이었다.[101] 이의현의 경우에도 당·송인의 저작은 훌륭한 문장을 짓는 데 선취하여 사용했던 근거였음이 확인되는 만큼,[102] 저술의 근거로서 송인의 문집이 중시했던 중국의 구서求書경향에 강한 영향을 받으며 서적을 구입했다는 것을 알 수 있다.

마지막으로 이의현의 구입에서만 보이는 특징적인 것은 두 가지이다. 첫째 사부의 서적 중에 지리서地理書가 중시되고 있다는 점이다. 김안국의 경우에는『산해관지山海關志』단 1종만을 구입했는데 그나마 "그다지 요긴하지는 않지만 조공왕래의 길이니까" 구입하고 번각한다는 설명을 달았다.[103] 유희춘의 경우에는 사부서적은 정서류뿐이고 지지류地志類는 단 1종도 없다.

둘째, 백과사전식의 교양서『만보전서萬寶全書』(청淸/모환문毛煥文), 소설가에 가까운 권선징악용 격언집『복수전서福壽全書』(명말明末/진계유陳繼儒), 파격적인 내용의 소설류『염이편艶異篇』,『국색천향國色天香』등 다양한 종류의 서적들이 구입되었다는 점이다. 이것은 조선 사인들의 달라진 독서기풍을 반영하는 현상으로 이렇듯 달라진 풍조는 장서경향에도 반영이 되었을 것이다.

이의현의 장서에 대해 전모를 확인할 길은 없지만, 중국서적 구입에서 보이는 몇 가지 특징은 그대로 장서대상에도 반영되었다고 할 수 있는데, 그의 장서는 경사자집, 패록야승稗錄野乘, 산경지지山經地誌, 탑전총각塔鐫塚刻 등에 이르기까지 미치지 않은 바가 없었다고 전한다.[104] 즉 이전 시기와 비교해서 한층 다양해진 중국본

---

101) 李文藻,「琉璃廠書肆記」,『琉璃廠小志』. ; 法式善,『陶廬雜錄』. 清代史料筆記, 北京 : 中華書局, 1997.
102) 俞拓基,『知守齋集』卷13,「議政府領議政致仕李公諡狀」.
103)『山海關志』2冊.

의 수장이 가능하게 된 것인데, 이는 조선 사인들의 관심의 폭이 확대된 결과이기도 하지만 동시에 서적의 공급원으로서 중국 상업 출판이 지속적으로 확장되었기 때문에 가능한 일이기도 했다.

2. 장서명과 목록으로 본 조선후기 민간장서의 특징

장서명藏書銘, 혹은 서주명書廚銘은 장서각이나 서주書廚, 책 상자에 새기는 문구로서 장서의 목적을 보여주는 장서활동의 좌우명이라고 할 수 있다. 중국에서 장서명이 처음 사용된 것은 송대로 추측된다. 송대 축목祝穆이 지은『고금사문유취古今事文類聚』의「유학부儒學部」에는 중국 서적의 발생, 당대 조판인쇄의 시작, 기타 장서와 장서기, 교서校書, 구서購書, 차서借書 등의 조항에 걸쳐서 정부와 유명한 개인의 고사 등을 고대로부터 송대에 이르기까지 방대하게 소개하고 있는데, 여기에 실린 장서명이 송대 주자와 소자용蘇子容의 것 둘 뿐이기 때문이다.[105] 송시열은 1685년 아우들이 서숙書塾을 건축했을 때, 이 주자의 장서명을 인용하여 제생諸生들이 학업에 열중하여 문사가 번창하길 축원하는 데 사용했다.[106] 주자의 장서명은 학생들이 수시로 학교에 드나들고 학업에 열중하면서 세교를 홍기시키라는 염원을 담고 있는 것이었다.

조선의 장서명을 중국과 비교하기 위해 필자가 찾은 송대 이래

---

104) 俞拓基,『知守齋集』卷13,「議政府領議政致仕李公諡狀」.
105) 祝穆撰,『古今事文類聚』別集 卷3,「儒學部・藏書銘」;蘇子容『滍水燕談』, 朱子『晦庵集』,「藏書閣書廚字號銘」.
106) 宋時烈,『宋子大全』卷144,「一經堂記」;朱子의 藏書銘은 福建省 建陽縣 학교의 藏書閣 상량일에 맞추어 6개 상량에 새겨 넣기 위해 지은 것이었다.

중국 문인들의 장서명을 몇 가지를 소개하겠다.

(송宋) 호차염胡次焱 : 사증四層높이의 서주書廚는 격치格致와 성정誠正의 공이며, 열고 닫는 두 개의 문은 수신제가치평修身齊家治平을 위한 근본이다. 읽고도 실천하지 않으면 서적을 욕보이는 일이니, 묵묵히 배워가고 마음이 융합하면 그것으로 충분하다.[107]

(원元) 왕운王惲 : 책을 방안에 설치해 두는 것이 어찌 배안에 쌓아두는 것과 같겠는가. 너를 이름하여 서주라고 하니, 없는 것이 없도다. 뱃속이야 굶주리면 다시 채우면 되지만 서주가 비는 것은 부끄러운 일이다. 자손들은 유념해서 (서주가 비지 않도록) 노력하라.[108]

(명明) 섭성葉盛(1420~1474) : 독서는 반드시 신중히 해야 하고 자물쇠는 반드시 견고해야하며, 수서收書할 때는 반드시 자세히 살펴야하고 장서각은 반드시 높아야한다. 자손들은 장서를 다른 사람에게 빌려주는 것 또한 불효라는 것을 배우고 가르쳐야 한다.[109]

(명明) 호거인胡居仁(1434~1484) : 성현의 유훈遺訓은 유훈遺訓의 법도이니 정독程讀·숙사熟思·정체精體·절행切行을 실천함으로써 소중히 여겨야 한다. 진실로 폐하거나 멈추지 말 것이며 서주명을 영원한 거울로 삼으라.[110]

이상 중국의 장서명에는 학문에 임하는 자세, 책을 아끼고 가까이하라는 당부, 가문의 장서를 절대로 반출시켜서는 안된다는 경계 등이 담겨져 있었다.

조선에서 장서명이 등장한 것은 17세기의 일이다. 장유張維(1587 1638)는 아래와 같은 장서명을 남겼다.

---

107) 胡次焱, 『梅巖文集』 卷6, 「書廚銘」 ; (明)嘉靖 10年(1531)에 작성된 서문의 평가에 의하면 이 서주명의 내용은 胡次焱이 스스로 학문에 임하는 자세였다.
108) 王惲, 『秋澗集』 卷66, 「書廚銘」.
109) 葉盛, 『菉竹堂書目』, 「文莊公書廚銘」.
110) 胡居仁, 『胡文敬集』 卷2, 「書廚銘」.

고인의 몸은 이미 썩어 없어졌으나 그 말씀은 이곳에 소장되어 있다. 내 마음속의 이치로써 탐구한다면 얻지 못하는 것이 없으리라.¹¹¹⁾

상기 장서명 이외, 장유는 서주명도 남겼다. 무궁무진한 독서 끝에 박식함을 체득한 자를 칭송하고, 박식함에 이르는 도구로서 서적에 대한 기대를 나타낸 글이다.¹¹²⁾ 이로써 장유의 장서명은 학문을 탐구하고 고인의 이치를 터득하는 데 있어 장서의 중요성을 환기시키는 작용을 했다고 볼 수 있다.

명銘이란 아무 물건이나 대상으로 짓는 글이 아니다. 어떤 물건의 됨됨이를 보건대 그 물건의 이치에 본받을 것이 있고, 그 물건의 효용성을 생각할 때 폐지할 수 없는 공효功效가 있을 때라야 명銘을 짓는 것이다.¹¹³⁾ 이러한 기준에 따라 장유는 장서와 관련된 상기 2개를 포함해서 총 8개의 명문銘文을 지어 남겼다.¹¹⁴⁾ 장유張維의 명문들은 자기수양을 강조하고 선대왕先代王의 위업과 조상의 가르침을 강조하는 등 교훈적인 내용이 주를 이루고 있었다. 이것과 비슷한 맥락의 또 다른 사례로서, 임방任埅(1640~1724)은 책보자기에 명문을 지었는데, 그 내용은 독서를 위한 도구적 기능을 예찬하는 것이었다.¹¹⁵⁾ 이상의 장서명을 통해서, 17세기 말~18세기 조선의 사인들

---

111) 張維, 『谿谷先生集』 卷2, 「藏書壁龕銘」.
112) 張維, 『谿谷先生集』 卷2, 「書廚銘」.
113) 張維, 『谿谷先生集』 卷2, 「酒鑪銘幷序」
114) 藏書 이외, 張維가 銘文을 지은 대상으로서 자신에게 속한 물품은 酒鑪, 자신의 거처 가운데 하나인 文會堂, 거문고, 黙所이다. 그 외 太祖가 왜구를 무찌르고 그 혈흔이 남아있다고 회자되던 血巖에 대한 銘, 나라를 지키고 안정시킨 위업을 칭송했다. 충효와 정직을 가업으로 삼았던 柳時英의 집 忠正堂에 대한 銘. 장유의 명문은 효용을 강조하고 先祖의 기지와 위업을 찬양하는 내용 및 후손들의 덕목을 권장하는 내용이 주를 이루고 있다. 張維, 『谿谷先生集』 卷2, 「銘」

에게 장서란 자기수양 및 독서치학의 도구, 선조의 가르침이 전수되는 수단으로 받아들여지고 있었음을 알 수 있다. 그런데 18세기 말에 이르면 장서명은 장유나 임방의 경우처럼 학문적 효용성을 강조하는 맥락에서만 장서명이 작성되는 것이 아니라, 소요자적하는 생활의 일부로서 각종 기물에 대한 감상이 진행되었고, 장서명 역시 이러한 맥락 속에서 작성되기도 했던 것이 확인된다.[116]

조선의 장서가들은 일반적으로 개인장서의 목록을 작성하지 않았다고 지적되어 왔다.[117] 따라서 지금까지 조선목록학은 대부분 왕실장서를 상대로 연구되어 왔다. 하지만 본서에서 찾아낸 기록에 따르면, 매우 산발적이긴 하지만 조선의 장서가들도 개인장서의 목록을 제작했는데 이는 17세기 말에서 18세기의 일이었다.

임방(1640~1724)은 원래 수천 권을 소장하고 있던 장서가였다. 간간이 책을 파는 사람들에게서 구입하거나 친구들이 증여한 서적, 외지의 관리로 부임해 가서 출판해서 얻은 서적들로 해마다 장서가 늘어가던 차, 기아가 빈번하게 발생하여 서적을 팔거나 잃어버

---

115) 任埅, 『水村集』 卷9, 「册袱銘」.
116) 18세기 말 魚用翼(1753~1799)의 詩文集을 보면 書廚와 거문고, 硯滴, 筆墨 등 사대부들의 文業과 관련된 소품들 뿐 아니라 등잔, 베개, 烟竹, 상자, 지팡이 등 각종 기물에 대해서도 명문을 짓고 있음이 관찰된다. 魚用翼, 『玉壺集』, 서울대규장각소장 古書.
117) 현존하는 私家目錄은 세 가지인데, 이 가운데 김휴의 목록은 임란 이후 典籍의 손실이 워낙 컸던 가운데 전적회복을 위해 만들어진 것이라고 지적된 바 있다. 金烋(1597~1638)의 『海東文獻總錄』. 洪奭周(1774~1842)의 『洪氏讀書錄』. 李仁榮(1944년)의 『淸芬室書目』. 이에 대해서는 다음의 연구들을 참조. 정명세, 「金烋의 "海東文獻總錄"研究」, 『韓民族語文學』14, 1987 ; 송정숙, 「朝鮮朝後期 資料組織의 樣相」, 『韓國文學論叢』8-9, 1986 ; 이상용, 『淵泉 洪奭周의 서지학』, 서울 : 아세아문화사, 2004 ; 박문렬, 「"淸芬室書目"考」, 중앙대학교 석사논문, 1980.

리는 상황이 생겼다. 이처럼 장서가 차츰 소실되어 가자 임방은 숙종 28년(1702) 자신의 장서에 대한 정리 작업으로서 장서목록 일 책을 만들게 되었다. 이 목록의 이름은 『재적록載籍錄』이었고 모두 21개 부문으로 구성되어 있었다. 목록이 작성되었을 당시 임방은 천 3백여 권의 서적을 소장하고 있었다.[118]

임방은 『재적록』을 완성한 후 자제들에게 가문의 장서를 가보로 전수할 것이니 잃어버리지 않도록 간수하라는 당부를 남겼다. 현재 임방이 작성한 『재적록』의 서문만이 확인될 뿐, 목록은 전해지지 않고 있어 그가 구체적으로 어떤 서적을 소장했는지 전모를 파악할 수는 없다. 다만 그가 자신의 장서에 대해서 "여기 모인 책들이 지극한 군서들을 모두 모은 것은 아니지만, 이것들을 통달하면 학문과 문장이 가능하고 공명 또한 이룰 수 있다. 다만 부지런한가, 그렇지 않은가의 문제만이 남은 것이다"라고 서술한 것으로 미루어 볼 때, 사대부로서의 교양과 과거에 대비할 수 있는 서적들을 구비하고 있었다는 사실을 알 수 있다.

임방은 장서목록을 작성했던 이유에 대해서도 밝혔다. 그것은 첫째, 장서를 정리·보존하기 위해서이고, 둘째, 장서가 후손에게 계승되어 문업을 이룩하는 데 활용되도록 하기 위해서였다. 이로써 17세기에 이르러 장서는 후손들에게 물려주어야 할 가산이자, 가업을 흥성시켜줄 기반으로 인식되기에 이르렀다는 것을 알 수 있다. 즉 장서는 사대부로서 갖추어야 할 소양 가운데 하나로 자리를 잡았던 것이다. 이러한 사실은 다음의 무관 장서가의 출현에서 더욱 확실하게 엿볼 수 있다.

박륵朴玏(1594~1656)은 광해군 10년(1618) 무오무과에 급제하여 이

---

118) 任埅, 『水村集』 卷8, 「載籍錄序」

듬해에는 선전관宣傳官이 되었고 1622년 회녕판관會寧判官, 1626년 도총부도사都摠府都事 등을 거쳤던 무관이었다.[119] 무관가문 출신의 박륵은 말년부터 장서를 모으기 시작했는데, 어느 곳에 좋은 책이 있다는 소식을 들으면 반드시 재산을 풀어 구입하거나 혹은 깨끗하게 베껴 썼다. 경사자집은 물론이고 의복잡가醫卜雜家에 이르기까지 두루 구하지 않음이 없었으니 결국 수백에서 천권에 달하는 책을 모을 수 있었다. 일실一室을 지어 이름을 금서헌琴書軒이라고 붙였는데, 책을 소장하고 거문고 소리를 듣는 장소라는 뜻이다.[120] 금서헌琴書軒의 이름과 기문記文을 작성해 준 이시명李時明(1590~1674)은 무관가문의 출신인 박륵이 열정적으로 구서求書하여 장서를 이룩해 낸 것에 대해서 진실로 서적을 애호하는 자가 아니면 실천할 수 없는 일이었다고 평가했다. 그리고 그의 정성스러움에 대한 하늘의 보답으로 자손대에 가면 가문이 반드시 흥하게 될 것이라고도 했다.[121]

---

119) 李徽逸, 『存齋先生文集』 卷6, 「禦侮將軍行都摠府經歷朴公家狀」.
120) 李徽逸, 『存齋先生文集』 卷6, 「禦侮將軍行都摠府經歷朴公家狀」.
121) 李時明, 『石溪先生文集』 卷1, 「琴書軒記」. "凡爲屋中堂, 而兩有夾室, 東貯琴, 西藏書, 夫琴者天下之至聖也, 書者天下之至寶也. 朴君弓馬家世, 氣度磊落, 似若不肯於此, 而其心好之. 不啻若飢渴之於飮食, 聞一好書在某地, 則不遠千里而求之. 或倩人而書之, 或傾財而易之. 積成卷軸充溢棟宇, 非誠好之篤, 安能致多如是哉. … 天誘其衷, 發於其子孫無疑也." 琴書軒의 중당에는 양쪽으로 두 개의 협실이 있는데 동쪽은 거문고, 서쪽은 장서가 있다. 무릇 거문고라는 것은 천하의 지극히 성스러운 것이고 책이라는 것은 천하의 지극한 보물이다. 박군은 무관의 가문에서 태어나 기세가 당당한데 이러한 일에도 전혀 불초하지 않아서 진심으로 책을 좋아했다. 먹을 것에는 절약했으나 어느 곳에 좋은 책이 있다는 말을 들으면 천리를 멀다 않고 달려가 구했다. 빌려서 베끼거나 재산을 내어 바꾸어 왔다. 이렇게 만권의 책이 건물 가득 쌓였으니 진실로 돈독히 좋아하는 자가 아니면 어떻게 이런 것을 이루겠는가. … 하늘이 그 정성에 보답을 할 것이니

이시명의 예언은 박륵이 가장 원하는 말이었을 것이다. 행장의 기록에 의하면, 박륵은 무업에만 전념하느라 문업에 종사하지 않았음을 항상 한스럽게 생각했다고 한다. 말년에 고향에 거주하면서는 무기들을 모두 없애버리고 자식들은 활과 화살을 가까이하지 못하도록 했다. 심지어는 무관이 되어서는 안된다는 유명遺命까지 남겼다.122) 이로써 박륵이 후손 대에는 자신의 가문이 문관사대부의 집안으로 거듭나기를 원했음을 알 수 있다. 그가 노력한 소산이었는지 그의 손자들은 과문과 학식에 뛰어나다는 평판을 듣게 되었다. 손자 박담朴潭은 비록 젊은 나이에 요절함으로써 조부의 희망을 실천하지는 못했지만, 조부의 금서헌의 장서를 열심히 탐독하여 종족과 향리의 기대를 한 몸에 받았고 스스로도 장서를 증보시키려 노력했다.123) 증손자 대에 이르러서 박륵의 가문은 드디어 문과급제자[1714년 박두성]를 배출하게 되었다. 장서를 구축하는 행위가 박륵가문의 문업이 흥성하는데 전적으로 작용한 것은 아니었다고 할지라도 문업으로 전환하는 시점에 중요한 징표가 되고 있음은 분명하다. 이처럼 개인의 장서와 학문은 밀착되었고, 장서를 소장한다는 것은 사대부의 본질을 증명하는 요소 가운데 하나가 되어 있었다.

그렇다면 장서를 통해 이상의 염원을 가지고 있던 사대부들은 어느 정도 범위의 서적을 소장했을까? 동시기에 남겨진 또 다른

자손대에 가서는 분명히 흥할 것이 틀림없도다. 연세대소장 古書.
122) 李徽逸, 『存齋先生文集』 卷6, 「禦侮將軍行都摠府經歷朴公家狀」.
123) 李栽, 『密菴先生文集』 卷21, 行狀「內兄迂溪朴處士行實記」. 이 행장을 썼던 이재는 이시명의 손자였는데 '자손대에 이르러 가문이 흥할 것'이라는 조부 이시명의 예언이 朴潭에 의해서 바야흐로 들어맞을 것으로 기대를 모았다고 전했다.

장서목록을 통해 당시 일반 사대부가 교양과 과거에 대비하기 위해서 어떤 책들을 소장했는가를 살펴 볼 수 있다.

숙종 34년(1708) 하응운河應雲(1676~1736)은 가장家藏 도서목록「서책치부書冊置簿」를 작성했다. 진주단목진양하씨晉州丹牧晉陽河氏 창주후손가滄洲後孫家에 소장되어 있는 고문서에는 이 가문의 장서목록 3편이 남아있다. 하응운의 「서책치부」숙종34(1708)년, 하우식河祐植(1875~1943)의 『장서목록藏書目錄』(1900년), 그리고 근래의 저작으로서 하순봉河恂鳳의 『가장서책목록家藏書冊目錄』(1969년)이 그것이다.[124] 이 가운데 1708년과 1900년의 장서목록을 고찰함으로써 일반 사대부들의 장서대상을 살펴보겠다.

「서책치부」(1708년)의 일반서책 목록에는 45종의 서적이 실려 있는데 이 가운데 중국저작은 27종, 한국저작은 19종, 작자미상은 5종에 달한다.[125] 하응운은 여기에 등사본 서책 37종을 합해서 총 82종의 장서를 보유하고 있었다.[126] 일반서책을 저작별로 분류해 보면 다음 〈표 11〉, 〈표 12〉와 같다.[127]

---

[124] 『古文書集成』47~48, 晉州丹牧晉陽河氏 滄洲後孫家篇.

[125] 「書冊置簿」는 장서를 일반서책과 謄出書冊(초록한 것) 두 가지로 나누어 서명·권수·건수만을 기록한 도서목록이다. 經史子集 분류 및 저작별 분류는 필자가 한 것인데 일반서책만을 대상으로 했다.「書冊置簿」는 자산장부인 「陰陽」편에 실려 있는데(『古文書集成』47, 745~746쪽), 「陰陽」편에는 書冊 이외 노비와 전답의 현황이 기록되어 있다. 이로써 藏書 역시 후손에게 물려주어야 할 자산으로 인식되고 있었음이 분명하다.

[126] 「謄出書冊記」에는 杜詩抄 2권, 唐文抄 單, 禮論, 策家坯獲, 策圍玄眹, 禮記抄, 野獻 등 37종의 등사본 서적명이 기록되어 있다. 「謄出書冊記」에 수록된 서책도 분명 초록을 통해 얻은 藏書가 분명하지만 선별·초록한 것이므로 편저서이기도 하다. 더구나 저본이 된 서적의 실체가 무엇인지, 저본의 어느 정도를 등사한 것인지 서명만 가지고서는 알 수가 없다. 따라서 초록한 서적은 藏書대상을 분류하는 표에 넣지 않았다.

[127] 한국저작이라고 추측되지만 작자를 확인할 수 없는 책들은 다음과 같

〈표 11〉「서책치부」수록 중국저작

경經	논어대전論語大全 맹자대전孟子大全 중용中庸 혹문或問 대학大學 시전대전詩傳大全 서전대전書傳大全 주역周易 가례家禮 옥편玉篇 소학小學 사서통의四書通義(명초明初/류섬찬劉剡撰) 홍무정운洪武正韻(명초明初)
사史	통감通鑑 삼국지三國志 사략史略
자子	백가류찬百家類纂(선진先秦) 남화경대문南華經大文(선진先秦) 주자어류朱子語類(송宋/여정덕편黎靖德編) 사문유취事文類聚(송宋/축목祝穆) 전등신화剪燈新話(명明/구우瞿祐) 의학정전醫學正傳(원元/웅종립熊宗立)
집集	선부選賦(량梁/소통선蕭統选) 이백李白(당唐) 창려집昌黎集(당唐/한유韓愈) 증도가證道歌(당唐/현각玄覺) 시수詩藪(명明16세기/호응린胡應麟)

〈표 12〉「서책치부」수록 한국저작

경經	논어언해論語諺解 맹자언해孟子諺解 시전언해詩傳諺解 주역언해周易諺解 주역초주周易抄注 정속언해正俗諺解 경사집설經史集說(조선후기) 상례비요喪禮備要(16세기 신의경申義慶)
사史	
자子	삼운통고三韻通考 계몽啓蒙 훈몽자회訓蒙字會(16세기 최세진崔世珍) 고문백선古文百選(17세기 금석주金錫冑) 동의보감東醫寶鑑 경험방經驗方
집集	남명집南冥集 동우집桐㵢集 구암집龜岩集(이정李楨1512~1571) 수우집守愚集(최영경崔永慶1529~1590) 관포집灌圃集(박홍미朴弘美1571~1642)

하응운의 장서는 한 눈에 보아도 과거를 준비하기 위한 서적이 많았다는 것을 알 수 있다. 중국저작으로는 『사서류四書類』, 『소학류小學類』 및 『사문유취事文類聚』, 한국저작으로는 『사서四書』 수험서류와 『삼운통고』 등이 과거준비와 직접 관련된 것들이었다. 다음으로 비중이 높은 서적은 주자서류朱子書類를 비롯해서 사대부

다. 上樑文이 포함되어 있을 것으로 보아 장서목록에 포함된 책들은 반드시 冊의 형태를 갖춘 것만은 아니고 문서형태로 된 것도 있었음을 알 수 있다. □地萬物選化論, □□樓上樑文, □玉藤玉閣, 禹竹山府, 趙松寶.

가 갖춰야 할 기본적인 교양서적이 주를 이룬다. 중국저작 가운데 『선부』 및 이백李白·한유韓愈의 글은 중국에서도 문장과 시작에 모범이 되는 고전들이다. 한국저작 가운데 『계몽啓蒙』, 『훈몽자회訓蒙字會』는 자제들의 교육에 필요한 기본서이고, 『고문백선古文百選』은 사대부가 부인들에게 읽히기 위해 중국의 고문을 한글로 음역한 책이다. 중국저작과 비교할 때 한국저작 장서의 특징은 문집이 많다는 것이다.128) 이처럼 하응운의 장서는 사대부라면 갖추어야 할 기본적인 텍스트들로 구성되어 있었다.

  이러한 사실은 다음의 기록을 통해서도 확인할 수 있다. 안정복은 명의 양천상楊天祥과 조선의 신후담慎後聃의 독서사례를 인용하면서 올바른 독서법에 대해 설명한 바 있었다. 이에 따르면 우선 기본적인 독서방향은 『사서오경』과 제자서를 읽고 그 위에 역대의 사서와 백가의 언론을 보태는 것이었다. 이것을 통달하면 세상의 이치에 대해 꿰뚫지 못할 것이 없다고 했다. 평생 읽어야 할 책으로 구체적으로 지목한 것들은 다음과 같다. 『중용中庸』과 『대학大學』이 가장 중요하고 다음으로 『서경書經』·『주역周易』·『시경詩經』·『논어論語』·『맹자孟子』가 중요하다. 이런 책들은 많게는 만 번, 적게는 수천 번을 읽는다. 『소학小學』·『예기禮記』·『춘추좌씨전春秋左氏傳』·『주례周禮』·『의례儀禮』·『효경孝經』·『이정전서二程全書』·『주자대전朱子大全』·『심경心經』·『근사록近思錄』·『성리대전性理大全』은 평생토록 곁에 두고 수십 번을 읽는다. 『백가류찬百家類纂』·『도덕경道德

---

128) 이것은 개인 藏書家 목록뿐 아니라 정부목록이나 책판목록에서도 한결같이 보이는 현상이다. 한국저작으로서 가장 많이 소장하고 인쇄해내는 것은 문집이었다. 문집은 가문의 선조나 지방의 현인을 현창하기 위하여 출판되는 것으로서 조선 민간출판의 대부분을 차지했다. 그 주체는 서원이었다.

經』・『음부경陰符經』・『남화경南華經』・『참동계參同契』 등은 수백 번,『한위총서漢魏叢書』・『대대례大戴禮』・『왕씨역례王氏易例』・『신공시설申公詩說』 등은 수십 번을 읽는다. 『사기史記』・『창려집昌黎集』은 수십 번에서 수백 번을 단지 읽기만 할 뿐 아니라 초록까지 해가면서 읽는다. 이것이 안정복이 가숙의 자제들에게 보이기 위해 기록했다는 이상적인 독서의 대상들이었다.129) 이 책들이 하응운의 장서목록에 모두 포함된 것은 아니지만 대부분이 포함되어 있다.

또, 이식李植(1584~1647)은 자신이 젊은 시절부터 사우師友가 없어 시를 읽는 순서를 잘못잡고 우왕좌왕했다고 자술한 바 있었다. 그러다가 40세가 되었을 때 명의 호응린胡應麟이 지은 『시수詩藪』를 읽고서, 시란 어느 것 하나만을 전문적으로 배울 필요 없이 먼저 고시古詩와 당시唐詩를 학습하고 두시杜詩로 귀결짓는 것이 시와 초사楚辭의 정맥正脈이라는 사실을 알고는 비로소 정론으로 삼게 되었다고 전한다. 그리하여 시를 배우고자 하는 사람은 반드시 『시수』를 읽어야 한다고 주장하게 되었다.130) 이 책은 〈「서책치부書册置簿」수록 중국저작〉 집부集部에 포함되어 있다. 『시수』의 저자 호응린(명明/16세기)은 17・18세기 조선 사대부들에게 인기가 높았던 저자였다. 후술하겠지만 호응린의 저술과 주장은 장서이론에서도 자주 인용되었다.

하응운은 자신의 장서량에 대해서 천권이라고 서술한 바 있다.131) 이상 임방과 하응운의 사례를 통해서 17・18세기 천여 권을 소장했던 일반 사대부들의 장서를 살펴보았다. 사대부의 학문과 교양,

---

129) 安鼎福,『順菴集』卷13,「橡軒隨筆下」.
130) 李植,『澤堂先生別集』卷14,「學詩準的」.
131) 河應運,『習靖齋文集』卷1,「遣懷」.

과거준비를 위해서 꼭 필요한 책들이 그 대상이었다.

하응운의 장서는 후손에게 계승되어 어떠한 증감을 거쳤을까? 하우식河祏植(1875~1943)의 『장서목록』(1900년)을 보면 비교가 가능하다. 그는 하응운의 7대손이다. 하우식의 장서목록도 미분류 목록이지만, 일책으로 성책된 목록집이었다는 것이 하응운의 목록과 다르다. 우선 목록의 앞부분에는 하씨가문의 족보와 선대인의 문집을 기록했다.132) 그 다음엔 정조가 친히 편찬한 책들을 기록했고, 이어서 그림과 잠첩병첩箴帖屛帖 등의 서화를 기록했다.133)

이것은 목록집 가운데 매우 특이한 구성이다. 마치 정부의 장서목록에서 권두에 어제서御製書를 싣는 것과 유사하다. 하우식은 가문의 장서정리 및 선조의 문집출판에 열심이었는데 아마도 가문의 위상을 높이기 위한 뜻을 강조하려는 조치가 아니었을까 한다. 하우식의 장서목록에 수록된 서명을 사분법과 저작별로 분류하면 다음의 〈표 13〉과 같다.134) (진하게 표시된 것은 판본版本을 표시한 책)

---

132) 河氏族譜 5종. 先代遺集 8종(滄洲遺事, 生員公實紀, 習靜齋集, 杏亭集, 士農窩集, 世家實紀, 浩亭集, 哀感錄).

133) 正祖親編 4종(雅誦, 史記英選, 杜律 朱書百選). 篆草千字(敬夫兄所遺). 梅花詩帖. 古草帖. 草帖. 成梅竹堂飛白 8폭(牛山所遺). 朱子敬齋箴帖 12폭. 李退溪屛帖

134) 『古文書集成』48, 晉州丹牧晉陽河氏 滄洲後孫家篇. 15~22쪽. 하응운의 목록과 마찬가지로 저작별 분류 및 經史子集 분류는 필자가 한 것이다. 하우식의 목록에는 서명과 권수, 건수 등만이 표시되어 있다.

〈표 13〉『장서목록』수록 중국저작

경經	효경대전孝經大全 소학대전小學大全 대학대전大學大全(단질합이권單帙合二卷 우초일又抄一) 대학연의大學衍義(산散8권) 논어대전論語大全 맹자대전孟子大全(7권, 우신판전이책又新板全二册) 중용대전中庸大全 시전대전詩傳大全 서전대전書傳大全 주역대전周易大全 주례주역周禮周易 춘추좌전春秋左傳 성리대전性理大全 예기대전禮記大全 의례의소儀禮義疏(전全28책 당판唐板) 춘추좌전春秋左傳(전全16책 唐板2갑) 강희자전康熙字典
사史	당률唐律 명률明律 사요史要(한漢) 통감通鑑 송사宋史 명사明史 건곤乾坤 전국책戰國策(한漢)
자子	심경心經 남화경南華經(선진先秦) 이소경離騷經(선진先秦) 원본청오경原本青烏經(한漢) 연주시聯珠詩 주자대전朱子大全 주자어류朱子語類(송宋/여정덕편黎靖德編) 사문유취事文類聚(송宋/축목祝穆) 염락濂洛(원元/금이상金履祥) 팔대가八大家(전全30책唐板) 당시선唐詩選(명明/이반룡李攀龍) 본초강목本草綱目(전全24책唐板/명明/이시진李時珍) 양택전서陽宅全書(전全6책2갑唐板) 남화경주해南華經註解(전全4책唐板) 패문운부佩文韻府(강희康熙43년봉칙찬奉勅撰) 일관감여一貫堪輿(명明/당세우편唐世友編) 좌전선左傳選(청淸/리사학찬李仕學撰) 신주광복지神州光復誌(전全16책 唐板2갑)
집集	문장정종文章正宗 문선文選(양梁) 정절집靖節集 정절집靖節集 한문선韓文選 육선공집陸宣公集(당唐) 구소수간歐蘇手柬 당음唐音(원元/양사굉편楊士宏編) 성당盛唐(抄) 만당晚唐(抄) 소시蘇詩(抄) 육시陸詩(抄) 역대명신록歷代名臣錄 방주집芳州集(명明/진순陳循) 연강집練江集(명明/유영징劉永澄) 궐리지闕里誌(명明/진호陳鎬) 함분루문류涵芬樓文類(청淸/오증기吳曾祺)

하우식의 목록에서 가장 주목되는 것은 중국저작들을 기록할 때 판본을 표시했다는 사실이다. 중국본을 '당판'이라고 특기했으므로 판본표시가 없는 책들은 조선에서 간행한 책이었을 가능성이 높다. 또 인쇄본이 아닌 경우에는 '초抄'자를 넣어서 초본임을 표시했다.

이것은 조선의 인쇄본이 증가했다는 것을 보여주는 증거이다. 17~18세기, 서적 매매업이 발달하지 않은 상황에서 서적의 생산과 유통은 제약을 받을 수밖에 없었지만, 18세기 말부터는 개인이 활자를 보유하고 인쇄업에 종사하는 사람도 생겨났으며 방각출판업도 차츰 활기를 띠기 시작했다.135) 이처럼 사회에 유통되는 인쇄본의 숫자가 늘어나게 되자 장서가들은 도서목록을 작성할 때 판본구별을 해야 할 필요성을 느끼게 된 것이다.

또, 지방에 거주하는 사인들도 중국본 서적을 이용하고 소장할 수 있을 만큼 중국본의 유통이 증가했다는 것을 의미한다. 앞에서도 살펴보았듯이, 18세기 지방의 책판목록을 보면 지방정부에서 번각했던 중국저작들은 교육목적의 경서 혹은 유교서가 대부분을 차지하고 있었다. 위의 표에 들어있는 중국본 도서들도 역시 교육목적에서 크게 벗어나 있지 않은 기본적 텍스트들이지만, 지방정부의 번각서가 아닌 중국본을 소장했다는 것은, 19세기에 이르러 일일이 기록되지 않았을 뿐 중국에서 들여 와 유통되고 있던 기본 텍스트들이 수없이 많았다는 사실을 의미한다. 그러나 하우식이 소장하고 있던 중국본의 종류가 교화·교육목적의 기본적 텍스트들에 국한되고 있는 것을 볼 때 사부전반에 걸쳐 중국본이 폭넓고 자유롭게 유통되었던 것은 아니라는 것을 알 수 있다.

또 하나 사부의 소장이 눈에 띄게 증가했다. 1708년 하응운의 목록에서 중국사서는 『통감通鑑』, 『삼국지三國志』, 『사략史略』 뿐이었다. 그런데 하우식은 18세기까지 지방책판 목록에도 수록되어 있지 않았던 『당률唐律』, 『명률明律』, 『송사宋史』, 『명사明史』 등을 소장하고 있었다.136) 이것은 19세기 사인들이 정서政書와 사서史書

---

135) 金斗鍾, 『韓國古印刷技術史』, 서울 : 探求堂, 1974.
136) 이상 4가지 政史書에 대해서는 『鏤板考』에 大明律(關西監察營刻) 1건, 『慶尙道册版』(영조 6(1730)년경 경상도 21개 고을의 책판기록)에 大明律(8卷 2折) 1건이 수록되어 있을 뿐이다. 『古書册版有處考』(숙종 26(1700)년경 경상도지역 25개 고을의 책판기록), 『册版置簿册』(영조 16(1740)년경 7개

를 중시했다는 사실, 1900년 이전 조선에서 이상의 책들을 출판했
다는 사실을 의미한다. 비록 하우식대에 이르러 사인들이 이용할
수 있는 정사의 서적이 풍부했다고는 할 수 없지만 하응운의 시
대에 비하면 분명 나아지고 있었다.

 .이 모든 사정은 하응운의 목록과 비교할 때, 일반 사인들이 이
용·소장할 수 있는 문헌들이 대폭 증가했다는 것을 말해준다. 서
적이 간행되었다고 해서 꼭 소장할 수 있는 것은 아니다. 상기 하
우식의 장서목록 집부에 들어있는 『구소수간歐蘇手柬』의 경우를
보자. 이 책은 진주목사 남몽뢰에 의해서 1674년에 진양에서 간행
되었다.137) 하지만 이 책이 하씨가문이 세거하던 진양지역에서 간
행된 것임에도 불구하고, 1708년 하응운의 목록에서는 보이지 않
는다. 하씨가문이 이 책을 1900년 이전의 어느 시점에 소장했는지
는 알 수 없지만, 적어도 18세기 초까지 지방정부가 출판했던 책
을 그 지역의 士人들이 소장하는 것도 그리 쉬운 일이 아니었다는
것을 알 수 있다. 다음은 하우식 목록에 기록되어 있는 한국저작
을 사분법四分法에 따라 분류한 것이다.

    도의 고을별 책판기록), 『三南所藏册板』(영조 19(1743)년경), 『諸道册版錄』
    (영조 25(1750)년경), 『嶺湖列邑所在册板目錄』(영조 36(1760)년경), 『各道册
    版目錄』(1778년경)의 경상지역 책판기록을 조사해 본 결과 모두 기록되
    어 있지 않았다. 정형우·윤병태 편저, 앞의 책, 연세대 국학연구원,
    1995. 上·下.

137) 南夢賚, 『伊溪先生文集』卷15, 「歐蘇手柬跋」. 하우식의 목록에서 이 책은
    '單' 즉 不分卷이라고 표시되어 있다. 남몽뢰의 발문에는 자신이 간행한
    것은 '원본을 누군가가 鈔選한 것이며 鈔選者가 누구인지는 알지 못한
    다.'고 적었다. 원본의 제목은 『歐蘇手簡』이며 여러 개의 판본이 있다. 원
    본 『歐蘇手簡』은 4卷本이기 때문에 하우식이 소장한 것은 남몽뢰가 출
    판했던 不分卷本(50장 분량)이 맞다. 鈔選本은 2권1책본도 있는데 1908
    년에 출판된 것이다. 이상 鈔選本들은 연세대소장 古書.

〈표 14〉『장서목록』수록 한국저작

경經	소학언해小學諺解, 소학합부小學合部(초抄) 대학언해大學諺解 논어언해論語諺解 논어합부論語合部 맹자언해孟子諺解 중용언해中庸諺解 시전언해詩傳諺解 시전강보詩傳講譜 시전합부詩傳合部 서전언해書傳諺解 서전합부書傳合部 주역언해周易諺解 예기규벽禮記奎璧 가례증해家禮增解 사서비지四書備旨
사史	동사東史 조야기문朝野記聞 태조실기太祖實記
자子	연주시聯珠詩 격몽요결擊蒙要訣 근사록합부近思錄合部 주서절요朱書節要 대가요선大家要選 규장전운奎章全韻 삼운성휘三韻聲彙 옥운휘玉韻彙 민보집략民堡輯略 유서필여儒胥必如 어록해語錄解 송서백선宋書百選 동의보감東醫寶鑑(전全16책 唐板) 천기대요집증天機大要集增 근사속녹近思續錄 용학강설庸學講說 산술신서算術新書 민보집략民堡輯略
집集	고문후집古文後集 고문후집古文後集(抄) 사한정선史漢精選 이외 잡찬雜纂·문집류文集類 60여 종

한국저작의 기록에서는 여전히 국내 학자들의 문집들이 가장 많은 수를 차지한다. 그러나 하응운의 목록에서는 단 한권도 보이지 않았던 사부史部의 서적이 등장했고 문집 이외 조선 학자들의 저술에도 관심이 기울어지고 있는 등의 변화가 있다. 조금씩 변모하던 시대적 변화를 맞아 『천기대요집증天機大要集增』,[138] 『유서필여儒胥必如』,[139] 『민보집략民堡輯略』,[140] 『산술신서算術新書』[141] 등이 소

---

[138] 池百源, 영조 3(1737)년 간행. 음양오행설에 의하여 길흉을 판단하는 것이 전통적 관습에 따라 이 책이 널리 사용됨. 『한국도서해제』

[139] 이두문 읽는 법, 쓰는 법, 및 주석 작례 등을 수록한 서식용례집. 일반 서리들이 책상에 놓고 사용하던 편람. 초간은 철종시기로 추정. 고종 9(1872)년 광무 10(1906) 중간본. 간년을 알 수 없는 여러 판본이 전한다. 『한국도서해제』

[140] 申觀浩撰, 고종 4(1867)년 민보제도 실시에 관한 방책을 서술한 국방대비서.

[141] 李相卨 撰, 1900년 발행. 당시 학무국의 요청으로 일본인 上野淸가 지은 『近世算術』을 번역하여 편집한 것. 사범학교 및 중학교의 교과서이다.

장되고 있음도 눈에 띈다. 조선의 의서로서 동아시아에서 널리 간행되었던 동의보감은 중국본이 소장되고 있다는 점이 주목된다. 하우식 및 그의 선조들이 사행에 참가한 적은 없다. 18세기 말엽에 이르면 중국과 직접 접할 기회가 없던 지방의 인사들이 중국본을 소장할 수 있을 정도로 비공식적인 서적유입 및 중국본의 유동량은 증가해 있었던 것이다.

3. 인쇄본의 제한과 정보서목의 구축

조선은 중국서적의 수입과 활용에서는 열정적이었지만 서적과 출판문화를 향유하는 것에 있어서는 중국보다 한결 배타적이었다. 조선의 문인들은 상업출판은 고사하고, 인쇄본이 무조건적으로 증가하는 것 자체도 부정적이었다. 17세기의 장서가 장유張維는 당시 문필에 종사하는 사람들의 문집이 경쟁적으로 쏟아져 나오고 있던 현상에 대해서, "그 가운데 반드시 유집을 간행할만한 사람이 아닌데도 가문이 융성하거나 현달하게 되면 무조건 문집을 간행한다."고 비판했다. 그것은 꼭 추앙받아야 할 훌륭한 사람들의 존재를 묻히게 하므로 후손들을 혼란시키는 행위라고 지적하면서, "애꿎은 판목板木의 피해를 보게 하고 종이 값만 뛰게 하는 일이다."142)라고 비난했다.

이덕무는 중국의 지방 사인들이 매문賣文으로 돈을 벌어 유흥을 즐긴다고 비난했다.143) "학구學究의 인사들이 단지 식욕 때문에 억지로 낭설을 조작해 낸다."라고 혹독하게 중국 사인들의 타락을

---

142) 張維, 『溪谷先生集』 卷7, 續稿 「南窓雜稿序」.
143) 李德懋, 『嬰處雜稿』1, 「歲精惜譚」.

비판했는데, 그의 문장에서 감정적인 비난을 차치하면, 중국의 곳곳에서 글재주가 있는 사람이라면 누구나 매문으로 돈을 버는 것이 일상적인 일이었다는 사실을 알 수 있다. 앞에서 서술했듯이 중국에서는 16세기부터 지식인들이 상업출판에 긴밀하게 관여하기 시작했고, 17세기를 기점으로 신분의 고하를 막론하고 경제적 원인 때문에 매문행위를 한다는 것은 그다지 특별한 일이 아니었다. 지식인들이 일단 상업출판과 내재적인 관계를 맺게 되자 중국의 상업출판은 과거수험서는 물론이고 각종 교양서적의 원고를 끊임없이 제공받을 수 있었다. 이것은 중국 상업출판이 통속적인 서적만을 출판하는 것이 아니라 문아文雅한 사대부들의 수요에도 부응하는 독서물을 출판할 수 있게 한 원동력이 되었다. 따라서 제4장에서 살펴보았듯이, 청초에 이르면 경제적 수입 이외의 또 다른 목적을 위해서 상업출판을 이용하는 것이 자연스러운 현상이 되어 있을 정도로 사인과 상업출판의 관계는 매우 밀접해져 있었다.

그러나 조선의 경우는 그렇지 않았다. 윗글에 계속해서 이덕무는 '식욕 때문에 억지로 조작해낸' 글을 인쇄하느라고 "곳곳마다 쓸모없는 책은 수레에 실을 수 없을 정도로 넘쳐나며, 집집마다 읽어대니 대추나무, 배나무, 닥나무, 등나무 (종이재료들) 등이 남아나질 않는다"고 했다. 이것은 이덕무가 보기에 간행할 가치가 없는 서적들이 계속 상업적으로 출판되고, 독자들은 끊임없이 그러한 서적들을 구매하였던 사정에 대해 관찰한 내용이다. 감정적인 비난에서도 읽혀지듯이, 그는 매문과 민간출판에 의한 인쇄본의 증가에 대해 부정적이었다. 이상은 조선 문인으로서 중국의 상황에 대해 관찰하고 비판한 것이지만, 매문과 상업출판의 성행에 대한 부정적인 시각만큼은 조선에도 해당된다고 할 수 있다. 중국에서 벌어진 상황을 비난하는 것은 조선에서 같은 현상이 발생할 것에 대해 우려하는 것과 같기 때문이다.

이처럼 조선의 문인들은 수준 있는 출판문화를 유지하기 위해서 인쇄본의 무조건적 증가에는 찬성하지 않았다. 이러한 입장은 출판의 성행이 주현에 부담을 주는 일이고 결국 백성에 대한 수탈행위가 될 수 있다는 염려에서 더욱 강화되었다.

18세기 강재항姜再恒은 가구와 목판 등의 재료가 되는 가래나무의 효용성에 대해 칭송하는 글을 남겼다. 가래나무를 이용해서 서적을 판각하는데, 육경사자서六經四子書로부터 백가중기百家衆技·노장부도老莊浮屠의 종류에 이르기까지 출판되지 않는 것이 없다는 이유에서였다.

그러나 강재항도 그러한 출판의 무조건적인 확산에 대해서는 반대하는 입장이었다. 그는 "오늘날의 사람들은 명성을 쫓는 데에만 급급하여 서적들을 마구 만들어내니 세상은 평안함을 잃고 풍속은 어지러워졌다"고 지적했다. 그리고 자신이 예전에 태백의 남주南州, 재목材木이 많이 나는 지역을 방문했던 일화를 다음과 같이 소개했다.

> 나는 예전에 태백산에 들어간 적이 있었다. 태백산의 남주에 있는 마을이었다. 재목지부材木之府라고 불리우는 그곳에는 둘레가 십위十圍, 길이가 천심千尋이나 되는 큰 재목들이 있었다. 그런데 유독 가래나무만이 없었다. 나는 그것을 기이하게 여겨 그곳 사람들에게 그 까닭을 물었더니, "서적을 출판하느라고 날마다 가래나무를 베었으니 어찌 남은 것이 있겠습니까?"라고 대답했다. 또 말하기를, "우리 백성들은 글을 읽을 줄도 모르고 서적 중의 말씀이 어떠한지도 모릅니다. 지금 관리가 된 자들은 하나같이 독서인이 아닌 사람이 없는데, 이렇게 백성들을 기만하고 모해하며 재물을 빼앗아 백성들로 하여금 사

방으로 뿔뿔이 흩어지게 하는 것입니까? 우리들은 억울함이 있어도 고할 곳이 없으니, 서적 중의 말씀도 이와 같은 고통일 뿐입니다"라고 말했다. 나는 고요히 탄식하였다. "공자는 가혹한 정치가 호랑이보다 무섭다고 했고, 양자楊子는 호랑이가 머리에 뿔까지 달렸으니 더욱 두렵다고 했는데, 서적의 말씀이라는 것이 과연 그렇구나. 그 서적을 읽는 사인들은 과연 그렇지 않을 것인가? 그러니 이사李斯가 아예 틀린 것은 아니로다. 이에 「재설梓說」을 짓노라."144)

강재항은 장유의 비난에서 한발 더 나아가, 무분별한 인쇄출판으로 판목을 없애는 행위는 곧 백성들의 재물을 약탈하는 행위로서 호랑이보다 더 무서운 가혹한 정치라고 말하고 있는 것이다.

이렇듯 무분별한 출판행위에 대해서는 부정적인 시각을 가지고 있었지만 조선의 문인들은 문헌 부족 때문에 서적에 늘 목말라 했다. 이익李瀷과 같은 대학자도 "인쇄된 서적이 아무리 많아도 가난한 선비는 쉽게 얻어 볼 수 없다"145)고 기록했으며, 서울과 지방의 제반 여건의 차이를 비교했던 유수원柳壽垣은 지방의 경우 문헌의 고향이라고 불리는 안동, 상주지역에서조차 일반 사대부의 집에는 서책과 문헌이 거의 없다는 견문을 전했다. 이른바 삼남지역에서 유명하다는 사람들이 읽는 책은 양절반씨陽節潘氏 의 글, 즉 기초적인 한자교육을 위한 서적뿐이었다는 것이다.146) 정부의 출판과 장서정책으로 왕실의 문헌은 정비되었고 장서가들도 존재했지만, 일반 사인 개인이 이용할 수 있는 서적은 언제나 부족했다.

그렇다면 장서가가 아닌 사람들은 어떻게 책을 구해보았을까?

---

144) 姜再恒, 『立齋遺稿』 卷17, 說 「梓說」.
145) 李瀷, 『星湖僿說』 卷23, 「敬玩書籍」.
146) 柳壽垣, 『迂書』 卷2, 「論門閥之弊」.

이덕무와 같은 학자들은 남의 장서를 교수校讎해 주면서 책을 볼 수 있었다. 이덕무가 이서구에게 보낸 편지를 보면, 이서구가 장서를 이덕무에게 부탁하여 이덕무의 자필로 교정하고 평점하게 한다는 말을 들은 뒤 너무나 기뻐서 잠을 이루지 못하고 있다고 적고 있다. 또 장서가 이의현李宜顯이 소장하고 있는 『이십이사二十二史』를 심염조沈念祖가 평점한 일이 있었는데, 이 책들을 다시 이덕무에게 부탁하여 교점交點하기로 했다는 사실도 적고 있다.147) 즉, 교수 작업을 대신 해주고 장서를 빌려 볼 수 있었던 것이다. 전술했듯이 이덕무는 민간출판의 발달로 무분별하게 인쇄본이 넘쳐나는 중국의 상황에 비판적이었고, 또 조선의 실정상 개인이 고서를 번각할 수도 없는 상황이었기 때문에 출판에 의해서 독서난을 타개하는 것에는 기대를 걸지 않았던 것이다. 대신 이덕무는 장서가들이 소장서所藏書를 적극적으로 빌려주어야 한다고 주장했다. "만일 만 권의 책을 소장해 놓고도 빌려 주지도 않고 읽지도 않고 햇볕을 쏘이지도 않는 사람이 있다면, 빌려 주지 않는 것은 어질지 못함이요, 읽지 않는 것은 지혜롭지 못함이요, 햇빛을 쏘이지 않는 것은 부지런하지 못함이다. 군자가 글을 읽자면 남에게 책을 빌려서도 읽는 법인데, 책을 꽁꽁 묶어 놓기만 하는 자는 부끄러운 일이다"148)라고 장서가들의 차서借書의무를 강조했는데 이것은 완전히 자신의 경험담에서 나온 얘기라고 할 수 있다.

  이상 개인이 이용할 수 있는 문헌부족의 상황을 타개하고 서적업의 건전한 활성화를 도모하기 위한 논의도 전개되었다. 사회개혁안을 문답형식의 저술로 제시했던 유수원(1694~1755)은 불필요한

---

147) 李德懋, 『雅亭遺稿』 卷6, 「書李洛瑞書九」.

148) 李德懋, 『嬰處雜稿』1, 「歲精惜譚」.

출판행위를 근절시키고 꼭 필요한 서적만을 출판하도록 하여 공비工費를 줄이고 백성들에게 폐를 끼치지 않도록 하자며, 다음과 같이 말했다.

　　문) (각수刻手와 책공冊工들에게) 인쇄할 때에만 공가工價를 지급한다면 이 사람들이 어떻게 생계生計를 이어갈 수 있는가. 그 업을 폐하지 않겠는가.

　　답) 서울과 지방에 생원의 액수를 설정하기만 한다면 사민의 업이 크게 나누어질 것이다. 그리고 그렇게 되면, 서고書賈가 반드시 번성할 것이고, 서방書坊을 개설하여 책을 찍어 파는 사람이 있게 될 것인데, 책공이 어찌 폐업할 이치가 있겠는가. 서적이 中外에 널리 퍼지는 것이 오늘날보다 백 배나 될 것이다. 지금 당판唐板중국서적은 모두 (중국의) 서방에서 사사롭게 각인한 것인데, 비단 북경뿐 아니라 13성의 회성會城에도 모두 서방이 있고, 회성뿐 아니라 작은 현縣의 벽읍僻邑에도 모두 그러하니, 이는 액생額生이 두어진 데서 비롯된 것이다. 따라서 새로 인간印刊한 책은 수요에 미치지 못할까 걱정될 정도이고 …… 비록 벽지에 처한 곳이라 해도 문헌만은 잘 갖추어져 있으며, 사가私家의 문집을 물론하고 모두 서방 사람들이 자원하여 간출刊出하고 있다.

　　문) 생원의 액을 설정한다고 해서 서방이 성히 열릴 이치가 있는가.

　　답) 그것은 용렬한 속부俗夫들이 목전의 것만을 보기 때문에 그런 것이다. 대저 법제를 만들려면 풍속을 변화시키는 것보다 더 급한 것이 없으니, 풍속이 한번 변하면 무슨 일인들 이루기 어렵겠는가. 우리나라 풍속에서 가장 민망스러운 것은 문文도 아니고 무武도 아니면서 유학을 가칭假稱하는 사람들이다. 생원을 선보選補하여 정액을 채우는 데 그치게 하면, 재학才學이 전혀 없는 사람은 극도로 생활이 무미하여 반드시 안신립명安身立命할 방법을 생각할 것이다. 그러나 갑자기 몸소 농사일을 하려면 수치스러운 생각이 없지 않을 뿐 아니라, 근력 또한 미치지 못할 것이며, 장사하기에도 또한 이 같을 것이다. 그런데 서방은 그 일이 비천하지 않고, 그 이름이 추하지 않기가 오늘날의 주자계鑄字契와 같아서, 약간 재력 있는 사람이면 책공을 불러 모아 서책을 인쇄하여 파는 것은 필연의 이치라 하겠다. 그리고 지금 당장은 양반의 체면을 지키고자 몸소 인역印役에 종사하지 않으려 하겠지만, 서방을 설치한 뒤에는 자연히 몸소 감독하게 될 것이고, 감독하게 되면 자연히 균자均字하고 배행排行하게 될 것이며, 글자를 균배하게 되면 자연히 사람들과 값을 따지게 될 것이고, 값을 따지게 되면 점차 책장사로 되어갈 것이다. 이렇게 되면 비단 서방이 개설될 뿐 아니라, 이 밖의 점사店肆도 개설하게 될 것이니, 이는 곧 생계를 도모할 바 없는 사람들의 생리입문법生里入門法인 것이다.[149]

상기 인용문을 통해서 유수원은 16세기 말 이래의 중국의 사정과 비슷하게, 어느 정도 문필력을 가진 생원들을 서상으로 발굴하자는 생각을 가지고 있었음을 알 수 있다. 후술하겠지만, 유수원이 이러한 생각을 하게 된 것은 17세기를 기점으로 중국서적이 대거 유입되면서 중국의 서적문화에 대한 조선 사인들의 지식과 정보가 확대되었기 때문이었다. 같은 글에서 유수원은 불완전하나마 중국의 서방상황에 대해서 서술하였는데, 그 중에는 『향시록鄕試錄』 및 『통보通報』의 제작상황, 서방에서 판권板權을 지키기 위해 새겨 넣었던 '번각천리필구翻刻千里必求'의 사용정황 등 정확한 정보도 있었고, 한편 관부官府의 금약禁約·조례條例·식격式格과 같은 것들이 모든 서방에 발하撥下되어 엄격하게 지켜지고 있다는 부정확한 정보도 포함되어 있었다. 어쨌든 18세기에 이르러 중국을 모델로 한 서상 및 서점의 육성을 주장하게 된 것은 사회적으로 상업출판의 필요성을 느끼고 있었기 때문일 것이다.

물론 유수원이 유포의 대상으로 생각했던 것은 경서류의 서적들이지 대중서적이 아니었다. 유수원은 같은 글에서, 정부가 추진했던 출판사업의 말단에서 일하고 있던 자들이 "새로 나온 잡서나

---

[149] 柳壽垣, 『迂書』 卷7, 「論免稅保率之類」. 밑줄 친 부분은 인용자의 강조.

『삼국지』 같은 것도 모두 간행하며 근래에는 사가의 문집마저 간행하도록 청하고 있다"고 지적하면서, "백성의 고혈을 긁어서 이 같은 불필요한 일을 하고 있음"을 비난했다. 이로써 유수원 역시 상업출판 및 인쇄본의 무조건적 증가에는 반대하는 보수적인 시각을 가지고 있었음을 알 수 있다.

지금까지 살펴 본 대로 조선의 문인들은 중국의 상업출판에 대해 부정적 시각을 가지고 있었으며, 저열한 수준의 인쇄본이 증가하는 것에 찬성하지 않았다. 조선에서 상업출판이 발달하지 않은 것은 사회경제적 원인이 복합적으로 작용한 결과일 것이다. 그 가운데에는 본서에서 살펴 본 대로, 지방관아의 출판행위가 백성에게 수탈로 연결되는 사정도 하나의 원인이 되고 있었다. 그러나 무엇보다도 출판문화의 수준을 유지하고, 사대부들이 판단컨대 가치 있는 서적만을 출판하려고 했던 보수적인 인식이 조선의 상업출판이 성장하는 데 저해요인이 되었다고 할 수 있다. 조선은 주자학의 도통道統이 철저하게 지켜진 사회였다. 따라서 중국서적의 국내유입이나, 국내서적의 출판·유통에 있어서 경서와 유가서만을 인정했을 뿐, 주자학의 시각에서 조금이라도 벗어나면 '이단잡서異端雜書'로 배격했다.[150] 인쇄본의 무분별한 증가가 학풍과 사풍에 위해요소가 될 것이라는 생각은 출판업 발달에 커다란 저해요소가 되었을 것이다.

그러나 출판업의 발달에 대한 문인들의 부정적 지적과 비난이 계속 등장하는 것은 곧 조선에서 그만큼 민간출판이 증가하고 있

---

[150] 배종호, 『한국유학사』, 서울 : 연세대출판부, 1974 ; 김용덕, 『조선후기사상연구』, 서울 : 을유문화사, 1977 ; 김준석, 「조선시기의 주자학과 양반정치」, 「조선후기 기호사림의 주자인식」, 『한국중세유교정치사상사론1』, 서울 : 지식산업사, 2005. 참조.

없다는 사실의 반증이기도 할 것이다. 바로 위에서 언급한 유수원의 말을 통해서 개인문집 뿐 아니라 잡서와 소설류가 민간에 의해 인쇄·출판되었음을 알 수 있다. 즉, 18세기 조선의 출판업은 판매-유통-재생산의 구조를 가진 본격적인 상업화에는 도달하지는 못했지만, 적어도 전통적인 사대부들이 '목판재료와 종이를 낭비하는 것'에 대해 안타까워 할 정도로 인쇄본을 증가시키고 있었고, 그 결과 '풍속을 혼란시킬까봐 우려되는' 상황까지 발전했던 것이다.

한편, 17세기 이후 민간루트를 통해 중국서적의 유입은 증가함으로써 조선국내의 서적유동량이 많아지긴 했지만, 국내의 출판업이 활성화되지 않은 상황에서 조선 사인士人들에게 장서를 구축하기 위한 구서求書는 여전히 어려운 작업이었다. 이에 조선에서도 사인들의 체계적인 구서求書를 위한 정보서목情報書目의 제작을 구상하게 되었다. 서유구가 주장했던 장서이론 가운데 「논서목의례論書目義例」가 그것이다.[151]

서유구의 주장은 명·청대 이후 중국에서 누적되어 온 인쇄출판·장서·구서 등의 경험과 이론을 다양하게 소화하고, 또 자신의 저술에서도 인용하여 항목마다 일일이 출처를 밝혀가며 개진된 것으로서, 대략의 소개는 생략하기로 하고 본서에서는 정보서목의 제

---

151) 중국에서는 개인 藏書가 본격적으로 발달했던 明중기 이후, 藏書家들의 숫자가 폭증하면서 체계적인 藏書理論도 완비되어 갔다. 즉 藏書樓와 藏書銘, 藏書目錄 등 藏書구축을 위한 물적구성에 대한 이론과, 포쇄법, 求書法, 裝訂法, 借書法 등 효과적인 藏書활동을 위한 방법론들이 다양하게 전개되었다. 조선에서도 17세기 말 이후 김육과 서유구 등에 의해서 중국의 장서이론이 소개되었는데, 비록 藏書理論만을 단독으로 저술했던 것은 아니지만 중국의 장서이론을 수용하여 조선의 실정에 맞는 '장서론'을 개진하려는 의식하에 저술된 것임은 틀림이 없다. 金墳, 『類苑叢寶』卷33. 「藏書」(서울: 亞細亞文化社, 1980) ; 徐有榘, 『林園經濟志』卷16, 「怡雲志·圖書藏訪(上下)」(서울: 保景文化社, 1983).

작 문제만을 살펴보고자 한다. 다만 전체적인 특징이라면 구서법求書法은 주로 중국의 이론을 완전히 차용했던 것에 비해 장서법은 조선의 경험이 축적된 측면이 강하다는 것이다. 그 가운데 본서에서 특히 주목하고자 하는 것은 '장서목록의례藏書目錄義例'에 대한 논의이다. 먼저 서유구는 장서목록을 작성하는 이유에 대해서 이렇게 말했다.

> 부자들은 수만의 재산을 쌓아놓으면 반드시 장부를 작성하여 하찮은 물건까지 모두 목록에 기입한다. 하물며 우리들은 장서로 심신을 맑게 하고 자손을 가르쳐야 하는데 그에 대한 기록을 느슨히 해서야 되겠는가.152)

장서는 분명히 사유재산이지만 사대부들에게는 장서를 활용해서 학문수양과 자제교육을 해야 할 사명감이 있다. 따라서 장서를 분류·정리하는 일은 중요하다는 것이다. 이런 맥락에서 서유구는 중국 역대의 관官·사목록私目錄들이 어떻게 발전되어 왔는지 먼저 소개했는데 그 내용은 아래의 주석과 같다.153) 여기에서 서유구는

---

152) 「論書目義例」 徐有榘, 『金華耕讀記』.
153) 「論書目義例」 徐有榘, 『金華耕讀記』. "고금의 書目義例는 통일된 바가 없다. 『七略』은 四部法에서 다소 출입이 있고 그 이후로 대표적인 書目들은 글자로 요처를 세워 분류했으나 四部의 규칙을 크게 벗어나지 않았다. 이를 모방한 역대 목록에는 鄭樵의 『藝文略』, 晁公武의 『讀書志』, 陳振孫의 『直齋書錄』, 馬端臨의 『經籍考』, 焦竑의 『經籍志』, 鍾音의 『浙江書目』, 『四庫全書簡明目錄』이 있다. 모두가 상호 절충하여 단점을 버리고 장점을 취했다. 개인장서가의 書目으로는 尤袤의 『遂初堂書目』, 陸深의 『江東書目』, 朱彝尊의 『曝書亭書目』(經藝史志子集 六目)이 있다. (이 가운데에서 주이존의) 여섯가지의 분류는 가히 裁擇에 대비할만하다." (계속해서 祁承㸁의 논의를 인용하여 장서분류의 원칙 및 기준에 대해서 설명했다. 예를 들자면 漢代 訓詁는 經部에 속하는데 宋儒는 子部에 속하게 한 것은 부당하다면서, 宋代 儒學者들의 經解類 서적들은 따로

중국의 역대 서목들 가운데 특히 (청淸)주이존朱彝尊의 6목 분류가 선택·참고할만하다는 평가를 내렸다.

본서가 역대 서목에 대한 서유구의 논의를 중시하는 이유는 그가 장서목록의 필요성을 주장하고 역대서목에 대한 평가를 논한 것에서 그친 것이 아니라, 스스로 장서를 위한 정보서목을 제작하는 실천단계까지 이르렀기 때문이다. 그는『사고총목四庫總目』및 자신의 견문서적을 종합해서 구서求書정보를 제공하기 위한 서목書目을 제작했다. 이름은『도서대방록圖書待訪錄』이었고 경經·예藝·사史·지志·자子·회薈·집集의 7목으로 구성되어 있었다. (청淸)주이존의 6목이 경經·예藝·사史·지志·자子·집集인 것으로 미루어 서적 분류의 기준에서 주이존의 영향을 강하게 받았음이 틀림없다. 이 서목의 자서自序를 보면 그가 장서의 활용과 구서求書정보를 특히 중시했음을 알 수 있다. 서유구의 목록은 현재 확인할 길이 없지만 아래에 인용된 서목의 서문은 그의 저술집속에 들어있다.

 옛날에 서화를 논하는 자에 대해서 호사가好事家와 감상가鑑賞家로 나누었었다. 내 생각엔 서적을 소장하는 것 역시 그러하다. <u>감식의 능력도 없으면서 서적을 옮겨다가 다만 서가를 사치스럽게 하는 일은 매우 허망한 일이니 저서儲書의 이름만 있을 뿐 고고考古의 보배로움은 없는 것이다.</u> 예전에 삼호에 살 때 우연히 이웃사람에게서『사고전서총목四庫全書總目』을 빌려 보게 되었는데 그 책의 감별과 정교한 교수에 반했다. (그 가운데에서) <u>모든 장서가들이 꼭 소장해야 할 책을 직접 초록해 두었고 또 평일에 보았던 것, 및 보고자 했으나 아직 보지 못한 책들을 더하여 7목으로 나누었다.</u> 즉 경經·예藝·사史·지志·자子·회薈·집集이다. 총명總名은『도서대방록圖書待訪錄』이다. 그러나 나는 진실로 가난하여 서명에 따라 책들을 살 수는 없으며, 또 원서도 원래 주인에게 돌려주고 책들을 빌려서 대신하고 있으니 아! 정초鄭

理學類로 분류해야 한다는 등.)

樵의「구서팔도求書八道」에 어찌 전적典籍 중에 경제승평經濟昇平하여 삼본三本154)이 갖추어지면 원컨대 이웃끼리 빌려보는 은덕이 되기를 바란다는 말이 있었겠는가.155)

　서유구가 구서求書 정보의 필요성을 느끼고 있었음은 중국논의를 차용해서 주장했던「구구購求」에서도 보인다. 그가 인용한 명말의 장서가 기승한祁承㸁(1563~1628)은 책이 간행될 때 출판과 관련되었거나 저자와 특별한 관계가 있는 사람들이 서문을 작성한다는 사실에 주목했다. 어떤 인쇄본의 서문을 읽는다면 그 책이 어디에서 저본을 구했고 어느 지역에서 어떻게 출판되었는지 사정을 알게 될 확률이 높다. 따라서 제공諸公의 문집에 수록되어 있는 서문들을 채집하여 하나의 목록을 만든다면 책을 사는 데 지침으로 삼을 수 있다고 생각한 것이다. 이러한 기승한의 주장에 대해서는 전통시대에 없었던 '출판물 목록의 작성을 주장한 획기적인 것'156)이었다는 평가가 내려진 바 있다. 확실히 이것은 이전시기까지 존재해온 서목들과는 완전히 다른 형태의 새로운 서목, 즉 구서정보求書情報를 제공하는 서목이었다고 볼 수 있다. 서유구가 서적구매를 논하면서 이와 같은 정보성 서목의 제작을 언급한 것은 그 자신도 장서정보의 필요성을 강하게 느끼고 있었기 때문이다. 즉 서유구는 명중기 이래 중국에서 누적되어 온 구서求書와 장서의 경험을 조선에 소개하되 조선의 실정에 맞도록 변형하였고, 이론의 개진에서 끝난 것이 아니라 스스로 정보서목을 제작하여 실천에도 옮기고 있는 것이다.

---

154) 內府藏書, 도서를 正本, 副本, 貯本으로 비치함. 합칭 三本.
155) 徐有榘,『金華知非集』卷9,「題圖書待訪錄」. 밑줄 친 부분은 인용자의 강조.
156) 嚴倚帆,『祁承㸁及澹生堂藏書硏究』, 臺北 : 漢美圖書有限公司, 1991, 187쪽.

제6장

결 론

본서는 명대(明代) 비약적인 발전을 이룬 출판문화의 특징을 고찰하고, 명청(明淸) 변혁기의 혼란을 지나 청조(淸朝)에 의해 정치·문화적 질서가 재정립되어갈 때 출판이 수행한 역할이 무엇인지, 또 중국 출판문화의 발전과 전파가 조선에 미친 영향은 무엇이었는지 고찰한 글이다.

명대 이래 폭발적으로 성장한 출판이 퍼뜨린 지식 가운데 사회 전반에 가장 폭넓은 영향력을 행사한 지식은 과거시험과 관련된 지식이었다. 명청대 과거시험은 학교제도와 연결되어 있어서 학교시험을 통과하게 되면 사대부로 인정받아 각종 혜택을 누릴 수 있었기 때문이다. 이러한 과거시험의 기준이 되는 텍스트를 생산하고 장악하는 것은 학문적 권위 뿐 아니라 정치적 헤게모니를 장악하는 일이었다.

이에 본서는 과거수험용 서적을 중심으로 상업출판의 발달과정을 살펴보고, 출판업 발달로 이루어진 지식의 확산과 보급이 중국 사회 내부에 미친 영향은 무엇이었는지, 중국의 외부로 전파된 결과 조선에 미친 영향은 무엇인지를 살펴보았다. 그 결과 출판자체가 부진했던 명초, 과거수험용 서적의 상업적 출판은 결과적으로 학교제도에 편입되어 있지 않은 재야의 사인들에게 텍스트를 보급하는 역할을 수행했다는 것을 밝히게 되었다. 명말로 갈수록 방각본 경서류 서적들은 초학자初學者를 위한 속성의 교육용 텍스트로서, 혹은 속성으로 과거에 합격할 수 있는 비결을 제공하는 수험서로서 개발되어, 점차 경전의 근본으로부터 이탈하게 되었다는 사실을 지적하였다.

명말 이래 수험서의 출판을 비롯해서 상업출판에 참가했던 지식인들의 경험은 청초까지 누적되어, 누구나 능력만 있으면 상업출판을 이용하는 것이 자연스러운 현상이 되어 있었다. 따라서 과거수험용 서적의 출판은 주자학자들에게는 새로운 치학방법을 주장하는 방편으로, 관료이거나 관료가 되고자 했던 사람들에게는 정치기반을 확대하고 사회적 명성을 높이기 위한 수단으로 활용되었다.

또 명말 이래 상업출판의 발전은 중국 내부의 서적 유통량을 획기적으로 증가시켰을 뿐 아니라, 동아시아 주변국에 풍부한 서적을 제공함으로서 주변국의 출판 및 장서문화가 발전하는 데에도 일조하였음을 살펴보고, 구체적 사례로서 조선의 경우 서적유통과 장서문화가 발전하는 데 중국서적의 유입이 결정적 계기가 되었음을 살펴보았다. 서적의 구입처를 중국으로 인식할 만큼 중국에서 전파되는 서적에 의존도가 컸던 조선이었지만, 일단 들여온 중국서적을 재생산하고 활용하는 문제에서는 중국의 원래 용도를 답습한 것이 아니라 조선의 실정에 맞도록 선별적으로 취사선택하였음도 살펴보았다. 즉 중국에서 수험생들 사이에서 인기가 높았던 수험서가 조선에서는 조정의 필요에 의해 유생들의 교육용 텍스트 및 정서로 활용되었다. 또 최신의 중국저작을 열정적으로 수입하고 독서했음에도 불구하고 18세기 말까지 조선에서 번각했거나 일반사인들의 장서를 구성했던 중국서적들은 여전히 송원대 및 명초의 주자학 관련 저작들이 주를 이루었다. 일반 사인들의 교육과 지식의 체계화 작업에서 조선왕조의 통치이념, 즉 주자학에 근본을 둔 유교적 통치의 완성이라는 목표가 강한 영향력을 발휘하고 있었던 것이다.

본서가 기존의 연구들과의 차별에 유의하면서 전개해왔던 몇 가지 논점을 정리해보면 다음과 같다. 첫째, 출판의 발달과정을 과거제도의 운용 및 학풍의 변화와 더불어 고찰해 본 결과, 제2~3장 場 시험의 비중이 청대보다 높았던 명말에는 책策·논시論試를 대비할 수 있는 다양한 참고서가 개발되어 있었음을 알 수 있었다. 그런데 다른 경전의 해설서가 그러했듯이, 책策·논論의 참고서들도 수험서로 개발되어 갈수록 원전의 내용을 이해하는 데 도움을 주는 해설서가 아니라, 오로지 과거에 합격하기 위한 핵심적인 내용들로 축약된 선집류選集類·총서류叢書類의 형태를 띠어 갔다. 원문의 일부나 주석을 생략하는 것은 물론이고, 때로는 기존의 '구태의연한' 시각을 수정하고자 당대의 새로운 관점으로 재편했다는 것이 수험서의 강점으로 내세워질 정도로 수험서는 '자의적인' 형태로 개발되어갔다.

 둘째, 명·청 교체기를 출판의 연속적 발전시기로 이해하고 달라진 사상적 배경에 출판업이 어떻게 적응했는가를 살펴본 결과는 다음과 같다. 청초에 들어서 명말의 무분별하게 분출되었던 경전 해설에 대한 일대 반성으로서, 정통유가正統儒家의 입장이 다시 권위를 되찾으면서 정론에 입각한 수험서들이 우위를 차지하게 되었다. 그렇다고 해서 15세기 중반에 그랬던 것처럼 송원대나 명초에 권위를 가지고 있었던 경전의 해설서들을 그대로 번각하거나, 그 관점을 되풀이하는 것으로 되돌아간 것은 아니었다. 즉 원전의 근본에서 벗어나 버린 명말의 관점과, 엄격한 주자학의 기준을 적용하지 못한 명초의 관점을 동시에 극복하면서, 최종적으로는 주자학의 기치를 바로세우는 것을 목표로 삼고 있었다. 이와 같은 새로운 기준은 물론 청조의 장려에 의해서도 한층 분발되었지만, 과거수험서의 평선을 통해서 그러한 기준을 널리 전파하고 하나의 학문적 주장으로 내세웠던 사람들은 16세기 말 이래 상업출판의 활용을 경험해왔던 한인 사대부들이었다. 이들은 과거시험의 운용과 모범답안의 평선활동을 통해서 학풍과 사풍을 바로잡을 수 있다는 명말 이래의 생각을 계승하고 있었다. 그러나 모범답안 활용의 효과에 대해서는 명말의 평선가들보다 훨씬 적극적으로 인정하는 입장이었다.

셋째, 명말청초의 연속성에 주의하면서도 달라진 정치사회적 배경 하에서 발생한 동이성同異性을 살펴본 결과, 청초 과거수험서의 출판양상은 명말 이래로 발달되어 온 지속성을 가지고 있으면서도, 동시에 명말과는 다른 특징을 가지고 전개되기도 하였음을 밝히게 되었다. 즉 청초 모범답안의 새로운 기준으로서 고문사의 위상이 커지자 모범답안문을 평선하는 일은 오히려 관료들에 의해서 적극적으로 활용되기에 이르렀는데, 이것은 명말의 상황과 확연히 구분되는 특징이었다. 명말 평선가 출신의 관료들은 관계로 진출한 이후에는 평선활동을 그만두었고 모범답안문집의 유행에 대해서는 부정적인 입장을 취했다. 또 자신의 문집에 모범답안의 선집과 관련된 저술을 거의 싣지 않음으로써 평선가로서 활약했던 자신의 경력을 드러내려고 하지 않았다. 이와는 달리 청초에는 재야에서 오랫동안 활약했던 평선가가 관료가 되면 그동안 자신이 평선해 두었던 모범답안문집을 출판해서 자신의 문장실력을 과시하였고, 또 이미 관료이면서 과거문화에 영향력을 발휘하고 있었던 사람들도 모범답안문의 선집에 참여하거나 문생들의 평선을 지원함으로써 스스로 과거문화를 주재할 수 있는 능력이 있음을 과시하였다. 17세기 무렵에 지식인들이 경제적인 이유로 상업출판에 관여하는 일은 매우 자연스러운 현상이 되어 있었지만, 이상의 사실로 볼 때 청초에는 수험서를 출판하는 일이 정치세력의 기반을 확대하고 관료로서의 자질을 과시하는 데까지 활용되었다는 것을 알 수 있다. 이러한 상황에서 명말 이래 상업출판을 이용했던 경험이 지속적으로 누적된 결과, 17세기 말~18세기 초에 이르면 출판이 가능할 정도의 능력만 있으면 누구나 경제적 수입 이외의 목적을 위해서 상업출판을 활용하는 것이 하나의 사회현상으로 자리 잡게 되었다. 이것은 유권 출판의 유행을 통해서 확인할 수 있었다. 강희 39년(1700) 북경과 강절지역을 중심으로 유권은 상당히 유행하였음이 확인되는데, 비록 '거짓의 우수답안문'이었지만 유권에는 명말 이래 서상들과 지식인들이 합작으로 개발해 온 수험서의 경험이 총체적으로 누적되어 있었다. 명말청초를 거치며 활동했던 수많은 평선가들의 위상과 상업출판의 위력이 없었다면 유권은 사회적 명성을 얻는 데 효과를 올리지 못했을 것이다. 따라서 유권의 유행은 상업출판의 활용이 전대의 경험을 계승하여 확대·발전된 결과물의 하나였다고 할 수 있다.

 넷째, 동아시아의 맥락에서 중국서적의 영향력을 고찰하기 위해서 조선의 사례를 살펴 본 결과는 다음과 같다. 중국에서 전파된 서적이 반드시 중국과 같은 용도로 사용되었던 것은 아니었는데, 예를 들어 15세기 중국에서는 수험서로 적극 개발되어 사인들로 하여금 원전을 보지 않게 만든다는 이유로 비난을 받고 있던 『원류지론源流至論』은 같은 시기 조선에서는 오히려 조정의 편의를 위해 사용되고 있었다. 또 다른 송대의 수험서 『예부운략禮部韻略』도 마찬가지였다. 이 책들이 비록 수험용으로 제작된 것이긴 하지만 송대 전장제도典章制度와 문자의 쓰임을 설명하기 위한 요체要體를 갖추고 있어 고증의 자료로 삼을만한 것이었기 때문에, 조선은 유생들을 위한 교육용 텍스트로 출판하여 보급하거나, 각종의 예禮·

제制를 고증하는 정서로 활용하는 등 조선의 실정에 따라서 선별적으로 활용했다. 선별의 원칙은 유교정치를 구현하는 데 도움이 되는 서적들만 보급하는 것이었다.

중국서적의 재생산이라고 할 수 있는 번각의 상황을 살펴보면 이러한 사정은 더욱 분명하게 드러난다. 18세기를 기준으로 할 때 조선 사인들이 남긴 구서求書목록 및 독서기록에 의하면, 민간루트를 통해서 동시대 중국인들의 개인저작들이 활발하게 수입되고 있었음에도 불구하고 청대의 서적은 전혀 재생산되지 않았다. 즉 조선에서 번각을 통해 재생산했던 중국서적은 교육과 교화에 필요한 최소한의 것으로, 주자서와 유가류 서적, 시문짓기에 필요한 선집류 교양서적 등에 머물고 있었다. 따라서 전통적 텍스트로서 권위를 가지고 있었던 송대의 저작과 명초의 저작이 주로 번각되었다. 이러한 현상의 가장 큰 이유는 조선의 경우 상업출판의 발달은 물론이고, 인쇄본이 무차별 확대되는 현상에 대해서조차 부정적이었기 때문이다. 조선의 지식인들은 저열한 수준의 서적이 출판되어 서적문화의 질을 떨어뜨리고, 나아가서는 주자학의 권위에 도전이 될 것을 경계하였다. 18세기 말 청조로부터 고증학이 전파되어 『영락대전』에도 오류가 있음을 인식하고 텍스트에 대한 철저한 고증작업을 시작했을 때에도, 청대 고증학자들이 송학을 비난하고 극복하려 했던 자세만큼은 수용하지 않았다. 조선왕조는 주자학에 기반을 둔 정치이념을 확고히 수립하고 주자학의 기준에 따라 유교정치의 구현에 합당한 텍스트만이 인쇄되어 유포되기를 기대했던 것이다. 따라서 사행使行과 직접 관련이 없는 지역의 일반 사인들의 경우, 장서의 경향이 이러한 조정의 학문정책의 영향을 받을 수밖에 없었다. 일반 사인들의 장서목록을 분석해보면 송원대와 명초의 주자학 관련 서적, 사대부의 수양과 과거수험에 기본이 되는 고전적 교양서적을 위주로 민간장서가 형성되고 있었다. 또 장서는 당대의 학문수양과 독서를 위한 도구였을 뿐 아니라 후손에게 물려주어야 할 자산으로 인식되고 있었고, 특히 장서를 보유하는 일이 사대부로서의 자질을 증명하는 하나의 척도가 되어 있었다.

필자는 본서의 제1장에서 두 가지 물음에 답을 찾고자 함을 밝혔다. 첫 번째는 명·청교체의 혼란기를 지나 청조에 의해 문화적 정합이 이루어지던 와중에 출판이 수행한 역할이 무엇인지 알아보는 것이었다. 이는 명말청초 평선가들이 상업출판의 유통망을 이용해서 새로운 치학방법을 확산시켰던 것에서 찾아볼 수 있었다. 그들은 과거공부와 학문수양을 위한 텍스트로서『육경』및 제자서, 한대漢代의 경사서적을 제시하였고, 이러한 기반위에 당송대의 모범적인 문장을 첨가하여 과거의 답안을 작성해야 한다고 주장했다. 특히 경학연구에 있어서 통경通經이라는 한대의 방식과 박고博古에 기반한 훈고적 학문태도를 중시하였는데, 이처럼 새로운 치학방법으로서 훈고적 학문태도를 강조했다는 점에서 명말 주자학을 신봉했던 평선가들과 차별성을 가진다. 경학을 주요한 학문의 대상으로 삼고 선진양한대의 저술을 기반으로 철저한 훈고를 강조했던 치학방법이 절정을 맞이한 것은 18세기 고증학에 이르러서였다. 단 청초 재야의 평선가들의 주장 속에서 이미 그 단초가 마련되고 있었던 것이다. 그러나 고증학이 송명이학에 대한 철저한 부정과 극복을 기치로 삼고 있었던 것에 비해, 이들이 훈고적 치학방법을 통해 궁극적으로 이루고자 한 목표는 정주학의 정립이었다는 차이가 있었다. 고증학에서 훈고는 그 자체가 하나의 학문적 목표였지만, 명말청초 재야의 주자학자 평선가들에게 훈고는 정주학의 정립을 달성하기 위한 도구였다. 또 훈고의 방법에 있어서도 고증학에서는 소학의 중요성이 강조되면서 지식을 위한 지식탐구라는 주지주의적主知主義的 경향이 강했던 것에 비해, 이들은 근거에 입각한 저술을 강조하는 원전주의적原典主義的 입장이었다는 차이를 보이고 있었다.

청초 재야의 평선가들이 이상의 주장을 과거수험서만을 통해서 전개했던 것은 아니었지만 모범답안문집이 갖는 신속한 전파능력 때문에 다른 저작보다 한결 빠른 파급효과를 낼 수 있었다. 따라서 결과적으로 상업출판은 청초 경학과 훈고적 치학방법을 중시하는 학문적 태도를 전파시켰다는 점에서, 청대 학문이 고증학으로 정합되어 가는 과정의 일대 추진력이 되었던 것이다.

두 번째는 동아시아의 맥락에서 볼 때 중국 출판의 발전과 서적의 대외전파가 주변국에서 어떠한 의미를 가지는지, 조선의 사례를 통해서 살펴보는 것이었다. 중국 상업출판의 전례 없는 발달은 중국사회 내부의 서적량 뿐 아니라 조선으로 전파되는 서적의 양도 획기적으로 증가시켰다. 그 결과 조선사회의 서적 유동량이 많아졌고, 제한적으로 발달해 오던 조선의 민간장서가 본격적으로 발달하게 되었다. 명말청초의 전란 때문에 중국에서 유입되어 오던 서적공급이 일시 중단되었던 경험을 가지고 있는 조선의 사인들은 18세기가 되어서도, 혹시 요동지역의 치안불안으로 중국으로부터의 서적공급이 끊기지 않을까를 염려했다. 이것은 그만큼 중국에서 들여오는 서적에 대한 의존도가 컸다는 것을 의미한다. 그 결과 18세기후반이 되면 조선 사인들에게 서적의 구입처, 서적을 구매할 수 있는 시장은 중국의 출판중심지로 인식되기에 이르렀다.

예를 들어 조선에서 장서와 구서求書에 대한 이론을 본격적으로 개진했던 김육金堉과 서유구徐有榘의 구서법求書法·장서법 주장을 살펴보면 이들이 명·청대 중국의 경험과 이론을 적극 수용했을 뿐 아니라 차후에도 중국을 서적의 구입처로 삼고 우수한 서적을 구하기 위한 정보를 제공하고 있다는 것을 알 수 있다. 특히 서유구의 경우에는 구서법求書法으로 매매賣買를 전면에 내세우고, 중국의 출판중심도시에서 서적을 구입할 때 주의해야 할 점, 각 도시 출판물과 서적시장의 특징 등을 구체적으로 소개하였다. 조선에서는 18세기까지도 상업출판과 서점이 발달하지 않았던 것을 생각하면 이러한 서유구의 구서법求書法은 조선의 실정과 전혀 어울리지 않는 주장으로 보일 수 있지만, 당시 조선사인들에게 서적의 구입처는 중국으로 인식되고 있었기 때문에, 사실은 매우 유용한 정보를 조선에 소개하고 있는 것이었다. 서유구는 중국장서가들의 논의를 빌어 다양한 장서와 구서求書의 방법을 소개하고 실천을 주장했을 뿐 아니라, 조선에서 축적되어 온 장서법도 함께 소개했다. 그의 장서이론 가운데 가장 주목해야 할 것은 구서求書를 위한 문헌정보의 중요성을 지적하고, 구서求書의 정보를 제공하는 서목書目을 만들어야 한다는 주장이었다. 이러한 주장은 중국의 각종 서목과 목록을 소개하는 것에서 그치지 않고, 중국의 사례를 본보기로 삼아 스스로 정보성 서목을 제작하는 실천단계까지 이어졌다. 이로써 서유구가 중국의 장서경험을 피동적으로 받아들이는 것에서 그치지 않고, 조선의 실정에 맞도록 선별적으로 수용하며 조선만의 장서문화가 발전할 수 있도록 자신의 주장을 실행에 옮겼다는 것을 알 수 있다.

  서유구의 사례에서 볼 수 있듯이, 조선의 서적문화는 중국의 그것을 이식해 온 후에 자신만의 특징을 찾아 발전할 수 있었다. 인쇄본에 대한 논의 역시 조선의 사인들은 상업출판을 이용해서 무분별하게 서적을 인쇄하고 판매하던 중국의 지식인들을 몹시 비난하였는데, 이것 역시 민간 인쇄출판문화의 후발주자로서 단점을 극복하면서 우수한 서적문화를 유지하려던 노력의 차원에서 이해할 수 있다. 따라서 양국에서 생산되는 서적의 종류와 출판업의 발달여부 등을 비교하면 커다란 차이를 보이고, 중국으로부터 전파된 서적을 실제 활용하는 데 있어서는 조선의 실정에 맞도록 선별적으로 취사선택하였으나, 기본적으로는 중국의 서적문화에 자신의 그것을 일체화 시켰기 때문에, 그러한 기반위에서 자신만의 특징을 가진 서적문화를 구축할 수 있었다. 즉 상업출판과 서적시장, 민간장서가民間藏書家들의 대대적인 발전은 조선의 서적문화에서는 없거나 부족한 측면들이었지만, 중국의 그것에 의존하였기 때문에 그러한 기반위에서 조선의 실정에 맞는 텍스트들을 선별적으로 번각하고 장서로 구축할 수 있었던 것이다.

  이상 명말청초의 출판이 수행한 역할에 대해서, 새로운 치학으로서 통경의 중시와 훈고적 학문태도를 전파하는 데 일조하였음을 보았고, 청조수립 이후에는 정치기반을 확보하고 사회명성을 높이는 데 적극 활용되었음을 살펴보았다.

  또 같은 시기 조선에 풍부한 서적을 제공함으로써 민간장서가가 급증하고 장서이론이 개진되는 등, 조선의 장서문화가 본격적으로 발전하는 데 원동력이 되었음을 살펴볼 수 있었다. 당시 동아시아에서 전개된 장서문화 및 출판문화의 발전은 각자의 사회적 배경에 따라 각기 다른 특징을 가지고 있었지만, 기본적으로는 중국서적으로부터 동기를 부여받고 있었고, 또 중국서적을 매개로 각국은 학문과 사상, 예술적 취향에서 동아시아의 특징을 공유할 수 있었다.

부록

조선 장서가 목록 및 번각상황표

〈부록 1〉 조선 장서가 목록 : 15세기 (*: 사신행使臣行 유경험자)

성명	생몰연대	장서처 (지역)	장서량 표현	자료출처	비고
安平大君 李瑢	1418~1453	淡淡亭	萬卷	『지호집芝湖集』卷13, 「英陵六大君傳」	臨西湖起淡淡亭 藏書萬卷
徐居正	1420~1488			『사가시집四佳詩集』卷5, 卷10 『四佳詩集補遺』卷1 등 시집도처.	四壁圖書萬卷餘 塊然獨坐自居居 牙籤萬軸鄴侯書
成侃	1427~1456			『동문선東文選』卷8, 「寄徐剛中」	我有舊業西山隈 家有鄴侯三萬軸
盧思愼	1427~1498		萬卷	『허백정문집 虛白亭文集』卷2, 記「天隱堂記」	家書萬卷 每惺而讀
金宗直	1431~1492		千卷	『점필재집시집 佔畢齋集詩集』卷15, 「和通之兄且呈彩筆 僕近日將還金山」, 「和金大猷五首」	藏書千卷飢難理 更向金陵覓舊樓
洪裕孫	1431~1529	아차산 東皐 별장		『소총유고篠䕺遺稿』 下, 詩 「東皐八詠·藤篋藏書」	동고별장의 주변 여덟 가지 정경에 대한 죽림칠현의 영가詠歌
金時習	1435~1493	(嶺南)	五千卷	『속동문선續東文選』 卷3, 「上徐剛中詩」	但喜五千卷曬腹時閒 眠行則車連軫住則充 樑椽

성명	생몰연대	장서처 (지역)	장서량 표현	자료출처	비고
成俔	1439~1504		鄴侯 三萬軸	『허백당집虛白堂集』 卷4, 詩「七歌」	有書有書在茅屋 排廚貯篋多所蓄 雖無惠子五車幅 亦有鄴侯三萬軸
永順君 李溥 世宗之孫	1444~1470	明新堂	數千卷	『이암선생유고頤庵 先生遺稿』卷4, 文集2, 「宗室永順君贈諡恭 昭公神道碑銘」	皆可觀玩構小堂於後 園 扁曰明新 藏書數千卷
南孝溫	1454~1492			『추강선생문집秋江 先生文集』卷2, 詩 「東皐八詠·藤篋藏書」	홍유손과 동일
富林君 李湜 世宗之孫	1458~1488			『사우정집四雨亭集』 卷下, 詩 「和持正山房書事」	宦路千鍾客 山房萬卷書
朴誾	1479~1504		萬卷	『읍취헌유고挹翠軒遺 稿』卷2, 七言絶句 「以烏几遺容齋」	容齋寥落無長物 唯有平生萬卷書
金榮叔	1488년경	鑑亭 (礪山)		『추강선생문집秋江 先生文集』卷4, 記 「鑑亭記」	距宅二里許小溪上構 艸亭距宅二里許小溪 上構艸亭 藏書講道

〈부록 2〉 조선 장서가 목록 : 16세기 (*: 사신행사臣行 유경험자)

성명	생몰연대	장서처 (지역)	장서량 표현	자료출처	비고
宋欽	1459~1547		二三千卷	『규암집圭菴集』 卷1, 詩 「題知止堂宋公欽耆 英亭」	架揷二三千卷帙
*宋麟壽	1487~1547		萬軸	신정申晸, 『분애유고汾厓遺稿』 卷10, 雜著 「先世遺事」	宋公家蓄卉籤萬軸 闢一書巢 羅列左右
朴祥	1474~1530		五千卷	『눌재선생속집訥齋 先生續集』 卷1, 詩「無題」	三十年中空坎軻 五千卷裏足優游
			萬卷	『눌재선생집訥齋先生 集』卷5, 律詩 「奉和和之贈權子醇. 七言短律」	有書萬卷家還富 栽竹千竿興不貧
申光漢	1484~1555	企齋 [서재]	萬卷	『기재집企齋集』卷1, 記「企齋記」	吾齋之中 有香一炷 有琴一張 有書萬卷
*蘇世讓	1486~1562		萬軸 牙籤	『인재선생문집 忍齋先生文集』卷2, 「世子貳師蘇公神道 碑銘」	收集前賢書籍 閣諸四壁萬軸牙籤 公處其下
		藏書屋 [옥명 미상]	萬卷	『양곡선생집 陽谷先生集』卷1, 詩 「庚戌立春」 1550년 입춘. / 卷6, 詩「書齋」	新搆藏書屋一間 三冬文史足盤桓/ 我搆一間屋… 揷架書萬卷

성명	생몰연대	장서처 (지역)	장서량 표현	자료출처	비고
李彦迪	1491~1553	獨樂堂 慶州 [紫玉山]	萬卷	『노계선생문집 蘆溪先生文集』卷3, 「獨樂堂」 「文元工晦齋先生年 譜」	萬卷書冊은 四壁 의사혀시니.
*柳耳孫	16세기 전반	安樂堂	數千卷	『십성당집十省堂集』 上,「題安樂堂詩卷」	聞君構小堂 藏書數千卷 此是安樂地
李滉	1501~1570		萬卷	『퇴계문집退溪文集』 시집별집도처	茅屋中藏萬卷書 등
柳希春	1513~1577		五千卷 萬卷	『미암선생집眉巖先生 集』卷2, 詩○ 七言絶句補遺 「枕上口占」,「雪夜」	新架又盈五千卷 從今至樂示無窮 / 新堂萬卷是吾珍
俞泓	1524~1594		萬卷	『계곡선생집 谿谷先生集』卷14, 「贈諡忠穆俞公神道 碑銘」	公嗜讀書 家藏書至萬卷
趙穆	1524~1606	月川 書堂 [강학 독서처]	千四百 餘卷	『월천선생문집 月川先生文集』卷5, 雜著「重修書室記」	今秋檢會度上所藏 先世所傳 蓋千四百有餘卷矣
高敬命	1533~1592		數千卷	『월정선생집 月汀先生集』卷6, 「參議高公神道碑銘」	他無玩好 惟畜書史數千卷 每手一編卽不以寢食 廢
*洪聖民	1536~1594		三千卷	『졸옹집拙翁集』 卷2, 詩○ 七言律詩 「贈許太輝公嶺南方 伯」	草堂長物三千卷

성명	생몰연대	장서처 (지역)	장서량 표현	자료출처	비고
金宇顒	1540~1603	東岡精舍・考槃精舍 [고향 星州와 道山의 거처]	數千卷	『동강선생문집부록 東岡先生文集附錄』 卷4, 「年譜」	東岡精舍及考槃精舍 皆入兵火 書籍數千卷及先生著 述 皆不救
柳成龍	1542~1607	玉淵精舍 [안동]		『지천집芝川集』卷1, 七言律詩八十四首 「寄題玉淵精舍」 西崖柳成龍南中亭名	鄰侯萬軸從人看 渭水千竿自在淸
權斗文	1543~1617			『학사선생문집 鶴沙先生文集』 卷9, 行狀 「左通禮南川權公行 狀」	家藏書籍甚富 而考訂點朱 無一卷無手迹
裵龍吉 *父 裵三益 1587년 陳謝使	1556~1609		數千卷	배선원裵善源, 『수간집守磵集』卷4, 「欣託室銘幷小序」	김종석, 「퇴계학자료총서해제: 6차분-배선원裵善源 "수간집守磵集"」, 346쪽 재인용
李璡	16세기 말 ~ 17세기 초		三千卷	『수은집睡隱集』 七言絕句 「聞文纘新成書室有 寄」	舍北新開屋數間 從今直破三千卷

〈부록 3〉 조선 장서가 목록 : 17세기 (*: 사신행使臣行 유경험자)

성명	생몰연대	장서처 (지역)	장서량 표현	자료출처	비고
鄭逑	1543~1620	武屹 精舍 [星州 修道山]		『외재선생문집 畏齋先生文集』卷3, 行狀 및 年譜	築其室曰武屹山齋 爲終老藏書之所 (무흘장서는 18세기에도 일부존재, 활용되었음이 확인)
李介立	1546~1625	藏書樓 [누명 미상· 嶺南 榮州]		『운천선생문집雲川 先生文集』卷1, 詩 「省吾堂八詠· 藏書樓」	장서량에 대한 언급은 없으나 장서루를 정사나 초당과는 별도의 공간으로 호칭하기 시작.
申欽	1566~ 1628		三千卷 萬軸 萬卷	『상촌고象村稿』卷19, 「示諸郞求和四首」/ 卷14,「次月沙韻」	生涯芸壁三千卷 / 枕對千山出 書從萬軸斜 / 一村酒熟新開甕 萬卷書堆正滿房
*許筠	1569~1618	藏書閣 [강릉]		『성소부부고惺所覆瓿 藁』卷6, 文部3, 「湖墅藏書閣記」	북경에서 구입해온 책들을 보관하여 다른 선비들도 빌려볼 수 있게 함.
			萬卷	『성소부부고惺所覆瓿 藁』卷3, 「和陶元亮歸去來辭」	(唯喜讀書掃一室架萬 卷而嬉於其中) 奚以隨身 萬卷尙存
*金光煜	1580~1656		萬軸	『소산선생문집 小山先生文集』卷10, 「祭外舅竹所金公文」	晚卜藏修先壟之側有 水源源有山鬱鬱有石 有沼有書萬軸
*閔聖徽	1582~1648		萬卷	『송자대전宋子大全』 卷184, 墓誌 「戶曹判書閔公墓誌」	少病借書之艱 旣貴畜書萬卷以與人 共之 人擬之鄴侯公擇焉

성명	생몰연대	장서처 (지역)	장서량 표현	자료출처	비고
朴絪	1583~1640	尊經室		『간송선생문집 澗松先生文集』卷5, 「無悶堂行狀」	甲子構釣洞精舍, 扁其軒曰永慕, 名藏書龕曰尊經, 堂曰養正.
李植	1584~1647		數千卷	『택당선생별집 澤堂先生別集』卷17, 「除兵郎 寧邊倅遞」	俄聞鴉谷失火 家藏蕩然 書籍數千卷盡燒
張維	1587~1638			『계곡선생집谿谷先生集』卷2, 「藏書壁龕銘」, 「書廚銘」	장서명·서주명을 사용. 고인의 말씀이 소장된 곳이며 모든 이치를 얻을 수 있다고 서술.
			千卷	『계곡선생집谿谷先生集』卷26, 「次韻訓張生希稷贈歌」	藏書千卷盡携來 丹鉛點勘窮朝暮
鄭百昌	1588~1635		千卷	『택당선생집澤堂先生集』卷2 詩 「舟下漢陽過大灘」	(德餘舊堂尙有藏書) 鄭侯書架留千軸
權䎗	1594년 中鄕解試		數千卷	『강좌집江左集』卷9, 「處士謙窩權公行狀」	先生家貯書累數千卷
*吳翿	1592~1634		千卷	『천파집天坡集』卷2, 詩「八月二十一日」	已於天坡 構屋數間 藏書千卷

성명	생몰연대	장서처(지역)	장서량 표현	자료출처	비고
朴玏	1594~1656	琴書室	數千卷	『존재선생문집存齋先生文集』卷6, 行狀 「禦侮將軍行都摠府經歷朴公家狀」	經史子集之外 醫卜雜家 無不旁求廣鳩 積案盈箱 幾數百千卷 爲築一室 名以琴書
李厚源	1598~1660		千卷	『지호집芝湖集』卷8, 「先考右議政完南府院君家狀」	惟藏書累千卷 帶籤滿架
金烋	1597~1638		千卷	『경와선생문집敬窩先生文集』卷2, 「病中感懷」	中構一間堂 藏書一千軸
具仁基	1597~1676		數千卷	윤봉구尹鳳九, 『병계선생집屛溪先生集』卷53, 「敦寧都正贈左贊成綾興君具公墓誌」	家傳屢數千卷 丹鉛之勘 無書不在
鄭瀁	1600~1668	太白山 道深里	萬卷	『포옹선생문집抱翁先生文集』卷8, 「鄭瀁墓誌銘」	改卜太白山中最幽深 處 藏書萬卷 (이 장서는 18세기에도 보존활용)
*姜栢年	1603~1681		萬軸	『설봉유고雪峯遺稿』卷30, 任相元, 「祭文」	室厓數椽 書卽萬軸
宋時烈	1607~1689		數千卷	『지촌선생문집芝村先生文集』卷19, 「南澗精舍記」/ 『학암집鶴庵集』卷3, 「華陽聞見錄」	名其齋曰南澗精舍 已倩谷雲八分 揭之楣間 藏書數千卷 而常所諷詠者 朱子大全及語類也 /搆三間茅屋于華陽洞 藏置數千卷經史子書

성명	생몰연대	장서처 (지역)	장서량 표현	자료출처	비고
*麟坪大君	1622~1658		數千卷	『잠곡선생유고潛谷先生遺稿』卷12, 「麟坪大君墓誌銘」	聚群書數千卷 左右插架 不厭涉獵
柳馨遠	1622~1673		萬卷	신유한申維翰, 「반계유선생전磻溪柳先生傳」	遂南歸扶安之邊山下 居焉 結廬數椽 藏書萬卷
李端夏	1625~1689		萬卷	『간송선생문집澗松先生文集』卷4, 「祭畏齋先生文」	山前白屋 桑麻數頃 書史萬軸
朴世采	1631~1695		萬卷	『직암집直菴集』卷20, 「外祖考玄石朴先生遺事」	先生家藏萬卷書 牙籤玉軸 滿案溢架
李敏敍	1633~1688	平遠堂 [서재]	三千卷	『서하집西河集』卷4, 「平遠堂雨中卽事」	抽繙實帙三千卷
*朗善君 李俁 (선조지손 宣祖之孫)	1637~1693	四樂堂 之東置 一閣	萬卷	『약천집藥泉集』卷17, 「朗善君孝敏公神道碑銘」	晚構一室藏書幾萬卷
趙持謙	1639~1685		千卷	『우재집迂齋集』卷2, 「曝家藏書有感」	佔畢窮千卷 披吟盡五車
李必進 (허균의 외손외손)		此君軒	數千卷	『염헌집恬軒集』卷33, 「李處士墓誌銘」	遂築一齋扁曰此君軒 家藏書數千卷乃許氏 之物也

〈부록 4〉 조선 장서가 목록 : 18세기 (*: 사신행使臣行 유경험자)

성명	생몰연대	장서처 (지역)	장서량 표현	자료출처	비고
金純義	1645~1714		數千卷	『옥천선생문집 玉川先生文集』卷11, 「果軒金公墓碣銘」	家藏書數千卷
崔錫鼎	1646~1715			『흠영欽英』卷5	강명관, 조선후기 서적수입유통과 장서가, 183쪽 재인용
任埅	1640~1724		數千卷	『수촌집水村集』卷13, 附錄「神道碑銘」 (大提學 尹鳳朝撰)	性好書 一不肯去手 架上數千卷 朱黃錯落 皆自批勘
			一千三百 餘卷	『수촌집水村集』卷8, 「載籍錄序」	所鳩儲已至一千三百 餘卷矣 … 茲加鼇螯, 抹其已失 添其新得 (임오(1702)중추仲秋)
權斗經	1654~1726		數百千卷	『밀암선생문집 密菴先生文集』卷2, 「權公行狀」	家有藏書數百千卷 毎居業之暇 輒上書樓縱觀
李栽	1657~1730		萬軸	『밀암집密菴集』卷25, 「祭文/金晉行」	有書萬軸 日訂其譌 四方之人 攝齎而進
李萬敷	1664~1732	魯谷精舍 [尙州]	萬軸	『식산선생문집 息山先生文集』 附錄「家狀」, 「祭文」	中移商嶺 卜宅魯谷 谷深山高 有石有溪中闢小齋 左右圖書 引水方塘 徘徊雲影 積書萬軸

성명	생몰연대	장서처 (지역)	장서량 표현	자료출처	비고
任守幹	1665~1721	望松齋 [서재 이름]	數千卷	『둔와유고遯窩遺稿』 卷3,「遯齋記」	精舍者凡四楹… 西闢而爲室者二間 鑿壁而爲龕者三架 藏書幾數千卷
*李宜顯	1669~1745		萬卷	『지수재집 知守齋集』13, 「李公諡狀」	藏書萬有餘卷 經史子集 稗錄野乘 山經地誌 塔鐫塚刻 殆靡有遺 一皆手自校讐
*李時恒	1672~1736		數千卷	『오천선생집 梧川先生集』卷11, 「兵曹正郎李君墓碣銘」	起亭榭築書樓 藏數千卷
朴履文	1673~1743	古心齋 [서재 이름]	萬卷	『순암선생문집 順菴先生文集』卷22, 「古心齋朴先生墓誌銘」	室數椽蕭以寂 書萬軸充其間… 仍名其居曰古心齋
李夏坤	1677~1724	萬卷樓 [진천] 宛委閣 [서울]	數千卷	「두타초서서전 頭陀草敍傳」및 「행장行狀」	강명관「조선후기 서적의 수입·유통과 장서가의출현」 (181~182쪽)재인용
申靖夏	1681~1716		萬卷	『서암집恕菴集』 卷12, 題跋 「題家藏論語舊本」	吾家藏書之富 幾至萬餘卷矣
黃翼再	1682~1747	白華齋 [山齋]	數千卷	『순암집順菴集』 卷26, 「通政大夫鍾城都護府 使白華齋黃公行狀」	晚結小齋于松楸下 顔以白華. 藏書數千卷

성명	생몰연대	장서처 (지역)	장서량 표현	자료출처	비고
鄭相點	1693~1767		數千卷	『순암선생문집 順菴先生文集』卷26, 「處士不憂軒鄭公行 狀」	公平生嗜好惟在書籍 聞人有書 或購而置之 或借而傳錄 藏書幾千卷
南有容	1698~1773	雷老堂 [장서처]	萬卷	『뇌연집雷淵集』 卷6,「曬書」	雷老堂中萬卷書
		三一堂 [서재]	千卷 數千卷	『뇌연집雷淵集』卷14, 「三一堂記」/ 卷23, 「亡子公輔墓表」	獨藏書一千卷 實酒一壺 而與吾一人 參而爲三一 此吾齋之所以名也 / 爲買屋壺丘之上 爲買屋壺丘 之上 實書數千卷
金樂行	1708~1766		萬軸	『밀암선생문집密菴 先生文集』卷25, 附錄 「祭文」	有書萬軸 日訂其譌 四方之人 攝齊而進
閔在洙	1709년 蔭敍官		千卷	『도암집陶菴集』卷38, 「正郞閔公墓表」	山水間結一精廬 積書千卷
南處士	李用休 (1708~178 2)의 벗		萬軸	『탄만집欸數集』, 「이경와기二耕窩記」	當處士之世 有田連阡陌 架揷萬軸者 (그러나 수십 년이 채 안되어 소실됨)
李麟祥	1710~1760		三千卷	『능호집凌壺集』卷2, 「西齋檢書有感次 金伯愚長韻」	築書三千卷 我室自深悄 衆蠹食煙煤 古紙生塵垢

조선 장서가 목록 307

성명	생몰연대	장서처 (지역)	장서량 표현	자료출처	비고
安鼎福	1712~1791	麗澤齋	萬卷	『순암선생문집 順菴先生文集』卷1, 「分宜堂八詠·讀書」	築此茅堂靜 中藏萬卷書
柳光翼	1713~1780		萬卷	『번암집樊巖集』卷16, 詩「柳知禮光翼挽」	楓陰小茅屋 對我藥峯居 忘老單瓢巷 藏身萬卷書
劉慶鍾	1714~1784			祖父 유명현劉命賢 (1642~1702)의 竟成堂은 손꼽히던 장서루였고 본인도 장서 풍부.	박철상,「豹菴 姜世晃家의 藏書印」, 『문헌과 해석』26, 2004. 37쪽.
柳道源	1721~1791		千卷	『노애집蘆厓集』卷7, 雜著 「蘆厓土室記」卷10, 附錄「行狀」	築土室藏書千卷
元仁孫	1721~1774		數萬卷	『금릉집金陵集』, 「墓誌銘」	강명관, 위의 논문, 183~184쪽 재인용
李晩秀	1752~1820	萬松樓	數千卷	『극원유고屐園遺稿』, 「書巢記」	〃
徐有榘	1764~1845	必有堂	八千卷	『좌소산인문집 左蘇山人文集』卷7, 「必有堂記」/ 『지수념필智水拈筆』	강명관, 위의 논문, 181쪽 재인용
*金祖淳	1765~1831			『풍고집楓皐集』, 「題藏書室」	184쪽 재인용

성명	생몰연대	장서처 (지역)	장서량 표현	자료출처	비고
沈象奎	1766~1838	績堂	四萬卷	『지수념필智水拈筆』「藏書家」	181쪽 재인용
趙秉龜			萬卷	〃	〃
尹致政	1800~?		〃	〃	〃
李秀墀	李民宬의 손자		數千卷	『옥천선생문집 玉川先生文集』卷13,「成均生員李君墓碣銘」	家藏書數千卷 博取汎覽 涉其流而知其說
*鄭元始	1735~?		數千卷	『청천선생속집 青泉先生續集』卷11, 附錄「鄭元始言行實錄」	今吾有書數千卷 而世所罕見者参半 殆亦天所以見賞耶
申重模	申退澗公 의 아들		萬卷	『눌은집訥隱集』卷19, 行狀「生員申公行記」	家有藏書萬卷 優游其間 凡歷代史東國典故 貫穿無不通
沈伯修				『연암집燕巖集』卷3,「送沈伯修出宰狼川序」	君嘗賣田買書 身致萬卷 日講讀樓中 其於術也備矣
宋堯佐	송명흠宋明欽(1705~1768)의 부친	清隱堂	千卷	『역천선생문집櫟泉先生文集』卷17,「皇考默翁府君家狀」	藏書累千卷 名其堂曰清隱

조선 장서가 목록 309

〈부록 5〉『누판고』 수록 중국저작 번각상황표

분류	중국저작 서명書名 (장판처/각판종류/개판지역/저술시기)	件數
경經	주역周易·서전書傳·사서대전四書大全 (북한태고사北漢太古寺/사찰각寺刹刻/경기도/明初·永樂年間) 29 역전易傳 (남한개원사南漢開元寺/사찰각/경기도/宋) 주역본의周易本義 (남한개원사/사찰각/경기도/宋) 서집전書集傳 (남한개원사/사찰각/경기도/宋) 시집전詩集傳 (남한개원사/사찰각/경기도/宋) 찬도호주주례纂圖互註周禮 (고령현高靈縣/관각官刻/경상도/後漢) 사마씨서司馬氏書 (영남관찰영嶺南觀察營/관각/경상도/宋) 대학장구大學章句 (남한개원사/사찰각/경기도/宋) 예부운략禮部韻略·옥편玉篇 (청도선암서원淸道仙巖書院/서원각書院刻/경상도/宋) 46 남송방각본 수험용	15종 9건
사史	사기평림史記評林 (호남관찰영湖南觀察營/관각/전라도/한) 한서평림漢書評林 (영남관찰영/관각/경상도/후한) 삼국지三國誌 (제주목濟州牧/관각/제주도/진) 통감절요通鑑節要 (관서감찰영關西監察營/관각/평안도/宋) 십구사략十九史略 (남한개원사/사찰각/경기도/명) 　　　　　　(북한태고사北漢太古寺/사찰각/경기도/명) 　　　　　　(호남좌절도영湖南左節度營/관각/전라도/명) 　　　　　　(제주목濟州牧/관각/제주도/명) 　　　　　　(경주부慶州府/관각/경상도/명) 　　　　　　(관북관찰영關北觀察營/관각/함경도/명) 　　　　　　(영변부寧邊府/관각/평안도/명) 역대통감찬요歷代通鑑纂要 (영남관찰영/관각/경상도/明中期·弘治年間) 주문공년보朱文公年譜 (경성부鏡城府/관각/함경도/宋) 대명률大明律 (관서감찰영關西監察營/관각/평안도/명초·홍무년간) 당감唐鑑 (영남관찰영/관각/경상도/宋)	9종 15건
자子	충경忠經 (경성부鏡城府/관각/함경도/후한) 이정전서二程全書 (교서관校書館/관각/중앙관청/명말·萬曆年間) 소학집설小學集說 (제주목濟州牧/관각/제주도/명중기·弘治年間) 근사록近思錄 (경주옥산서원慶州玉山書院/서원각/경상도/宋) 　　　　　(관북관찰영關北觀察營/관각/함경도/宋) 　　　　　(성천부成川府/관각/평안도/宋) 동몽순지童蒙順知 (관북관찰영/관각/함경도/宋) 주자어류朱子語類 (영남관찰영嶺南觀察營/관각/경상도/宋) 천지만물조화론天地萬物造化論 (철원부鐵原府/관각/강원도/宋) 성리대전서性理大全書 　　　(호남관찰영湖南觀察營/관각/전라도/명초·영락년간)	

분류	중국저작 서명書名 (장판처/각판종류/개판지역/저술시기)	件數
자 子	독서록요어讀書綠要語 (관북관찰영/관각/함경도/명초·景泰天順年間) 심경부주心經附註 (관북관찰영/관각/함경도/명초) 육도六韜 (관서감찰영/관각/평안도/周) 손무자孫武子 (관서감찰영/관각/평안도/周) 　　　　　(영변부寧邊府/관각/평안도/명) 오자吳子 (관서감찰영/관각/평안도/周) 사마법司馬法 (관서감찰영/관각/평안도/齊) 위료자尉繚子 (관서감찰영關西監察營/관각/평안도/주) 삼략三略 (남한개원사/사찰각/경기도/秦) 　　　　(제주목/관각/제주도/秦) 　　　　(관북관찰영/관각/함경도/秦) 　　　　(관서감찰영/관각/평안도/秦) 　　　　(영변부/관각/평안도/秦) 이위공문대李衛公問對 (관서감찰영/관각/평안도/당) 장감박의將鑑博議 (관서감찰영/관각/평안도/宋) 기효신서紀效新書 (관서감찰영/관각/평안도/명말·만력년간) 보주황제소문補註黃帝素問 (경주부/관각/경상도/당) 찬도맥결纂圖脈訣 (혜민서惠民署/관각/중앙관청/육조) 동인침자경銅人鍼灸經 (혜민서/관각/중앙관청/宋) 의학정전醫學正傳 (호남관찰영/관각/전라도/명·16세기) 　　　　　(영남관찰영/관각/경상도/명·16세기) 의서찬요醫書纂要 (경주부/관각/경상도/명초·영락년간) 증보만병회춘增補萬病回春 (영남관찰영/관각/경상도/명) 보천가步天歌 (관상감觀象監/관각/중앙관청/수) 관상완점觀象玩占 (관상감/官刻/중앙관청/唐) 인자순지人子順知 (관상감/관각/중앙관청/명) 탁옥부琢玉斧 (관상감/관각/중앙관청/명) 나경정문羅經頂門針 (관상감/관각/중앙관청/명) 소천강素天綱 (관상감/관각/중앙관청/당) 응천가應天歌 (관상감/관각/중앙관청/宋) 자평삼명통변연원子平三命通變淵源 (관상감/관각/중앙관청/宋) 범위수範圍數 (관상감/관각/중앙관청/명) 천기대요天機大要 (관상감/관각/중앙관청/명) 　　　　　(상주목尙州牧/관각/경상도/명) 천자문千字文 (교서관校書館/관각/중앙관청/梁) 　　　　(남한개원사/사찰각/경기도/梁) 　　　　(북한태고사/사찰각/경기도/梁) 　　　　(제주목/관각/제주도/梁) 　　　　(성주쌍계사星州雙溪寺/사찰각/경상도/梁)	48종 63건

분류	중국저작 서명書名 (장판처/각판종류/개판지역/저술시기)	件數
자子	(청도군清道郡/관각/경상도/梁) (정선군旌善郡/관각/강원도/梁) 구해남화진경句解南華眞經 (관북관찰영/관각/함경도/宋) 주역참동계周易參同契 (관북관찰영/관각/함경도/한) 금강반야파라밀경金剛般若波羅蜜經 (영변보현사寧邊普賢寺/사찰각/평안도/당) 묘법연화경妙法蓮華經 (영변보현사/사찰각/평안도/宋) 원각료의경圓覺了義經 (영변보현사/사찰각/평안도/당) 만행수릉엄경萬行首楞嚴經 (영변보현사/사찰각/평안도/당) 화엄경華嚴經 (영변보현사/사찰각/평안도/당) 기신론起信論 (영변보현사/사찰각/평안도/당) 선원제전집도서禪源諸詮集都序 (영변보현사/사찰각/평안도/당) 경덕전등록景德傳燈錄 (영변보현사/사찰각/평안도/宋) 대혜보각선사서大慧普覺禪師書 (영변보현사/사찰각/평안도/宋) 고봉선요高峰禪要 (영변보현사/사찰각/평안도/宋)	
집集	초사楚辭 (관북관찰영/관각/함경도/宋) 고문진보古文眞寶 (옥과현玉果縣/관각/전라도/원) 당시품휘唐詩品彙 (북한태고사/사찰각/경기도/명) 당송팔대가문초唐宋八大家文鈔 (영남관찰영/관각/경상도/명) 도정절집陶靖節集 (영광군靈光郡/관각/전라도/진) 우주두률虞註杜律 (화순현和順縣/관각/전라도/당) (의성현義城縣/관각/경상도/당) 백씨문집白氏文集 (안동부安東府/관각/경상도/당) 격양집擊壤集 (의성현/관각/경상도/宋) 산곡내집山谷內集 (능주목綾州牧/관각/전라도/宋) 남헌집南軒集 (영남관찰영/관각/경상도/宋) 주자문집朱子文集·속집續集·별집別集·유집遺集·부록附錄 (영남관찰영/관각/경상도/宋) 면재집勉齋集 (관서감찰영/관각/평안도/宋) 서애의고악부西涯擬古樂府 (장흥부長興府/관각/전라도/명·16세기 李東陽)	13종 14건
합계	각판 종류 분류	관각 76건, 사찰각 23건, 서원각 2건.	85종 101건
	개판 지역 분류	중앙관청14, 경기도12(사찰각12), 강원도2(관각2), 경상도22(관각19, 서원각2, 사찰각1), 전라도9(관각9), 평안도26(관각16, 사찰각10), 함경도11(관각11), 제주도5(관각5).	

■ 참고문헌

Ⅰ. 史料
1. 중국문헌
(1) 目錄史料·影印史料集·善本書

紀昀總纂, 『四庫全書總目提要』, 河北: 人民出版社 4冊, 2000.
杜信浮編, 『明代版刻綜錄』8冊, 揚州: 江蘇廣陵古籍刻印社, 1983.
北京市東城區園林局匯纂, 『北京廟會史料通考』, 北京: 北京燕山出版社, 2002.
卞僧慧編, 『呂留良年譜長編』, 北京: 中華書局, 2003.
沈津著, 『哈佛燕京圖書館中文善本書志』, 上海: 上海辭書出版社, 1999.
葉德輝, 『書林淸話』, 湖南: 岳麓書社, 1999.
葉昌熾, 『藏書記事詩』, 北京: 北京燕山出版社, 1999.
王利器, 『元明淸三代禁毀小說戲曲史料』, 上海: 古籍出版社, 1981.
王重民撰, 『中國善本書提要』, 上海: 上海古籍出版社, 1983.
李國鈞主編, 『淸代前期敎育論著選』中卷, 北京: 人民敎育出版社, 1990.
李希泌·張椒華編, 『中國古代藏書與近代圖書館史料』, 北京: 中華書局, 1982.
李瑞良編著, 『中國出版編年史』下, 福建: 人民出版社, 2004.
侯仁之, 『北京歷史地圖集』1, 北京: 北京出版社, 1997.
顧春編, 『六子全書』60卷, 嘉靖癸巳顧氏世德堂刻本. 北京圖書館소장 善本.
『集千家註批點補遺杜工部詩』20卷, 明正德十四年劉氏安正堂刻本8冊, 北京圖書館소장 microfilm.
『集千家註分類杜工部詩』25卷, 明正德14年汪諒刻嘉靖元年重修本20冊, 北京圖書館소장 microfilm.
郭偉選註, 郭中吉(淸)編 『分類評註文武合編百子金丹』, 經綸堂藏版. 서울대학교 규장각소장 목판본.
繆昌期撰, 『新鐫繆當時先生四書九鼎』13卷, 長庚館刻本. 北京圖書館 소장 善本.
揚雄撰/明趙如源等訂, 『揚子太玄經』10卷. 天啓武林趙世楷讀書坊刻本. 北京國家圖書館소장 善本.

(2) 地方志·文集·題跋集·筆記

『乾隆晉江縣志』, 中國地方志集成, 揚州:江蘇古籍出版社, 1991.
『同治泉州府志』, 中國地方志集成. 福建府縣志輯23, 上海書店, 2000.
『民國吳縣志』, 中華地方志叢書18. 民國58[1969].
『浙江通志』卷148, 四庫全書 519冊-第526冊:史部·地理類
『山西通志』卷134. 四庫全書542~550, 史部·地理類.
『福建通志』卷29, 四庫全書527~530, 史部·地理類.
『萬曆泉州府志』卷24, 臺北:臺灣學生書局, 民國76년[1987].
『世宗憲皇帝上諭八旗』卷4, 四庫全書413, 史部·詔令奏議類.
(明)高 濂, 『遵生八箋5·燕閑淸賞箋』, 四川:巴蜀書社, 1985.
(淸)顧炎武, 『日志錄』, (淸)黃汝成集釋本, 湖南:岳麓書社, 1994.
(淸)郭 琇, 『華野疏稿』卷3, 四庫全書430, 史部·詔令奏議類.
(淸)談 遷, 『北游錄』, 淸代史料筆記, 北京:中華書局, 1997.
(民)震 鈞, 『天咫偶聞』, 續修四庫全書730, 史部 地理類
(明)郞 瑛, 『七修類考』, 歷代筆記叢刊, 上海:上海書店出版社, 2001.
(明)廖道南, 『殿閣詞林記』卷14., 四庫全書452, 史部·傳記類.
(淸)繆 彤, 『臚傳紀事』, 淸代史料筆記 北京:中華書局, 1997.
(淸)法式善, 『陶廬雜錄』, 淸代史料筆記 北京:中華書局, 1997.
(明)謝肇淛, 『五雜俎』, 歷代筆記叢刊, 上海:上海書店出版社, 2001.
(淸)徐乾學, 『憺園文集』, 續修四庫全書1412, 集部·別集類.
(明)徐 渤, 『紅雨樓題跋』, 續修四庫全書923, 史部·目錄類.
(民)孫殿起, 『琉璃廠小志』, 北京:古籍出版社, 2001.
(淸)孫承澤, 『春明夢餘錄』, 筆記小說大觀, 6編9~10, 臺北:新興書局, 民國 64 [1975].
(明)沈德符, 『萬曆野獲編』, 元明史料筆記, 北京:中華書局, 1997.
(淸)呂留良, 『呂晚村先生文集』, 『續修四庫全書』本 1411, 集部·別集類.
(淸)呂留良, 『呂子評語餘論』, 續修四庫全書948, 子部·儒家類
(明)葉 盛, 『菉竹堂書目』, 叢書集成簡編25, 臺北:臺灣商務印書館, 民國 54 [1965]
(民)王文進, 『文祿堂訪書記』5冊, 揚州:江蘇廣陵古籍刻印社, 1985
(淸)王士禎, 『池北偶談』, 淸代史料筆記 北京:中華書局, 1997.
(淸)王士禎, 『居易錄』, 淸代史料筆記, 北京:中華書局, 1997.
(淸)王士禎, 『香祖筆記』, 歷代筆記小說小品選刊, 北京:學苑出版社, 2001.

(淸)王冶秋, 『琉璃廠史話』, 北京:三聯書店, 1979.
(元)王　惲, 『秋澗集』, 四庫全書1200~1201, 集部·別集類.
(明)俞汝楫, 『禮部志稿』, 四庫全書597~598, 史部·職官類
(淸)俞正燮, 『癸巳存稿』卷14, 續修四庫全書1159, 子部·雜家類.
(淸)陸隴其, 『三魚堂日記』續修四庫全書559 : 史部 傳記類
(淸)李文藻, 『琉璃廠書肆記』, 北京 : 古籍出版社, 2001.
(淸)李　漁, 『李漁全集』(全12冊, 浙江古籍出版社, 1991.)
(淸)李元度, 『國朝先正事略』, 續修四庫全書539 : 史部·傳記類.
(明)李廷機, 『李文節集』, 明人文集叢刊第1期, 臺北 : 文海出版社, 民國59
　　[1970].
(淸)李調元, 『制義科瑣記』, 北京:中华书局, 1985.
(淸)李清馥, 『閩中理學淵源考』卷70, 臺北:臺灣商務印書館, 民國60[1971]
(淸)魏裔介, 『兼濟堂文集』, 四庫全書1312, 集部·別集類.
(淸)陸隴其, 『三魚堂日記』卷7. 續修四庫全書559, 史部·傳記類.
(淸)陸世儀, 『思辨錄輯要』卷5, 四庫全書724, 子部·儒家類.
(淸)儲大文, 『存硏樓文集』卷15, 四庫全書 1327, 集部·別集類.
(淸)錢謙益, 『有學集』卷45, ;『錢牧齋全集』6卷, 上海 : 古籍出版社, 2005.
(淸)錢　林, 『文獻徵存錄』卷9, 『續修四庫全書』本 540, 史部·傳記類.
(明)晁　瑮, 『晁氏寶文堂書目』, 中國歷代書目題跋叢書, 上海 : 古籍出版社,
　　2005.
(淸)朱彝尊, 『曝書亭集』卷53, 四庫全書1318, 集部·別集類.
(宋)祝　穆, 『古今事文類聚』別卷3, 四庫全書925~929, 子部·類書類.
(淸)何　焯, 『何義門先生集』, 續修四庫全書1420, 集部·別集類.
(明)胡居仁, 『胡文敬集』卷2, 四庫全書1260, 集部·別集類.
(明)胡應麟, 『少室山房筆叢·經籍會通4』卷4. 上海 : 上海書店出版社, 2001.
(宋)胡次焱, 『梅巖文集』卷6, 四庫全書1188, 集部·別集類.
(淸)洪亮吉, 『書目問答』, 國學基本叢書12卷, 臺北 : 商務印書館, 民國57
　　(1968).
(明)黃訓編, 『名臣經濟錄』, 四庫全書443~444, 史部·詔令奏議類

2. 조선문헌

(1) 册版目錄·影印資料集

徐有榘, 『鏤板考』, 京城 : 大同出版社, 昭和16(1941)

編者未詳, 『古書册版有處考』, 정형우·윤병태 편저, 『韓國의 册版目錄』, 연세대국학연구원, 1995.

『古文書集成』47~48, 晉州丹牧晉陽河氏 滄洲後孫家篇.

(2) 文集·燕行錄·類書

姜再恒, 『立齋遺稿』卷17, 影印標點韓國文集叢刊210, 서울 : 民族文化推進會, 1998.

金富倫, 『雪月堂先生文集』卷6, 安東 : 雪月堂, 昭和15[1940], 연세대학교소장 石版本古書.

金 堉, 『潛谷遺稿』卷9, 影印標點韓國文集叢刊86, 서울 : 民族文化推進會, 1992.

金 堉, 『類苑叢寶』卷33, 「藏書」, 서울 : 亞細亞文化社, 1980.

南夢賚, 『伊溪先生文集』卷15, 韓國歷代文集叢書788, 서울 : 景仁文化社, 1993.

徐有榘, 『林園經濟志』卷16, 「怡雲志·圖書藏訪(上下)」, 「金華知非集」, 서울 : 保景文化社, 1983.

宋時烈, 『宋子大全』卷122, 卷144, 影印標點韓國文集叢刊114, 서울 : 民族文化推進會, 1993.

申益愰, 『克齋先生文集』卷12, 韓國歷代文集叢書1439, 서울 : 景仁文化社, 1995.

申靖夏, 『恕菴集』卷12, 연세대학교소장 金屬活字本古書.

安鼎福, 『順菴先生文集』卷9, 卷13, 韓國歷代文集叢書951, 서울 : 景仁文化社, 1994.

魚用翼, 『玉壺集』, 서울대규장각소장 古書.

嚴 昕, 『十省堂集』上, 影印標點韓國文集叢刊32, 서울 : 民族文化推進會, 1989.

魏伯珪, 『存齋集』卷2, 影印標點韓國文集叢刊243, 서울 : 民族文化推進會, 2000.

柳得恭, 『燕臺再遊錄』, 국역연행록선집7, 서울 : 경인문화사, 1976.

柳壽垣, 『迂書』卷2, 卷7, 고전국역총서224, 서울 : 민족문화추진회, 1981.
俞拓基, 『知守齋集』卷13, 韓國歷代文集叢書723, 서울 : 景仁文化社, 1993.
柳希春, 『眉巖先生集』卷3, 韓國歷代文集叢書111, 서울 : 景仁文化社, 1987.
李德懋, 『嬰處雜稿』, 『雅亭遺稿』卷6, 『靑莊館全書』3권, 서울 : 민족문화문
　　　고간행회, 1983
李　植, 『澤堂先生別集』卷3, 卷14, 韓國歷代文集叢書935, 서울 : 景仁文化
　　　社, 1994.
李　瀷, 『星湖僿說』, 고전국역총서116, 서울 : 민족문화추진회, 1977.
李　栽, 『密菴先生文集』卷21, 韓國歷代文集叢書159, 서울 : 景仁文化社,
　　　1987.
李時明, 『石溪先生文集』卷1, 연세대소장 古書.
李宜顯, 『庚子燕行雜識』, 『壬子燕行雜識』, 燕行錄全集35, 서울 : 東國大
　　　學校出版部, 2001.
李徽逸, 『存齋先生文集』卷6, 退溪學派諸賢集5, 서울 : 驪江出版社, 1988.
任　埅, 『水村集』卷8, 卷9, 影印標點韓國文集叢刊 ; 149, 서울 : 民族文化
　　　推進會, 1995.
張　維, 『谿谷先生集』卷2, 卷7, 《韓國의 思想大全集》; 19, 서울 : 同和出版
　　　公社, 1977.
정　위, 『芝厓先生文集』, 韓國歷代文集叢書793, 서울 : 景仁文化社, 1993.
鄭惟一, 『文峯先生文集』卷6, 影印標點韓國文集叢刊42, 서울 : 民族文化推
　　　進會, 1989.
趙　穆, 『月川先生文集』卷5, 韓國歷代文集叢書1078, 서울 : 景仁文化社,
　　　1994.
崔　岦, 『簡易文集』卷3, 서울 : 민족문화추진회, 2001.
河應運, 『習靖齋文集』, 연세대학교소장 木活字本古書.
許　筠, 『惺所覆瓿藁』, 고전국역총서229, 서울 : 민족문화추진회, 1981.
洪大容, 『湛軒書外集』卷7, 實學叢書第4輯 서울 : 探求堂, 1974.
洪聖民, 『拙翁集』卷5, 影印標點韓國文集叢刊46, 서울 : 民族文化推進會,
　　　1989.
洪良浩, 『耳溪集』卷21, 影印標點韓國文集叢刊241, 서울 : 民族文化推進會,
　　　2000.

Ⅱ. 연구자료

1. 연구서

(1) 國文

강명관,『조선뒷골목풍경』, 서울 : 푸른역사 2003.
김동욱·황패강,『한국고소설입문』, 서울 : 開文社, 1985.
金斗鍾,『韓國古印刷技術史』, 서울 : 探求堂, 1974.
김용덕,『조선후기사상연구』, 서울 : 을유문화사, 1977.
김용섭,「世宗祖의 농업기술」,『韓國中世農業史硏究』, 서울 : 지식산업사, 2000.
김치우,『攷事撮要의 册版목록 연구』, 민족문화, 1983.
리철화,『조선출판문화사 : 고대~중세』, 북한 : 백산자료원 1995.
배종호,『한국유학사』, 서울 : 연세대출판부, 1974
안춘근,『韓國出版文化史大要』, 서울 : 청림출판, 1987년.
오금성,『中國近世社會經濟史研究』, 서울 : 一潮閣, 1986.
오금성,『科擧-역사학대회주제토론』, 서울 : 일조각, 1981/1992.
윤남한,『朝鮮時代의 陽明學研究』, 서울 : 集文堂, 1982
이상용,『淵泉 洪奭周의 서지학』, 서울 : 아세아문화사, 2004.
정옥자,『正祖의 文藝思想과 奎章閣』, 서울 : 효형, 2001.
정형우,『조선조 서적문화연구』, 서울 : 구미무역주식회사, 1995.
홍선표외,『17·18세기 조선의 외국서적 수용과 독서실태 : 목록과 해제』, 서울 : 혜안, 2006.

(2) 中文

葛兆光,『中國思想史』2, 上海 : 復旦大學出版社, 2004.
簡秀娟,『錢謙益藏書研究』, 臺北 : 漢美圖書有限公司, 1992.
郭伯恭,『四庫全書纂修考』, 臺灣商務印書館, 1967.
郭紹虞,『中國文學批評史』, 上海 : 古籍出版社, 1979.
郭子升,『市井風情』, 淸代社會文化叢書, 遼海出版社, 1997.
匡亞明主編,『中國思想家評傳叢書』, 南京大學出版社, 2000.
金諍/김효민역,『중국과거문화사/科擧制度與中國文化』, 서울 : 동아시아, 2002.
羅錦堂,『歷代圖書板本志要』, 臺北 : 中華叢書委員會, 民國47[1958].

繆詠禾,『明代出版史稿』, 江蘇:人民出版社, 2000.
繆詠禾,『中國出版通史(明代卷)』, 中國書籍出版社, 2008.
裵芹,『古今圖書集成研究』, 北京:北京圖書館出版社, 2001.
方維保·王應澤,『徽州古刻書』, 遼寧:人民出版社, 2004.
白新良主編,『中朝關係史-明淸時期』, 北京:世界知識出版社, 2002.
范鳳書,『中國私家藏書史』, 鄭州:大象出版社, 2001.
傅璇琮·謝灼華,『中國藏書通史』2册, 浙江:寧波出版社, 2001.
謝國楨,『明淸之際黨社運動考』, 臺北:臺灣商務印書館, 1967.
謝永順·李珽著,『福建古代刻書』, 福建:人民出版社, 1997/2001.
謝正光,『淸初詩文與士人交流考』, 南京大學出版社, 2001.
商衍鎏,『淸代科擧考試述錄及有關著作』, 天津:百苑文藝出版社, 1954/ 2004.
上海新四軍歷史研究會,『歷代刻書槪況』, 北京:印刷工業出版社 1991.
蕭東發,『中國圖書出版印刷史論』, 北京:北京大出版社, 2001.
蕭東發 編,『板本學研究論文選集』, 臺北:書目文獻出版社, 1995.
孫毓修,『中國雕版源流考』, 臺北:商務印書館, 1916/1964.
孫殿起輯·雷夢水編,『北京風俗雜詠』, 北京:古籍出版社, 1982.
宋原放·王有朋輯注,『中國出版史料-古代部分』1卷 재수록, 湖北敎育出版 社, 2004.
朱傳譽,『宋代新聞史』, 臺北:中國學術著作獎助委員會,『中國學術著作獎 助委員會叢書』6, 1967.
習五一,『北京的廟會民俗』, 北京:北京出版社, 1999.
嚴倚帆,『祁承㸁及澹生堂藏書硏究』, 臺北 漢美圖書有限公司, 1991.
余英時/정인재譯,『中國近世宗敎倫理와 商人精神』, 서울:대한교과서주 식회사, 1993.
葉樹聲·余敏輝,『明淸江南私人刻書史略』, 合肥:安徽大學出版社, 2000.
옌리에산외/홍승직역,『이탁오평전』, 파주:돌베개, 2005.
吳楓·劉乾先主編,『中華野史大博覽』下册, 北京:中國友誼出版公司, 1992.
王凱符,『八股文槪說』, 北京:中國和平出版社, 1991.
王德昭,『淸代科擧制度硏究』, 香港:中文大學出版社, 1982.
王桂平,『家刻本』, 江蘇:古籍出版社, 2002.
王　彬,『禁書·文字獄』, 中國工人出版社, 1992.
容肇祖,『呂留良及其思想』, 臺北:成文書局, 1974.

游國恩,『中國文學史』, 香港 : 中國圖書刊行社, 1992.
劉鳳雲,『明清城市空間的文化探析』, 北京 : 中央民族大學出版社, 2001年.
劉尙恒,『徽州刻書與藏書』, 廣陵書社, 2000.
劉　爲,『清代中朝使者往來研究』, 哈尔濱 : 黑龍江敎育出版社, 2002.
陸樹侖,『馮夢龍研究』, 復旦大學出版社, 1987.
李萬健,『中國著名藏書家傳略』, 北京 : 書目文獻出版社, 1986.
李瑞良,『中國目錄學史』, 臺北 : 文津出版社, 1992.
李致忠,『古書版本學槪論』, 北京 : 北京圖書館出版社, 1990.
任繼愈 主編,『中國藏書樓』3冊, 遼寧 : 人民出版社, 2001.
林申淸 編著,『宋元書刻牌記圖錄』, 北京 : 北京圖書館出版社, 1999.
林申淸 編著,『日本藏書印鑒』, 北京 : 北京圖書館出版社, 2000.
張存武,『淸代中韓關係論文集』, 臺北 : 臺灣商務印書館, 1987.
張秀民,『中國印刷術的發明及其影响』, 北京 : 人民出版社, 1958.
張秀民,『中國印刷史』, 上海 : 人民出版社, 1989.9.
張秀民,『張秀民印刷史論文集』, 北京 : 印刷工業出版社, 1998.
錢茂偉,『國家, 科擧與社會-以明代爲中心的考察-』, 北京 : 北京圖書館 出版社, 2004,
鄭振鐸,『西諦書話』, 北京 : 三聯書店, 1983.
周寶榮,『宋代出版文化史研究』, 河北 : 中州古籍出版社, 2003.
朱傳譽,『宋代新聞史』, 臺北 : 中國學術著作獎助委員會, 中國學術著作獎助委員會叢書 6. 民國56(1967).
中國社會科學院文學硏究所 中國文學史編寫組,『中國文學史』, 北京 : 人民文學出版社, 1982.
中國社會科學院編,『北京通史』卷6. 北京 : 中国书店, 1994.
中華文化復興會編,『中國文學講話9-明代文學』, 臺北 : 巨流圖書公司, 1987.
容肇祖,『李卓吾評傳』, 臺北 : 臺灣商務印書館, 1973.
陳大康,『明代小說史』, 上海 : 文藝出版社, 2000.
陳登原,『古今典籍聚散考』, 上海 : 上海書店, 1936/1983.
彭斐章 主編,『中外圖書流通史』, 湖南 : 湖南敎育出版社, 1998/1999.
何冠彪,『戴名世研究』, 香港 : 香港大學中文系出版, 1987.
黃鎭偉,『坊刻本』, 江蘇 : 古籍出版社, 2002.
黃　强,『八股文與明淸文學論稿』, 上海 : 古籍出版社, 2005.
黃愛平,『四庫全書纂修硏究』, 北京 : 人民大學校出版部, 1989

黃愛平, 『朴学與淸代社会』, 河北 : 人民出版社, 2003.

(3) 日文

岡本さえ, 『淸代禁書の硏究』, 東京 : 東京大出版會, 1996.
宮崎市定/박근칠·이근명 옮김, 『중국의 시험지옥-科擧-』, 서울 : 청년사, 1993.
大木康, 『明末江南の出版文化』, 東京 : 硏文出版, 2004.
東京大中國哲學硏究室/조경란譯, 『中國思想史』, 서울 : 동녘, 1992.
藤塚隣, 『淸朝文化東傳の硏究 : 嘉慶道光學壇と李朝の金阮堂』, 東京 : 國書刊行會, 1975.
岸本美緖·宮嶋博士, 『明淸と李朝の時代』, 東京 : 中央公論社, 1998.
野田壽雄, 『近世文學の背景』, 東京 : 高選書, 昭和52[1977].
井上進, 『中國出版文化史』, 名古屋 : 名古屋大學出版部, 2002.
中砂明德, 『江南-中國文雅の原流-』, 東京 : 講談社, 2002.
滝野邦雄, 『李光地と徐乾學 : 康熙朝前期における黨爭』, 白桃書房, 2004.

(4) 英文

Alford, William P., *To Steal a Book in an Elegant Offense : Intellectural Prosperty Law in Chinese Civilization*, Stanford : Stanford University Press, 1995.
Brokaw & Chow ed., *Printing and Book Culture in Late Imperial China*, Berkeley : University of California Press2005.
Chan Hok-lam, *Control of Publishing in China, Past and Present*, The Forty-fourth George Ernest Morrison Lecture in Ethnology 1983, Canberra : Astrlian Nation University, 1983.
Chaffee, John, /양종국 역, 『The Thorny Gate of Learning in Sung China 송대 중국인의 과거생활』, 서울 : 신서원, 2001.
Chang, Chun-shu, Chang, Hsueh-lun, *Crisis and Transformation in 17th Century China*, Ann Arbor : The University of Michigan Press, 1992.
Chia, Lucille, *Printing for Profit : Commercial Publishers of Jianyang Fujian, 11~17th Centuries*, Cambridge, MA : Harvard University Press, 2002.
Chow, Kai-wing, *Publishing, Culture, and Power in Early Modern China*, Stanford, Calif. : Stanford University Press, 2004.

Durand, Pierre-Henri, /中譯, 『戴名世年譜』, 北京 : 中華書局, 2004.
Brook, Timothy, /이정·강인황 역, 『쾌락의 혼돈』, 서울 : 이산, 2005.
Elman, Benjamin, *A Cultural History of Civil Examinations in Late Imperial China*, Berkeley : University of California Press, 2000.
Elman, Benjamin/梁輝雄 譯, 『성리학에서 고증학으로』, 서울 : 예문서원, 2004.
Guy, Kent, *The Emperor's Four Treasuries : Scholars and the State in the Late Ch'ien-lung Era*, Cambridge, Mass. : Council on East Asian Studies, Harvard University, 1987.
Goodrich, L. Carrington, *The literary inquisition of Ch'ien-Lung*, (American council of learned societies [devoted to humanistic studies] Studies in Chinese and related civilizations) Baltimore, 1935.
Hanan, Petrick, *The Invention of Li Yu*, Cambridge MA. : Harvard University Press, 1988.
Hegel, Robert, *Reading Illustrated Fiction in Late Imperial China*, Stanford : Stanford University Press, 1998.
Ho, Ping-ti(何柄棣) / 정철웅 譯, 『중국의 인구』, 서울 : 책세상, 1994.
Ho, Ping-ti(何柄棣) / 조영록 譯, 『中國科擧制度의 社會史的 硏究』, 서울 : 동국대출판부, 1987.
Febvre, Lucien, & Martin, Henri-Jean, translated by David Gerard, *The coming of the book : the impact of printing 1450-1800*, London : Verso, 1997. (原1976).
Lust, John, *Chinese Popular Prints*, E.J. Brill, Leiden : New York : Koln, 1996.
Naqin, Susan, *Peking : Temples and City Life, 1400~1900*, Berkeley : University of California Press. 2000.
Peter Burke / 박광식 역, 『지식 : 그 탄생과 유통에 대한 모든 지식』, 서울 : 현실문화연구, 2006.
Rawski, Evelyn, *Education and Popular Literacy in Ch'ing China*, Ann Arbor : University of Michigan Press, 1979.
Struve, Lynn, ed., *The Qing Formation in World-Historical Time*, Cambridge, Mass. : Harvard University Asia Center, 2004.
Taam, Cheuk-woon, *The Development of Chinese Libraries under the Ch'ing Dynasty, 1644~1911*, Shanghai : The Commercial Press, 1935.

Wilson, Thomas, *Genealogy of the Way : The Construction and Uses of the Confucian Tradition in Late Imperial China*, Stanford, Calif. : Stanford University Press, 1995.
Zeitlin, Judith T. and Liu, Lydia H. ed., *Writing and Materiality in China : in Honor of Patrick Hanan*, Cambridge Mass. : Harvard University Asia Center, 2003.

2. 연구논문

(1) 國文

강명관, 「조선후기 京華世族과 古董書畵 취미」, 『부산한문학연구』12, 1998.
강명관, 「조선후기 서적의 수입·유통과 藏書家의 출현」, 『민족문화사연구』9-1, 1996.
강혜영, 「朝鮮朝 正祖의 書籍 蒐集政策에 관한 硏究 : 奎章閣을 중심으로」, 연세대 도서관학과 박사학위논문, 1990.
權重達, 「性理大全의 형성과 그 영향」, 『中央史論』4, 1985.
김동욱, 「방각본에 대하여」, 『동방학지』11, 1970.
김문식, 「18세기 후반 서울 學人의 淸學인식과 淸 文物 도입론」, 『규장각』17, 1994.
김문식, 「朝鮮後期 經學觀의 변화」, 『朝鮮時代史學報』29, 2004.
김영선, 「中國類書의 한국 傳來와 收容에 관한 硏究」, 『서지학연구』26, 2003.
김영진, 「朝鮮後期의 明淸小品 수용과 小品文의 전개 양상」, 고려대 국문과 박사논문, 2003.
김영진, 「18세기 말 서울의 明淸서적 유통실태」, 『17·18세기 동아시아의 독서문화와 문화변동』, 이화여자대학교 한국문화연구원 학술대회자료. 2004.
김영진, 「조선후기 중국사행과 서책문화」, 『연행의 사회사』, 경기문화재단, 2005.
김윤식, 「鏤板考의 書誌的 硏究」, 성균관대 도서관학과 석사논문, 1978.
김윤수, 「泰仁坊刻本 詳說古文眞寶大全과 史要聚選」, 『서지학연구』5·6 합집, 1990.
김준석, 「조선시기의 주자학과 양반정치」, 「조선후기 기호사림의 주자인식」,『한국중세유교정치사상사론1』, 서울 : 지식산업사, 2005.
김종석,「퇴계학자료총서해제 : 6차분-裵善源"守碉集"」,『퇴계학』14, 2004.
김충렬,「清初實學의 精神과 理論」,『국제대학논문집』제4·5합집, 1977.
김치우,「典籍의 간행빈도로 본 임란이전 지방문화사정의 분석적 고찰-
　　『攷事撮要』册版목록을 중심으로-」,『도서관학논집』1, 경북대, 1974.
김항수,「16세기 士林의 性理學이해-서적의 간행편찬을 중심으로-」,『한
　　국사론』7, 1981.
김현길,「鎭川의 萬卷樓 宛委閣」,『常山文化』7, 常山古蹟會, 2001.
박문렬,「"清芬室書目"考」, 중앙대학교 석사논문, 1980.
박문열,「澹軒李夏坤의 생애와 저술에 관한 연구」,『서지학연구』25, 2003.
박재연,「綠雨堂에서 읽었던 중국소설에 대하여」, 송일기·노기춘편,『海
　　南 綠雨堂의 古文獻』(1册), 서울 : 태학사, 2003.
박철상,「萬卷樓와 李夏坤의 藏書印」,『문헌과 해석』20, 2002.
박현규,「조선 使臣들이 견문한 北京 琉璃廠」,『中國學報』45, 2002.
박현욱,「朝鮮 正祖條 檢書官의 역할」,『서지학연구』.20, 2000.
배현숙,「宣祖初 校書館활동과 서적유통고」,『서지학연구』Vol.18 No.1,
　　1999.
배현숙,「宣祖初 地方册版考」,『서지학연구』25, 2003.
백운관,「朝鮮朝 官撰圖書 流通樣態考」,『出版學研究』3, 1989.
송일기,「"奎章總目"과 "閱古觀書目"」,『清浪鄭珌謨博士華甲紀念論文集』,
　　1990.
송정숙,「朝鮮朝後期 資料組織의 樣相」,『韓國文學論叢』8-9, 1986.
송준호,「부록 : 科擧制를 통해서 본 중국과 한국」,『科擧-역사학대회주
　　제토론』, 일조각, 1981/1992.
송준호,「토론문」,『科擧-역사학대회주제토론』,『科擧-역사학대회주제토
　　론』, 일 조각, 1981/1992.
辛東燁,「朝鮮典籍分布의 지방적 고찰과 歷代藏書家」,『향토』9, 1948년
　　6월.
신양선,「15세기 조선시대의 서적수입정책」,『실학사상연구』12, 1999.
신용철,「16세기 李卓吾의 진보적 역사관」,『한국사학사학보』6, 2002.
원창애,「16-17세기 과거제도 추이-문과를 중심으로-」,『청계사학』9, 1992.
윤세순,「16세기 중국소설의 국내유입과 향유 양상」,『민족문학사연구』
　　25, 2004.

이병휴, 「다산 정약용의 과거제 개혁론」, 『동양문화』13, 영남대동아문화
 연구소, 1975.
이상용, 『淵泉 洪奭周의 서지학』, 아세아문화사, 2004.
이정희, 「宛委閣(萬卷樓)복원에 대한 小考」, 『常山文化』6, 常山古蹟會,
 2000.
이존희, 「조선전기 對明서책무역」, 『진단학보』44, 1976.
이태진, 「海東繹史의 학술사적 검토」, 『진단학보』, 53·54, 1982.
이 현, 「淸學東傳에 대한 一檢討-燕行을 중심으로-」, 『가라문화』9, 1992.
정명세, 「金烋의 "海東文獻總錄"硏究」, 『韓民族語文學』14, 1987.
정형우, 「"五經·四書大全"의 수입 및 그 刊板廣布」, 『東方學志』63, 1989.
정형우, 「書肆에 대한 몇가지 문제」, 『조선조 서적문화연구』 재수록.
 구미무역주식회사, 1995.
정형우, 「정조의 문예진흥정책」, 『동방학지』11, 1970.
조영록, 「朝鮮의 小中華觀」, 『역사학보』149, 1996.
조좌호, 「學制와 學校制」, 『한국사』10, 국사편찬위원회편, 1974.
최용철, 「明淸소설의 동아시아 전파와 교류-『剪燈新話』를 중심으로-」,
 『중국학논총』13, 2000.

(2) 中文

葛榮晉, 「淸代 實學思潮의 歷史的 變遷」, 『동아문화』28, 서울대, 1990.
葛榮晉, 「中國實學簡論」, 『제4회동양학 국제학술회의 논문집』, 1990.
顧頡剛, 「明代文字獄禍考略」, 『東方雜誌』32, 1935.
待餘生, 「燕市積弊」, 『愛國報』, 1909.
來新夏, 「淸人筆記隨錄(4)」(北游錄부분), 『中國典籍與文化』2000年4期.
鈴木正, 「明代山人考」, 『淸水博士追悼記念 明代史論叢』, 1962.
路 工, 「訪宋元明刻書中心之一 建陽」, 『光明日報』4, 1962.
馬美信, 「唐順之論」, 『中國人文科學』18, 1999.
孟 森, 「科場案」, 『明淸史論著集刊』, 臺北: 文史哲出版社, 1965.
方彦壽, 「明代刻書家熊宗立術考」, 『文獻』1987-1.
方彦壽, 「熊云濱與世德堂本西遊記」, 『文獻』1988-4.
_____, 「建陽劉氏刻書考」, 『文獻』1988-2. 1988-3.
_____, 「建陽熊氏刻書術略」, 『古籍整理與硏究』6, 1991.
_____, 「閩北劉氏等十四位刻書家生平考略」, 『文獻』1991-1.

_____,「閩北十四位刻書家生平考略」,『文獻』1993-1.
_____,「閩北十八位刻書家生平考略」,『文獻』1994-1.
徐保衛,「翼聖堂主人;作爲出版家的李漁」,『南京理工大學學報』1994年1·2期.
沈新林,「李漁金陵事迹考」上·下,『南京師大學報』1993年2期·1994年2期.
楊甦民編,「曾靜呂留良之獄」,『滿夷猾夏始末記』,中華文史叢書9,臺北:華文書局,民國元年[1912].
余英時,「士商互動與儒學轉向-明清社會史與思想史之一面相」,『士與中國文化』,上海人民出版社, 2003.
余英時,「明清變遷時期社會與文化的轉移」,『中國歷史轉型時期的知識分子』,臺北:聯經出版社, 1992/2002
吳承學·李斌,「明清人眼中的陳眉公」,『中山大學學報(社科版)』43, 2003-1.
吳　晗,「愛國的歷史家談遷」, 1059.(『北游錄』,中華書局 清代史料筆記)
_____,「談遷和國榷」, 1959.(『北游錄』,中華書局 清代史料筆記)
汪燕崗,「明代中晚期南京書坊和通俗小說」,『南京社會科學』2004年2期.
王俊義,「雍正對曾靜呂留良案的出奇料理與呂留良研究」,『中國社會科學院研究生院學報』, 2001-2.
袁　逸,「中國古代的書業廣告」,『中國編輯史料』下卷,湖北教育出版社, 2004.(原『編輯之友』1993-1.)
遠　逸,「明代書籍價格考」,『編輯之友』, 1993-3.
袁逸·簫東發,「中國古代書商與藏書家」,『出版發行研究』1999年1期. 2期.
袁　逸,「作爲出版商的李漁」,『出版發行研究』2000年11期.
劉祥光,「時文稿:科舉時代的考生必讀」,『近代中國史研究通訊』22, 1996.
劉祥光,「科舉與地方發展:宋元明教育與科舉研究的方法與成果」,李弘祺·高明士主編,『東亞教育史的回顧與展望』,臺北:台灣大學出版社, 2005.
俞爲民,『李漁評傳』,南京大學出版社, 1998.
李南容,「談遷散論」(北游錄部분),『徐州師範學院學報』1995年2期.
張傳峰,「明代刻書廣告述略」,『湖州師範學院學報』22-1, 2000.
鄭培凱,「從"四書評"看李贄思想發展與儒學傳統的關係」,『抖擻』28, 1978.
鐘明奇,「李漁:一個有作爲的書坊主與編輯家」,『復旦學報』1995年4期.
黃愛平,「四庫全書'的編纂與清代乾隆朝的文化政策」,『加羅文化』11, 1994.
黃　裳,「梅花墅」,『銀魚集』,北京:生活.讀書.新和三聯書店, 1985.

陳東輝,「長澤規矩也與和刻本叢書」,『中日關係史料與研究』1, 浙江大學 日本文化研究所, 2002.

(3) 日文

高橋亨,「弘齋王の文體反正」,『朝鮮時代政治史』, 서울 : 한국인문과학원, 1989

宮崎市定,「禁書と書禁」,『アジア史研究』2, 同朋舍, 1963/1974.

吉川幸次郎,「錢謙益と淸朝"經學"」,『吉川幸次郎全集』卷16, 筑摩書房. 昭和49[1974].

吉川幸次郎,「李笠翁がこと」,『吉川幸次郎全集』, 筑摩書房, 昭和49[1974].

金文京,「湯賓尹と明末の商業出版」, 荒井健編,『中華文人の生活』, 東京 : 平凡社, 1994.

大木康,「明末江南にをける出版文化の硏究」,『廣島大學文學部紀要』50, 1991

大木康/(中語),「陳繼儒與馮夢龍-明末出版文化史小考」,『中國學報』35.

小野和子,「淸初の思想統制をめぐて」,『東洋史硏究』18-3, 1959.

小野和子/윤혜영역,「명말청초 지식인의 정치행동 -특히 結社를 중심으로-」,『中國史』, 홍성사, 1986.

井上進,「書肆・書賈・文人」,『中華文人の生活』, 荒井健編,『中華文人の生活』, 平凡社, 1994.

井上充幸,「明末の文人李日華の趣味生活」,『東洋史學研究』59-1, 2000.

川勝守,「徐乾學三兄弟とその時代-江南鄕紳の地域支配の一具體像-」,『東洋史硏究』40-3, 1981.

靑木修三,「朝鮮の典籍に就て」,『文獻報國』7-4, 昭和16(1941)년 2월, 朝鮮總督府圖書館.

(4) 英文

Brokaw, Cynthia, "Commercial Publishing in Late Imperial China : The Zou and Ma Family Businesses", *Late Imperial China* 17, 1996.

Brokaw, Cynthia, "Book Markets and the Circulation of Texts in Rural South China, 17~19th Centuries",『中國近代知識轉形與知識傳播學術討論會』미간행발표문, 2003.

Brook, Timothy, "Censorship in Eighteenth Century China : A View from the Book Trade", *Canadian Journal of History*, 23-2, 1988.

Brook, Timothy, "Censorship in Eighteenth_Century China : A View from the Book Trade", *Canadian Journal of History*, 23-2

Chia, Lucille, "Of Three Mountains Street ; The Commercial Publishers of Ming Nanjing", *Publishing and Book Culture in Late Imperial China*, UC Berkeley, 2005.

Chia, Lucille, "The Development of the Jiangyang Book Trade, Song, Yuan", *Late Imperial China* 17-1, 1996.

Chia, Lucille, "Commercial Publishing in Jiangyang from the Late Song to the Late Ming", P.J. Smith & R. von Glahn, eds., *The Song-Yuan-Ming Transition in Chinese History*, Cambridge MA : Harvard University Asia Center Press, 2003.

Chou, Kai-wing, "Discourse, Examination, and Local Elite. : The Invention of the T'ung-Ch'ing School in Ch'ing China." Elman & Woodside ed., *Education and Society in Late Imperial China, 1600~1900*, University of California Press, 1994.

Chow, Kai-wing, "Writing for Success", Late Imperial China 17, 1996.

Elman, Benjamin, "Political, Social, and Cultural Reproduction via Civil Service Examinations in Late Imperial China", JAS 50-1, 1991.

Gari Ledyard, "Korean Travellers in China over Four Hundred Years, 1488~1887", Occasional Papers on Korea 2, 1974.

Guy, Kent, "Fang Pao and the Ch'ing-ting Ssu-shu-wen", Elman & Woodside ed., *Education and Society in Late Imperial China*, University of California Press, 1994.

Lee Swann, Nancy, "Seven Intimate Library Owners", *HJAS* 1, 1936.

Rawski, Evelyn, "Economic and Social Foundations", Johnson, Nathan, Rawski ed., *Popular Culture in Late Imperial China*, Berkely, LA, London : University of California Press 1985.

Struve, Lynn, "Ambivalence and Action : Some Frustrated Scholars of the K'ang-hsi Period", Spence and Will ed., *From Ming to Ch'ing Conquest, Region, and Continuity in 17th Century China*, New Heaven : Yale University Press, 1979.

Wakeman, F. Jr., "Romantics, Stoics, and Martyrs in Seventeenth-Century China", *JAS* Vol. 635.

Widmer, Ellen, "The Huanduzhai of Haungzhou and Suzhou : A study in 17th-century Publishing", *HJAS* 56-1, 1996.
Wu, K. T., "Ming Printing and Printers", *HJAS* 7, 1943-3.
Wu, K. T., "Chinese Printing under Four Alien Dynasties(916~1368)", *HJAS* 13, 1950.

■ 찾아보기

【ㄱ】

가각家刻 150
가각본家刻本 79
가장서책목록家藏書册目錄 262
가정년간嘉靖年間 35
각서포刻書鋪 199
각수刻手 198
감고당鑒古堂 198, 200
감상학鑑賞學 26
감주減註 56
강서명姜西溟 167
강장지학講章之學 113
강재항姜再恒 273
강학講學 19
강희년간 115
개심開心 56
거업요람擧業要覽 72
거업지문擧業之文 139
거이록居易錄 189
거인擧人 114
거자擧子 113
거자지업擧子之業 11
건양建陽 22
결사結社 99
경륜당經綸堂 73
경서류經書類 38
경세치용학經世致用學 145
경의經義 18
경자정묵서庚子程墨序 124
경적찬고經籍纂詁 199
경전해석 13
경학 20

경화일초京華日抄 211
계고우문稽古右文 186
계진의季振宜 176
고권상考卷商 156
고금도서집성古今圖書集成 182
고금사문유취古今事文類聚 255
고금원류지론古今源流至論 77
고문사古文辭 131, 159
고사촬요攷事撮要 219
고서 109
고서책판유처고古書册版有處考 220
고적古籍 122
고적수집 185
고적업古籍業 165
고전古典 14
고증학考證學 25, 144, 147
고충顧充 82
고학古學 102
골동骨董 26
공령문功令文 117
공안국孔安國 189
과거취사科擧取士 11
과고科考 109
과공시科貢試 49
과장안科場案 117
과장조례科場條例 115
과친왕果親王 186
곽수郭琇 168
곽위郭偉 71
관변학자 20
관풍록觀風錄 105
관학 12

330

관학화官學化 36
광고문 42
광廣·속이문선續二文選 85
광아소증廣雅疏證 199
괴탄怪誕 108
교서관校書館 238
교조화敎條化 36
구각舊刻 189
구서求書 26
구서법求書法 292
구서정보求書情報 282
구소수간歐蘇手柬 236
구양수歐陽修 113
구정九鼎 60
국자감國子監 42
군서비고群書備考 87
군서표기群書標記 220
권맹손權孟孫 208
궤이詭異함 107
귀유광歸有光 141, 159
금계휘金繼輝 236
금단金丹 61
금릉金陵 125
금문상今文商 156
금비金鎞 69
금서헌琴書軒 260
급고각汲古閣 128
김부륜金富倫 239
김안국金安國 236, 251
김육金堉 242

【ㄴ】
낙선당樂善堂 185
남경 59
남몽뢰 236
남서방南書房 162

납란명주納蘭明珠 179
납란성덕納蘭性德 178
내부장서內府藏書 174
내사본 235
노진盧禛 236
논서목의례論書目義例 279
누판고鏤板考 220
능몽초凌濛初 68

【ㄷ】
단경정段景亭 84
단옥재段玉裁 146
단지독대丹墀獨對 209
달단성韃靼城 188
당문수唐文粹 85
당송고문파唐宋古文派 50, 141
당송팔대가 142
당순지唐順之 50, 158
대각체臺閣體 50
대명세戴名世 121
대술代述 216
대중문화 23
대진戴震 146
도서대방록圖書待訪錄 281
도정상陶正祥 200
도학道學 19, 21
도학독존 146
독서기讀書記 163
독서讀書 26
독서방讀書坊 84
독서치학 173
동림당東林黨 65
동승각同陞閣 198
동용董鏞 78
동자시童子試 142
등지모鄧志謨 80

찾아보기 331

【ㅁ】

만력년간萬曆年間　39
만성滿城　188
매문賣文　216
매문업賣文業　216
매예문賣藝文　124
명대판각종록明代版刻綜錄　32
명문상明文商　156
명사관절　169
명이학明理學　135
모범답안　88
모범답안집　116
모유茅維　87
모진毛晋　128
목록제발집目錄題跋集　36
목록학目錄學　173
몽사蒙師　132
묘시　191
묘회廟會　188
무석無錫　128
무영전武英殿　186
무징불신無徵不信　146
무창기繆昌期　60, 66
묵권墨卷　96
묵권상墨卷商　156
문금당文錦堂　198
문생門生　98
문선文選　85
문수당文粹堂　200
문시서방門市書坊　126
문원영화文苑英華　85
문자옥文字獄　146
문장정종文章正宗　85
문집류文集類　38
문치文治　20
문화영수文化領袖　175

【ㅂ】

민간루트　25
민간장서　255
민간장서가民間藏書家　293

박고博古　135
박륵朴玏　239
반준潘濬　58
반청反淸감정　116
반청화이사상反淸華夷思想　121
방각본　53
방각서　36
방고房稿　129
방밀方密　199
방서房書　122
방포方苞　117
배룡길裵龍吉　233
배삼익裵三益　233
백방가문답百方家問答　72
번각翻刻　17, 219
번각천리필구翻刻千里必求　277
법식선法式善　191
별시別試　217
보명당寶名堂　196, 198
보벌寶筏　69
보선당寶善堂　58
복건福建　21
복고주의復古主義　52
복사동인　98
복사復社　123
부주현학府州縣學　13
부현학府縣學　42
북인당北人堂　179
분서焚書　120
불서佛書　107
비당匪黨　184

비혈扉頁 34
빈풍도豳風圖 208

【ㅅ】
사각私刻 79
사고社稿 116
사고관四庫館 185
사고총목四庫總目 281
사류첩류事類捷類 80
사부법四部法 36
사서대전찬요四書大全纂要 154
사서대전합정四書大全合訂 155
사서몽인四書蒙引 155
사서四書 18
사서오경 208
사서의四書義 19
사서익경도해四書翼經圖解 74
사서존의四書存疑 155
사서집석四書輯釋 54
사서천설四書淺說 155
사설邪說 133
사수寫手 198
사숙私塾 58
사육법해四六法海 84
사자지서四子之書 139, 143
사탁謝鐸 210
사풍士風 23, 112
사행使行 25
산보刪補 56
삼교합일三敎合一 20
삼산가三山街 71, 126
삼장三場 97
삼장문선三場文選 208
상숙常熟 128
상품화 49
생원 48

서건학徐乾學 161
서광계徐光啓 72
서림書林 36
서민의식 14
서분붕徐奮鵬 59
서상書商 15
서성西城 188
서유구 279
서인庶人 48
서적교역 25
서주書廚 255
서주명書廚銘 255
서책치부書册置簿 262
서탄書攤 188
서포書鋪 194
선무문宣武門 188
선암서원仙巖書院 224
선원당仙源堂 59
선진양한대先秦兩漢代 110
선진양한先秦兩漢 146
선집選集 90
설문해자說文解字 144
설선薛瑄 72
설창사화說唱詞話 45
섭성葉盛 256
성리대전性理大全 50
성친왕成親王 186
성화년간 51
성황묘 190
세고歲考 109
세공시歲貢試 49
소대경제언昭代經濟言 84
소설小說 38
소식蘇軾 113
소준蘇濬 79
소진함邵晉涵 199

찾아보기 333

소품小品   222
소학   144
속어俗語   108
송렴宋濂   72
송명이학宋明理學   145
송문감宋文鑑   85
송宋·원元구각본舊刻本   162
송시열宋時烈   240
송원파방宋元播芳   209
송원판본宋元版本   174
송유宋儒   116
송학   29
쇄어瑣語   116
수서修書   182
수험서   18
수호전水滸傳   53
숭정년간崇禎年間   36
승은사承恩寺   126
시경집성詩經集成   156
시무책時務策   77
시문평선時文評選   116, 124
시사詩社   123
시수詩藪   265
시윤장施閏章   117
시전통석詩傳通釋   54
시험답안지   18
시험답안평가문   18
신설新說   107
신완申玩   247
신익황申益愰   214
신정하申靖夏   247
신후담愼後聃   264
실사구시實事求是   146
실천궁행實踐躬行   44
심일관沈一貫   99
심징沈澄ㅍ211

심학心學   55
십삼경십칠사十三經十七史   174
십이과정묵수권十二科程墨殊卷   128
쌍주서당雙柱書堂   42

【ㅇ】

안락당安樂堂   246
안정복安鼎福   242
안찰사按察使   101
애남영艾南英   64, 124
양계초梁啓超   146
양명학陽明學   19
양세방楊世芳   73
양옹건楊雍建   117
양자법언揚子法言   84
양자태현경揚子太玄經   83
양절판兩節版   57
양정추楊廷樞   122
양천상楊天祥   264
양촌문집陽村文集   236
어록語錄   107
어숙권魚叔權   219
여사천余泗泉   71, 81
여유량呂留良   121
여응규余應虯   74
여창조余昌祚   73
여혜余惠   42
역과정시장원책歷科廷試壯元策   88
역조첩록대성歷朝捷錄大成   83
역조첩록歷朝捷錄   82
연경당延慶堂   196, 197
엽환성葉晥星   79
영락대전永樂大全   12
영락제永樂帝   12
영성永珹   186
예문유취藝文類聚   85

예부 97
오가명吳珂鳴 159
오겸吳謙 235
오류거五柳居 198
오응기吳應箕 122
옥산서원玉山書院 224
옥하관玉河館 249
옹숙원翁叔元 161
완원阮元 199
왕공원王公元 83
왕염손王念孫 199
왕령이王令詒 166
왕부 182
왕부지 60
왕사정王士禎 189
왕수계王守溪 113
왕오王鏊 158
왕운王惲 256
왕응규王應奎 129
요련당遙連堂 125
요씨서숙姚氏書塾 200
우면권優免權 48, 218
운남향시雲南鄉試 89
웅충우熊忠宇 104
원괴계약元魁啓鑰 72
원굉袁宏 189
원류지론源流至論 208
원문류元文類 85
원조첩록元朝捷錄 83
원황袁黃 65, 87
위기지학爲己之學 11
위예개魏裔介 154
위조수법 104
유가서류儒家書類 38
유강俞絳 245
유교주의儒敎主義 16

유권遺卷 168
유극상劉克常 77
유근柳根 243
유리창琉璃廠 186
유명游明 47
유민遺民 121
유서류類書類 37
유수원柳壽垣 274
유양잡조酉陽雜俎 228
유원총보類苑叢寶 242
유유상游有常 56
유이손柳耳孫 246
유정섭俞正燮 163
유희춘柳希春 235, 251
육경 136
육남양陸南陽 72
육롱기陸隴其 117
육문빈陸文霦 122
육세의陸世儀 157
육심원陸心源 175
육자전서六子全書 79
윤개尹漑 213
윤당允禟 183
윤사允禩 183
윤상允祥 181
윤제允禵 191
윤지允祉 182
융복사隆福寺 190
은휘隱諱 108
음사淫詞 116
의서류醫書類 37
이광지李光地 117, 162
이단잡서異端雜書 96
이단적異端的 20
이덕무 271
이문조李文藻 193

찾아보기 335

이부 176
이불李紱 89
이설異說 133
이시명李時明 260
이시발 247
이식李植 265
이아爾雅 144
이아정의爾雅正義 199
이의현李宜顯 222, 250
이정기李廷機 64
이조李潮 71
이지李贄 52
이학자理學者 113
이현친왕怡賢親王 181
인쇄본 271
임방任埅 240

【ㅈ】
자경편自警編 228
자궁회紫宮會 71
자유비판정신 44
자인사 188
장경관長庚館 60
장부張溥 122
장서藏書 26
장서가藏書家 26
장서명藏書銘 255
장서목록藏書目錄 17, 262
장서활동 185
장수張燧 60
장유張維 256, 271
재자才子 113
재적록載籍錄 259
전겸익錢謙益 113
전등신화前燈新話 228
전보보錢寶甫 196

전시루 180
전시책문殿試策問 88
전조망全祖望 162
절강향시浙江鄕試 89
절기시節期市 190
정관실靜觀室 57
정난靖難의 역役 43
정론正論 20
정문程文 96
정보서목情報書目 279
정사룡鄭士龍 246
정양문正陽門 188
정유일鄭惟一 239
정주학程朱學 20
정홍현鄭弘鉉 236
제의문制義文 158
제자서諸子書 136
제학 101
조공朝貢 25
조목趙穆 233
조세해趙世楷 83
조용曹容 253
조중휘趙仲輝 211
조찬영趙燦英 156
존덕성尊德性 44
종덕당種德堂 57, 59
주고관主考官 99
주이존朱彝尊 281
주일교周日校 71
주자朱子 62
주자소鑄字所 238
주지주의적主知主義的 145
주형리朱炯离 214
중국본 268
중국선본서제요中國善本書提要 33
중국성中國城 188

336

증정안曾靜案 121
지남거指南車 72
지미지학紙尾之學 129
지언집知言集 128
진계유陳繼儒 68
진몽뢰陳夢雷 182
진사등과록進士登科錄 96
진자룡陳子龍 122
진제태陳際泰 60
진한秦漢 112
진회하秦淮河 125

【ㅊ】
차술借述 216
채색판화彩色版畵 150
채청蔡淸 112
책논시策論試 19
책학제강策學提綱 209
천개루天蓋樓 127
천경재千頃齋 125
천남서사泉南書舍 79
천몽闡蒙 56
천백년안千百年眼 60
천순년간天順年間 36
청곡사靑谷寺 237
청대학술개론淸代學術槪論 146
초장初場 49
초학자 55
초횡焦竑 88
총집류總集類 38
최립崔岦 243
최부崔溥 235
최석정崔錫鼎 215
축목祝穆 255, 263
춘추호전부록찬소春秋胡傳附錄纂疏 54

췌경당萃慶堂 80
취규루聚奎樓 72
치경治經 144
치학治學 112

【ㅌ】
탕빈윤湯賓尹 64
탕현조湯顯祖 159
태객서방兌客書坊 126
태학고권太學考卷 111
태학생太學生 111
통경通經 135
통속通俗서적 52
통아通雅 199
통지당경해通知堂經解 178

【ㅍ】
판判 49
판본학版本學 35
판축거版築居 61
팔고문八股文 18
팔기八旗 191
패기牌記 34
패류황당悖謬荒唐 116
편람便覽 56
편몽便蒙 56
평선 123
평선가 98
포정사布政使 101
표表 49
표해록漂海錄 235

【ㅎ】
하순봉河恂鳳 262
하우식河祐植 262
하응운河應運 237

하작何焯 161
학교시學校試 21
학교제도 13
학당學堂 58
학정學政 100
학풍學風 23, 112
한담韓菼 117
한림원翰林院 96
한림원편수 184
한인성漢人城 188
합격답안문 97
합격정원 49
합불연경도서관중문선본서지哈佛燕
    京圖書館中文善本書志 33
해원解元 79
행원집行遠集 164
향시鄕試 13
향시록 96
향조필기香祖筆記 189
허균 247
허충길許忠吉 236
형천문편荊川文編 85
혜동惠棟 146

호거인胡居仁 256
호고好古 174
호국사 192
호응린胡應麟 194, 265
호차염胡次焱 256
홍무제洪武帝 12
홍성민洪聖民 233
홍첨弘瞻 186
홍효弘曉 185
황명책형皇明策衡 87
황명첩록皇明捷錄 83
황순요黃淳耀 158
황우직 126
황월黃越 155
황종희黃宗羲 124
회동관會同館 248
회시록會試錄 96
회시묵권서문會試墨卷序文 162
회시會試 13
훈고적 144
휘고彙考 108
흠정사서문欽定四書文 117
희곡류戲曲類 38

■ 저자약력

황 지영 黃智暎
숙명여대 한국사학과 졸업
연세대학교 사학과 동양사전공 문학석사 및 문학박사 취득
중국인민대학교 청사연구소 연구원 이수
연세대, 숙명여대, 이화여대, 경원대 등의 강사 역임
현재 숙명여대 입학전형개발센터 행정교수
공저『동아시아 출판문화사 연구Ⅰ: 17세기 한중일 출판문화 비교』

명청출판과 조선전파
초판 1쇄 2012년 2월 8일
초판 2쇄 2012년 7월 8일
초판 3쇄 2014년 6월 12일
저　　자 황 지 영
발 행 인 권 호 순
발 행 처 시간의물레
등　　록 2002년 12월 9일
등록번호 제1-3148호
주　　소 서울특별시 마포구 마포동 322번지 1층
전　　화 02-3273-3867
팩　　스 02-3273-3868
전자우편 timeofr@naver.com
I S B N 978-89-6511-032-3 (93800)
정　　가 25,000원
* 잘못된 책은 바꿔드립니다.